Sexualidad y nación

Edición de Daniel Balderston

ISBN: 1-930744-00-5

© Biblioteca de América, 2000
Instituto Internacional de Literatura Iberoamericana
Universidad de Pittsburgh
1312 Cathedral of Learning
Pittsburgh, PA 15260
(412) 624-5246 • (412) 624-0829 FAX
iili+@pitt.edu

Colaboraron en la preparación de este libro:

Tapa: Tarsila do Amaral. *Antropofagia*, 1929, óleo sobre lienzo, 126 x 142 cm. Fundação José e Paulina Nemirovsky
Contratapa: Tarsila do Amaral. *Mujer negra*, 1923, óleo sobre lienzo, 100 x 90 cm. Museu de Arte Contemporânea da Universidade de São Paulo
Composición y diseño gráfico: Erika Braga
Correctores: Juan Pablo Dabove y Rodrigo Naranjo

Sumario

Daniel Balderston, Introducción 7
Catharina Vallejo, Las madres de la patria y las bellas mentiras: contradicciones discursivas en el imaginario dominicano del siglo XIX 9
Luis Ernesto Cárcamo H., Cuerpos que (se) queman: mujer, indio y propiedad sexo-cultural en Rosa Guerra 27
Gareth Price, O segredo mau: repressão e subversão sexual n'*O Ateneu* 43
Tina Escaja, Autoras modernistas y la (re)inscripción del cuerpo nacional 61
Licia Fiol-Matta, Reproducción y nación: raza y sexualidad en Gabriela Mistral 77
José Quiroga, Lydia Cabrera, invisible 99
Juan Carlos Quintero Herencia, Virgilio Piñera: los modos de la carne 111
Ignacio López-Calvo, La sexualidad en la narrativa chilena en el exilio: un juego de poderes en *Frente a un hombre armado*, y un motivo degradante en *La visita del presidente* 131
Dolores Aponte-Ramos, El proyecto modernizado o el semen derramado en *Plaza de la Convalescencia* de Ana Lydia Vega y Nelson Rivera 139
Graciela Goldchluk, Exilio y travestismo, los escritos mexicanos de Puig 153
Sandra Lorenzano, El punzante murmullo del deseo: *En breve cárcel* 173
José Vicentre Peiró, Erotismo y escritura antiautoritaria en *Los nudos del silencio* de Renée Ferrer 199
Silvia Nagy-Zekmi, La Cuba homotexual de Arenas: deseo y poder en *Antes que anochezca* 213

WILFREDO HERNÁNDEZ, Homosexualidad, rebelión sexual y tradición
literaria en la poesía de Manuel Ramos Otero 225
GABRIEL GIORGI, Mirar al monstruo: homosexualidad y nación en
los sesenta argentinos 243
HUMBERTO LÓPEZ CRUZ, *La ventana abierta* de Ramón Fonseca
Mora: el incesto como fusión interracial 261
MÓNICA SZURMUK, Entre mujeres: sexo, pasión y escritura en *El
cielo dividido* de Reina Roffé 271
MAGDALENA GARCÍA PINTO, La vida escandalosa de César Moro:
autorrepresentación, exilio y homosexualidad 283
CHRISTOPHER LARKOSH, Manuel multilingüe: traducción, tránsito
intercultural y entrelugares literarios 295

Introducción

En el prólogo a *Nationalisms and Sexualities* (1992), los compiladores (Andrew Parker, Mary Russo, Doris Sommer y Patricia Yaeger) afirman que es importante pensar de modo simultáneo en las categorías de *nación* y *sexualidad* (como lo hizo George Mosse en su *Nationalism and Sexuality*, 1985) a la vez que habría que cuestionar estas categorías en tanto "trans-históricas, supra-nacionales y auto-idénticas" (3). Refiriéndose a la desconstrucción de la supuesta "narración de la nación" como modelo único y privilegiado que había hecho Homi Bhabha (y también Benedict Anderson en su conocido concepto de la nación como "comunidad imaginada"), y a la atención cada vez más fuerte a la diversidad de "sexualidades" y la difícil afirmación de categorías auto-evidentes y normativas (sobre todo en las obras que tienen que ver con la *Queer Theory*), presentan una serie de reflexiones matizadas sobre la relación entre "nacionalismo" y "sexualidad". El libro en cuestión incluye un ensayo de Julianne Burton sobre *Los tres caballeros* de Disney Studios, uno de Norman S. Holland sobre *Cecilia Valdés* y uno de Donna J. Guy sobre la preocupación pública por la "trata de blancas" en la Argentina de las primeras décadas del siglo XX. Y, claro está, el conocido libro de una de los cuatro compiladores, Doris Sommer, reflexiona en su *Foundational Fictions: The National Romances of Latin America* (1991) sobre el nacionalismo y la literatura de las nuevas repúblicas latinoamericanas, enfocando su análisis en el uso de discursos de la sexualidad, el matrimonio y la procreación en los escritos de los nuevos países. Muchos estudios en el campo de la literatura latinoamericana de los últimos años han enfocado estas cuestiones; el libro que presentamos reúne una serie de reflexiones críticas en torno a ellas, tanto de críticos ya consagrados como de algunos noveles.

Este libro, como el número especial de la *Revista Iberoamericana* que lo acompaña (dedicado al tema de "Erotismo y escritura") nació de una circular que se mandó a los socios del Instituto Internacional de Literatura Iberoamericana pidiendo colaboraciones sobre sexualidad y literatura en

América Latina. El número de propuestas que se recibió excedió por mucho a nuestras expectativas, y por lo tanto se decidió sacar un número de la revista sobre literatura erótica y un libro (un poco más extenso) sobre la relación entre sexualidad y nación, que fue el enfoque de muchas de las propuestas recibidas. Es interesante ver la variedad de áreas de investigación en este libro: que abarca varios países y épocas, pero también distintas maneras de trabajar la relación entre "sexualidad" y "nación". Si algunos trabajan el mismo período fundacional estudiado por Sommer (Vallejo, Cárcamo, Price y Escaja), otros estudian las fracturas del sujeto moderno latinoamericano en tanto ciudadano como también en tanto sujeto deseante (Quiroga, Fiol-Matta, Quintero), otros trabajan la *performance* de la sexualidad y de la ciudadanía (sobre todo, el elocuente trabajo de Aponte-Ramos), y muchos trabajan el tema del exilio —político a veces, pero también muchas veces producto del ostracismo de las minorías sexuales, y, claro está, a veces debido a los dos asuntos a la vez. El exilio es el tema de la mitad de los trabajos incluidos aquí, en discusiones que abarcan figuras tan diversas como Augusto D'Halmar, Manuel Puig, Manuel Ramos Otero, Sylvia Molloy, Reinaldo Arenas, César Moro y Cristina Peri Rossi.

Agradezco a los colaboradores de este volumen, y del número especial, y a Mabel Moraña por haberme invitado a organizar las dos publicaciones. Y las dedico a la memoria de Alfredo Roggiano, quien sin duda habría disfrutado su lectura.

Daniel Balderston

Las madres de la patria y las bellas mentiras: Contradicciones discursivas en el imaginario dominicano del siglo XIX

Catharina Vallejo
Concordia University, Montreal

El género es una categoría fundamental del pensamiento occidental, fundado —desde hace milenios— en conceptos binarios, y que se ha insertado sistemáticamente en todo quehacer cultural; en el siglo XIX ocurre así con insistencia en la formulación de la identidad de los sujetos de las nuevas naciones hispanoamericanas.[1] A partir de una independencia tan duramente obtenida, los intelectuales hispanoamericanos del siglo XIX sentían la necesidad de definir lo que eran y, sobre todo, lo que debían ser las nuevas naciones, discursos que se centraban en las personas que habitaban el tiempo y el espacio comunes del territorio patrio. Los textos públicos —periodísticos, literarios, paraliterarios o metaliterarios; publicados, circulados, o presentados en el teatro— afirmaban, negaban y prescribían lo que los escritores veían como las cualidades de sus conciudadanos. Este trabajo examinará algunas obras de escritores dominicanos del siglo XIX para descubrir cómo cada una de ellas presenta de manera particular la visión que de "la mujer" se construía en esa identidad nacional dominicana, sobre todo más allá de los estereotipos tradicionales del imaginario colectivo. La constitución de la identidad nacional se formula en la lírica, la narrativa y el teatro, así como en discursos y ensayos periódicos, e incluyen la explicitación de muchas de las dimensiones entonces relacionadas con lo femenino: la amada, virgen y bella; la madre, abnegada y centro de la familia (categorías que constituyen lo prescrito y lo emblemático), la naturaleza barbárica (lo oscuro y temido), la maestra y la poeta (lo permitido), y la "mujer política" (lo proscrito). Los recursos discursivos utilizados, sin embargo —mitificación, alegorización, narrativización— revelan una variedad de detalles que matizan y contradicen de manera sutil los estereotipos modelo. El concepto de la identidad femenina en esos discursos opera en los ejes del tiempo —pasado y futuro— y del espacio —casa y comunidad/nación,[2] con una marcada preferencia por el eje del tiempo y, dentro de él, por un imaginario pasado, homogéneo y estable.

Como en otros países hispanoamericanos, casi todos los hombres que estaban involucrados en el gobierno del país, a lo largo de los cincuenta y cinco años del siglo XIX de la República Dominicana, eran intelectuales también involucrados en la vida cultural y periodística.[3] Es importante recordar que las representaciones discursivas —de las mujeres en este caso— son históricamente constituidas, y estructuradas en relación con intereses específicos. Así los textos del siglo XIX con frecuencia se proponen como un intento de legitimación de la identidad y del origen de la colectividad nacional, y en general se articulan en torno a una serie de oposiciones binarias muchas veces explícitamente formuladas. El discurso nacional dominante, formulado por el grupo hegemónico, se propone como modelo apropiado para ese grupo y opera como movimiento centrípeto que intenta establecer un centro único, originario y estable (Ovares *et al*, 8). Se trata de instaurar un dominio homogéneo —una sociedad sin clases, racialmente unida y estable a través el tiempo[4]— a partir de textos que articulan elementos heterogéneos y que por tanto se muestran contradictorios en las particularidades de su expresión; de ahí las "bellas mentiras" (*beautiful lies*) como llamara Althusser a las ideologías dominantes (163). Queda claro que la pequeña élite del país —hispanófila y anexionista, romántico-liberal y positivista-progresista— se sentía como guía del pensamiento del pueblo, y así eran los valores de esa élite los que se formulaban y promovían en los textos (véase Althusser, Goldmann y Foster).

En la República Dominicana esas "bellas mentiras" se aplican a las cuestiones de raza[5] y también a las de género, ya que en los textos analizados éste —refiriéndose a lo que insistentemente y genéricamente se llamaba el "bello sexo"— resulta contradictorio no sólo con respecto a la realidad externa sino también con otros textos, y aun internamente. Es precisamente en los intersticios o las interrupciones de los conceptos establecidos —autorizados y racionalizados— que surge una dinámica de significación cultural (Homi Bhabha 4), la que ofrece un cuadro más completo de la identidad nacional y, en este caso, del papel de las mujeres en ella.

La República Dominicana del siglo XIX ofrece un conjunto de circunstancias que la constituyen como muy particular frente a otros países hispanoamericanos. La independencia de Haití obtenida en 1844 siguió una ocupación de veintidós años y una colonización española de trescientos. En el siglo XIX la República Dominicana se caracteriza por una inestabilidad muy grande que presenta luchas intestinas, incursiones extranjeras, caudillismo, anexionismo, conflictos regionales, ideológicos y económicos —situaciones particulares que se manifiestan en la producción cultural discursiva. Las oposiciones articuladas se expresan como lo público y lo privado, lo propio y lo otro, la libertad y la opresión, el progreso y la tradición, la civilización y la barbarie, lo indígena y lo hispánico, Norte y Sur, tabaco y azúcar, el orden y el caos, el hombre y la mujer —muchas de ellas pervadidas de lo genérico. Esas oposiciones surgen de la percepción de los eventos históricos por parte de la élite hegemónica, y aunque a menudo explícitamente formuladas, y aun en términos absolutos, resultan falsas en las heterogeneidades de los textos particulares que son, efectivamente, mucho más matizados y ambiguos.

En la segunda mitad del siglo XIX la República Dominicana se distingue por la convivencia ideológica de las corrientes romántica y positivista —aquella con una visión hacia el pasado, y ésta hacia el futuro— cuyos elementos sirvieron para fortalecer el concepto de "nación" en un contexto político en el cual los intelectuales destacaron el papel de "la mujer". Este proceso de definición identitaria se aplica con más insistencia a las mujeres que a los hombres en un intento de prescribir el modelo de "la mujer ideal" para la nación dominicana y en una marcada separación (léase diferenciación jerárquica) de los géneros.

El eje del tiempo ocupa un lugar primordial en la producción textual del primer florecimiento de la literatura dominicana, que ocurre entre 1877 y 1882. Esta literatura se instituirá como modelo, y de ahí presenta rasgos más bien emblemáticos y homogeneizantes. Mientras en ella el tiempo presente está sólo implícito, se realzan con énfasis el pasado y el futuro, elementos que se complementan: el pasado está glorificado como base de toda la vida dominicana, y el futuro se constituye en una esperanza para una vida mejor. En ambos casos la conceptualización de la mujer ocupa un lugar dominante y explícito, sobre todo como madre: mártir de la raza perdida del pasado y educadora de las generaciones venideras. Se quiere construir entonces una imagen explícita de "la madre dominicana" que pueda servir como modelo y símbolo de la madre de la patria.

Abundan poemas que glorifican el pasado indígena, pasado que se plasma como mito de origen.[6] Las mujeres indígenas juegan un papel importante en la constitución del origen literario-histórico del pueblo dominicano, un papel que toma dos formas. Se las veía como las mujeres presentadas en la literatura del romanticismo —vírgenes y bellas, o madres; además se las propuso como víctimas sacrificadas en aras de la emancipación nacional. Los intelectuales del siglo XIX no veían una contradicción entre su admiración por las indígenas levantadas contra los españoles en las épocas de Colón y su propia galopante hispanofilia. El recuerdo de la ocupación haitiana, así como el eterno peligro de una invasión por parte de la nación de habla y cultura francesas hicieron que los dominicanos se quisieran definir como no-haitianos, insistiendo en la lengua y la cultura hispánicas.[7] La necesidad de tener héroes nacionales —o heroínas en este caso— por otro lado, les instó a construir modelos unisémicos de figuras lejanas que se pudieran considerar como emblemas de ancestros perfectos —aunque fueran de otra raza.

Se destaca específicamente a la cacica Anacaona, personaje histórico traidoramente asesinado por las fuerzas españolas en 1503. Ella se propone dotada de las cualidades que se le adscriben a la mujer ideal según las normas de la visión "trinitaria" europeizante en Hispanoamérica, es decir la mujer como amada, como esposa fiel y como madre. En 1880 Salomé Ureña —la poeta dominicana de mayor relieve del siglo XIX— dedicó un largo poema épico a

Anacaona. Sobresale el hecho, sin embargo, que este poema la configura simultáneamente en los tres aspectos que de la mujer se promovía en el imaginario discursivo, como amada, como esposa, y como madre, conjunción muy poco común en la producción literaria de otras regiones hispanoamericanas.[8] Como amada —virgen y bella— Ureña la describe en la terminología común a las descripciones de las bellas amadas de la literatura hispanoamericana:

> Como la palma de la llanura
> su talle airoso moviendo esbelta,
> en largas ondas al aura suelta
> la cabellera negra y sutil,
> joven y hermosa, feliz recorre
> los campos ricos de la Maguana
> una graciosa beldad indiana,
> más que otra alguna noble y gentil. (179)

La calidad maternal de Anacaona, por otra parte, es subrayada repetidas veces; por ejemplo:

> Sobre la niña dormida,
> conmovida
> tiende mirada de amor;
> y lentamente murmura
> con ternura
> su cántico arrullador. (201)

Anacaona sirve entonces como constructo ideológico de la perfecta mujer —hispánica. Ha perdido su particularidad, su raza y su historicidad. Y así como Anacaona, otras mujeres indígenas —Iguaniona (de la obra epónima de Javier Angulo Guridi) y las Toella, Vanahí, Flor de Palma y Vaganiona (cantadas por José Joaquín Pérez en sus Fantasías indígenas)— son todas construidas en entidades femeninas de acuerdo con los cánones de la literatura romántica occidental que las presenta como blancas y europeas —bellas y vírgenes como amadas y fieles y abnegadas como esposas y madres. A pesar de la individualidad ofrecida por el nombre, esas mujeres siguen siendo La mujer, abstracción idealizada y esencializada, apropiación por parte de los hombres, que se concebían como blancos.

El mismo cuadro se presenta en la novela histórica *Enriquillo* de Manuel de Jesús Galván,[9] en la que las mujeres sirven en apoyo del matrimonio que se instituye como la pareja modelo y origen de la nación. Mencía —mestiza, y por cierto nieta histórica de Anacaona— es descrita como "fiel reflejo de las bellas facciones de su padre, aquel gallardo mancebo español muerto en la flor de sus años" (15).[10] Así Galván —reconocido hispanófilo, embajador a favor de la anexión a España en 1861— propone como el modelo de la madre dominicana a una indígena que tiene las cualidades admiradas por la élite dominicana del siglo XIX, cualidades de mujer europea: pudorosa, discreta, bella, amante, y abnegada hasta la muerte.

Para completar el modelo de la mujer como madre y origen de la patria se presenta a las mujeres en el eje del tiempo pasado como víctimas propiciatorias, encarnación de los indígenas desaparecidos de la isla en aras de la conquista española. Iguaniona es "la virgen heroica, la mujer sublime que lleva encarnado en su destino el destino de su patria [...] el instrumento de la redención de una raza inocente [...]" escribe José Joaquín Pérez en el "Prólogo" a la obra de Javier Angulo Guridi (xiii-xiv). En un acto de apropiación nacionalista, "su patria" llega a ser la República Dominicana, y "la mujer" indígena se instituye como modelo de "la mujer" dominicana en una prescripción del sacrificio necesario para construir un pueblo redimido. La mitificación de las indígenas llega a constituirse en divinización; las mujeres se convierten en redentoras de la patria en una aproximación simbólica al redentor divino de la religión católica, símbolo de lo perfecto humano.[11] En una unión de lo genérico con lo heroico, ocurre aquí una feminización del héroe originario que salva la patria, papel que conlleva el sacrificio absoluto —éste sí tradicionalmente adscrito al género femenino. Las indígenas son completamente absorbidas en el ser dominicano, ser que se define como español y masculino. En general, entonces, los elementos heterogéneos a la cultura —lo indígena en este caso y, se puede añadir, lo femenino— se integran al pensamiento dominante sin modificar de modo significativo la estructura simbólica que regía en la época y que se basaba en normas europeas —en una sociedad que ya nada tenía de indígena y en una raza que sí tenía mucho de africano.[12]

Otra época significativa del pasado dominicano son las luchas por la Independencia de los años 1843-44, de cuyo rescate literario posterior por parte de los escritores del siglo XIX las mujeres están casi totalmente ausentes. Es sabido que varias mujeres participaron activamente en ellas —de varias formas— pero no han sido preservadas sus acciones de manera simbólica; no se han instituido a esas mujeres como modelos de la identidad femenina nacional en los escritos de la época. La notable excepción son unas breves líneas en un poema escrito por Josefa Antonia Perdomo, versos que alaban la participación de algunas mujeres en la lucha armada.[13] Esta ausencia de lo histórico reciente se empareja con la ausencia del eje temporal presente. La época de la independencia estaría demasiado cercana a los tiempos de los escritores (algunos de los cuales fueron participantes en las intrigas y luchas por la independencia), y "la mujer" de esa época se podría convertir en "las mujeres conocidas y aun presentes", heterogéneas, contradictorias y muy poco perfectas.

El otro extremo del eje temporal lo constituye el futuro. Los escritores dominicanos de la época bajo consideración vivían envueltos en un ambiente ideológico en parte positivista. Este pensamiento tiene como precepto central la necesidad para el orden y el progreso de la colectividad social, y privilegia el presente y el futuro sobre el pasado. Poemas titulados "La gloria del progreso", "La fe en el porvenir", de Salomé Ureña y "La industria agrícola" y "Ciudad Nueva" de José Joaquín Pérez ilustran esa ideología.[14] La educación tomaría un papel importante en este progreso futuro, y a partir de los años 1875 se publicaba un sinnúmero de escritos periódicos que abogaban por la educación de "La mujer". Entre ellos, Salomé Ureña escribe en 1887 un poema con motivo de la certificación de las primeras maestras dominicanas —en la escuela normal fundada por ella bajo el tutelaje de Eugenio María de Hostos— en el que anima a la mujer a educarse para poder educar a sus hijos, es decir, "para ser del hogar lumbrera y guía" ("Mi ofrenda a la patria" 274). La función de maestra se concebía como una extensión natural del ser madre y en el poema queda limitada al interior del hogar. En este mismo acto de certificación, César Nicolás Penson se admiraba de que estas nuevas maestras, modelos de las mujeres del futuro, "no hablaron [...] como regularmente hablan ellas [...] [sino] en forma nueva, en estilo agradable y lenguaje libre de [...] incorrecciones groseras [...]"[15] "La mujer" se define por la ausencia de ciertos rasgos considerados comunes a la mujer y, en el balance de la jerarquía genérica de la diferencia, vistos como negativos.

En su poema "La gloria del progreso," que data de 1873, ya Salomé Ureña presenta una lista de profesiones de la cual está ausente totalmente la mujer: "contemplad [...] al que [...] se desvela [...] indagando la ciencia [...] el hábil arquitecto [...] el incansable obrero [...] ved [...] al que tenaz horada las montañas [...] etc." (77). El tiempo del presente de indicativo en estos versos señala que la actividad de los hombres tiene lugar en el presente. En la sociedad de los intelectuales positivistas, "ellos" (los profesionales) forman, según Ureña, "la vanguardia del progreso" (78), en el que ya están trabajando. La educación de las mujeres se constituye en un proyecto de un futuro por conseguir, un futuro en el que sus hijos tendrán el mando de la República, para instaurar el orden social ideado por el pensamiento positivista —en el que las mujeres tenían poca cabida (Louise-Marie Ferré). Las mujeres dominicanas, así, tendrán su función después de haber sido educadas para corregir las fallas que la naturaleza ha dejado en su carácter y en su constitución psicológica. Es la presencia masculina la que define el presente —y las mujeres están ausentes de él; su presente y su presencia involucran rastros (*traces* en término derridiano) tanto del no presente como de la no-presencia. En el programa positivista la mujer queda postergada a otro tipo de sociedad, en el futuro; ella es potencia del futuro o, como lo expresara Hostos, "germen de la nueva vida social" (1873, 9). Este acto de aplazamiento —dimensión temporal— y de desplazamiento —dimensión espacial— las constituye a las mujeres dominicanas del presente como *différance*, ausentes de la presencia de la sociedad de su propio tiempo. Ellas no son "lo propio" sino "lo otro" distribuido en lo propio. El discurso identitario dominicano enfatiza la *diferencia* (que es jerárquica) entre los géneros, y la *différance* (que es dinámica) en lo temporal para no autorizarles un papel significativo a las mujeres del presente —a éstas se las definirá partir del eje del espacio.

El "Drama original en tres actos...."[16] *Amor i expiación*, publicado en 1882 por Francisco Gregorio Billini (que será Presidente de la República de 1884 a 1885) servirá de puente en la dialéctica de los ejes espacio-temporales del tema identitario y permite vislumbrar otras visiones, contradicciones al discurso homogeneizante. Una primera lectura del drama ofrece una comedia de honor estilo siglo XVII español, cuya "acción tiene lugar en Santo Domingo", según la portada. La trama gira en torno a Elvira, que se ha dado a su prometido Roberto; éste sin embargo se ausenta porque "era pobre" y al parecer la abandona (26). Ella le sigue esperando, y rechaza al Conde Gil de Olivares, un "noble español i muy fino" (22) según don Diego, padre de Elvira, que insiste en el matrimonio. Una segunda lectura de la obra hace patente que cada uno de los personajes —que también incluyen un cura, militares y sirvientes— representa un elemento de la sociedad dominicana. El texto así se constituye en alegoría, otra de las formas discursivas utilizadas para simbolizar a la mujer dominicana, forma que ya Dante indicó como una de las "bellas mentiras"[17] de la expresión discursiva. Esta dinámica conlleva el situar la dimensión temporal en la época de la anexión a España de la República Dominicana, los años 1861-1865. Con las eternas discusiones y luchas intestinas referentes a la posible anexión de la República durante el siglo XIX,[18] la cuestión de un "matrimonio" del pueblo dominicano con un poder "otro" —rico y noble— era un tema siempre actual. Elvira es la única que se autoidentifica explícita y orgullosamente como dominicana, y eso frente al conde español —el que igualmente se autoidentifica como tal y establece así la confrontación.

Como toda alegoría lograda, la lectural del nivel textual tiene su propio significado —aquí, se caracteriza de sobra a la mujer según las pautas del estereotipo del código de honor; don Diego le acusa a Elvira ser la causa de su deshonra; la mujer es declarada frágil (18), inconstante (47), de suerte triste y sufrida (32, 40), avara al querer casarse con un hombre rico (55), etc. Sin embargo, en el ambiente histórico "presente" —la alegoría— Elvira se muestra muy otra; se la revela como una muchacha inteligente que ve claramente que el conde es "mezquino [...] cobarde [...] un don Juan Tenorio" (35); ella es de una pícara ironía hacia el conde ("Delicado i caballero, / merecéis mejor fortuna. / Buscad conde, otra mujer / que más digna sea de vos" [41/42]), y aun capaz de ataque verbal directo: "Señor conde, sois un necio" (47). El carácter intrínsecamente doble y temporal de la alegoría (véase, entre otros, Paul de Man) permite atribuir una dimensión simbólica al texto primero —nivel de la expresión— el que tradicionalmente se esfuma en cuanto se descubre el concepto detrás de lo literal; el nivel de la idea siendo siempre privilegiado en el pensamiento occidental. En el texto de Billini el nivel primero refiere a una comedia de honor española, característico de lo español, nacionalidad que aquí se quiere negar a favor de la dominicana. Así, frente a la insistencia de la vieja élite ambiciosa e hispanófila —representada por el padre de Elvira— que la "quieren sacrificar" (32) al poder extranjero, la joven dominicana expresa la identidad nacional al esperar el rescate del humilde dominicano, evento que ocurre al final de la obra en un desenlace feliz.

Aparte de esta alegoría de doble tiempo, al eje del tiempo presente se da significado en el discurso identitario dominicano sobre todo como espacio y, con respecto a las mujeres, específicamente en las áreas definidas para ellas, la casa y el huerto. La primera novela escrita en República Dominicana, *El montero* de Pedro Francisco Bonó (1856)[19] —gran pensador y político del Norte de la República— realza explícitamente los valores tradicionales para la mujer dominicana. En esta obra encontramos el conjunto de oposiciones progreso-tradición y centro-periferia;[20] se proponen la estabilidad de la casa, del hogar con la familia como centro del progreso, en oposición a la vida peripatética del montero. Bonó fustiga —a veces de manera acerba— el pasado a partir de una crítica a las costumbres del campesino, caracterizándolo como teniendo "la tradición, el aguardiente y [...] siempre un sable a su lado" (90). Según Bonó el progreso del dominicano está en la vida del pequeño cultivador de víveres, cultivados éstos, dicho sea de paso, por las mujeres, y que se venderán en el mercado del pueblo vecino, mientras la mujer cuida al hijo y al huerto y defiende su honor contra el 'montero malo' que la quiere violar. La obra explícitamente enfatiza los valores de la familia en una obvia homología de ésta con la nación.[21]

La novela describe la costumbre de la boda montera, aunque ese rito, según varios historiadores, habrá sido una excepción —un "lujo de clase"; el concubinato era la regla entre la gente del campo (Landolfi 190; Mejía Ricart 311). Sin embargo, el matrimonio como hecho legal constituía un aspecto importante para regular las relaciones sociales; era una forma de inscribir la familia en la sociedad, es decir, y sobre todo, una manera de pasar bienes legalmente y pacíficamente de un hombre a otro. Al quedar viuda Teresa, le dice a Manuel, marido de su hija María: "Todo lo que aquí hay y todo lo que pertenecía a Tomás será tuyo, lo entrego a ti y lo confío a tus cuidados y atenciones; en fin, todo lo doy [...]" (96). La riqueza se adquiría por medio de la alianza legal entre familias, en la que las mujeres jugaban el papel de dependiente, si no de otra propiedad más.

La novela ficcionaliza el presente del escritor, una época que significaba una transición en la República que afectó la unidad familiar; de una sociedad agraria, comunitaria y precapitalista, se convertía a una de incipiente capitalismo y caracterizada por el grupo familiar nuclear. En un proceso de homologación, el padre se constituiría como jefe tanto de la familia como de la nación, transfiriendo su esfera de acción hacia la vida pública. El papel de las mujeres dentro de la familia, sin embargo, estaba firmemente circunscrito y no participó de la transición económica que se estaba efectuando en la sociedad dominicana. No hay tal homologación para la mujer, la que se queda en la casa y en el huerto.

La novela presenta ciertas contradicciones internas, sin embargo, que delatan la realidad de la sociedad de los escritores. María representa la mujer dominicana campesina como es; su color es "bronceado por la raza y por el sol" (57). Queda claro nuevamente, sin embargo, que esa realidad mulata es vista como negativa: *pero* con "cutis fino", *pero* con manos y pies "pequeños y finos", *pero* con dientes "pequeños y blancos", etc. (57, énfasis mío). Se siente la necesidad de embellecer la realidad para conformar a la irrealidad del modelo cultural ideal; una "bella mentira" formulada en términos negativos.

La novela *Baní o Engracia y Antoñita*, otra obra de Francisco Gregorio Billini,[22] trata de una época alrededor de 1875, un pasado reciente. Nuevamente se homologa explícitamente un grupo pequeño, en este caso el pueblo de Baní, a la nación en otra sintomática espacialización del tiempo presente. Al principio de la novela ocurren comparaciones entre Baní y las muchachas Engracia y Antoñita,[23] lo que permite leer a Baní como siendo Engracia y Antoñita, mujeres que personifican el espacio-nación. En esta novela ocurre un mismo realzar del papel y de los valores tradicionales de las mujeres que en *El montero*, pero con matices muy distintos. Se presentan a las dos muchachas como dos modelos diferentes para la mujer dominicana, los dos al parecer positivos. Engracia es representativa del estereotipo femenino; es modesta, sin ambición de salir del pueblo, tiene buen juicio y prudencia, su sueño es amar y ser amada. Antoñita en cambio es más compleja y menos emblemática; es decisiva, soñadora, intelectual; busca más allá del pueblo, es valiente y enérgica, franca y libre; rechaza un matrimonio sin amor y gana con brío y agudeza las discusiones intelectuales, criticando la ley sobre el divorcio.

En *Baní*, así como en otros textos dominicanos del siglo XIX, no hay una figura masculina de autoridad; es decir que se trata de una sociedad fuertemente patriarcal en la que falta la figura del padre que guía a su "familia". Es más, en el comienzo de la novela, el autor aun hace balance negativo del carácter del hombre banilejo (léase dominicano); es falto de iniciativa, apático, descuidado de los intereses comerciales e industriales (29); "la mujer", en cambio es emprendedora, cuidadosa del hogar, activa en las industrias caseras y siembra frutas y otras plantas útiles en los patios de la casa (340). Se vislumbra, pues, una matización en la tradicional separación de las esferas de acción; según la visión de Billini, los hombres no son funcionales en la suya y las mujeres sí. Nuevamente —como en *El montero*— el modelo de la productividad económica resulta ser el espacio doméstico de las mujeres. Además, se las alaba como teniendo "modales que las agraciaba *sin que* fueran ignorantes; [con una] sencillez [...] *sin* ser incultas [...]; [con una] alegría [...] *sin* ser tontas [...] etc." (29). Sin embargo, el autor desmiente el elemento positivo que representan las mujeres, proceso ya implicado en la formulación negativa que censura aun cuando se trata de rasgos positivos. Las mujeres banilejas, en fin, se muestran "menos sensibles al amor de su pueblo", mientras el hombre es "apasionado [y] sintetiza el carácter general del dominicano..." (349).

La política constituye el punto máximo de la infiltración de lo público en lo privado, la mayor corrupción de una vida femenina que se quería libre de preocupaciones sociales. En *Baní* se presenta por primera vez en la literatura dominicana una mujer que se inmiscuye en las intrigas políticas; no es de extrañar la censura a que se somete este personaje.[24] Manuel de Jesús Galván, en su reseña de *Baní*, escribe de ella:

> Hay una mujer perversísima, como llegan a serlo casi todas las que se olvidan del hogar y del pudor femenil, para pedir puesto en el campo de las intrigas y de las ambiciones políticas; seres híbridos a quienes el crimen sólo deja la figura de mujer [...][25]

La política no ofrece una dimensión para la acción de las mujeres dominicanas; ellas seguirán siendo domésticas: "mujeres bellas, sin afeites artificiales, de sencillas costumbres, de afable trato, que como madres y como esposas son dechado de virtudes, y como hijas semejan al ángel bueno del hogar" (*Baní* 42). El discurso estereotípico y tradicional domina; sólo en pocos renglones o formulaciones se puede vislumbrar una realidad otra.

Billini además difiere su "Baní puro, patriarcal y sencillo de otro tiempo" del "Baní casi heterogénico [sic] de hoy" (349-350). La novela presenta un cuadro nacional que no acepta la heterogeneidad de la realidad de la época; el espacio presente se convierte en nostalgia del tiempo pasado. A pesar de las capacidades de las mujeres, el modelo de la identidad nacional del presente sigue siendo masculino; las cualidades positivas de las mujeres no son convertibles al campo público y a escala nacional. Así es que tanto Antoñita como Engracia se retiran de la vida para siempre, la una a su habitación dentro de la casa y la otra al campo —ambas solteras. Entre *El montero* de 1856 y *Amor i expiación* de 1882 por una parte —ambas obras de desenlace matrimonial y feliz— y *Baní* por otra, se nota un considerable aumento en la ambigüedad ideológica. Ha ocurrido un estancamiento en la configuración de la identidad nacional que no permite a las mujeres ni las funciones tradicionalmente asociadas con lo femenino. Ya no hay madre de la patria.

Del grupo de escritores dominicanos anteriormente citados faltan las cuatro mujeres escritoras que, aunque no participaban en la vida pública, contribuyeron su visión de la nacionalidad en sus obras literarias: Josefa Perdomo, Salomé Ureña de Henríquez, Amalia Francasci,[26] y Virginia Elena Ortea. Es interesante investigar hasta qué punto estas mujeres escritoras se insertan en el discurso oficial que sobre la "mujer dominicana" se promovía en la producción textual.

En este respecto es preciso resaltar que la identidad otorga poder al que la alcanza, ya que se incorpora a lo "propio", dejando de ser "otro"; sin embargo, si esa identidad ha sido definida por otros —como es el caso de una identidad nacional, que es una colectividad y formulada por hombres— lo "propio" pierde poder al caer bajo el dominio de lo definido por otros. Son esos otros los que legitiman la identidad del sujeto o, mejor dicho en este caso, de la "sujeto". La mujer por tanto participa de la identidad en tanto otra; forma parte de lo propio mientras sigue ajena al proceso de definición de ese propio. Solamente en el mismo quehacer literario de las escritoras se podría advertir el establecimiento de una imagen femenina propia, posiblemente diferente de la oficial y autorizada. Ya se ha mencionado el papel de la mujer luchadora por la independencia, realzada por Josefa Perdomo. En cuanto a la poeta Salomé Ureña, miembro establecido de la élite hegemónica, es notable cómo alguna de su escritura borra los márgenes entre lo público y lo privado. En sus poemas llamados "patrióticos", de muy marcado tono público, las características de su discurso la dejan fuera como sujeto poético cuando se dirige a la población siempre en términos de "vosotros" (véase "La gloria del progreso", poema citado anteriormente). Por otro lado, en algunos de los poemas que versan sobre su vida privada se inserta la veta patriótica, como en el poema dedicado a su pequeño hijo Pedro Henríquez Ureña, cuando éste le preguntaba "¿Qué es patria?" (269-271). Así la patria que, en la configuración de la identidad nacional sería lo "propio" se delega a los (vos)otros, mientras lo personalmente propio, la familia, se inserta en lo nacional. Salomé Ureña produce así una dinámica significativa en los márgenes de la tradicional separación entre lo público y lo privado (véase Vallejo, "Lo personal y lo patriótico").

Asimismo Virginia Elena Ortea, en su novela incompleta titulada *Mi hermana Catalina* reformula el papel de la mujer promovida en la novela sentimental. Se constituye este fragmento en una respuesta a la *María* de Jorge Isaacs, planteándose como contradiscurso a una tradición literaria establecida. A pesar de las similitudes de trama entre *María* y *Mi hermana Catalina*, ésta es activa, sana, inteligente, pícara, emprendedora e independiente —recuerda a la Antoñita de Billini.[27] Ortea es una escritora y periodista cuasi-profesional;

contribuía con regularidad a los periódicos y revistas de la época con poemas y con sus "Crónicas puertoplateñas". También escribió una zarzuela, titulada *Las feministas* (presentada en Puerto Plata por un grupo de amigos en 1896), que ilustra toda la gama de las facetas del feminismo de la época, y revelando que la autora estaba muy bien informada de lo hecho en Francia así como de lo publicado en la República Dominicana. Las "feministas" se desintegran al final, al casarse las muchachas y disolverse la asociación que habían formado para la emancipación de las mujeres.[28] El hecho mismo, sin embargo, que una escritora de un pueblo de la República Dominicana supiera presentar a fines del siglo XIX las cuestiones palpitantes de la época anuncia que las mujeres mismas iban tomando conciencia de su situación, iban configurando y homologando ellas mismas su identidad propia a la nacional.

El discurso oficial de la producción textual —dominicana en este caso, e imprescindiblemente homogeneizante, europeizante y conservador— ha querido configurar a la mujer en estereotipo; ha promovido explícitamente a la amada bella y virgen, la esposa casera y la madre abnegada. El examen cuidadoso de sus textos particulares, descubre que siempre hubo matices que amplían de manera heterogénea el modelo propuesto y se pueden encontrar mujeres indígenas líderes de su pueblo, mujeres guerreras, solteras que trabajan para ganarse la vida, muchachas racionales e intelectuales, muchachas que podrán

> ser lo que son ellos [los hombres]
> surcar el mundo i ufana
> manejar sus intereses
> y trabajar si él trabaja;
> no en el mísero bordado,
> no en la destructora máquina
> de coser; en un bufete,
> si llega a ser abogada
> y si puede, ser doctora,
> o banquera, o secretaria...
> (Ortea, *Las feministas*, I, iv)

La lírica (constituida por los poemas dedicados a las mujeres indígenas y a "la mujer" del futuro) ofrece la dimensión más abiertamente mitificadora, la que esencializa a las mujeres en modelo unilateral, como madre ideal y hasta redentora divinizada. Este género literario asimismo es el que opera más bien en el eje del tiempo —pasado y futuro. Cuando se trata del presente se espacializa hasta cierto punto la dimensión temporal, y también se presenta la materia más generalmente en forma narrativa y ensayística. En esa faceta la mujer se constituye como un individuo dentro de un ambiente particular con características detalladas y específicas y, por tanto, contradictorias a las "bellas mentiras". Es aquí que se problematiza el quehacer femenino de las mujeres dominicanas—en casa, calle, huerto, monte, cocina, y taller de bordura— que constituyen la esfera de acción —pero ningún lugar público. En el espacio del presente se las critica, advierte, niega, prescribe y proscribe a las mujeres— y ellas así desaparecen como fuerza efectiva, retirándose de la vida. El discurso periódistico y literario dominante y hegemónico sobre las mujeres —sobre todo hacia fines del siglo XIX— es un anacronismo en la realidad dominicana, en la que ellas participaban plenamente en los campos de la educación y la cultura. Este discurso se hace un instrumento al servicio de un orden político que, bajo el liderazgo de una élite pequeña, buscaba consolidar la nación y perpetuar una sociedad estancada en una ideología romántica y positivista, liberal patriarcal y europeizante. Sólo en los intersticios discursivos textuales —aunque expresada con frecuencia en términos negativos— se vislumbra una visión más compleja, más acorde con la realidad social dominicana.

NOTAS

[1] Los tres términos utilizados —identidad, sujeto, nación— se prestan a problematización extensa; no ha sido la intención de este trabajo, sin embargo, una pesquisa teórica sino un análisis textual. Los conocidos trabajos de Doris Sommer y de Francine Masiello —entre otros— constituyen un gran aporte al estudio de la situación de la mujer en Hispanoamérica en el siglo XIX y principios del XX. El presente trabajo forma parte de un proyecto mayor de investigación de las obras dominicanas del siglo XIX, en parte becada por el gobierno de la Provincia de Québec.
[2] Estos ejes integran a la vez la problemática de la raza, indígena y negra —tema importante pero no pertinente a este trabajo sino marginalmente. El trabajo de Félix María DelMonte, *Las vírgenes de Galindo* —escrito en 1885 y publicado en 1880 a raíz de su temor de una nueva invasión por parte de Haití, y luego retomado por César Nicolás Penson en una de sus *Cosas añejas*— es paradigmático de las preocupaciones raciales del pueblo, extensamente y largamente calladas en las expresiones públicas, tratadas como si fuera en notas a pie de página...
[3] Para fines del siglo XIX la República Dominicana contaba con un conjunto de textos que se veía como "literatura nacional" —tan pregonada en Argentina por Esteban Echeverría y en México por Ignacio Manuel Altamirano— y que constituía entonces unos ochenta textos literarios mayores en los tres géneros, la gran parte de los cuales —unos cincuenta textos— se publicó sólo en la prensa periódica.
[4] "The nation is always conceived as a deep, horizontal comradeship", explica Benedict Anderson (7); la nación "is conceived as a solid community moving steadily down (or up) history" (26).
[5] Así como lo expresa Torres-Saillant: "[...] the official definers in Dominican society, the architects designing the image of Dominicanness that informs the dominant discourse on literature and culture, have for the most part come from a light-skinned upper class and a Europeanized intellectual elite" (52).

[6] Es notable el hecho de que falten referencias al pasado de la historia colonial; es éste un pasado que se ha querido borrar de la memoria, así como el de los 22 años de ocupación haitiana. El pueblo dominicano, como todos, ha ido construyendo su historia como la narrativa de una serie de sucesos selectivamente rescatados de la memoria. Véase al respecto Hayden White, que explica que los pueblos quieren dar sentido y coherencia al pasado heterogéneo —sentido que es en gran parte inventado o ilusorio.

[7] Véase Torrest-Saillant: "[The] historical context has given Dominican ruling classes occasion to construct a nation-building ideology based primarily on self-differentiation from Haiti, including the area of racial identification" (54).

[8] Es, en efecto, notable la escisión que ocurre —sobre todo en la lírica— entre las tres funciones vistas como esenciales de lo femenino en la literatura hispanoamericana.

[9] Es ésta la única obra de las presentadas aquí que ha tenido alguna resonancia fuera del país. Es indicativo del proyecto nacional el que *Enriquillo* se instituyó casi desde la fecha de su primera publicación como la novela nacional, texto obligado en toda la enseñanza pública de la *historia patria*. Ver Doris Sommer para un estudio extenso y ejemplar del "romance familiar" de esta novela.

[10] José Martí alabó la creación de la Mencía de esta novela como la "casada más perfecta que la de fray Luis" (del Prólogo 9).

[11] Es notable además la parca producción de poesía religiosa en esa época; la devoción a María —símbolo paradigmático y ortodoxo de la madre perfecta— se limita a unos pocos poemas esparcidos en la obra de unos pocos poetas.

[12] En efecto, la contradicción es todavía más neta, ya que desde 1550 había desaparecido de la realidad dominicana el indio como entidad cultural y étnica. En cambio, casi desde 1500 se había establecido la raza negra de tal manera que para la segunda mitad del siglo XIX la población de la Isla era más o menos totalmente mulata, sobre todo fuera de los centros urbanos. Este hecho es totalmente ignorado en la literatura dominicana del siglo XIX y —dicho sea de paso— en su literatura de gran parte del siglo XX. José Joaquín Pérez es el único escritor que refiere a la mujer de color, haciendo una comparación implícita con la mujer blanca en los siguientes versos: "No es la bella Etnaí tímida corza / humilde oveja, ni paloma mansa / ¡sino altiva leona de Numidia / y de Guinea indómita jirafa!" ("A Etnaí" 243). Es un poema bastante explícito en cuanto a los elementos corporales de la "joven negra", explicitación que no se permitiría en poemas dedicados a una joven blanca: "En la curva turgente de su seno / los dos globos artísticos resaltan / cual en las negras sombras de la noche / las radiaciones de la Vía Láctea" (242). Se indica así la inferioridad de la raza negra, a la que se puede describir en términos físicos con impunidad. Para una elaboración del tema de la legitimación de la identidad nacional con respecto a la mitificación del pasado, véase Vallejo, "Beautiful Lies".

[13] El poema reza en parte: "Allí Trinidad Sánchez, la valiente, / los guerreros anima a la batalla /.../ Baltasara, la grande, al par sencilla, / se arma, corre, las huestes acaudilla; / i a luchar con denuedo se prepara" ("27 de febrero" [1885], 229). Josefa Perdomo fue la primera poeta de la República Dominicana; publica su primera composición en 1854.

[14] Se nota que la ideología romántica y la positivista convivían a veces en un mismo escritor, como es el caso, efectivamente, de Salomé Ureña y José Joaquín Pérez.

[15] Citado en Emilio Rodríguez Demorizi, *Salomé Ureña y el Instituto de Señoritas*, 200.

[16] La copia que he podido manejar ha sufrido los estragos del tiempo, y faltaba un pedazo de la página de título.

[17] "Una veritude ascosa sotto bella menzogna", en *Convivio*, citado en MacQueen, 54.

[18] El territorio cayó bajo el dominio de Haití a principios de siglo, se anexó a España entre 1861 y 1865; siempre hubo discusiones acerca de una posible anexión a los Estados Unidos, y aun a la Gran Colombia.

[19] El montero era el gaucho dominicano, oficio del hombre sobre todo norteño, que iba en caza de los animales escapados. La novela fue publicada en el periódico español *El correo de Ultramar*.

[20] Aparece la tradicional oposición binaria globalizante "civilización-barbarie" —aun con explícitos recuerdos de Sarmiento. Esta será retomada por José Ramón López, también intelectual del sector norteño de la República; su *Nisia*, de 1898, presenta explícitamente al espacio de la naturaleza salvaje, y relacionado estrechamente con la mujer. En una confrontación final con un novio celoso, Nisia se sacrifica para salvar la vida al narrador —intelectual de la capital huido al norte por motivos políticos— en un claro intento de erradicar simbólicamente la barbarie de la vida campesina —y desaparece de ésta la fuerza vital y efectiva que representaba Nisia.

[21] En otros escritos Pedro Francisco Bonó abogaba por el cultivo del tabaco, el que podría efectuarse en pequeñas propiedades cuyo centro sería el grupo familiar. El cultivo del azúcar, por el contrario, más característico del Sur de la República, requería terrenos grandes, generalmente trabajados por esclavos en fincas propiedad de una pequeña élite terrateniente. El montero así se constituye también como un hito en la lucha regional de Norte (tabaco) contra Sur (azúcar), de empresa particular contra ingenio grande, de familia nuclear contra el patriarcado extendido.

[22] Apareció primero como novela por entregas en 1892, en el periódico capitaleño *El Eco de la Opinión*.

[23] Tanto éstas como Baní se presentan como "alhajas" (12, 37); las muchachas son débiles como mimbre" (23) mientras Baní se asemeja "a una cesta de mimbres" (37); el encanto de de las muchachas es "pura [...] poética" (28-29), y el río de Baní tiene un encanto de "poesía [...] sencillo y pastoril" (39).

[24] Desde el comienzo histórico de la República Dominicana —existen artículos que datan de 1854— los intelectuales regularmente publicaban censuras contra el fenómeno ("la plaga") de las mujeres que participaban en la vida pública —obviamente, entonces, ya algo común. En 1876 Francisco Ortea opinaba que la "mujer política [...] no es mujer: cambia de sexo: se masculiniza". Continúa diciendo que la "hermosa, dulce y civilizadora" misión de la mujer se pierde "metida en la política, respirando su veneno, y manchándose con su cieno [...]" (La Paz, Santiago de los Caballeros, abril 15).

[25] En *El Teléfono*, 4 de diciembre de 1892; citado en Emilio Rodríguez Demorizi, 1964, 197.

[26] Seudónimo de Amelia Francisca Marchena de Leyba; su novela *Madre culpable*, publicada en 1893, es de tema no dominicano; tiene lugar en España y puede verse como un plasmar del modelo romántico de la mujer pregonado en la lírica.

[27] La falta de conclusión a la novela constituye un misterio que por un lado encierra las causas del abandono y, por otro, prohíbe una mayor comparación con María y con Baní. *Mi hermana Catalina*, así como la zarzuela de Ortea, nunca fue publicada en vida de la autora; se pudieron publicar en 1997, en conjunto de todo lo conocido de su

producción textual e incluyendo *Risas y lágrimas,* su volumen de cuentos de 1901, bajo el título de *Obras* de Virginia Elena Ortea.

[34] Para un estudio más extenso, véase Vallejo, "Las feministas, la zarzuela inédita de Virginia Elena Ortega [...]"

BIBLIOGRAFÍA

Anderson, Benedict. *Imagined Communities. Reflections on the Origin and Spread of Nationalism.* [1983] Londres: Verso, revised ed. 1991.

Angulo Guridi, Javier. *Iguaniona. Drama histórico en verso y en tres actos.* [1882] Ciudad Trujillo: Eda Montalvo, 1953.

Althusser, Louis. "Ideology and ideological state apparatuses". *Lenin and Philosophy and Other Essays.* Nueva York: Monthly Review Press, 1971. 127-186.

Bhabha, Homi. "Narrating the Nation". Homi Bhabha, ed. *Nation and Narration.* Londres: Routledge, 1990. 1-7.

Billini, Francisco Gregorio. *Baní o Engracia y Antoñita.* [1892] Santo Domingo: Central de Libros, s.f.

———. *Amor y expiación.* Drama original en tres actos i en [verso?]. Santo Domingo: Impr. "El Pueblo", 1882.

Bonó, Pedro Francisco. *El montero.* [1854] San Francisco de Macorís R.D.: Feria Nacional del Libro ONAP, 1989.

DelMonte, Félix María. *Las vírgenes de Galindo, o la Invasión de los haitianos sobre la parte española de la isla de Santo Domingo el 9 de febrero de 1822.* Santo Domingo: Impr. de García Hermanos, 1885.

De Man, Paul. "The Rhetoric of Temporality. I. Allegory and Symbol". *Blindness and Insight.* [1971] Minneapolis MN: University of Minnesota Press, 1983. 187-208.

Derrida, Jacques. "Ce dangereux supplément". *De la grammatologie.* Paris: Eds. de Minuit, 1967.

Ferré, Marie-Louise. *Féminisme et positivisme.* Léger-en-Yvelines: Chez l'auteur, 1938.

Foster, David William. *The Argentine Generation of 1880. Ideology and Cultural Texts.* Columbiay Londres: University of Missouri Press, 1990.

Francasci, Amelia. *Madre culpable: Novela Original.* Santo Domingo: Impr. de García Hermanos, 1893.

Galván, Manuel de Jesús. *Enriquillo.* [1879, 1882] Santo Domingo: Ed. Librería Dominicana, 1966.

Goldmann, Lucien. *Pour une sociologie du roman.* París: Gallimard, 1964.

Hostos, Eugenio María de. *Obras completas.* Habana: Cultural, S.A., 1939.

López, José Ramón. "Nisia". *Cuentos puertoplateños.* [1898] Santo Domingo: Ed. Corripio, 1991. 163-206.

Landolfi, Ciriaco. *Evolución cultural dominicana. 1844-1899.* Santo Domingo: Ed. de la Universidad Autónoma de Santo Domingo, 1981.

MacQueen, John. *Allegory.* London: Methuen, 1970.

Masiello, Francine. *Between Civilization and Barbarism. Women, Nation, & Culture in Modern Argentina.* Lincoln: University of Nebraska Press, 1992.

Mejía Ricart, Tirso. *La sociedad dominicana durante la Segunda República, 1865-1924.* Santo Domingo: Ed. de la Universidad Autónoma de Santo Domingo, 1982.

Ortea, Virginia Elena. *Risas y lágrimas.* [1901] Santo Domingo: Alfa y Omega, 1978.

_____ *Obras.* C. Vallejo, ed. Santo Domingo: Ce-Mujer/Ed. Búho, 1997.

Ovares, Flora, M. Rojas, et al. *La casa paterna. Escritura y nación en Costa Rica.* San José: Ed. de la Universidad de Costa Rica, 1993.

Penson, César Nicolás. "Las vírgenes de Galindo". *Cosas añejas.* [1892] Santo Domingo: Eda. Taller, 3a ed. 1974. 196-258.

Perdomo, Josefa Antonia. *Poesías [1854-1885].* Santo Domingo: García Hnos, 1885.

Pérez, José Joaquín. "Fantasías indíjenas". *Fantasías indígenas y otros poemas.* [1877] Santo Domingo: Ed. Corripio, 1989.

Rodríguez Demorizi, Emilio. *Salomé Ureña y el Instituto de Señoritas.* Ciudad Trujillo: Impr. Dominicana, 1960.

_____ *Baní y la novela de Billini.* Santo Domingo: Eda del Caribe, 1964.

Sommer, Doris. *Foundational Fictions.* Berkeley: University of California Press, 1991.

Torres-Saillant, Silvio, "Dominican Literature and its Criticism. Anatomy of a Troubled Identity". *A history of Literature in the Caribbean.* Volume I. A. James Arnold, ed. Amsterdam/ Philadelphia: John Benjamins Publ., 1994. 49-64.

Ureña de Henríquez, Salomé. *Poesías completas.* [1880] Santo Domingo: Ed. Corripio, 1989.

Vallejo, Catherine. "Beautiful Lies: Legitimation of the National Identity in two Series of Indianist Poems of the Dominican Republic, 1877-1882". *The Reordering of Culture: Latin America, the Caribbean and Canada In the Hood.* Alvina Ruprecht, ed. Ottawa: Carleton University Press, 1995. 521-532.

_____ "Lo personal y lo patriótico en la obra de Salomé Ureña de Henríquez: los márgenes productivos del sujeto poético". *Mujeres latinoamericanas: Historia y cultura, siglos XVI al XIX.* Vol. II. Luisa Campuzano, ed. México/La Habana: UAM-Iztapalapa/Casa de las Américas, 1997. 295-314.

_____ "Las feministas, la zarzuela inédita de Virginia Elena Ortea". *Mujeres latinoamericanas: Historia y cultura, siglos XVI al XIX.* Vol. II. Luisa Campuzano, ed. México/La Habana: UAM-Iztapalapa/Casa de las Américas, 1997. 256-269.

White, Hayden. "The Burden of History". *Tropics of Discourse. Essays in Cultural Criticism.* [1978] Baltimore: The Johns Hopkins University Press, 1985. 27-51.

Cuerpos que (se) queman
Mujer, indio y propiedad sexo-cultural en Rosa Guerra[1]

Luis Ernesto Cárcamo H.
Cornell University

La leyenda de Lucía Miranda constituye una historia quemante en el imaginario colectivo de Argentina: una relación tramada en torno al amor imposible y fatal entre el cacique *timbué* Mangora y la española Lucía Miranda, con las intervenciones no menos trágicas de su esposo Sebastián Hurtado y Siripo, hermano del cacique. En el epicentro de esta historia no sólo hay un drama de amor sino, sobre todo, un conflicto de género, raza y cultura subyacente en el suelo mismo de la nación argentina. El devenir de esta leyenda ha significado su recreación en numerosas y variadas versiones.[2] El hecho que tenga lugar en un escenario de (des)encuentro cultural concitó inmediatamente interés fuera de las fronteras rioplatenses y así escritores europeos tramarán sus propias versiones: Thomas Moore escribe *Mangora, King of the Timbusians or The Faithful Couple* (Londres, 1718) y Manuel Lassala, su *Lucía Miranda* (Bologna, 1784). En Argentina, según consigna A.R. Cortázar, se pueden destacar diferentes versiones en cada siglo: *Historia* de Ruy Díaz de Guzmán en 1612, *Siripo* de Manuel José de Lavardén en 1789 —obra que se representó en el teatro La Ranchería de Buenos Aires ese año, *Lucía Miranda* de Miguel Ortega en 1864 y la novela de igual título dada a conocer por Hugo Wast en 1929.

La figura de Lucía Miranda envuelve una dimensión de raza y cultura— española y cristiana— pero al mismo tiempo encarna su condición de mujer en términos genéricos. De allí que diferentes escritoras han articulado sus propios cruces con esta historia. En 1860, dos mujeres argentinas simultáneamente se abocan a publicar sus versiones: en la serie *La Tribuna* correspondiente al período 10 de Mayo-4 de Julio, Eduarda Mansilla de García, bajo el seudónimo "Daniel", da a conocer *Lucía, novela sacada de la historia argentina*; por su parte, en el mismo año, Rosa Guerra edita su *Lucía Miranda*, obra originalmente escrita en 1858. Así, desde una condición genéricamente distintiva, las historias escritas por mujeres ofrecen sus propios modos de textualizar la leyenda.

En dicho contexto, en el presente trabajo me interesa abordar *Lucía Miranda* de Rosa Guerra (1818-1872) en función de explorar sus problemáticas intersecciones de raza, sexualidad y cultura, triángulo en el cual, a la vez, opera la cuestión de la frontera en un doble sentido: como sujeción a límites y, a la vez, como posibilidad de cruce.

Sin duda que, en sus trazos gruesos, la narración de Rosa Guerra reitera los cánones dominantes de la leyenda en tanto "mito blanco y cristiano" (Iglesia 56); pero en su gesto de reescritura, que imbrica su incómoda posición de mujer, su texto torna aún más patente una ideología que enmarca y controla sentidos tanto con respecto a lo sexual como a lo etnocultural. A lo largo de la narración se pone de manifiesto una fuerte sanción al encuentro "sexual" de frontera, donde no sólo el indio sino que, finalmente, la mujer (española) terminan asociados al "bárbaro" mundo de la pasión y el cuerpo, lo que, ideológicamente, establece el lugar subordinado de ambos sujetos en el discurso "civilizador" de la nación. Sin embargo, esta novela de Guerra, dentro de sus límites discursivos españolizantes y cristianizantes, también abre brechas que permiten interrogar dicho discurso, desde el momento que la mujer desafía su subalternidad por la vía de su acción (Lucía Miranda) y su escritura (Rosa Guerra). Asimismo, en términos etnoculturales, aquí la mujer juega una estratégica posición de frontera entre el mundo colonizador y el mundo indígena; desde dicho status fronterizo, ella asume su agencia, un deseo otro por desbordar la binariedad de los opuestos y así fundar positivamente "una sola familia" entre indios y blancos. Esto metaforiza oblicuamente el deseo femenino de otro cuerpo nacional, descorriéndose de la nacionalidad como matrimoniaje y sexualidad de base exclusivamente europea; en este nivel, la narración de Guerra sugiere la posibilidad de articular matrimonio, familia y nación como cuerpos etnoculturalmente mezclados, signos de un cruce.

No obstante, esta posibilidad aparece constreñida dentro de los límites culturalmente demarcados en que se concibe la relación sexual de blancas con indígenas en el contexto colonial y poscolonial: tanto mujer e indio se (des)encuentran en una situación de sujeción de sus cuerpos, sexos y subjetividades al encuadre sociocultural del "matrimonio cristiano", en tensión con el hecho que, en el marco ideológicamente sesgado de la leyenda, sus acciones desatan pasiones y deseos que terminan originando una historia de violencia y barbarie. Así, mujer e indio aparecen "cautivos" de la lógica cultural dominante, la cual les exige respetar las fronteras de propiedad en que funcionan sus cuerpos y sexualidades, entendiendo propiedad como posesión de territorio (el cuerpo) y a la vez como correctitud de una conducta (sexual). Esto sintomatiza no sólo los patrones de sexualidad y raza ligados al escenario de la conquista y colonización, en que se sitúa la trama, sino que refleja los límites de una narrativa de mujer dentro de las fronteras ideológicas y culturales dominantes en la Argentina del siglo XIX, período en que se escribe y lee esta narración.

Rosa Guerra pertenece a un período en que la idea de la nación funciona analógicamente al reforzamiento de la familia y el matrimonio en la sociedad argentina, en conjunción con una asignación de roles emblemáticos a las mujeres: el hogar, la educación, el sentimiento de la patria (Masiello, *Between Civilization*).

Dentro de este cuadro, cabría situar la paulatina emergencia de las mujeres en las letras argentinas a lo largo del siglo XIX; en esta coyuntura, las escritoras se posicionan distintivamente en el "cómo imaginar" la nación.[3]

Durante la etapa de la dictadura de Rosas (1829-1852), los escritores liberales habían forjado camino al intelectual crítico, desde Esteban Echeverría, hasta la instalación de la denominada generación del 37, con figuras tales como Sarmiento, Mármol y Alberdi. Se trata de autores cuya literatura "practica la negatividad contra Rosas", aun cuando después de Caseros, "incorporados al sistema", dicha condición de "vanguardia excepcional" deviene en "privilegio" (Viñas, *De Sarmiento* 20-21). En este clima intelectual, la voluntad de levantar una visión crítica de país ante el proyecto "bárbaro" de la dictadura de Rosas, otorga posibilidades para otras voces. Así, hacia los 40, aparece la voz y escritura de Juana Manuela Gorriti y, luego, en los 50, las figuras de Eduarda Mansilla, Juana Manso y Rosa Guerra, junto a otras, abren nuevas rutas. El debate de la sociedad argentina comienza a ser matizado por sus discursos, puestos fuera del mapa tradicional de la política dominante disputado por unitarios y federales. Las nuevas intelectuales comenzaron a abrir otro espacio. En términos de Francine Masiello, al hacer esto desde una "tercera posición" no considerada por *los* escritores, *las* escritoras como Gorriti, Guerra, y Mansilla pusieron en duda las estructuras binarias que conformaban la historia oficial (Masiello, *Between Civilization* 51).

Por lo tanto, las mujeres de mitad del siglo XIX comienzan a ganar visibilidad en el arena pública, marcando su diferencia de voz y planteamiento: su inserción en el debate de la cuestión nacional civilización/barbarie, su visión de los indígenas y las cuestiones atinentes a ellas mismas llevan el sello de sus propias expectativas de género. Al incursionar en el texto de Rosa Guerra no se puede dejar de considerar este telón de fondo, para percibir adecuadamente las marcas diferenciadoras de su discurso, el que, ciertamente, constituía parte del mundo hegemónico del período, aunque, a su manera, también lo alteraba. De hecho, en un período de florecimiento de las primeras publicaciones femeninas entre 1830 y 1854, Rosa Guerra es co-directora de una de ellas, *La Argentina* (1830), y, más tarde, dirige *La Camelia* (1852) (véase Belluci). Dentro de este contexto, su literatura, especialmente su periodismo y su narrativa, prolonga dicha práctica social, conteniendo los signos no sólo de una imaginación personal sino también colectiva, como ocurre en su narración *Lucía Miranda*.

Este relato/leyenda se ambienta en el fuerte Espíritu Santo, localizado en la boca del río Carcarañá, al poniente del Paraná, donde, hacia 1527, se habría instalado "una colonia española"(17).[4] Al parecer, en esta región rioplatense, la población nativa, constituida por los *timbúes*, llegaría a tener una positiva imagen entre los españoles (Cortázar, *Indios y gauchos* 42). Por lo tanto, la voz narrativa de Rosa Guerra tiene un cierto asidero para describirlos como "gente mansa, dócil, accesible a la amistad, y sensible al dulce placer de la vida" (17). No obstante, esta caracterización idílica de los nativos conlleva su contraparte. La narradora no duda en desplegar una retórica orientada a enaltecer y ennoblecer el linaje de los colonos y, por ende, el origen europeo de la nación —en su genealogía rioplatense. Al referirse a los españoles del fuerte Espíritu Santo, Rosa Guerra consigna:

> la mayor parte de los pobladores del Rio de la Plata, como lo aseguran los más verídicos historiadores, fueron hijos de principales familias; hombres de nobles casas, hidalgos, caballeros y comendadores que con el deseo de alcanzar renombre, se lanzaban a mayores peligros. (25)

En este cuadro, compuesto de indios y españoles, la narradora parece buscar situarse en "un lugar céntrico", desde el cual ver "la diferencia y contraste" entre el "hombre civilizado de las ciudades, con la del inculto salvaje, habitante de los bosques" (33). La mirada femenina, de la voz narrativa y del personaje, contiene cierta implícita voluntad de equidistancia, aunque sin dejar de yuxtaponer lo civilizado sobre lo salvaje. La protagonista, Lucía Miranda, inicia una especie de instrucción cultural del cacique indio Mangora, ejerciendo la perspectiva de sus costumbres y valores europeos.

De este modo, se configura una clara forma de colonización cultural, proceso en el cual —sintomáticamente— una mujer juega el rol de "reproductora" de la ideología colonial. La reescritura de Guerra no puede salirse de la trama hegemónica de sentidos que funcionan en torno a la leyenda y sus protagonistas, derivando en una sanción explícita al indio y una implícita a la mujer. Como Susana Rotker ha puntualizado, este "mito de Lucía Miranda, es decir, el mortal deseo sexual de un indio por una blanca, sirvió en un principio para justificar la violencia de la Conquista; más adelante, sería un refuerzo ideológico para el exterminio del indio en el último cuarto del siglo XIX" en Argentina ("Lucía Miranda" 118). Desde esta perspectiva, el texto de Rosa Guerra se sitúa en la sincronización de esas dos temporalidades, funcionando como texto de la Conquista/colonización y, a la vez, como un discurso que contiene los signos neohispanizantes presentes en el establecimiento de la nación argentina. Esta intersección es eminentemente histórica. Tal cual ha señalado David Viñas, a partir de 1830 y hasta finales del siglo XIX, la elite criolla refuerza una "renovada actitud liberal ante lo español," fomentando el "neohispanismo e indofobia" en aras de erigir un edificio nacional de "blancos" y "cristianos" (Viñas, *Indios, ejército* 62-63).

En este tramado de historias, la sanción implícita a la mujer pasa por el papel perturbador que se le asigna a su sexualidad. Se establece una visión sesgada de la mujer como un ente-sexo, portadora de "encantos" y "seducciones" hacia el "otro"; por tanto, queda inhabilitada para jugar un papel dirigente en la constitución de la historia nacional. Es la homologación de mujer y sexo, aminorando su potencial de agente histórico-cultural. Lucía Miranda, en el texto de Guerra, parece seguir marcada por un prisma que subalterniza su lugar histórico como mujer.

Subsecuentemente, el encuentro de la mujer blanca y el indio conducirá esta historia a la configuración de un "drama" marcado por el signo de una erótica fatal, cual es la atracción de Mangora hacia el cuerpo de la española, su sexo prohibido:

> Fue imposible a Mangora seguir contemplando tantos *encantos* y *seducciones*, sin quedar locamente enamorado de Lucía.
> El cacique amaba en secreto a la española, y ella sin siquiera sospechar siquiera en *la pasión* que había inspirado al indio [...]. (22, énfasis mío)

Aquí ya vemos la posicionalidad que la historia narrativa estructuralmente le otorga a la mujer como tentadora del "otro". Rosa Guerra no logra deshacerse de la carga de la leyenda, en la cual la protagonista desata *la pasión* ciega del indio, en cuanto porta *encantos* y *seducciones*. Mangora sucumbe a la atracción erótica, conduciendo esta historia de españoles y *timbúes* al desarreglo de la violencia y la barbarie. Así, el cacique y sus hombres terminan quemando el fuerte español y matando buena cantidad de sus miembros. El punto de origen: el encuentro de la blanca y el indio. Ambos sujetos resultan posicionados en una esfera similar, aquella de la pasión, el instinto y los sentimientos equívocos; por cierto, este no es un lugar nuevo ni para la mujer ni para el indio en cuanto tradicionalmente habían sido retratados, especialmente en los textos de la Colonia y el siglo XIX, en una esfera apartada del dominio europeo-masculino de la *ratio*, dependiendo así de atributos meramente físicos y emocionales, como "belleza" y "encanto" (la mujer) o "valentía" y "fuerza" (el indio).

En este sentido, la subjetividad femenina en el texto de Guerra está marcada y construida dentro de un macrorelato que la posiciona y define en la *Historia de Argentina*: la leyenda misma. Pero, allí mismo donde la *Historia* —en un sentido patriarcal— la construye como objeto-sexo, el sujeto-mujer resiste a dicha construcción y se significa en otros niveles. Hila su *historia* en los intersticios de un relato mayor.

En *Lucía Miranda*, el sujeto femenino se articula dentro de las normas dominantes, pero, en ese mismo espacio, emergen los trazos de su eventual agencia, su *historia*. El primer hecho es que, aunque a Lucía Miranda se la circunscribe a un drama de amor y tragedia en la Historia, su figura no deja de ser una activa presencia de mujer, constituyente de una historia. Por cierto, se trata de una presencia construida dentro del sistema de normas de la cultura colonizadora dominante, de sesgo masculinista y cristianizante, el "narcisismo blanco" de que habla Susana Rotker para referirse a la cultura de raza en la Argentina del siglo XIX.[5] No obstante, en ese suelo normado o pautado culturalmente, aparece Lucía como sujeto que produce historia e historias.[6] Su figura permite a otra(s) mujeres re-escribir su historia en la Historia, como lo consigna Guerra en referencia al papel de ella y Eduarda Mansilla en 1860:

> Pobre Lucía! después de más de tres siglos y medio, la lectura de tus desgracias en estas mismas comarcas donde fue consumado tu martirio, hacen derramar lágrimas a todos cuantos las leen, y, cosa singular! Dos mujeres también de estas mismas rejiones, sin tratarse, sin comunicarse con sus ideas, herida en lo más vivo de su imajinación por tus desgracias, toman tan tierno y doloroso argumento para basar cada una su novela, cuya letra conmoverá los corazones menos sensibles. (14)

De este modo, la leyenda, que se asienta en la asociación "sentimental" mujer / indio / tragedia, permite a otras re-escribir. Escribir. Ser agentes en la producción de historia. En este punto, resulta interesante no sólo cómo se produce una cadena de identificación entre Eduarda Mansilla y Rosa Guerra (escritoras) y un personaje (Lucía Miranda), sino que también cómo se trama la dinámica de la recepción. El texto de Guerra se inicia con una dedicatoria de la novela a Doña Elena Torres, lo cual no es un mero detalle sino que, narratológicamente, privilegia una destinaria: "Ahí la tienes: á tí te la dedico, amada mía, acógela, no como una invención de mi imajinación sino como un hecho verdadero" (13).

Lo llamativo aquí es que, a pesar de que toda la trama está marcada por un culto al "amor conyugal" (heterosexual), la novela no se dedica amorosamente a un hombre sino a una mujer. Así aflora cierto dejo de familiaridad e intimismo entre mujeres, lo que nos recuerda la tesis sostenida por Nora Domínguez acerca de la importancia de la "figura de lo íntimo literario" en la literatura argentina de mujeres, figura a partir de la cual "los textos instalan sociedades femeninas para la escritura" (23). La táctica narrativa de Guerra confirma este rasgo de ciertas narrativas de mujeres, constituidas sobre la base de una oyente/ lectora. Esto permitiría la instalación de una mujer en las letras, validándose a través de "un tipo de escritura que parece rechazar su conexión con el mundo público" (Domínguez 21-22). Aunque la crítica orienta su reflexión de la "figura de lo íntimo literario" en torno a narraciones del yo, creo que sus conceptos ayudan a mirar esta dimensión en la singularidad del relato de Guerra; sus cuatro páginas dedicadas a introducir la narración a su amiga Elena Torres trasuntan un tono intensamente íntimo, en que la escritora se desmarca de la condición pública de su texto, aun cuando sabemos que no es sino una "treta", una manera oblicua de operar en un contexto literario y nacional de dominio masculino, al cual también la autora apela en otros momentos narrativos.⁷ Pero, asimismo, la dedicatoria de Rosa Guerra contiene otro elemento, cual es la carga homoerótica de sus palabras hacia su amiga cuando recuerda sus momentos de intimidad femenina: "yo te miraba; tú adivinabas mi mirada significativa, soltábamos ambas la risa, escondías tu cabeza en mi seno: nos habíamos comprendido" (16). En general, la novela se anuncia como un "regalo de boda" para Elena, aunque al final de la dedicatoria el amor de Rosa Guerra se superpone al del futuro esposo:

> Adiós, dulce amiga, acepta este obsequio de mi amistad, y estad firmemente persuadida, que después de tus padres *nadie te ama con un amor más leal y desinteresado*, que tu mejor amiga. (16, énfasis mío)

A partir de este gesto amatorio, entre mujeres, la autora establece un desvío a la norma, una exploración de la diferencia. Se hila *otra historia* —la de un feminizado deseo— dentro de la Historia del relato mayor. Desde dicha localización, la narradora sugiere cierto afán de diferenciación de la perspectiva femenina. En este sentido, la leyenda de Lucía Miranda posibilita a Guerra desplazar la propia posición estructural en que la tradición decimonónica ha colocado a la mujer en la literatura, como escribiente de intrigas meramente "sentimentales" —a nivel autorial— y como "heroína" pasiva —a nivel ficcional. Consecuentemente, la historia "sentimental" de Lucía Miranda le da a la escritora la posibilidad de hablar de una historia político-cultural, crucial en el imaginario colectivo de la historia rioplatense. Y, por otra parte, establecer las diferencias de un personaje femenino:

> Era la Miranda, no una de esas heroínas pertenecientes a todos los poetas y novelistas [...] No tenía quince años, ni labios de coral, ni dientes de perla, ni ojos color de cielo, ni cabellos de angel [...] No tenía la edad de las heroínas favoritas de los poetas, no era una niña Lucía, tenía treinta años. (19)

En este párrafo, el uso del "no" y el "ni" textualiza una voluntad de resistencia al discurso masculino de la heroína-niña, oponiéndole una protagonista que "tenía treinta años". Esto no es detalle de mera edad sino el signo de una voluntad de diferenciación.⁸ Esto permite a Rosa Guerra sugerir la consistencia de su personaje femenino, abriendo paso a la dimensión histórica-cultural de Lucía Miranda. De hecho, de una u otra manera, en la trama de este relato, ella construye vínculos culturales y afectivos con el indígena. El diálogo mujer/indio como sujetos subalternos provoca una posibilidad de cruce cultural, un vínculo de frontera y desborde a la vez, hecho que problematiza los límites mismos del mundo de la Conquista, que rodea al personaje, y de la sociedad argentina, que vive la autora.

La frontera como posibilidad de cruce resulta una noción clave a la hora de leer un texto como *Lucía Miranda*, no tanto para idealizar el encuentro española-indio sino para ver las re-articulaciones que se producen en el punto de encuentro entre ambos. Por cierto, como vemos en el texto de Guerra, en ese punto asoman los conflictos raciales, ideológicos y géneros; esto es lo que Mary Louise Pratt ha descrito como las "relaciones asimétricas de poder" que afloran en una coyuntura de encuentro intercultural o "zona de contacto" dentro del contexto colonial.[9] La narración se inaugura en un escenario de encuentro, de pacífica convivencia, de casi edénica cohabitación entre indios y españoles, como lo consigna el siguiente párrafo:

> Algunas canoas vogaban por la orilla de la costa; los indios con sus vistosos plumajes habían dejado de ser yá un objeto de curiosidad para los españoles, desde que, *hacia dos años vivían casi en contacto* con ellos. (33, énfasis mío)

Esta atmósfera de convivencia lleva a la narradora a otorgarle características edénicas al habitat del Paraná, tal cual lo consigna en páginas previas (31-32). Sin embargo, el "pecado" del deseo indio parece ser parte de la infracción al orden y armonía de este "verdadero edén" (32). En este punto, las "relaciones asimétricas de poder"(Pratt) juegan un rol preponderante. En la relación de la protagonista y los *timbúes* se traslucen asimetrías, expresivas de una relación nada simple. Por un lado, Lucía es objeto del deseo del indio, primero de Mangora y luego de su hermano Siripo; éste último objetualiza a Lucía en los mismos términos en que opera el sujeto masculino del mundo colonizador. Pero, por otra parte, Lucía está subordinando a Mangora a su sistema ideológico-cultural cristiano, ejerciendo su papel colonizador. Ambos, mujer e indio, son subalternos. Tal vez por ello la relación de ambos plantea una interrogante límite: ¿quién subordina a quién? Esta problemática se filtra y queda como fisura evidente al cierre de esta narración.

Lo interesante es que Lucía abre espacio a la posibilidad del encuentro. Ella no ejerce el camino del exterminio del "otro" sino que busca el vínculo, un espacio de conversación. A su modo, Lucía Miranda parece emular la figura de quien "educa" en la frontera: "La línea entre la civilización y la barbarie no aparece tan nítidamente recortada como la vió Sarmiento. El maestro es un nuevo personaje de la frontera y su misión es precisamente eliminarla o atenuarla" (Garasa 168). La figura femenina de Guerra contiene esta vocación de maestra. En este punto, su historia permite una serie de "contactos", todos los cuales remiten a la constitución de su agencia de mujer en la historia y la cultura: primero, Lucía encarna el afán cultural de "interacción", donde la educación e instrucción es su punto de acción histórica, aún cuando por cierto dentro de los parámetros de su posición colonizadora. En cierto sentido, el relato de Guerra es un texto acerca del papel de la mujer como "educadora" en la Conquista y la Colonia, es decir, como posibilidad de "contacto" más que de enfrentamiento con el indio. Segundo, el texto de Guerra está implicando un espejo simbólico para la autora y sus contemporáneas en la Argentina del 1800, quienes comienzan a jugar un papel en la cultura y la vida pública argentina a través de sus papeles de educadoras, "contacto" entre el saber de las elites criollas y las masas populares, sea a través de su labor en el sistema educativo o en la labor periodística.[10]

La mujer, así, se configura como agente fronterizo, en la narración misma y en el entorno inmediato de la autora. De allí que resulte interesante percibir la posición liminal del texto mismo, entre novela sentimental y novela histórica, entre leyenda y novela. A su vez, en dicha cadena de dobleces discursivos, cabría considerar los juegos fronterizos de la retórica misma del relato en relación a la imagen del nativo; retóricamente, Rosa Guerra tiende a dubitar entre el indio como "salvaje" —trato esperable en el marco de la ideología euro-civilizatoria de la Argentina del siglo XIX— y, su reverso, el indio como "hombre." Esta oscilación transcurre en directa relación a los grados en que el indio respeta o desborda las fronteras de base eurocristiana impuestas por el "amor conyugal": cuando se sujeta a sus límites, se vuelve "noble" y "humano", sublimemente desprovisto de deseo, a la manera del modelo masculino encarnado por Sebastián Hurtado; pero cuando Mangora incurre en su deseo erótico, se torna "salvaje". En esto subyace una lógica de retroalimentación entre barbarie y sexualidad como espacios de descontrol, y entre civilización y "amor conyugal" como espacios de orden. En el momento que Mangora expresa su pulsión erótica, entonces deviene "salvaje":

—No hables así, Mangora, repuso Lucía; tú tienes un buen corazón, eres de noble raza, y no puedes ser un asesino. (40)

Un rayo de esperanza brilló en las amortiguadas facciones del *salvaje;* su mirada fija y penetrante se dilató en los ojos aterciopelados de la *cristiana* [...]. (41)

Todo las nobles pasiones del cacique, todo su caballeresco proceder, *todo cuanto noble y delicado tiene el hombre*, desapareció dominado por esa pasión fulminante e indómita, que se llama amor. (47, énfasis mío)

En estas líneas, se otorga "caballeresco proceder", status "noble y delicado" al cacique. El indígena posee condición plena de "hombre" en la medida que respeta y se sujeta a las fronteras del orden matrimonial, el control de la sexualidad y el deseo. Pero, al mismo tiempo, se le sanciona al momento de la "pasión fulminante e indómita". La sanción, por lo tanto, no es sólo al deseo del indio sino al descontrol mismo de la sexualidad en el sujeto: el sexo al margen del matrimonio conduce a una condición trágicamente "bárbara". El "hombre" es un constructo que requiere estabilidad en el cumplimiento de la normatividad de sexo y género; en esto, cabría pensar en la importancia que, en términos de Judith Butler, posee "la reiteración de normas" como un proceso masivo y consistente en el tramado de una identidad de sexo y género, en este caso, "ser hombre".[11] Al respecto, la leyenda nos ofrece el modelo de masculinidad de Sebastián Hurtado, caracterizado por su asexuado funcionamiento como un ente abstractamente "noble y delicado", sin los altibajos del deseo sexual en que incurre el "salvaje". Por tanto, el modelo de masculinidad se articula sobre una base eurocéntrica, estableciendo una "relación asimétrica" entre la masculinidad del indio y la del español.

Sin embargo, si consideramos los extractos anteriores, tampoco podemos desconocer que la narración deja brechas abiertas que rompen esa asimetría: en cierto nivel, se le concede al cacique el status de una "raza noble"; al evocar esta idea europea de "nobleza", el relato de Guerra —aunque sin la radicalidad de otras narraciones del período— otorga al indio el "reconocimiento de rasgos tan 'civilizados' para bien o para mal, como los de la sociedad blanca"(Lojo 133).[12] De este modo, la lógica contradictoria de los conceptos vertidos en las mismas citas, nos dejan otro intersticio abierto, culturalmente problemático, cual es que, en cuanto el "bárbaro" puede llegar a ser "noble y delicado", de "caballeresco proceder," también, a la inversa, subyace la posibilidad de que el "civilizado", el "noble", si diera paso a su propia pulsión erótica, se volvería "salvaje". En este aspecto, se libra una lucha contra el espectro de lo "salvaje" no sólo como un afuera (el cuerpo indio) sino también como un adentro que se escurre en las propias brechas contenidas en el discurso de lo masculino y lo nacional. Someter el espectro de lo "salvaje" puede leerse, entonces, como una obsesión de la masculinidad dominante.

En el lapso histórico en que Rosa Guerra escribe, mitad del siglo XIX, las autoridades argentinas están cuajando la campaña de exterminio de los indios, cosa que tendrá su expresión cúlmine en la Conquista del Desierto a cargo del general Roca en 1879. En esta coyuntura, el status mismo de los grupos nativos y sus posibilidades en la vida nacional están en juego. En este aspecto, resulta interesante la manera en que la protagonista altera el discurso de la defensa del "amor conyugal" con una apertura a la posibilidad de articular matrimonio/familia/nación como cuerpos etnoculturalmente mezclados, en que el indio tiene un lugar como "hombre". Su incentivo a la mezcla sexual y racial se vuelve explícita, transformando el "contacto" en el inicio de un vínculo mayor:

>—Ya te lo he dicho Mangora, hazte cristiano, unámonos por una misma creencia, toma por esposa á una española, y viviremos felices como hermanos, formando *una sola familia*. (23, énfasis mío)

Una lectura frontal de este párrafo, por cierto, advertirá el sesgo de colonización cultural que comporta: "hazte cristiano". Pero, puestas las cosas en contexto, hay que reconocer que aquí Guerra compromete a su personaje en una política muy diferente de la política de sojuzgamiento militar de los indios, de características exterminadoras, que predominará en la Argentina de la segunda mitad del XIX.[13] De allí que, entonces, el llamado del personaje femenino de Guerra a la mezcla india-española conlleva una puesta en tensión del orden masculino de base eurocéntrica predominante en la post-independencia argentina.[14] El clamor de Lucía por "una sola familia" encarna una visión política y etnocultural en que la nación incorpora al indio, no convoca a su exterminio. En estos términos, Rosa Guerra insinúa, ni más ni menos, un potencial proyecto de nación mestiza, visión que, dentro de la historia argentina, nunca logró adquirir entidad. En este relato, el incentivo de Lucía a Mangora a buscar por "esposa á una española" constituye un patrocinio abierto al contacto más radical, la mezcla sexual y corporal, un desafío abierto a la pureza del "narcisismo blanco" sobre el cual se articulara la cultura dominante del período en el Cono Sur de América. Sin embargo, esta tarea de agencia histórico-cultural se le complica a una mujer, cuyo cuerpo signado por sus "encantos" y "seducciones" femeninas resultan un factor problemático en el contexto de una empresa histórica concebida nominalmente a partir de la posición masculina: la Conquista.

El status de *conquistador*, histórica y sexualmente, contiene una marca europea y masculina bajo cuya égida mujer e indio son posicionados subordinadamente en la Historia, es decir, como *objetos de conquista*. Por ende, el cacique Mangora no puede llevar a feliz término su empresa de conquista erótica en tanto está marcado por su status de *conquistado* en el plano etnocultural. Si acaso se tratase de una ficción narrativa o teatral de un personaje donjuanesco castellano, probablemente el sujeto masculino se realizaría como *conquistador*, pero aquí el personaje que emprende la aventura es *un objeto de conquista*, un indio.

A su vez, Lucía Miranda termina su empresa de conquista cultural en cuadro de tragedia y violencia, al desatar la intromisión de lo pasional en torno a sí: de un lado, la necesidad de ser defendida como posesión por parte del hombre español y, de otro, el deseo indio por poseerla. Su eficacia como *conquistadora* queda en cuestionamiento, en tanto logra un éxito relativo y aislado en el caso de Mangora —quien se arrepiente y se convierte al cristianismo finalmente— y un fracaso rotundo en relación a Siripo y la masa india. La mujer termina situada en el lugar de *conquistada* u *objeto a conquistar* a la hora de emprender su tarea *conquistadora*, en cuanto su cuerpo desata una abierta disputa por su posesión; así, la cuestión de la propiedad sexo-cultural pasa a jugar un papel decisivo. Desde el punto de vista español, Lucía Miranda se declara pertenencia de Sebastián Hurtado, entregada, ya *conquistada*. Desde el punto de vista indígena, el hombre, especialmente Siripo, la convierte en cuerpo en disputa. El deseo de posesión del cuerpo y sexualidad de Lucía marca las acciones de Mangora y Siripo. En suma, en un sentido, la erótica masculina-india constriñe a Lucía a terminar en posición de objeto: ella es objeto de *conquista* para el *conquistado*. En otro ángulo, Lucía es objeto ya *conquistado* por el *conquistador* y, por tanto, es posesión sexual, propiedad cultural. La mujer es decisoria de las posiciones tanto de Mangaro-Siripo como de Sebastián Hurtado: ellos actúan en su disputa. Su cuerpo ocupa la posición histórica del indio: pasa a ser *objeto de conquista*.[15]

El cautiverio en manos de Siripo termina con la quema de los cuerpos de Lucía y su esposo español, quien había intentado rescatarla. Lucía Miranda y Sebastián Hurtado deciden morir juntos en las llamas del fuego; en palabras de la narradora, los protagonistas se convierten en "mártires de su deber y del amor conyugal" (76). De esta manera, al cierre de la narración, la defensa del status del "amor conyugal" queda inscrita en la retina de las lectoras y los lectores. Por una parte, esto conlleva un momento de ritualidad sacrificial que iconiza la pareja española, metaforizando una concepción eurocristiana del matrimonio como "unión indisoluble". En este nivel, el texto de Rosa Guerra sintomatiza un discurso del "amor conyugal" que cruzara el debate de la sociedad argentina por décadas; al respecto, resulta ilustrativo el hecho que, a principios del siglo XX, cuando se comienzan a discutir en Argentina cuestiones de matrimonio y divorcio, mujer y sexualidad, los sectores tradicionales se alinean precisamente bajo el ícono de la "indisoluble" institución del matrimonio.[16]

Por otro lado, dentro del relato de Rosa Guerra, este discurso del "amor conyugal" se intersecta y coincide con lo que constituye un compulsivo deseo en el ensamblaje etnocultural de la nación argentina a partir de 1830: el retorno a lo hispano. Precisamente, el rito sacrificial de Lucía y Sebastián, ante la amenaza india, monumentaliza el radical repliegue de un "amor conyugal" de linaje español. Ambos corporalizan un discurso de nación, pero también de encuadre matrimonial, al cual la elite criolla apelará en diferentes momentos, para establecer sus negaciones y distancias frente a los indios, como también, al cierre del siglo XIX, frente a los nuevos inmigrantes.

En conclusión, *Lucía Miranda* de Rosa Guerra encarna una decidora constelación de elementos ligados al discurso nacional sobre la mujer, el matrimonio, la sexualidad y la esfera racial y cultural de la sociedad argentina. El cierre de su historia/leyenda contiene una concentrada imagen de dichas intersecciones. El autosacrificio de Lucía y Sebastián en las llamas marca, escénicamente, un momento en que se queman dos cuerpos; éstos, en el férreo acto de abrazarse, se constituyen en significantes sujetos a un significado —la institución matrimonial. Pero, también, en la literalidad del sacrificio, se inmola el hecho mismo de la unión corporal, en orden a fundar una prohibición: por un lado, la unión de indios con "blancos" en la sociedad argentina y, por otro, la unión de "mujer" blanca y hombre indio. Así, la posibilidad fronteriza del contacto y la mezcla se pulveriza dentro de los límites ideológicos e históricos en que la autora escribe: un espacio nacional basado en la radical exclusión de "lo salvaje", lo "salvaje" del indio y lo "salvaje" del cuerpo —el deseo sexual, el erotismo. El sacrificio suplanta al placer; el deber al desborde. En dicho contexto, la narración de Rosa Guerra se cierra con la iconización de una unión que, paradójicamente, divide y violenta, consagrando una imagen traumática: cuerpos que (se) queman.

NOTAS

[1] Agradezco a Debra Castillo, Mónica Szurmuk, Kristin Ruggiero, Shirin Shenassa y Edmundo Paz-Soldán por sus comentarios en torno a las versiones iniciales del presente trabajo.
[2] Véanse los trabajos "conquista y mito blanco" (1987) de Cristina Iglesia y "Lucía Miranda: negación y violencia del origen" (Rotker, 1977), los cuales resultan realmente claves para situar y entender "el mito de Lucía Miranda" en sus alcances ideológicos dentro de la tradición argentina. También, "La mujer cautiva en la literatura argentina" de Libertad Demitrópulos provee una interesante aproximación al tópico. A su vez, en *Indios y gauchos en la literatura argentina* (38-44), Augusto Raúl Cortázar incluye un somero recuento de las diferentes versiones de la leyenda.
[3] Aquí estoy implicando la noción de nación como una "comunidad política imaginada" desarrollada por Benedict Anderson en su ya clásico libro *Imagined Communities*. Específicamente, me refiero a su planteamiento de que la nación se imagina: "It is *imagined* because the members of even the smallest nation will never know most of their fellow-members, meet them, or even hear of them, yet in the minds of each lives the image of their communion" (Anderson 6). En el campo de los estudios hispanos, Doris Sommer, en su volumen *Foundational Fictions: The National Romances of Latin America*, ha establecido una interesante reflexión en torno a la necesidad de conectar el tópico de la nacionalidad con la problemática de la sexualidad, preocupación particularmente relevante para los efectos del presente trabajo, orientado a intersectar varios niveles: nación, sexualidad y género, raza y cultura.
[4] Aquí parafraseo literalmente "los datos" expuestos por la narradora, consciente del status "literario" que poseen. No es objeto de mi trabajo ingresar a una elucidación más específica del status de veracidad de los mismos.
[5] Uso el concepto "narcisismo blanco" que Susana Rotker deriva de Andre Green, el cual, con notable agudeza, la crítica extrapola al contexto de la cultura racial dominante en la Argentina del siglo XIX.
[6] Esta articulación resulta paradójica y, en ese sentido, da cuenta de lo que Judith Butler ha conceptuado acerca de la relación del sujeto que resiste ciertas normas pero a la vez es construido por las mismas en el suelo de lo hegemónico. Refiriéndose a la articulación de la agencia del sujeto con respecto a las normas reguladoras de género y

sexo, Butler señala: "the subject who resists such norms is itself enabled, if not produced, by such norms" (15).

[7] Hacia el final de la narración, la narradora apela explícitamente al público masculino: "Solo vosotros, fieles y venturosos esposos, que sabeis lo que es la unión conyugal, podreis comprender el amor de Lucía y Sebastián" (68).

[8] Acerca del uso de la negación ("no") por parte de la mujer en su escritura, me parece pertinente recordar los conceptos vertidos al respecto por Josefina Ludmer en su ensayo "Las tretas del débil".

[9] Acerca de la complejidad de todo cruce intercultural en el contexto colonial, se refiere Pratt al definir su noción de "zona de contacto", en la cual supone "relations among colonizers and colonized" en términos de "copresence, interaction, interlocking, understandings and practices, often within *asymmetrical relations* of power" (7, énfasis mío).

[10] Sobre el papel de las mujeres en el periodismo en la Argentina del siglo XIX, véase: *Periodismo y feminismo en la Argentina 1830-1930* de Néstor Tomás Auza y *La mujer y el espacio público: el periodismo en la Argentina del siglo XIX* de Francine Masiello.

[11] En relación a la construcción del sexo, en *Bodies That Matter*, Judith Butler plantea: "Construction not only takes place in time, but is itself a temporal process which operates through the reiteration of norms" (10).

[12] María Rosa Lojo se refiere a la particular radicalidad de un texto como *Una excursión a los indios ranqueles* de Lucio V. Mansilla, el cual, por cierto, va mucho más lejos que éste de Guerra.

[13] David Viñas describe y analiza lo que denomina el "etnocidio" llevado a cabo en Argentina, contextualizándolo dentro de lo acontecido desde México hasta Tierra del Fuego hacia fines del siglo XIX. A su juicio, este proceso "sirve para justificar, en primer lugar, el sometimiento de los indios y, en segundo lugar, la expropiación indiscriminada de sus antiguas tierras. Pero, sobre todo, para algo que ha sido eludido, atenuado o lisa y llanamente silenciado, que es el *asesinato racial* en la Argentina" (Viñas, *Indios, ejército* 44).

[14] Los trabajos de Susana Rotker describen y explican el alcance de la cultura eurocéntrica en la Argentina de la época.

[15] En estas transposiciones de conquistadora a conquistada u objeto de conquista, Lucía Miranda simboliza un juego de relaciones de poder característico en la Conquista y el mundo colonial, en el cual la mujer del mundo imperial lidia con una doble condición, la cual Anne McClintock describe agudamente dentro del contexto de la mujer colonial: "As such, white women were not the hapless onlookers of empire but were ambiguously complicit both as colonizers and colonized, privileged and restricted, acted upon and acting" (McClintock 6). En la trama de *Lucía Miranda*, esta paradoja de posiciones para la mujer europea en el mundo colonial funciona analógicamente en el mundo previo de la Conquista, en que no sólo la mujer del lado imperial sino que también el indio, al relacionarse con la mujer española, queda sujeto a una doble condición en el nivel de las relaciones raciales y géenericas de poder.

[16] Para percibir el alcance del discurso esencializante del "matrimonio" y su impacto al momento de encararse el debate sobre el divorcio en Argentina, véase el artículo

"Cambiando actitudes sobre el rol de la mujer: experiencia de los países del Cono Sur a principios de siglo" de Asunción Lavrín.

BIBLIOGRAFÍA

Anderson, Benedict. *Imagined Communities: Reflections on the Origin and Spread of Nationalism.* Londres: Verso, 1991.

Auza, Néstor Tomás. *Periodismo y feminismo en la Argentina 1890-1930.* Buenos Aires: Emecé Editores, 1988.

Belluci, Mabel. "El fenómeno de las periodistas en la Argentina desde 1830 a 1854". *Mujeres y escritura.* Mempo Giardinelli, ed. Buenos Aires: Editorial Puro Cuento, 1989.

Butler, Judith. *Bodies That Matter: On The Discursive Limits of 'Sex'.* Londres: Routledge, 1993.

Cortázar, Augusto Raúl. *Indios y gauchos en la literatura argentina.* Buenos Aires: Instituto Amigos del Libro Argentino, 1956.

Demitrópulos, Libertad "La mujer cautiva en la literatura argentina". *Mujeres y cultura en la Argentina del siglo XIX.* Lea Fletcher, comp. Buenos Aires: Feminaria Editora, 1994. 159-165.

Domínguez, Nora. "Historia literaria de una intimidad argentina. De viajes, fragmentos y familias". *Mujeres y cultura en la Argentina del siglo XIX.* Lea Fletcher, comp. Buenos Aires: Feminaria Editora, 1994. 20-29.

Garasa, Delfín Leocadio. "Una literatura de frontera". *5 Siglos de literatura argentina.* Julio C. Díaz, ed. Buenos Aires: Ediciones Corregidor, 1993. 155-175.

Guerra, Rosa. *Lucía Miranda (1860).* Buenos Aires: Universidad de Buenos Aires, 1956.

Iglesia, Cristina. "Conquista y mito blanco". *Cautivas y misioneros.* Cristina Iglesia y Julio Schvartzman, eds. Buenos Aires: Catálogos Editora, 1987. 11-88.

Ini, C. María Gabriela. "Rosa Guerra y Lucía Miranda: las mujeres cautivas". *Mujeres y cultura en la Argentina del siglo XIX.* Lea Fletcher, comp. Buenos Aires: Feminaria Editora, 1994. 127-133.

Lavrin, Asunción. "Cambiando actitudes sobre el rol de la mujer: experiencia de los países del Cono Sur a principios de siglo" . *European Review of Latin American and Caribbean Studies* 62 (June, 1997): 71-92.

Lichtblau, Myron I. *The Argentine Novel in the Nineteenth Century.* Nueva York: Hispanic Institute in the United States, 1959.

Lojo, María Rosa. *La "Barbarie" en la narrativa argentina siglo XIX.* Buenos Aires: Ediciones Corregidor, 1994.

Ludmer, Josefina. "Tretas del débil". *La sartén por el mango.* Patricia Elena González y Eliana Ortega, eds. Río Piedras: Ediciones Huracán, segunda edición 1985. 47-54.

Masiello, Francine. *Between Civilization & Barbarism. Women, Nation & Literary Culture in Modern Argentina.* Lincoln: University of Nebraska Press, 1992.

———. *La mujer y el espacio público: el periodismo femenino en la Argentina del Siglo XIX.* Buenos Aires: Feminaria Editora, 1994.

Mansilla, Lucio V. *Una excursión a los indios ranqueles* [1870]. México/Buenos Aires: Fondo de Cultura Económica, 1947.

McClintock, Anne. *Imperial Leather: Race, Gender and Sexuality in the Colonial Contest.* Nueva York: Routledge, 1995.

Pratt, Mary Louise. *Imperial Eyes. Travel Writing and Transculturation.* Londres: Routledge, 1992.

Rotker, Susana. "Lucía Miranda: negación y violencia del origen". *Revista Iberoamericana* LXIII/178-179 (enero-junio, 1997): 115-127.

———. "Cautivas argentinas: a la conquista de una nación blanca". Washington D.C.: Latin American Program Woodrow Wilson International Center for Scholars, 1997.

Sommer, Doris. *Foundational Fictions: The National Romances of Latin America.* Berkeley: University of California Press, 1991.

Viñas, David. *De Sarmiento a Cortázar.* Buenos Aires: Ediciones Siglo Veinte, 1971.

———. *Indios, ejército y frontera.* Ciudad de México: Siglo Veintiuno Editores, 1982.

O segredo mau: repressão e subversão sexual n'*O Ateneu*

Gareth Price
University of Connecticut

O Ateneu se editou em 1888 e cinco anos depois Raul Pompéia se suicidou. Foi impelido a terminar a sua vida pelas alegações públicas de perversão, pela vergonha dum duelo comicamente cancelado ou pela sua própria natureza hiper-sensível e paranóica? Uma nuvem de mistério ainda paira sobre a obra, vida e morte desse autor singular. Será a meta deste artigo aclarar um pouco esse mistério, tanto na obra como na crítica que a circunda, e ver como certos segredos ou alegações podem circular e crescer mesmo debaixo do mais forte silêncio, repetindo da maneira mais estranha a ficção na vida.

Muitos críticos contam da vida e morte de Pompéia com alusões e sub-entendidos, referindo alguma peculiaridade encoberta. Diz Brito Broca que Pompéia foi "o que costumamos dizer um esquisitão" (52), que foi um "homem sem amor, esquisito, temperamento declaradamente mórbido, um mistério ainda por decifrar" (56). Lêdo Ivo relata que a versão pompeiana de amor:

> entre ambígua e sarcástica, parece antecipar algumas coordenadas de um drama pessoal que, apesar do friso polêmico das conjeturas ou ignomínias publicadas ou ditas à bôca miúda pelos seus contemporâneos, permanece velado, porta fechada diante da qual estacam as curiosidades. (44-45)

Embora perdurem alguns mistérios, Pompéia deixou as pistas suficientes para desenredar outros, para abrir essa porta polêmica apesar dos esforços que a mantêm fechada. O mesmo remoinho de segredos e alusões, que dificultou tanto a vida desse homem sensível e que não deixou de fluir ainda anos depois, assume um papel importante no subtexto do seu romance.

Não é segredo para ninguém que *O Ateneu* fala de homossexualismo; não obstante, poucos querem reconhecer o assunto, evitando-o com passos cuidadosos. A porta de que fala Ivo fecha o que Eve Kosofsky Sedgwick chamaria um "'glass closet', the swirls of totalizing knowledge-power that circulate so violently around any but the most openly acknowledged gay male identity" (164). Se ele era ou não homossexual não será tema do artigo presente; falamos aqui do fenômeno mais óbvio; isto é, da luta retórica ao redor da identidade sexual de Pompéia, expressa no seu livro e na crítica.

No final do século XIX apareceram vários livros com temas mais ou menos abertamente homossexuais: no Brasil, *Bom-Crioulo* se destaca; na Inglaterra se pode pensar em *The Portrait of Dorian Gray*, e na América do Norte em *Billy Budd* e *Leaves of Grass*. À diferença de outros textos novecentistas que apresentam elementos homossexuais abertos ou encobertos, Pompéia apresenta no subtexto do seu romance uma análise, clara e poderosamente subversiva, da repressão social e discursiva do homossexualismo. Ele mistura de tal forma esta análise encoberta com a narrativa, que os leitores podem facilmente ignorar a sua presença, ao mesmo tempo repetindo eles próprios as mesmas táticas discursivas que ele descreve no livro. Cuidadosamente aporta a opção de ignorância aos leitores, para que, segundo Elói Pontes, até a família do autor possa lê-lo sem embaraço (191).

Pompéia não comete a imprudência de nomear o assunto no livro, mas o seu tratamento dele mostra familiaridade demais para escapar ao estigma desse conhecimento. Enquanto que o seu texto não recebe a leitura que merece, sofre as diatribas e a bisbilhotice indireta dos críticos machistas.

As estratégias discursivas discutidas no subtexto d'*O Ateneu* —segredos, negações, alusões, contradições abertas— se repetem, tragicamente, em muitos níveis: se empregam contra os estudantes do internato, se usavam contra Raul Pompéia na sua curta vida, e ainda seguem aparecendo na crítica da sua obra.

Comecemos com uma mentira particular e sigamos o rasto dele pelo texto e pela crítica. Diz Sedgwick:

> The presumptuous, worldly implication "We Know What That Means" happens to be the particular lie that animates and perpetuates the mechanism of modern homophobic male self-ignorance and violence and manipulability. (45)

Como vamos ver, muitos críticos repetem a mentira de "sabemos o que quer dizer isto" na sua discussão da vida e obra de Pompéia. Querem que nós saibamos do que falam sem precisá-lo. Elói Pontes, por exemplo, menciona as doenças morais do internato, e certa "degeneração que expunha os estudantes mais jovens à cobiça dos maiores" (20).

Pontes relata os temas escandalosos do romance de Pompéia sem nomeá-los. Deixa que os seus leitores os imaginem, na certeza de que entenderão o que ele tenta dizer, quiçá para escapar ao contágio que pode vir com conhecimento profundo do assunto. Diz Lee Edelman,

> Interpretive access to the code that renders homosexuality legible may... carry with it the stigma of too intimate a relation to the code and the machinery of its production, potentially situating the too savvy reader of homosexual

signs in the context, as Sedgwick puts it, "of fearful, self-mirroring recognition". (7)

Mesmo o próprio segredo homossexual tem valor patogênico, segundo Sedgwick (80), e o seu reconhecimento demasiado aberto pode contagiar os interlocutores. Ela dá o exemplo duma mãe que não quis dizer às suas amigas que o seu filho era *gay* porque o "segredo" a podia manchar também.

Pela mesma razão, talvez, os críticos recusam nomeá-lo: assim, Pontes descreve muito bem o estigma que leva o autor por meio de indiretas e alusões. Na alegação mais clara, ele se distancia com uma citação dupla: afirma que Alves Faria escreveu, no *Comércio de São Paulo*, sobre os vícios que uns imputavam a Pompéia, que apenas executava "a deviação sintomática de acordo com as teorias estabelecidas por Kraft Ebbing" (294).

E, certamente, todos nós já sabemos o que quer dizer isto. Mas ao mesmo tempo, não ouvimos nada de Elói Pontes.

Esta alusão chistosa é geral entre os críticos. Por exemplo, Antônio Cândido participa nela também: ele escreveu um artigo sobre o livro sem mencionar uma só vez o homossexualismo, aludindo só à "histeria" e declarando que "Raul Pompéia também sofreu essa neurose, refletida em várias de suas volições..." (179). E ele segue aludindo a "aspectos subterrâneos e torpes da psicologia" para comunicar efetivamente o necessário sem perigo de sujar-se com palavras contagiosas. Por sua vez, Eugênio Gomes alude à histeria, porque também:

> Os mestres da prosa artística não timbraram em fixar as sensações impunemente, pois alguns dêles o faziam por causa do histerismo de que eram portadores. (143)

Quando chegamos à acusação que inspirou o duelo fracassado com Olavo Bilac, e quiçá o suicídio de Pompéia, podemos ver uma complicação torturada dos preceitos de "nunca nomear". Evidentemente, Bilac pronunciou o proibido, incitando Pompéia a uma raiva mortal. Qual foi a acusação? Brito Broca cita o artigo de Bilac que até certo ponto acusa Pompéia de "rebaixamento de caráter... alusões indignas [...] servilismo [...] adulação [...]" (58). Chama-o de pretencioso, e então se pergunta: "Talvez não seja pretensão, talvez seja amolecimento cerebral [...]" e aí pára a citação de Broca, pois chegou a uma calúnia irreproduzível: "E aqui Pierrot justifica essa última hipótese, atribuindo a Raul Pompéia certa prática doentia, com pormenores que não podemos reproduzir".

Deixa tudo muito claro; todos sabemos o que quer dizer isto. A resposta de Pompéia foi acusar Bilac de incesto, um pecado, segundo Broca "de natureza semelhante... [e] mais deprimente do que a que lhe fôra atribuída" (59). Mas, se o último é pior, por que se pode nomeá-lo e não o primeiro?

Sedgwick chama a tradição de nunca nomear "*preterition*":

> Unspeakable. Unmentionable, nefandam libidinem, "that sin which should neither be named nor committed," the "detestable and abominable sin, amongst Christians not to be named,"... such were the speakable nonmedical terms, in Christian tradition, for the homosexual possibility for men. (203)

N'*O Ateneu*, Pompéia segue essa tradição e mais, a descreve detalhadamente. Ele introduz o "pecado abominável" assim: "a primeira vez que ouvi certa injúria crespa, um palavrão cercado de terror no estabelecimento, que os partistas denunciavam às mestras por duas iniciais como em monograma" (12). E sempre cumpre, na superfície, com as regras do jogo, construindo toda sua análise debaixo dum capote de eufemismo e alusão igual ao de seus críticos e da sociedade em geral.

Para alguns críticos, porém, Pompéia não encobriu bastante o assunto, algo escapou de entre as linhas e contagiou o autor com o seu estigma, o qual se confunde moralmente com os personagens do livro. Mário de Andrade responde a essa ameaça de duas maneiras: caluniar o texto e acusar o autor:

> As relações entre os dois rapazes, sem calor dramático, parecem se reduzir a mais um exemplo comum e corriqueiro de homossexualismo. E no mais todas as "amizades" entre adolescentes do Ateneu, se reduzem a casos grosseiros de homossexualidade. Estamos a mil léguas daquela poderosa compreensão humana da adolescência que teríamos contemporâneamente com o romance de Octávio de Faria. (13)

Os despropósitos de Andrade, por exemplo que o livro fosse: "sem a menor compreensão esclarecida da juventude", se devem mais à necessidade de negar a compreensão do que à falta dela. Para evitar o contágio moral, Andrade não só pretende uma incompreensão completa do subtexto, da psicologia dos rapazes, mas tenta estabilizar a tara de homossexualismo no autor:

> Assim guardado, assim escondido em si mesmo, é possível que ele arrastasse consigo algum segredo mau, uma tara, uma desgraça íntima que jamais teve forças para aceitar lealmente e converter o elemento de luta e de realização pessoal. (11)

Pompéia não merece isto. Longe disso, merece que consideremos seu retrato da juventude em seus termos, sem esse pudor que tanto embaraça a crítica, de fazer com *O Ateneu* a leitura que descreve Elaine Showalter em outras partes, que nos permite "see meaning in what has previously been empty space. The orthodox plot recedes, and another plot, hitherto submerged in the anonymity of the background, stands out in bold relief like a thumbprint" (cit. Gilbert and Gubar 75). Tal trama subterrânea pode iluminar o mistério aludido por Broca e Ivo; o que é mais, pode ajudar a explicar porquê eles sentiam a necessidade de ver e descrever tal mistério em primeiro lugar. As reações que tiveram muitos críticos se podiam predicar, porque formam parte do sistema de repressão social do homossexualismo, e, na análise do texto, veremos essas mesmas estratégias representadas.

Pompéia queria que o seu livro refletisse o mundo para fora do Ateneu, embora no final a sua percepção não lhe pudesse proteger da repressão que ele descreveu em todo detalhe. Ele explicita na primeira página do livro que quer empregar o Ateneu como um microcosmo do mundo maior: "Vais encontrar o mundo, disse-me meu pai, à porta do Ateneu" (11). O conceito se repete mais tarde. "Ensaiados no microcosmo do internato, não há mais surpresas no grande mundo lá fora [...]" (160). Na próxima página (isto é dentro dum discurso do Dr. Cláudio —como nota Cândido, único macho respeitado no livro— diz: "Não é o internato que faz a sociedade; o internato a reflete" (161). Desta forma veremos que *O Ateneu* também é um microcosmo do mundo; temos, como leitores, a liberdade de considerar que tudo o que acontece no internato representa também o mundo exterior, e que a psicologia e as relações entre os rapazes também são as da sociedade dos homens.

O romance não constrói um idílio homossexual como o que outros novelistas do tempo projetaram no ultramar e isto não refletiria tanto a sociedade atual do seu tempo mas sim a fantasia do autor. Também não tem personagens "*gay*", o qual seria pouco realista. Não obstante, alguns críticos censuram a Pompéia por isso, por exemplo Winston Leyland:

> Pompéia may or may not have been gay, but the homosexual and quasi-homosexual incidents and relationships he describes (in the rather indirect and euphemistic style which seems to have been adopted as a matter of personal preference and not because of any threat of censorship or retaliation—Adolfo Caminha's quite sexually explicit *Bom-Crioulo* was published only seven years later) are clearly seen as merely stages and episodes in his young character's process of maturation [...]. (343)

Esta perspectiva representa uma leitura superficial e anacrônica, um livro tal como imagina Leyland não se editaria no jornal nos dias de Pompéia, e também teria dificultado ainda mais a vida do romancista hiper-sensível. Por outro lado, não se poderia levar uma crítica tão sutil, séria e verossímil como a sua numa projeção fantástica. O estilo de Pompéia não reflete tanto a reticência da sua parte quanto o seu compromisso. Ele descreveu a sociedade de maneira tão nítida que a leitura cuidadosa do seu livro revela uma análise profunda da mesma, e isso é visível com uma leitura pouco além da superfície.

Maria Porres notou bem essa subversão no livro; diz ela, na sua investigação dos discursos do Dr. Cláudio,

> Na prosa pompeiana continuamente aflora o desmascaramento dos discursos ideológicos-institucionais que se disfarçam sob a vestimenta da retórica, cujos códigos são sub-repticiamente postos em xeque: a adesão às figuras, pela paródia, pela ironia, pelo sarcasmo, pelo abuso da linguagem hiperbólica, que anulam e rejeitam a retórica num trabalho de retaliação intestina. (250)

Infelizmente ela não estende essa mesma investigação para o tratamento pompeiano da sexualidade, que ela julga muito distinto. Na mesma página diz:

> Mesmo para a época Pompéia é extremamente cauteloso ao aflorar assuntos que poderiam chocar os aparentemente rígidos princípios da sociedade burguesa... Até o homossexualismo, que grassava no internato, foi por ele abordado sob espesso manto de pudor. (250)

Porém, a cautela, que ela vê no texto, não representa pudor mas outro nível de subversão retórica. Olhemos, então, para o outro lado desta narração "pudorosa"; lá encontraremos um discurso novo, não só um retrato da vida do protagonista, mas uma pesquisa do lugar do homossexualismo no discurso dominante.

Como bem destacou Michel Foucault, o homossexualismo foi uma invenção moderna porque antes dos nossos tempos, a sociedade só reconhecia atos perversos, não tendências nem muito menos personagens. Com o crescimento do discurso médico e psicológico,

> The nineteenth-century homosexual became a personage, a past, a case history, and a childhood... the psychological, psychiatric, medical moment of homosexuality was constituted from the moment it was characterized — Westphal's famous article of 1870 on "contrary sexual sensations" can stand as its date of birth— less by a type of sexual relations than by a certain quality of sexual sensibility, a way of inverting the masculine and feminine in oneself. (43)

Pompéia escreveu o seu romance no meio desse momento histórico, mas se recusou a aceitar uma definição, ou a apresentar um "homossexual" no qual se podia projetar um estigma. Longe disso, ele nos mostra um fluxo sexual e uma ameaça geral e ubíqua que permeiam o livro e o internato, implicando a todos numa conspiração para escondê-los. O propósito de Pompéia no livro, sob essa luz, parece muito mais ambicioso do que a mera apresentação de alguns personagens "*gay*", que ajudaria o discurso dominante a construir um sub-grupo marginalizado contrastado com um grupo "heterossexual" maior. O texto-dentro-do-texto pompeiano adverte uma compreensão dos processos e perigos da rotulação muito avançada para o seu tempo. Embora os críticos fixem uma tampa de silêncio sob o seu livro, e tentem prevenir os segredos perigosos de circular mais (e possivelmente de os manchar), não podem evitar que o livro mesmo fale lucidamente sobre esse mesmo emprego dos silêncios estratégicos. Ao contrário, Pompéia parece ter antecipado os jogos de ignorância e estigmatização dos seus críticos, que assim caem dentro do âmbito da sua análise, verificando a agudeza dela.

O tema do homossexualismo, e o meta-tema do seu controle social e psicológico através do silêncio e da histeria, aparecem logo na primeira página do livro, com o "misterioso epíteto" citado antes. O contexto do parágrafo anterior ao epíteto explicita o seu significado: se descrevem dois rapazes da escola, um bárbaro e o outro "adamado, elegante, sempre retirado, que vinha à escola de branco, engomadinho e radioso, fechada a blusa em diagonal do ombro à cinta por botões de madrepérola" (12). Evidentemente para nós e para o rapazinho, o "palavrão" tem algo a ver com o menino elegante: o significado completo parece ainda vago para Sérgio, que vai receber mais instrução sobre ele logo. De todos os modos, o vínculo do segredo mau com a efeminação é evidente desde o princípio, vínculo que perdura ao longo do livro. Ele concorda com o que diz Foucault sobre a origem do sujeito homossexual no século XIX, cuja reificação dependia da inversão das categorias então bem claras e importantes de masculino e feminino, como ainda se faz nas sociedades com papéis sexuais muito rígidos.

Depois disso a efeminização equivale ao "palavrão" indizível, o "misterioso epíteto". Pompéia nunca rompe as regras do discurso dominante para dizer claramente tudo o que implica: o pecado sem nome, *nefandem libidinem*, fica sempre anônimo, assim como na sociedade e na crítica. Não se pode repetir o assunto, e o narrador não o faz, apenas alude a ele, com mais e mais força enquanto avança o romance, até não ficar dúvida nenhuma para o leitor.

O exemplo mais explícito do significado do palavrão aparece depois que Sérgio se muda para o dormitório dos maiores. "Havia os entusiastas da profissão, conscientes, francos, impetuosos, apregoando-se por gosto, que não perdoavam à natureza o erro original da conformação: ah! não ser eu mulher para melhor o ser!" (154). Nem nesse ponto emprega palavras definitivas, nem delimita nem elucida o pecado referido, antes apresentando-o como instável e ubíquo.

Os signos da inversão se desenvolvem como metáforas para o pecado inominável e permeiam o internato onde aparecem em situações sempre mais complexas. A feminilidade ameaça constantemente a honra do Sérgio, o nosso protagonista. Ele chega ao Ateneu com o cabelo longo, um menino bonito. Diz então Aristarco ao pai dele: "Sim, senhor, os meninos bonitos não provam bem no meu colégio". (23). Desde esse ponto para diante, tentam sempre refazer o Sérgio como um forte e não um bonito: "'Mas o Sérgio é dos fortes,' disse Aristarco".

Já cortado o cabelo longo dele, o seu guia, Rebelo, delineia o sistema sexual do Ateneu:

> Os gênios fazem aqui dois sexos, como se fosse uma escola mista. Os rapazes tímidos, ingênuos, sem sangue, são brandamente impelidos para o sexo da fraqueza; são dominados, festejados, pervertidos como meninas ao desamparo. (33)

Rebelo comunica a natureza e a extensão do problema, e a resposta indicada ("Faça-se homem, meu amigo!") sem uma vez mencionar atos nem palavras específicas. Enquanto o problema volta sempre mais explícito, o emprego do eufemismo fica constante.

Pompéia recusa estabilizar a inversão ou o homossexualismo no seu protagonista: Sérgio nem se faz homem nem inverte o seu sexo. Primeiro cai num lado da dicotomia, depois no outro. Ao princípio tenta seguir os conselhos de Rebelo, rejeitando o "suplício imundo" de Sanches fingindo não o ter ouvido (mostrando o único método de se proteger contra o mal contagioso). Pouco depois, porém, ele submete a Bento Alves: "A amizade do Bento Alves por mim, e a que nutri por êle, me faz pensar que, mesmo sem o caráter de abatimento que tanto indignava ao Rebêlo, certa efeminação pode existir como um período de constituição moral" (91).

Ele se introduz na efeminação pensando nela como um período, nada mais, porém entra em seu novo papel com gosto: "eu levava a seriedade cênica a ponto de galanteá-lo, ocupando-me com o laço da gravata dele, com a mecha de cabelo que lhe fazia cócegas aos olhos; soprava-lhe ao ouvido segredos indistintos para vê-lo rir" (134). No momento dessa mudança, não somente adquire características femininas, mas também acrescenta uma perspectiva nova a sua masculinidade anterior, que ele pensa ser falsa: "me sentia bem na submissão voluntária, como se fosse artifical a bravura, à maneira da conhecida petulância feminina" (92).

Embora Sérgio volte depois para um papel mais masculino, a sua nova perspectiva na artificialidade dos papéis sexuais fica constante; enquanto cada relação tem os seus papéis, esses sempre aparecem arbitrários. Por em cima das suas relações masculinas, ele disfruta do mesmo desejo por Ângela como os outros rapazes, e também experimenta um idílio ambíguo com a mãe substituta D. Ema — uma escapada nominalmente heterossexual, ainda que não madura. A perversidade polimorfa e ambígua de Sérgio se pode ver como típica para o Ateneu.

Subversiva e geral, se deve persegui-la vigorosamente e ao mesmo tempo, não se pode mencioná-la, pois dar-lhe nome seria invocá-la à existência num sistema retórico que não a pode aceitar. Nesse silêncio o sem-nome ganha poder como significante dentro do sistema retórico que o exclui. Paradoxalmente, é mediante a mesma repressão da menção que essa subversão alcança importância central. Desde outra perspetiva, a facilidade com que se pode supor o conhecimento desse significado não-representado comprova a sua centralidade nas psiques dos comunicantes; aparece como um "*master signifier*", quer dizer, elemento discursivo chave nas auto-definições dos locutores. Diz Mark Bracher que:

> We can recognize master signifiers by the way both senders and receivers of a message respond to them. Senders use them as the last word, the bottom line, the term that anchors, explains or justifies the claims or demands contained in the message. Receivers respond to master signifiers with a similar attitude: whereas other terms and the values and assumptions they bear may be challenged, master signifiers are simply accepted as having a value or validity that goes without saying. (112)

Pompéia pode confiar que o leitor vai compreender logo o que o epíteto misterioso representa, do mesmo modo que Aristarco sabe que pode comunicar-se com o pai do Sérgio por meio de alusões: "O conselho era visivelmente salgado de censura. O diretor, explicando a meu pai, acrescentou com o risinho nasal que sabia fazer: 'Sim, senhor, os meninos bonitos não provam bem no meu colégio...'" (23). Até a elipse dessa frase é significante: indicando o que se deve comunicar sem expressar diretamente, a lacuna significante e necessária no seu discurso à qual o seu risinho nasal também alude. O não-dito oprime o dito com o seu peso, e facilmente passa para o pai do Sérgio (que curiosamente também não tem nome) e para o leitor.

A posição especial do epíteto indizível atrás da elipse não só o oprime, mas também o privilegia. Em vez de desaparecer, o não-dito assume um papel maior na comunicação; como diz Foucault, o não-dito forma uma parte tão importante dos discursos quanto o dito:

> Silence itself —the things one declines to say, or is forbidden to name, the discretion that is required between different speakers— is less the absolute limit of discourse, the other side from which it is separated by a strict boundary, than an element that functions alongside the things said... There is not one but many silences, and they are an integral part of the strategies that underlie and permeate discourses. (27)

Investigamos, então, a produção e função das múltiplas ignorâncias que, "far from being pieces of the originary dark, are produced by and correspond to particular knowledges and circulate as part of particular regimes of truth" (8). Essas lacunas do não-dito permeiam o texto e o internato; depois do epíteto misterioso, encontramos muitas outras ignorâncias estratégicas. Assim é que Aristarco descreve o código moral do Ateneu:

> No Ateneu, a imoralidade não existe! Velo pela candura das crianças, como se fôssem não digo meus filhos: minhas próprias filhas! O Ateneu é um colégio moralizado! E eu aviso muito a tempo... Eu tenho um código... Aqui está o nosso código. Leiam!... Tôdas as culpas são prevenidas, uma pena para cada hipótese: o caso da imoralidade não está lá. O parricídio não figurava na lei grega. Aqui não está a imoralidade. (28)

Tudo ao contrário, a imoralidade figura proeminentemente neste mesmo discurso pelo privilégio do seu banimento. As asserções de Aristarco também contêm uma ironia enorme, pois o homossexualismo, longe de ser punido na sociedade grega antiga, foi comum ou até preferido. O que é mais, Aristarco comete o mesmo pecado de inversão sexual com o qual se identificou antes o epíteto misterioso quando se refere aos estudantes como as suas filhas.

A imoralidade não figura no código moral do internato porque a ignorância estratégica funciona como o melhor método da sua supressão. Aristarco também associa a imoralidade com o parricídio, uma ligação importante que reverbera depois no livro quando a subversão sexual chegar a ameaçar diretamente o seu discurso autorizado. A imoralidade que não existe se equipara ao epíteto misterioso, e também ao pai de Sérgio, que, como já se referiu, carece de nome, num enredo bem freudiano.

O imoral chega sempre encoberto num silêncio ansioso; os rapazes aprendem a não falar nele. A briga entre Malheiro e Bento, por exemplo, não se presta para a explicação. Começou quando Malheiro se referiu ao Sérgio como a "noiva" de Bento, nomeando o indizível; ante o justício de Aristarco, porém, o motivo não se pode repetir. A ausência da imoralidade no código do internato se apóia com outra regra:

> Não denunciar nunca é preceito sagrado de lealdade no colégio. Os contendores recusaram-se a explicações. Bento Alves negou o braço a exame e a curativo; Malheiro, em panos de sal, fingindo-se muito prostrado, oferecia o mais impenetrável silêncio às indagações de Aristarco. (106)

O código oficial se opõe precisamente a isto: "Ouvir dizer e não denunciar logo, era um crime..." (133). Para Aristarco poder manter que a imoralidade não existe no internato, precisa da cumplicidade da lei do silêncio.

A briga de Bento e Sérgio, que começou também por razões proibidas, procede em silêncio. Sérgio também não oferece uma explicação verbal a Aristarco: "Em vez de contestar, segurei-lhe o vigoroso bigode". O significado da luta dos rapazes se comunica claramente por esse silêncio obrigatório, e o parricídio simbólico (recordamos que Aristarco equiparou a imoralidade com o parricídio) o sublinha. O crime de atacar Aristarco, que devia merecer em sí um castigo forte, escapa pela necessidade contínua de silêncio: "morreu em segrêdo de discrição" (136).

Esta riqueza de repetições deve deixar clara a centralidade desse segredo nas vidas não somente dos rapazes mas também de Aristarco e do pai do Sérgio. O silêncio controla, reprime, e comunica o perigo dele sem deixar o locutor vulnerável ao seu contágio. No Ateneu, o homossexualismo se deve silenciar inteiramente para evitar o reconhecimento da sua ubiquidade.

Pompéia monta o seu drama num internato tradicional para assinalar (como o deixam claro as suas generalizações e comparações) precisamente o sistema de doutrinação social que perpetua este segredo aberto em toda a sociedade. Como diz Sedgwick: "The special centrality of homophobic oppression in the twentieth century... has resulted from its inextricability from the question of knowledge and the processes of knowing in modern Western culture at large" (186).

Logo que se reconhecer, todo o sistema pode implodir, pois todas as "compulsory relationships as male friendship, mentorship, admiring identification, bureaucratic subordination, and heterosexual rivalry" se baseiam nas areias movediças do desejo entre homens e uma vez confessado esse fato, tudo se desestabiliza porque o conhecimento oficial põe em perigo a reputação de quem o conhece. No caso do Ateneu, Aristarco hesita em reconhecer perante o castigo o acontecimento dum caso de homossexualismo no internato, por medo que lhe manche a reputação assim como a do internato. O dilema dele é a contradição entre a obrigação de calar o assunto e a de controlá-lo. Diz Edelman que a:

> "homosexual difference" produces the imperative to recognize and expose it precisely to the extent that it threatens to remain umarked and undetected, and thereby to distrub the stability of the paradigms through which sexual difference can be interpreted and gender difference can be enforced. (11-12)

O crime que deu início a tudo foi uma escrita e a ameaça não foi tanto o ato quanto a inscrição, o fazer legível, desse ato: a carta amorosa de Cândido/a. Aristarco não pode negar essa realidade escrita, mas também não pode repeti-la por medo de contagiar-se com a tara do segredo mau. Quando tenta controlar o caso com uma investigação, abre uma caixa de Pandora, encontrando a todos envoltos nela e uma vez revelado o segredo, todos se vêem implicados. Se referir a esse sentido de culpabilidade geral só leva o segredo mais para a visibilidade em todos e não há maneira de falar na travessura sem implicar o locutor e os ouvintes também:

> Remexendo a gaveta da consciência e da memória, ninguém havia, pode-se afirmar, que não estivesse implicado na comédia colegial dos sexos, ao menos pelo enrêdo remoto de ouvi dizer.... Como prever as complicações do processo? Como adivinhar o segrêdo tremendo da lista? (133)

Quando Aristarco tenta castigar os culpáveis principais, convocando os rapazes para condená-los em público, o seu papel se integra no crime: ele aparece como não menos que o sacerdote duma nova religião. Numa cerimônia estranha, ele une Cândido/a com seu "homem". Em vez de isolar o casal, oficia nas suas bodas, enquanto os demais estudantes se ajoelham num fac-símile de culto.

> A chamado do diretor, foram deixando os lugares e postando-se de joelhos em seguimento dos principais culpados.
> "Estes são os acólitos da vergonha, os co-réus do silêncio!"...
> Prostrados os doze rapazes perante Aristarco, na passagem alongada entre as cabeceiras das mesas, parecia aquilo um ritual desconhecido de noivado: à espera de bênção para o casal à frente. (137)

A dinâmica da situação lhe escapa quando aceita a auto-definição feminina de Cândido/a, e tenta isolar o assunto para estabilizar as identidades masculinas dos demais rapazes. Todo o edifício de mentiras repressivas cai aos pedaços e Aristarco nunca volta a restabelecer o seu poder.

Aristarco reconhece depois o seu equívoco em reconhecer no mais mínimo o segredo proibido, pois só se pode controlar essa infecção negando-a. Tenta corrigir-se quando apaga o castigo escrito, enquanto Sérgio o escuta escondido: "De boa família [...] dois, um descrédito [...] Vão pensar [...] Expulsar não é corrigir [...] Isto é o menos; não há gratuitos? [...] Sim, sim. Quanto a mim [...] desagradável sempre riscar [...] borra a escrita [...] Em suma [...] mocidade [...]" (138).

Outra vez, estas elipses significam muito: um descrédito para quem? Vão pensar o quê? Quando Aristarco determina nunca encher estas lacunas e opta por uma volta ao silêncio, já não é possível. Os meninos do internato já sabem demais, e o processo inevitável da destruição do internato começa. Até Aristarco mesmo perde aos poucos a sua masculinidade: "À mesma porta em que aparecera formidável de manhã, surgiu-nos transformado, manso, liso como a própria cordura e a lealdade; altivo, contudo, quanto comportava a submissão" (139).

Os efeitos do abortado e mal-avisado reconhecimento público do "crime" não se limitam a Aristarco; todos os meninos do Ateneu levantam-se em rebelião depois (pela causa nominal de comida falseada). Nesse momento Sérgio descobre o mundo às avessas na terceira classe:

> Tudo que na primeira classe e na segunda era extraordinário, ali era normal e corrente. Todas as idades, desde o Cândido até o Sanches... No ambiente torvo da intriga, insinuava-se o vaivém silencioso das ficções, drama joco-sério dos instintos, em ilusão convencional e grosseira. (154)

Lá na terceira classe os dois sexos do internato se desenvolvem plena e abertamente. Pompéia descreve as "femmes qui sortent": "Êles, os belos efebos! exemplos da graça juvenil e da nobreza da linha" em linguagem que lembra o leitor do começo do livro, onde se apresentam como modelo do colégio os quadros nas paredes da ante-sala:

> Flanqueando a majestosa porta desta escada, havia dois quadros de alto relevo; à direita, uma alegoria das artes e do estudo; à esquerda, as indústrias humanas, meninos nus como nos frisos de Kaulbach, risonhos, com a ferramenta simbólica —psicologia pura do trabalho, modelada idealmente na cordura do gêsso e da inocência. (16)

Essa inscrição dos meninos nus nas paredes da ante-sala afirma a cumplicidade da instituição no drama escondido dos "belos efebos".

O reconhecimento público do homossexualismo na "boda" inicia o desenredo da ordem pedagógica/masculina do Ateneu, levando o livro em fim aos atos extremos do idílio amoroso entre Sérgio e a mãe simbólica D. Ema e o incêndio final do Ateneu, parricídio em chamas; atos que, embora se apresentem no naturalismo predominante do livro, por sua improbabilidade e peso psicológico, desmentem os limites do realismo e parecem fantásticos ou surrealistas. Como sugere Broca, representam "provàvelmente, o desejo íntimo de pequeno Raul Pompéia... que aquêle ambiente insuportável se extinguisse, como Sodoma, consumido pelas chamas" (42). Com tanto efeito, a conflagração quanto o idílio se assemelham mais que nada a uma satisfação por procurador dos desejos escondidos do protagonista, a conclusão do trama edipiano que Freud via à base do homossexualismo:

> The typical process [...] is that a few years after the termination of puberty the young man, who until this time has been strongly fixated to his mother, turns in his course, identifies himself with his mother, and looks about for

love-objects in whom he can re-discover himself, and whom he wishes to love as his mother loved him. (2: 240)

O livro certamente se empresta bem à analise freudiana pois, segundo Freud, a ameaça da castração é fundamental ao poder do pai e ao complexo edipiano. Sob essa luz, podemos ver o corte de cabelo do menino como uma castração simbólica, como depois o arrancamento do bigode de Aristarco e até a destruição final do internato, que perde "completamente o lance principal do edifício" (184). Este "lance principal" se pode substituir com o princípio organizador das muitas coisas com que se compara o internato: o discurso dominante, o desejo do pai, a autoridade masculina de Aristarco, o mundo além do Ateneu e a repressão sexual.

A conflagração final acaba definitivamente com a base do poder do discurso dominante duma maneira que Pompéia não podia efetuar na vida; por isso, talvez, sai do realismo predominante do livro. Por outro lado, esta mesma saída do real sublinha a impossibilidade dum fim vitorioso para o menino, que teria que, como qualquer, seguir morando dentro da sociedade repressiva, sujeito a todas as suas leis, proibições, e castigos. Qualquer que se rebele contra este sistema se encontra rapidamente no meio dum remoinho de rumores, acusações, burlas; encontra-se possuidor do "segredo aberto" de que falou Sedgwick.

Assim sofria Pompéia; as pessoas circulavam rumores e bisbilhotice sobre ele, debatendo a verdade sexual dele com a mesma linguagem de lacunas, ignorâncias estratégicas, e subentendidos que empregavam os personagens do seu romance. As teorias sobre a causa de seu comportamento estranho —não tinha amores, era receoso dos amigos— proliferavam, sempre coloridas com a alusão a ou a negação da possibilidade de homossexualismo: diziam alguns que herdara a hipocondria do seu pai ou que era paranóico. Lembramos que Freud, escrevendo nesse tempo, considerava a paranóia nos homens como sintoma de homossexualismo: "We consider, then, that what lies at the core of the conflict in cases of paranoia among males is a homosexual wish-phantasy of loving a man" (448). Outros diziam até que tinha algum impedimento ou deformação física que lhe impedisse o amor. Relata Artur de Almeida Tôrres:

> Temos também que levar em conta a versão que Rodrigo Otávio divulgou em suas *Memórias*, de que, segundo a confissão de um médico da família de Pompéia "um motivo irremediável, de ordem fisiológica, jungia Raul à fatalidade de sua atitude". (37)

Pontes cita o mesmo depoimento; tanto ele como Tôrres tentam mostrar a normalidade de Pompéia de qualquer maneira; ao mesmo tempo, porém, sugerem que fosse homossexual, pelo menos espiritualmente. Um dos métodos mais usados é o de comparar Pompéia com outros artistas de conhecidas tendências homossexuais; o faz Tôrres na página 29, empregando o duplo distanciamento de citar "o depoimento valioso do Dr. Charles Foqué: 'Os maiores artistas da Renascença foram homossexuais. Entre êles, o mais célebre é Miguel Ângelo...'" Elói Pontes também quer sugerir a homossexualidade em Pompéia da mesma maneira, por meio de compará-lo com Maupassant. Segundo Pontes, nem o escritor francês nem o brasileiro, que se saiba, conheceu o amor duma mulher (294).

Pontes se esquiva depois da insinuação e comenta que são os de temperamento grosseiro que buscam a origem da conduta na sexualidade. Ele tenta restabelecer a heterossexualidade de Pompéia; teoriza que o autor não gostava da sexualidade vulgar, da lascívia exibicionista, que era só retirado e tímido. As histórias, diz ele, começaram só porque a gente vulgar não compreende a castidade (302).

Depois duma consideração, Tôrres também determina que qualquer manifestação de homossexualidade que mostrasse Pompéia, fosse compreensível "num ambiente onde o sexo gritava constantemente, onde os estímulos e agressividades sexuais eram permanentes" (37) e que "essas manifestações foram apenas espirituais e encontraram sempre a ação pronta da censura". Oferece, como também faz Pontes, as descrições de mulheres no livro como prova para sustentar que são belas demais para as ter escrito um homossexual.

A comparação procura conter e limitar o contágio do homossexualismo como "coisa de artistas"; tem o seu apoio na prática artística, na qual os artistas às vezes encontram uma liberdade maior do que na sociedade. Pompéia podia, na arte, destruir completamente o sistema que o oprimia duma maneira que nunca podia na vida; o mundo da arte e da retórica é campo libertado para muitos exercerem as suas paixões proibidas.

Maria Porres destaca a centralidade dos discursos do Professor Cláudio na subversão discursiva do livro; dentro do texto maior, e dentro da educação proporcionada pelo internato, as breves conferências do Dr. Cláudio contradizem fortemente todo o sistema dominante, mostrando a possibilidade libertadora da arte. Acerta: "É a obra de arte que pode abolir o sentido opressor da vida, diz o Dr. Cláudio, o 'alter-ego' estético de Raul Pompéia, num desafio velado à instituição" (254). Só falta na sua trabalhada análise uma consideração do tema sexual do livro.

O manifesto decadentista do Dr. Cláudio mostra a importância do paradoxo sobre lógica e a da arte sobre a indústria; toma as categorias antes dadas a Sérgio e as inverte, redefinindo o sentido das palavras chaves como "fraco": já não são fracos os de cabelos longos e bonitos que correm perigo de se corromper na imoralidade; são eles que acreditam nos deuses (em Aristarco, por exemplo, a quem o livro já chamou de Júpiter), e na moralidade, "invenção das maiorias de fracos" (101), nas vezes da arte e no amor. A ausência da imoralidade no código moral do internato tem o seu complemento perfeito no sistema quase nietzschiano do Dr. Cláudio, que não conhece a moralidade: "A verdadeira arte, a arte natural, não conhece moralidade. Existe para o indivíduo sem atender à existência da moralidade". Este discurso também pressagia o fim do internato, afirmando a identificação do autor com o doutor: "Leda pode ser cruel: Roma em chamas, que espetáculo!" (104).

Esta subversão direta do discurso estabelecido no internato contém elementos claramente sexuais. Invertendo o valor do fraco e do forte, o valor da moralidade e da imoralidade, eleva o "misterioso epíteto" (que acompanha o ser fraco e a imoralidade desde o princípio) acima do discurso dominante, prometendo ao oprimido o seu calvário. A arte, todo ao contrário da indústria e do ensino, é inútil: "cruel, obscena, egoísta, imoral, indômita, eternamente selvagem, a arte é a superioridade humana –acima dos preceitos que se combatem, acima das religiões que passam, acima da ciência que se corrige; embriaga como a orgia e como o êxtase". A perversão da arte promete satisfação completa.

A estética transgressiva do Dr. Cláudio se compara bem com a de Oscar Wilde. Mark Dolliver cita o último: "What the paradox was to me in the sphere of thought, perversity became to me in the sphere of passion" (309). Depois prossegue:

> Wilde's transgressive aesthetic simultaneously confirmed and exploited this inextricable connection between the sexual and the (apparently) non-sexual, between sexual perversion and social subversion... Perverse desire is transvalued, socially, sexually, and aesthetically. (309)

Dolliver apresenta essa equação num sentido; o leitor que quer se aproveitar do subtexto pompeiano deve inverter este processo, lendo do paradoxo à perversão. A possibilidade subversiva da arte, prazer de Pompéia e dos demais escritores decadentistas do fim de século, representa para ele e quiçá para alguns dos seus leitores o único escape do discurso dominante. Afirma Porres:

> Raul Pompéia percebeu que as instituições não são capazes de impedir válvulas de escape, espaços de denúncia que emergem de suas próprias entranhas. A moral vê-se obrigada a ceder lugar à arte, e a opressão é diluída na medida em que é coagida a permitir a libertação das pulsações da vida. (252)

Os críticos que representam o discurso dominante podem tentar impedir essa possibilidade interpretativa caluniando os artistas decadentistas, sobre os quais "todos sabemos", mantendo e empregando o sistema repressivo de silêncios significativos e ignorâncias estratégicas, mas o autor sempre tem a palavra final. Pompéia a emprega para romper com o estilo tão naturalista quanto simbolista, criando uma obra que prefigurou o modernismo, e ainda oferece uma crítica social aguda e relevante para o nosso tempo.

BIBLIOGRAFIA

Andrade, Mário de. "Prefácio a *O Ateneu*". *O Ateneu*. Lisboa: Edição "Livros do Brasil", s.d.

Bracher, Mark (ed.). *Lacanian Theory of Discourse*. Nueva York: New York University Press, 1994.

Broca, José Brito. *Raul Pompéia*. São Paulo: Ed. Melhoramentos, 1956.

Cândido, Antônio e J. Aderaldo Castello. "O Ateneu". *Presença da literatura brasileira*. São Paulo: DIFEL, 1968.

Dolliver, Mark. "Oscar Wilde and Aesthetic Inversion". *Camp Grounds: Style and Homosexuality*. David Bergman, ed. Amherst: University of Massachusetts Press, 1993.

Edelman, Lee. *Homographesis*. Nueva York: Routledge, 1994.

Foucault, Michel. *The History of Sexuality*. Nueva York: Vintage, 1980.

Freud, Sigmund. *Standard Edition of the Complete Psychological Works of Sigmund Freud*. James Strachey, trad. Londres: Hogarth Press, 1953-74.

Gilbert, Sandra M. e Susan Gubar. *The Madwoman in the Attic*. New Haven: Yale University Press, 1979.

Gomes, Eugênio. *Aspectos do romance brasileiro*. Salvador: Univ. da Bahia, 1958.

Ivo, Lêdo. *O universo poético de Raul Pompéia*. Rio de Janeiro: Livraria São José, 1963.

Leyland, Winston (ed.). *My Deep Dark Pain is Love: A Collection of Latin American Gay Fiction*. San Francisco: Gay Sunshine Press, 1983.

Pompéia, Raul. *O Ateneu*. São Paulo: Edições Melhoramentos, s. d.

Pontes, Elói. *A vida inquieta de Raul Pompéia*. Rio de Janeiro: José Olympio, 1935.

Porres, Maria Antonieta S. "Os discursos do Professor Cláudio". *O Ateneu: Retórica e paixão*. Leyla Perrone-Moisés, comp. São Paulo: EDUSP, 1988.

Sedgwick, Eve Kosovsky. *Epistemology of the Closet*. Berkeley: University of California Press, 1990.

Tôrres, Artur de Almeida. *Raul Pompéia (estudo psico-estilístico)*. Niterói: Gráfica Waldek, 1968.

Autoras modernistas y la (re)inscripción del cuerpo nacional

Tina Escaja
University of Vermont

> Ella viene de una isla que quiso construir el paraíso...
> Zoé Valdés (15)

En 1901, Rubén Darío define el proceso poético en los siguientes términos "Y la primera ley, creador: crear. Bufe el eunuco. Cuando una musa te dé un hijo, queden las otras ocho encinta" (*Prosas Profanas* 170). La sexualización del enunciado poético en función del cuerpo de la mujer participa de una larga tradición misógina que reduce a la mujer a un papel de muda intermediaria. Es el caso de figuras como la Virgen María en la tradición católica, o el episodio de Leda y el cisne en la mitología clásica. En ambos casos, si bien Leda como María se presentan como receptoras pasivas del semen divino, ambas celebran el poder de engendrar la palabra, se trate de la Poesía (Leda) o del Verbo (María). Sin embargo, este poder de enunciación ha sido sistemáticamente usurpado a la mujer en la tradición patriarcal dominante, en función de un discurso que, de acuerdo al momento histórico, se privilegia religioso, estético, o también político.

En este estudio pretendo detenerme en las estrategias que tuvo que utilizar o interiorizar la escritora modernista para legitimarse durante un período que basaba gran parte de su estética en el cuerpo fetichizado de la mujer. Entre las mismas se encuentra la sumisión a los esquemas dicotómicos de la época que percibía a las propias escritoras como ángeles virginales o en ocasiones su opuesto, como demonio perverso.[1] Este discurso que reduce a la escritora modernista a un objeto textual/sexual, convivió con metáforas que la supeditaba a los postulados patrióticos de la Nueva América.

En este debate metafórico se insertan las voces de las poetas cubanas Juana Borrero (1878-1896) y Mercedes Matamoros (1851-1906), y de la uruguaya Delmira Agustini (1886-1914). La búsqueda de una expresión personal resultó particularmente compleja en las primeras por coincidir los postulados renovadores del modernismo con las definiciones de nación y patria en plena contienda por la emancipación territorial. La revolución cubana vinculó política y estética en base a un enunciado falocéntrico que convirtió el cuerpo de la mujer en símbolo de los nuevos valores. Expresión extrema de esta postura es la poesía y la persona de Juana Borrero, quien vino a literalizar en sí misma el doble proyecto literario e histórico en un momento de crisis que coincide a su vez con el inicio de la modernidad.[2]

Juana Borrero nació en el seno de una familia de reconocidos escritores y patriotas cubanos, entre los que se encontraba su padre, Esteban Borrero Echevarría. Desde muy joven, Juana Borrero tuvo contacto con los círculos intelectuales e independentistas del revolucionario período finisecular, destacándose precozmente en la poesía y la pintura al tiempo que empezaba a fomentar una imagen melancólica y sombría consecuente a la estética del momento. Esta autoconstrucción o "pose" sintonizaba con el residuo romántico del llamado "mal del siglo", pero también mimetizaba la vertiente del imaginario finisecular que representaba a la mujer como virgen misteriosa y frágil. Con la asimilación mimética de ese discurso, Juana Borrero trata de legitimarse en un momento en que las inquietudes estéticas se confunden con las inquietudes revolucionarias, inquietudes insertas a su vez en un discurso intelectual obsesionado con la expresión americana y la definición de una identidad nacional/continental.

La imagen y el cuerpo de Juana Borrero, como la de su compatriota Mercedes Matamoros, se ponen entonces al servicio de los principios de identidad y expresión nacional al tiempo que permiten la distracción y catarsis a sus definidores. Es decir, no sólo el cuerpo de la escritora (como el de la mujer hispanoamericana en general en el imaginario modernista y patriótico) se instrumentaliza para servir a los postulados de una nación y expresión americanas, sino que también permiten el solaz y afirmación del discurso oficial hetero/falocéntrico. Si la pose del intelectual decadente y afeminado, como apunta Sylvia Molloy, implica un sentimiento de atracción y rechazo supuestamente "dañino" para el proyecto americano (Política 135), entonces la pose virginal y frágil asumida muchas veces por la mujer escritora resulta no solo benigna sino necesaria para afirmar ese mismo proyecto y en último término instrumental para el reposo y placer del intelectual que en el caso cubano seguía luchando por la causa independentista. En cualquier caso, la falsedad que implica toda pose se niega y reinterpreta a modo de válida construcción coherente a la fantasías (sexuales) masculinas en proceso de imaginarse (erigirse) a sí mismas también como nación.[3]

No es de extrañar entonces la continua conversión de la mujer escritora a un texto manejable e impregnable de metáforas al uso. En la introducción a las *Rimas* de Juana Borrero (1895), Aniceto Valdivia, bajo el decadente pseudónimo de Conde Kostia, presenta a la autora en los siguientes términos: "La niña-musa, la niña-maga, que consagró, ungiéndola con el óleo dulce de su prosa, el pálido arcángel de la poesía [...]" (59). En las palabras del conde Kostia, Borrero aparece reducida a un cuerpo infantil impregnado por el "óleo" del arcángel de la poesía. El comentario tiene ecos del episodio bíblico de la anunciación del arcángel Gabriel a la Virgen María, según el cual la autora del Verbo, la Virgen, aparece silenciada por el discurso seminal y dominante del Padre. El conde Kostia reduce asimismo la autoridad literaria de Borrero a su cuerpo infantilizado, transfiriendo la palabra de la autora a su silenciamiento como mujer mediante imágenes que la reducen a un objeto sexual: el de la virgen-musa.

La construcción mítica de Borrero en función de la virginidad y el misterio había sido fomentada por uno de los artífices de la estética modernista, el compatriota y amigo personal de Borrero, Julián del Casal. El autor decadente sintonizó de inmediato con la imagen torturada y melancólica de Borrero, imagen a que él mismo contribuyó y animó a construir. La más popular de sus atribuciones fue el poema dedicado a Borrero que la identifica como "Virgen triste" (238-39). En el mismo, Casal incide en el componente místico y visionario de Borrero, cuya castidad e inocencia aparecen maculadas por el conocimiento estético y el hastío existencial:

> Tú sueñas con las flores de otras praderas,
> Nacidas bajo cielos desconocidos,
> Al soplo fecundante de primaveras
> Que, avivando las llamas de tus sentidos,
> Engendren en tu alma nuevas quimeras.
>
> Hastiada de los goces que el mundo brinda
> Perenne desencanto tus frases hiela,
> Ante ti no hay coraje que no se rinda
> Y, siendo aún inocente como Graciela,
> Pareces tan nefasta como Florinda. (238)

Esta apreciación dual de la autora, de virgen penetrada y fertilizada por el conocimiento estético y las ansiedades del espíritu, había sido insinuada por el propio Casal en su relato del encuentro con los Borrero. En el mismo, Casal expone a Juana al lector; la comparte con la fantasía del interlocutor al que apela directamente: "¿Queréis conocerla?" (229). Del intrincado paisaje rural cubano, que deriva en la enumeración de útiles de labranza y animales domésticos, emerge el objeto expuesto: "escarban la tierra las gallinas, hincha su moco el pavo, enróscase el perro al sol y surge una figura humana que os contempla con asombro o pasea sobre vuestra persona su mirada melancólica de animal" (229). Juana Borrero aparece mimetizada entonces a un entorno primitivo y salvaje cuya "lujuriosa vegetación" (230) se reproduce en los cuadros de la joven. Como el entorno al que la inserta la pluma de Casal, Juana aparece representada a un mismo tiempo sensual y virgen, desgarrada su inocencia-himen por la sabiduría precoz, y a su vez agente de la penetración intelectual: "Sin haber visto nada, dijérase que lo ha visto todo. Un simple hecho, rápidas lecturas de algunos libros, ligeras reflexiones emitidas en su presencia, han bastado para desgarrarle el velo negro del misterio y hacer que sus ojos contemplen a la inmortal Isis en su fría desnudez" (232-33).

El conocimiento aparece proporcionado entonces por diversas instancias de un discurso falocéntrico que inscribe y al que se adhiere la propia autora. En función de este discurso, Borrero se representará a sí misma, inscribirá a otras mujeres de su tiempo, y contribuirá a la causa nacional y estética no sólo como cuerpo silenciado sino también como autora de exaltados poemas patrióticos y de elaboradas composiciones modernistas.

Ejemplo de autorrepresentación en función de las imágenes propuestas más arriba es el poema "¡Todavía!" con que se inicia el libro *Rimas* de Juana Borrero (61). El título del libro evoca las *Rimas* del poeta romántico español Gustavo Adolfo Bécquer, autor de notable influencia en el período. El tono romántico predomina en el poema "¡Todavía!", un poema escrito, según testimonia la autora, cuando tenía 14 años. En el mismo la hablante aparece desdoblada en la imagen de virgen sabia de que era titular la propia autora:

> ¿Por qué tan pronto oh mundo! me brindaste
> tu veneno amarguísimo y letal?...
> ¿Por qué de mi niñez el lirio abierto
>   te gozas en tronchar?
>
> ¿Por qué cuando tus galas admiraba,
> mi espíritu infantil vino a rozar
> del pálido fantasma del hastío
>   el hálito glacial? (61)

Como contrapartida, Juana Borrero despliega una sensualidad en sus versos que reproduce las convenciones modernistas, convirtiendo el cuerpo de la mujer en fetiche sexual. Es el caso del popular soneto "Las hijas de Ran" (*Rimas* 79):

> Envueltas entre espumas diamantinas
> Que salpican sus cuerpos sonrosados
> Por los rayos del sol iluminados
> Surgen del mar en grupo las ondinas.
> . . . .
> Y que las olas, entre sí rivales,
> Se entrechocan de espuma coronadas
> Por estrechar sus formas virginales. (79)

Pero no sólo reproduce la autora el escenario mórbido de episodios míticos, sino que también reduce al lienzo poético a mujeres de su tiempo en cuyos retratos infiere una sensualidad de resonancias homoeróticas. En su poema "Paulina Güell" (*Rimas* 74), la autora transcribe la convención de belleza frágil que atribuye a Paulina para concluir con un requiebro sensual que erotiza la transacción del poema entre la hablante y el objeto evocado:

> Ella es toda bondad! En su mirada
> Su carácter refléjase tranquilo.
> Ella es rubia! Tan rubia como el oro
> Y frágil como un pétalo de lirio.
> ....
> ¡Dulce Paulina! que en la alegre fiesta
> Cuando te arrastre el vals en loco giro,
> Pueda llegar el eco de este canto
> Como murmullo a acariciar tu oído. (74)

La transacción homoerótica o también travestida, travestida en el sentido planteado por Helen Sword según el cual el/la poeta asume su opuesto genérico para transmitir cierta experiencia estética (306),[4] se percibe de forma particularmente compleja en el poema "El ideal" de Borrero (*Rimas* 62-63). En este poema, la exaltación literaria es de origen patriótico e incide en las convenciones al uso que transfieren el ideal a la patria. La apropiación del discurso masculino en este poema implica también una apropiación del proyecto histórico nacional del que la mujer estaba excluida. Los principios de soberanía, ciudadanía y fraternidad de ese proyecto no tenían en cuenta a la mujer, quien permanecía relegada a un símbolo y al territorio doméstico y reproductivo una vez que la nación se instituía como tal (Pratt 49).

Amparada por la crisis revolucionaria y el privilegio de clase, Juana Borrero logra hacerse "pública", esto es, publicar e inscribir su voz en el proyecto histórico de nación a través de la mímesis de ese discurso. El alcance de esta apropiación es doble. Por una parte, la autora reproduce como ventrílocua el discurso del poder y así se legitima en un espacio y lenguaje que no le corresponden. Por otra, Borrero incurre en cierto travestismo al apropiarse del discurso y experiencia masculina en particular relevante cuando instrumentaliza el cuerpo de la mujer en sus textos.

En el poema "El ideal", Juana Borrero utiliza a una mujer como mediadora de la experiencia patriótica: Mercedes Matamoros. Esta referencia no aparece en el texto de las *Rimas* sino en una versión previa del mismo poema publicada en la compilación *Grupo de familia*, antología de textos producidos por los Borrero. En la publicación de *Grupo de familia*, el poema de Juana se dedica "A Mercedes Matamoros". La autora de *El último amor de Safo* se insinúa entonces intermediaria e inspiradora del poema de Borrero, pero también implícita a la hablante:

> ¡Yo lo siento en el alma!... El me reanima
> Y me presta el calor del entusiasmo,
> El me muestra a lo lejos, siempre verde
> Laurel inmarcesible y codiciado! (62)

Mercedes Matamoros aparece entonces como musa que inspira la expresión poética y patriótica de Juana Borrero, del modo en que la mujer solía presentarse como intermediaria erótico/estética para el autor modernista. Al mismo tiempo, Juana Borrero parece desdoblarse en la compatriota y colega, con lo cual vuelve a incidir en la estrategia legitimadora de la autorrepresentación. Relegada a ser definida por la pluma del hombre, Juana Borrero elabora estrategias que le permitan establecer cierta autonomía como autora y también como mujer. Una estrategia sería la presentada en el poema "El ideal", mediante la cual Borrero se desdobla en otra poeta o se expresa apoyada en esa autora hasta el punto de reemplazarla en la versión definitiva publicada en *Rimas*. Con ello, Borrero no sólo legitima su valor como escritora susceptible de participar en el proyecto nacional, sino que también implica la valoración de una autoridad femenina tradicionalmente desatendida por el discurso dominante.

Este tratamiento de la mujer en Borrero, que incluye un proyecto de legitimación personal, histórica y artística, difiere notablemente del discurso oficial del modernismo. En 1882 el influyente poeta y revolucionario José Martí había publicado un poema bajo el título "A Mercedes Matamoros". El poema había sido escrito originalmente en un abanico, con lo cual enfatiza el carácter decorativo transferido a la escritora cubana:

> Como las plegarias, pura;
> como la cólera, altiva;
> como tus sueños, triste;
> como la inocencia, tímida;
> tú, la doncella garbosa
> en cuyos ojos anidan
> blandas miradas de tórtola
> trágicas luces sombrías,
> ¡Mercedes! Bien nos las hizo
> quien dio encomienda a las brisas
> de que bordaran tu cuna
> del Almendar en la orilla
> con hojas de nuestras cañas
> y flor de nuestras campiñas. (186)

Mercedes Matamoros aparece transcrita por Martí en función de los contrastes al uso, incidiendo en valores virginales y de asociación con la naturaleza. La función no es sólo retórica sino también patriótica. Matamoros aparece representada en el poema de Martí como "doncella garbosa", a un tiempo sensual y sombría, pero también integrante de un nacionalismo inscrito en el paisaje: "con hojas de nuestras cañas / y flor de nuestras campiñas" (13-14). La autoridad de Matamoros queda desplazada por su cuerpo que inspira la experiencia erótico-poética y que también simboliza la patria. Esta reducción de la autora a un objeto textual/sexual discrepa de la presentada por Borrero en su poema igualmente dedicado a Matamoros. En el poema "El ideal" se reafirma la autoridad poética de la mujer en la doble vertiente Matamoros/Borrero, afirmación que reivindica una plena y activa participación en el proyecto tanto estético como patriótico:

> ¡Oh patria! Si la muerte inexorable
> no me detiene con su helada mano
> en mitad de la senda peligrosa
> a donde en pos de mi ideal me lanzo,
>
> tu recuerdo que siempre irá conmigo
> me dará nuevo ardor ante el obstáculo.
> ¡Yo salvaré mi nombre del olvido!
> ¡Yo lucharé por conquistarte un lauro! (62-63)

El derecho a morir por la patria, igualmente denegado tradicionalmente a la mujer (Pratt 52), aparece reivindicado por Borrero al igual que el derecho a escribir e inscribirse en la historia, esto es, el derecho a transferirse del ámbito privado y doméstico asignado a su género, al ámbito público e histórico, prerrogativa del hombre. Esto implica una transgresión de límites territoriales/ sexuales que connota su carácter liminal en la aplicación del término "público" a la mujer. La "mujer pública" es la prostituta, la mujer que comercia con su cuerpo. Juana Borrero y Mercedes Matamoros establecen asimismo una transacción con el discurso del poder que consiste en admitir ser "textualizadas", esto es, ser reducidas a un objeto textual/sexual, a cambio del acceso a la escritura. Pero esto supone un serio conflicto para las autoras del modernismo, conflicto que acertadamente apunta Sylvia Molloy: "women cannot be, at the same time, inert textual objects and active authors. Within the ideological boundaries of turn-of-the-century literature, woman cannot write woman" ("Female" 109).

En este debate socioliterario las mujeres del modernismo buscan una voz personal y la legitimación artística mediante una serie de estrategias como las mencionadas más arriba a propósito de Juana Borrero. Mercedes Matamoros utiliza el erotismo como forma de expresión, un recurso integral al movimiento modernista, si bien la perspectiva del movimiento estaba determinada por el deseo y la mirada del hombre. Con anterioridad, Matamoros había intentado la expresión poética en la imitación y traducción de escritores románticos como Byron y Moore. Será con *El último amor de Safo* (1902) con que Matamoros manifieste una voz propia en función del cuerpo y la sexualidad de la mujer.

El último amor de Safo es una colección de sonetos que recrean el deseo sexual de Safo por Faón, su "último amor". Faón aparece en la mitología clásica como barquero viejo y decrépito transformado en hermoso joven por Afrodita. Del bello Faón se enamoran "todas" las mujeres de Lesbos, incluida Safo, a quien Faón desdeña causando su desesperación y ulterior suicidio (Grimal 192-93). La Safo histórica se confunde entonces con la Safo legendaria seduciendo la imaginación finisecular que recreaba el episodio en óperas, piezas teatrales y composiciones líricas. Matamoros reproduce el episodio desde la perspectiva de Safo, mujer y poeta. Al hacerlo, Matamoros subvierte tanto la presentación masculinista del modernismo como los estrictos códigos morales de la época que exigían a las damas que ignorasen su cuerpo, o en términos radicalmente opuestos, que lo explotasen (Litvak 182).

Si Juana Borrero asume la represión sexual y la transfiere a sus textos en función de las metáforas al uso, Mercedes Matamoros elabora sobre el erotismo en cierto modo "protegida" por una figura que convenientemente multiplica transgresiones. Safo es una reconocida autora, educadora y lesbiana de la antigüedad clásica. No sólo como laureada poeta se apropia de la autoridad literaria, privilegio del hombre, sino que también la transfiere a un ginocentrismo expresado en términos tanto sexuales como nacionales. El proyecto de las islas de Lesbos, asociado a Safo, es un proyecto matriarcal en el que la cofradía no viene inspirada por valores masculinos sino de mujer.[5] Ese exceso liminal en que incurre Safo, así como su distancia sociohistórica (nació hacia el 650 a. JC), distancia que la confunde con el mito, permiten a Matamoros apropiarla como elemento ficcional y asimismo "distante" de su medio y persona. Como contrapartida, Matamoros elabora sobre el "último amor de Safo", esto es, el amor por Faón que restituye tanto a Safo como a Lesbos y su proyecto ginohistórico al territorio heterosexual y falocéntrico del que se habían "desviado".

Sin embargo, los términos de la subversión que se presentan en los textos de Matamoros son múltiples. En primer lugar, Matamoros subvierte el enunciado tradicional mediante la simple inversión del objeto estético convencional en sujeto, siendo ahora la mujer quien convierte en objeto de su deseo y mirada al hombre:

> Veo en el clavel tu labio purpurino,
> Tu blanca frente en el jazmín nevado,

Autoras modernistas y la (re)inscripción del cuerpo nacional • 69

> Tus ojos son el cielo abrillantado,
> Y el sol refleja tu mirar divino! ("La declaración" 212)

No sólo la Safo mujer transmite su deseo y su cuerpo en los poemas de Matamoros, sino que la hablante se presenta también como autora y poeta. Con esta presentación se enfatiza la transferencia del hombre a un objeto inspirador tanto sexual como textual, al tiempo que permite a Matamoros, en su condición de mujer poeta, desdoblarse en el yo transgresor de Safo:

> ¡Es mi lira! La dulce lira de oro
> con que tu hechizo irresistible canto;
> ¡cuyos himnos en gozo y en quebranto
> son ruiseñores que te forman coro! ("Safo a Faón" 210)

Entre otros recursos de subversión del canon en la obra de Matamoros se encuentran la participación activa de la hablante en la relación amorosa, y el intercambio de roles entre amado y amada: "¿No es verdad que es tu Safo encantadora? / ¡Oh, ven! Y en este amor que a ti me entrega, / ¡tú serás el Placer y yo el Delirio!" ("Yo" versos 12-14).

Esta participación e intercambio discrepa notablemente de la posición más voyeurista y unilateral del modernismo, según la cual el autor se limita a observar sin intervenir en un evento amoroso o trascendente. El hablante en los textos masculinos aparece con frecuencia como intermediario e intérprete de la experiencia observada, pero no suele participar en la misma. La hablante en los textos de Matamoros interviene y asume un papel sexual que aparece con frecuencia determinado por metáforas típicas del período como la asociación de la mujer a la serpiente, asociación que evoca los mitos negativos de Eva o de Medusa:

> Mi cuerpo es una sierpe tentadora
> y en el mórbido seno se doblega
> ¡lánguidamente el cuello como un lirio! ("Yo" 211)

> ¡Quisiera —que en serpientes transformadas—
> dejaran en tu cuerpo, envenenadas,
> de su aguijón sutil las rojas huellas...!
> ("Mis trenzas" 220)

En los versos apuntados, así como en los planteamientos propuestos por Matamoros, se reconoce el estilo y perspectiva de la autora uruguaya Delmira Agustini. En el poema "Serpentina", publicado en su libro póstumo, *El rosario de Eros* (1924), Agustini vincula el deseo y el cuerpo de la hablante a la serpiente:

> En mis sueños de amor, ¡yo soy serpiente!
> Gliso y ondulo como una corriente;
> ....
> Mi lengua es una venenosa fuente;
> Mi testa es la luzbélica diadema ... (294)

A diferencia de su antecesora Matamoros, la presentación erótica en la obra de Agustini incide muchas veces en la profanación de lo sagrado, profanación recurrente en el modernismo pero que en la voz de mujer explícita en los poemas de la uruguaya enfatiza su carácter transgresor. No sólo "El rosario de Eros" profana desde el título el santuario retórico-religioso del discurso católico, sino que los valores más propiamente modernistas aparecen subvertidos y profanados en los poemas de Agustini, como es el caso más aparente de la maculación del mito modernista por excelencia: el cisne. Los últimos versos del popular poema "Nocturno" de la compilación *Los cálices vacíos* (1913), evidencian esa maculación en función de imágenes de la sangre asociables a lo femenino (menstruación, parto, iniciación sexual): "Y soy el cisne errante de los sangrientos rastros, / Voy manchando los lagos y remontando el vuelo" (254).

La/el hablante en el texto apuntado se identifica con el cisne, se implica en el mito y lo mancha, manchando al mismo tiempo los esquemas convencionales del movimiento modernista que se encontraba en declive cuando Agustini publicó sus poemas. Otro de los esquemas apropiados y revisados por Agustini es el mito de Leda y el Cisne, motivo arquetípico para el movimiento modernista por simbolizar la experiencia poética en el intercambio entre lo divino (Zeus/ poema) y lo humano (Leda/poeta). A diferencia de las posturas masculinas ante el mito, la hablante de los textos de Agustini interviene en la relación sexual presentando una Leda activa y deseante susceptible de alcanzar lo absoluto (el Verbo o Poema) por el intercambio carnal con el ave emblemática: "Y esperaba suspensa el aletazo / del abrazo magnífico [...]" ("Visión" 237).

Esta implicación, presente tanto en la obra de Mercedes Matamoros como en la de Delmira Agustini, discrepa notablemente de la presentada por el autor modernista, discrepancia apuntada por Helen Sword a propósito de la utilización del mito de Leda y el Cisne por el autor anglosajón. Según Sword, a pesar de llegar a privilegiar el punto de vista de la Leda-poeta, "yet the poet identifies himself fully with neither; he stands above all as an observer, detached but emphatetic, whose role is to ennunciate to his audience the rape's historical significance as annunciatory event" (308). Esta postura la comparten autores del modernismo hispanoamericano como Rubén Darío, cuya posición distanciada puede rastrearse en poemas como "Leda" (*Otros poemas* 147), y los poemas "III" y "IV" de la serie "Los cisnes" (*Cantos de vida y esperanza*

132-33). Sylvia Molloy también alude al distanciamiento del autor masculino en contraste con la implicación del deseo de la mujer en la obra de Agustini ("Cisne" 66), implicación que puede reconocerse en el texto de Mercedes Matamoros, antecesora de la uruguaya.

La hablante en la obra de Agustini asume su deseo, expresa el erotismo y legitima a la autora mediante recursos como la utilización revisada de mitos clásicos. Como contrapartida, Agustini, al igual que Matamoros y Borrero, tuvo que admitir ser textualizada por los intelectuales del momento en términos tanto patrióticos como estéticos. Delmira Agustini fue calificada de "ángel encarnado" (Medina Bentancort, citado en Agustini 89); de "Nueva Musa de América" (Herrera y Reissig, citado en Agustini 265). Los triunfos de la autora se esperan "sean cada día mayores para honor suyo y del país" (*El Telégrafo Marítimo*, citado en Agustini 271). Y sin embargo, a medida que Agustini intensificaba el componente erótico en sus textos las calificaciones fueron desplazándose a términos menos condescendientes que participaban de la percepción de la mujer como "demonio" o "medusa". Ejemplo tardío de ese desplazamiento es la aproximación de Emir Rodríguez Monegal, quien califica a Delmira de "desmelenada mujer" (54), "pitonisa en celo" (8) y "Leda de fiebre" (53).

Al igual que Delmira Agustini, Mercedes Matamoros incide en el deseo de la mujer en sus textos, si bien no utiliza la estrategia legitimadora de la corrección de mitos sino que por el contrario incide en ellos sin cuestionarlos. Es por ello que Matamoros concede al patriarcalismo una Safo que responde a los esquemas típicos asociados a la supuesta irracionalidad femenina: celos, venganza, entrega, sumisión, animalización, desesperación, ruego. La razón y autoridad de la Safo poeta queda anulada entonces por la pasión y capricho de la Safo mujer. Del mismo modo, la preferencia homosexual llega a asumirse pecaminosa: "Safo: qué horror ya vuelven tentadores / los placeres, que en tiempo que maldigo / me hundieron en el fango de la vida!..." ("Invitación" 225).

El rechazo al discurso alternativo propuesto por la Safo histórica se expresa en el desprecio de Faón por Safo, episodio que recrea Matamoros en sus textos. Al mismo tiempo, el fracaso del proyecto de Safo y de Lesbos parece ultimarse en el suicidio de la griega quien supuestamente se arrojó al mar desde un precipicio de Léucade. En las aguas del mar, la autora somete finalmente tanto su cuerpo como su autoridad literaria y canónica: "y que esas olas que me brinda el cielo, / de sus espumas entre el blanco velo / mi cuerpo envuelvan y la dulce lira / con que canté mis últimos amores...!" ("En la roca de Léucade" 229). Esta retirada a los márgenes del territorio nacional y del discurso canónico implica el final del proyecto ginocéntrico propuesto por Safo, final que se reinterpreta como un triunfo masculino alcanzado por Faón, "héroe de Lesbos".

El discurso patriarcal/patriótico se restituye e impone, e insinúa su desconfianza por planteamientos alternativos como los insinuados en la obra de Matamoros. En este sentido, Manuel Márquez Sterling apunta en su prólogo a la obra de Matamoros:

> El último amor de Safo [es] un esfuerzo á que no estamos aquí acostumbrados, acaso porque vive fuera del medio enervante en que se agitan nuestros escritores, aislada en la soledad de sus tristezas. Mercedes Matamoros que pudo ser en otro país, en otra sociedad, en otro medio, una gloria, aquí es una flor marchita, olvidada. (5)

La autoridad de Mercedes Matamoros aparece desestimada por el discurso oficial que privilegia los postulados nacionales a los que se somete la mujer como símbolo patrio. El caso extremo de asimilación simbólica de ese discurso es el que representa Juana Borrero. Advertida su obra inicialmente como "lenitivo" o cura del cuerpo enfermo de la nación: "[...] que tus frases, en que irá la dulzura tristemente ideal de todo un pueblo, sean el más fecundo de los lenitivos" (Conde Kostia, en Borrero, *Rimas* 60), la autora pasará a asimilar ese cuerpo enfermo en su propia persona. En el exilio estadounidense a que estaba sometida con su familia se diagnostican a Juana Borrero fiebres tifoideas. La enfermedad y agonía de Borrero parecen literalizar entonces las metáforas de que había sido objeto, así como la premonición del principal artífice de su imagen. En los últimos versos de "Virgen triste", Casal pronosticaba:

> Ah! Yo siempre te adoro como un hermano,
> No sólo porque todo lo juzgas vano
> Y la expresión celeste de tu belleza,
> Sino porque en ti veo ya la tristeza
> De los seres que deben morir temprano. (30-34)

La "pose" de Juana Borrero trasciende la simulación para exhibir y legitimar las metáforas a que había sido sometida por familiares, amigos e intelectuales; por el propio Carlos Pío Uhrbach, quien insiste en la asexualidad de su relación con la autora (Rivero 832), y por la misma Borrero. La leyenda de Juana Borrero, a la que contribuyó ella misma como desmitifican estudios recientes establecidos en base al apasionado epistolario de Juana (Rivero) o a su poética de la desesperación (Hauser), se mantuvo incluso después de su muerte. Dócil al discurso canónico, la Juana póstuma se deja inscribir por la pluma de Rubén Darío quien advierte en Borrero una "naturaleza angélica" distinta y elevada sobre sus "compañeras terrenales, inconscientes, uterinas, o instrumentos de las potencias ocultas del mal" ("Juana" 249). Juana Borrero será la "adolescente atormentada", según popular designación de Angel Augier. Su persona "was sacrificed in the obstinate quest for liberty that has characterized the Cuban nationality" (Núñez 1). El cuerpo maleable de Juana Borrero se mantiene como símbolo tanto de la expresión literaria modernista como del proyecto patriótico cubano, todavía vigente.

En los límites finiseculares de la construcción histórica y estética se sitúan las escritoras del modernismo hispanoamericano, situación particularmente compleja en el caso cubano en plena lucha por su emancipación territorial e inminente definición como nación autónoma. Tratando de ubicarse en esos límites, límites tan imaginados como ajenos, Juana Borrero se mantiene en una especie de limbo similar al propuesto por la imaginación de Patria, la protagonista de la novela de la exiliada cubana Zoé Valdés. Sin embargo, si Patria decide cambiar su nombre y negar al hacerlo el proyecto nacional de la Cuba revolucionaria castrista, Borrero asume su condición simbólica sin más disidencia que las insinuadas en sus poemas y cartas. Como la propuesta imaginaria con que se inicia la novela de Zoé Valdés, Juana Borrero "Morirá joven, y con todos sus deseos". El epitafio a su tumba en Cayo Hueso circunscribe el territorio simbólico en que sigue (re)inscrita la autora cubana en su perpetua condición de desajuste y exilio: Juana Borrero, "Gloria de Cuba".[6]

NOTAS

[1] Para un detallado estudio sobre la representación dicotómica de la mujer durante el período finisecular, véase el trabajo de Bram Dijkstra.
[2] La vinculación del modernismo con la crisis general de valores que inaugura la modernidad en las letras de occidente ha sido apuntada por diversos autores como Federico de Onís y Saúl Yurkievich, vinculación y definiciones que rastrea Ivan A. Schulman en su importante estudio sobre la evolución del concepto modernismo/modernidad.
[3] La percepción de la nación como comunidad imaginada ha sido investigada por Benedict Anderson. Entre las interpretaciones feministas de ese discurso se encuentra el estudio de Mary Louise Pratt.
[4] Helen Sword analiza el travestismo literario en poetas del modernismo angloamericano, concretamente en función del mito de Leda y el cisne. Sword se inspira a su vez en el concepto de Sandra Gilbert y Susan Gubar, "*sexchanges*", término que Sword trancribe como "literary appropriations of opposite gender roles and disguises" (306).
[5] Para una presentación general sobre la Safo educadora véase el siguiente emplazamiento de Internet y sus enlaces respectivos: http://fyl.unizar.es/historia_antigua/Grecia/Safo.html
[6] Ana Rosa Núñez documenta las vicisitudes de los restos de Juana Borrero que fueron identificados en 1972 y trasladados a una tumba individual en el cementerio de Key West, EE.UU. Entre la documentación que presenta Núñez se encuentra una fotografía de la tumba y epitafio de Juana Borrero (21).

Bibliografía

Anderson, Benedict. *Imagined Communities: Reflections on the Origin and Spread of Nationalism*. Londres: Verso, 1983.
Agustini, Delmira. *Poesías completas*. Madrid: Cátedra, 1993.
Augier, Angel. *Juana Borrero, la adolescente atormentada*. La Habana: Cuadernos de Historia Habanera, 1938.
Borrero, Juana. *Grupo de familia*. La Habana: Gris y Azul, 1895.
_____ "Rimas". *Poesías*. La Habana: Academia de Ciencias de Cuba/Instituto de Literatura y Lingüística, 1966. 59-81.
Casal, Julián del. "Juana Borrero". *Poesías y cartas: Juana Borrero*. De Juana Borrero. La Habana: Ed. Arte y Literatura, 1978. 229-239.
Darío, Rubén. *Azul... El salmo de la pluma. Cantos de vida y esperanza. Otros poemas*. México: Porrúa, 1987.
_____ "Juana Borrero". *Poesías y cartas: Juana Borrero*. De Juana Borrero. La Habana: Ed. Arte y Literatura, 1978. 247-251
_____ *Prosas profanas*. Madrid: Alhambra, 1980.
Dijkstra, Bram. *Idols of Perversity. Fantasies of Feminine Evil in Fin-de-Siècle Culture*. Nueva York: Oxford University Press, 1986.
Grimal, Pierre. *Diccionario de mitología griega y romana*. Barcelona: Paidós, 1984.
Hauser, Rex. "Juana Borrero: The Poetics of Despair". *Letras Femeninas* 9/1-2 (1990): 113-20.
Litvak, Lily. *Erotismo fin de siglo*. Barcelona: Antoni Bosch, 1979.
Márquez Sterling, Manuel. "Prólogo". *Sonetos*. De Mercedes Matamoros. La Habana: Tipografía La Australia, 1902. 5-11.
Martí, José. "A Mercedes Matamoros". *Obras completas* XVII. La Habana: Ed. Nacional de Cuba, 1966. 186.
Matamoros, Mercedes. *Obra Poética*. Miami: Ahora Printing, 1985.
Molloy, Sylvia. "Dos lecturas del cisne: Rubén Darío y Delmira Agustini". *La sartén por el mango*. Patricia González y Eliana Ortega, comps. Río Piedras: Huracán, 1985. 57-69.
_____ "Female Textual Identities: The Strategies of Self-Figuration". *Women's Writing in Latin America. An Anthology*. Sara Castro-Klarén, Sylvia Molloy y Beatriz Sarlo, comps. Boulder: Westview Press, 1991. 105-227.
_____ "La política de la pose". *Las culturas de fin de siglo en América Latina*. Josefina Ludmer, ed. Rosario: Beatriz Viterbo, 1994. 128-138.
Núñez, Ana Rosa. "Juana Borrero: Portrait of a Poetess". *The Carrell. Journal of the Friends of the University of Miami Library* 16 (1976): 1-21.
Pratt, Mary Louise. "Women, Literature and National Brotherhood". *Women, Culture and Politics in Latin America*. Los Angeles: California University Press, 1990. 48-73.

Rivero, Eliana. "Pasión de Juana Borrero y la crítica". *Revista Iberoamericana* LVI/152-153 (julio-diciembre 1990): 829-839.
Rodríguez Monegal, Emir. *Sexo y poesía en el 900 uruguayo. Los extraños destinos de Roberto y Delmira*. Montevideo: Alfa, 1969.
Schulman, Ivan A. "Modernismo/Modernidad: Metamorfosis de un concepto". *Nuevos asedios al modernismo*. Ivan A. Schulman, ed. Madrid: Taurus, 1987. 11-50.
Sword, Helen. "Leda and the Modernists". *PMLA* 107 (1992): 305-18.
Valdés, Zoé. *La nada cotidiana*. Barcelona: Emecé, 1996.

Reproducción y nación: raza y sexualidad en Gabriela Mistral

Licia Fiol-Matta
Barnard College

Los estudios latinoamericanistas "*queer*" han arrojado mucha luz sobre la participación de individuos gays y lesbianas en el proyecto de construcción de la nación a principios de siglo en Latinoamérica (véase Bergmann y Smith, Balderston y Guy, Molloy e Irwin). Siguiendo los aportes de estos críticos, propongo ampliarlos, al abordar aquí el asunto de la "homonormatividad", palabra que tomo prestada de Lisa Duggan. Con ella designamos en adelante aquellas homosexualidades que avalan lo que Michael Warner ha llamado la "heteronormatividad".

Estos conceptos críticos nos pueden ser de mucha utilidad a la hora de analizar la problemática participación de "los nuestros" en proyectos de construcción de la nación a principios del siglo. Hemos solido ver a estos individuos desde ópticas algo limitadas, tales como la auto-protección, la agonía del secreto, el placer de la perversión, o sencillamente la mera comodidad del que persigue "vivir su vida".

Aquí no me interesa ya ver la sexualidad o la identidad sexual discriminada como origen motriz de una vida o una obra, es decir, como ontología. No me interesa celebrar el triunfo o burla de parte de los "nuestros" por sobre el orden oficial. Me interesa mostrar cómo es que el estado opera a través de la homofobia y el racismo, primero, y segundo, me interesa hacer un llamado para apartarnos definitivamente tanto de las prácticas "homonormativas" como de las "heteronormativas".

Estas prácticas permitieron que algunos escritores, plenamente identificados con el conservadurismo del estado, no sólo asumieran sino que elaboraran muy directamente identidades nacionales y panamericanistas, que no se pueden separar del racismo y de la homofobia de estado. El caso que me ocupa aquí es el de Gabriela Mistral, pero aludiré a otros escritores en este trabajo que también pueden tomarse como ejemplos de esta postura. Todos ellos participaron en estos proyectos estatales represivos y autoritarios, sea de forma directa, sea de formas menos obvias pero igual de certeras.

Gabriela Mistral asumió una postura racial abierta e insistentemente, que contrasta por supuesto con el silencio o la problemática habladuría sobre su identidad sexual.[1] Sin embargo, no hay que ver estas dos identidades, la sexual y la racial, como cuestiones separadas. En lugar de esto, podemos aprovechar la coyuntura para mostrar cómo estas identidades se dan juntas y se constituyen a nivel recíproco. Sigo entonces un modelo interseccional de la identidad, para proponer un análisis crítico de la sexualidad en Latinoamérica que no aísle esta identidad, encerrándola en un cuerpo acosado como si éste fuera un receptáculo de pureza. Quisiera mostrar cómo es que un análisis de la sexualidad que no incorpore otras prácticas identitarias tiene por fuerza que quedarse corto y que dar una visión distorsionada de la historia cultural latinoamericana. Así repetiría los mismos fallos de las historias culturales que han obviado por completo el tema de la homosexualidad, al construir una versión autorizada, privilegiando esta vez la identidad sexual discriminada.

En cuanto a Mistral, sería fácil elaborar una dicotomía de lo público y lo privado. La identidad racial sería la pública, la sexual sería la privada; la primera estaría exhibida por completo, inclusive con gran estridencia; la segunda, permanecería a todas luces oculta, en su secreto y su agonía. Tomemos en cuenta que en ambos casos interviene el asunto de la reproducción, o, más específicamente, el de la reproducción nacional, que implica el trazar los límites entre la sexualidad aceptable e inaceptable. Aquí entramos de lleno en el proyecto estatal. Por un lado, se trata del manejo de los cuerpos femeninos, con el fin de producir trabajadores sanos, de máxima rendición, al administrar familias patriarcales y heterosexuales. Por otro lado, se trata de poner en claro quién pertenece a la nación en términos raciales.[2] Lo último ocurre tanto a nivel de la nación-estado (¿cómo definimos lo que es un chileno? ¿o un mexicano?), como a nivel de ese discurso masivo que es el americanismo. La apuesta principal de Gabriela Mistral fue el americanismo, pero sabía también insertarse muy bien en las discusiones de índole nacional. A fin de cuentas están ligadas; dependen de la misma serie de inclusiones y exclusiones, de un acto de recortar y cerrar de manera profiláctica los límites materiales y discursivos del espacio nacional o transnacional.

Mistral ofreció su cuerpo como representación de toda una raza.[3] Es una raza construida, nacida de una tradición inventada. Resulta paradójico que esta mujer, que no tuvo niños biológicos con los cuales robustecer la "raza", y que siempre formaba parte de una pareja femenina, se convirtiera en el símbolo tenaz de la madre nacional y en la guardiana de la familia "americana". Por lo tanto, no puede ser azarosa la coincidencia. La heterosexualidad supuesta de Mistral no se puede construir tan sólo en torno a pruebas documentales que nos dicen "quién era", o a la curiosidad morbosa de corroborar un hecho meramente personal. El deseo de proteger a toda costa a este ícono se debe a la proyección nacional que promete, a su capacidad de funcionar como herramienta en la construcción discursiva de la nación. No es la encrucijada de un sujeto individual; es la encrucijada de toda una nación.

Ahora podemos comprender mejor esa morbosa fascinación con la sexualidad de Mistral. La pregunta de todos (¿a quién deseaba esta mujer? ¿qué deseaba esta mujer?) cobra, finalmente, sentido. Quizás Gabriela Mistral sí tenía que sobreponerse al obstáculo que implicaba la homofobia, pero no basta dejarlo ahí. Los discursos y las prácticas que explotó Mistral tienen un costado colectivo o social, que debemos incorporar de lleno a nuestro análisis. Vuelvo entonces a la propuesta sobre la raza. La heterosexualidad simbólica de Mistral protege, no a todos los heterosexuales o a la heterosexualidad latinoamericana en general, sino a una heterosexualidad particular, que beneficia en última instancia al estado. Y en un plano más individual, beneficia también a estos sujetos literarios que nos ocupan.

Comienzo por aclarar que la participación de Mistral en la agenda estatal era, en definitiva, una estrategia pensada y ejecutada con la total conciencia de su potencial para el estado. Cito un trozo de una carta que Mistral le escribiera a Pedro Aguirre Cerda en 1923:

> No hay una nación sudamericana que haga menos por su propaganda en el exterior. No le importa, o cree que esta propaganda sólo pueden hacerla los Ministros plenipotenciarios y los Cónsules, que hacen vida fácil y no divulgan jamás las cosas del país. Yo creo que puedo hacer lo que ellos no han hecho, por los dos medios únicos de propaganda efectiva: las *escuelas* y la *prensa* (énfasis mío).[4]

Recordemos que Aguirre era el Ministro de Educación y que luego sería el Presidente de la República. Sin duda que habría algo de necesidad de autoprotección en la gestión de Mistral, pero es innegable su postura casi mercenaria ante la cultura. Me parece claro que a Mistral le interesaba erigirse en pilar del discurso americanista, como figura imprescindible de un discurso masivo, y como arquitecto parcial de algunas de las transformaciones que se desarrollarían a partir de estas prácticas.

Si nos limitamos a ver la identidad sexual de Mistral como si ésta estuviera condicionada de modo determinante por la privacidad y por el miedo al castigo, corremos el riesgo de asignarle a dicha identidad una fuerza ontológica pura, aún si ésta no fuera nuestra intención. Desde luego que no quiero minimizar la realidad costosa de la homofobia. Hay una relación entre la sexualidad silente y lo que yo llamaría la profilaxis. En el caso de la sexualidad individual, he propuesto anteriormente que el lenguaje de la reproducción y del cuidado del niño funciona como especie de closet que puso al descubierto lo que estaba destinado a permanecer oculto (Fiol-Matta 1995). Es decir, que lo privado de algún modo se convirtió en público. En un contexto de mayor alcance y mayores consecuencias, ese mismo lenguaje de la reproducción y el niño convierte la sexualidad pública en un límite (muchas veces oneroso) que traza la pertenencia nacional.⁵

El sujeto acosado, en Mistral, narcisista, se preocupa desmedidamente por los límites sociales, por cómo establecerlos y claro está, por cómo salvar a la nación de otro acoso, todo lo cual resulta en un nacionalismo narcisista. Esta obsesión racial de Mistral es contundente, inequívoca, y permanente, y está trazada como una suerte de destino personal. Me concentraré en la identidad racial para demostrar cómo el discurso personal de Mistral no es personal o íntimo en el sentido en el cual insiste monótona y repetitivamente la crítica que conocemos: la madre frustrada, la esposa frustrada, el amor perdido. Sin embargo, sí es personal en otro sentido, y esto nos permitirá desmontar los clichés más críticos en el caso Mistral, que todavía subsisten: la defensora de los niños, de las madres, y de todas las "minorías" raciales en Latinoamérica.

Se ha pensado en Mistral como la campeona de los derechos de los pueblos indígenas y sobre todo del mestizo. La genealogía del mestizaje en Mistral nos indica que tomó el concepto de José Vasconcelos y del proyecto de la construcción de nación en México, bien conocido de todos. También nos indica que en Mistral, el mestizaje es una noción cultural integradora, elaborada sobre el fin positivista de la unidad, y puesta al servicio del estado en ciernes. Veremos cómo el mestizaje conlleva, por su lógica binaria, indígena/blanco, a la marginación de los sujetos afro-latinoamericanos, a su folclorización como resto exótico, o a su eliminación. Antes de entrar de lleno en el tema del sujeto negro latinoamericano en lo que sigue, trataré la llamada "defensa del indio", puntal del discurso racial elaborado por Mistral.

La primera Mistral sentía una atracción por ideas supremacistas. Ana Pizarro nos informa que antes de salir de México, al principio de su carrera, Mistral dictó un discurso donde hablaba de "la salvación del blanco" y de "la pureza de la raza" nada menos que en el llamado "Día de la Raza" (Pizarro, "Mistral, ¿Qué modernidad"; Lillo 49). Antes de salir de Chile rumbo a México en 1922, Mistral escasas o ninguna vez mencionó al indígena. Sólo aparecen en sus escritos estos sujetos luego de la invitación que le hiciera Vasconcelos, de participar en el proyecto de reforma educativa.⁶ Sin duda que la invitación de Vasconcelos incrementó el sentido de poder personal de Mistral dentro de las políticas culturales de la época. Por eso se dirige a Aguirre con un tono de autoridad, hasta de agresividad, en la carta ya citada. Este tono es nuevo y bastante distinto del tono de sus primeras cartas a él, cuando todavía era una maestra desconocida. En esas cartas percibimos a una Mistral que se sabe subalterna ante el hombre que está en el poder.

En las décadas de los años veinte y la de los treinta el dispositivo pedagógico es fundamental. Mistral se concentra en la clasificación del cuerpo indígena. Cito del texto "El tipo del indio americano" (1932):

Una de las razones que dicta la repugnancia criolla a confesar el indio en nuestra sangre, uno de los orígenes de nuestro miedo de decirnos lealmente mestizos es la llamada "fealdad del indio". Se la tiene como verdad sin vuelta, se ha aceptado como tres y dos son cinco. Corre a parejas con las otras frases en plomada: "El indio es perezoso" y "el indio es malo".
[...]
Debía haberse enseñado a los niños nuestros la belleza diferenciada y también opuesta de las razas. El ojo largo y estrecho consigue ser bello en el mongol, en tanto que en el caucásico envilece un poco el rostro; el color amarillento, que va de la paja a la badana, acentúa la delicadeza de la cara china, mientras que en la europea dice no más que cierta miseria sanguínea; el cabello crespo, que en el caucásico es una especie de corona gloriosa de la cabeza, en el mestizo se hace sospechoso de mulataje y le preferimos la mecha aplastada del indio. (*Gabriela anda* 179)

Vemos aquí la interpretación racial de la belleza. Se analizan las mezclas raciales de acuerdo a sus ventajas y desventajas. Llamo la atención sobre la idea de lo "feo" y lo "no feo", una idea vasconceliana que examinaremos seguido. La idea de la selección estética permea todos los escritos de Mistral. Debe verse, en mi opinión, como el subtexto de la auto-descripción que adoptó Mistral, al decirse "india" o "mestiza", descripción que al menos yo hallo harto problemática.[7]

La insistencia de Mistral sobre el tema —que el indígena o "indio" no es feo— se ha entendido como defensa del "ingrediente" indígena en la configuración racial de un sujeto latinoamericano universal. Me parece que ésta es una lectura superficial del tema. Tenemos que contextualizar la "defensa" preguntándonos, ¿por qué se da el discurso sobre la "fealdad", para empezar? Así podremos desmantelar aquello que la defensa posibilitó o al menos tapó o marginó. Aquí propongo que miremos de cerca a Vasconcelos.[8]

Como bien se sabe, en su tratado *La raza cósmica*, publicado en 1925, Vasconcelos nos presenta una narrativa excepcionalista. En ella, Latinoamérica ocupa la posición central en los asuntos globales, a través de una construcción racial o mejor, un proyecto racial, tal y como lo conciben Michael Omi y Howard Winant.[9] Según Vasconcelos, el mestizaje encerraba la especificidad racial de Latinoamérica y su reclamo de centralidad en el mundo. Esto era así porque sólo Latinoamérica contaba con las cuatro razas del mundo, y eso quería decir que la raza dirigente, la quinta raza o "raza cósmica", tendría su cuna en Latinoamérica. Señalemos que no se trata aquí de un mestizaje espontáneo, azaroso. Es un mestizaje que se da a través de un proceso de mezcla selectiva, con un desenlace muy preciso.

Cito un pasaje que me parece extraordinario. Aquí Vasconcelos nos explica que hay razas "feas" que (voluntariamente, según él) se cancelarán a través de la "selección estética" o criterio del "gusto":

Los tipos bajos de la especie serán absorbidos por el tipo superior. De esta suerte podrá redimirse, por ejemplo, el negro, y poco a poco, por extinción voluntaria, las estirpes más feas irán cediendo el paso a las más hermosas. Las razas inferiores, al educarse, se harán menos prolíficas, y los mejores especímenes irán ascendiendo en una escala de mejoramiento étnico, cuyo tipo máximo no es precisamente el blanco, sino esa nueva raza, a la que el mismo blanco tendrá que aspirar con el objeto de conquistar la síntesis. El indio, por medio del injerto en la raza afín, dará el salto de los millares de años que median de la Atlántida a nuestra época, y en unas cuantas décadas de eugenesia estética podrá desaparecer el negro con los tipos que el libre instinto de hermosura vayan señalando como fundamentalmente recesivos e indignos, por lo mismo, de perpetuación. Se operará de esta forma una selección por el gusto, mucho más eficaz que la brutal selección darwiniana, que sólo es válida, si acaso, para las especies inferiores, pero ya no para el hombre. (42-43)

Los lazos con los textos de Mistral son varios. Primero, notemos la relación necesaria entre el sexo y la transmisión de la "cultura"; sea la cultura sobrevalorada del europeo, o las culturas re-valorizadas de las comunidades indígenas y negras de Latinoamérica. Segundo, vale la pena hacer hincapié en el hecho de que, aunque en principio Vasconcelos esté elevando al mestizo simbólico, desde luego que el blanco y la cultura occidental ocupan el sitial más alto en un esquema muy jerárquico. Cierto es que Vasconcelos enfatiza que la quinta raza no es idéntica a la raza blanca; ésta es la ambivalencia fundadora del texto. Se percibe un sentido de inferioridad racial ante lo que se percibe como la verdadera blancura, la de Estados Unidos; palpamos una sensación sutil pero muy importante de pánico racial ante la inexorabilidad de una relación no deseada pero inevitable con los Estados Unidos.

El tercer punto de referencia a Mistral, acaso el más importante, se halla en la manera en que, según Vasconcelos, se llevará a cabo el reemplazo de los criterios "brutales" del darwinismo. Es decir, la manera en que se implantará la "selección estética". Escribe: "Tan pronto como la educación y el bienestar se difundan, ya no habrá peligro de que se mezclen los más opuestos tipos. Las uniones se efectuarán conforme a la ley singular del tercer periodo, la ley de simpatía, refinada por el sentido de la belleza" (43). Como vemos, Vasconcelos privilegia a la educación y al bienestar común como vías por las cuales el criterio estético se cultivará a nivel masivo. Será el estado, presuntamente, el que se encargará de este proceso, aunque Vasconcelos no lo menciona como tal. Tampoco menciona al producto de la relación sexual, eufemísticamente llamada "uniones" en el ensayo de Vasconcelos. Por supuesto que son los niños, los ciudadanos en miniatura, los ciudadanos por venir. El resultado de la mezcla correcta, entre tipos afines y no opuestos, es el niño. Y el "niño" es la meta de la educación pública. De más está decir que el niño y la escuela representan los campos en los cuales Mistral se inserta de modo muy agresivo.

El mestizaje, como ya he señalado, no es una mezcla racial producida por el movimiento y el contacto de poblaciones, quizás algo parecido a lo que Fernando Ortiz llamó "transculturación".[10] Se trata de un mestizaje estatizado. La mezcla racial en este sentido se convierte en algo bastante complejo, que no tiene nada que ver con el humanitarismo o la justicia social. Aquí la mezcla racial es todo un campo del saber, un campo de política social y de práctica discursiva que requería de sus clasificaciones, de sus expertos, y de sus aparatos de vigilancia.[11] Hay que ver el mestizaje desde la elaboración que hace Foucault en sus conferencias de 1976 sobre la genealogía del racismo. Sus teorías sobre el racismo de estado se adecúan sorprendentemente a nuestra discusión. Pienso, para ser más específica, sobre la violencia en el biopoder; en cómo esta violencia no tiene que ser preferentemente una violencia abierta (aunque ésta se incluye), sino que se caracteriza cada vez más por una serie de inclusiones y exclusiones que garantizan que en la sociedad de la normalización sólo algunos tendrán la capacidad de vivir, y a otros, se les dejará morir (Foucault, *The History of Sexuality* I; Stoler).

La condición que se le asigna a la mujer indígena ilustra la intersección e interdependencia de la raza y sexualidad en el esquema que vengo elaborando. A la indígena le corresponde ser el receptáculo cerrado de la "raza". Es pura reproducción. Así la caracteriza Mistral en un ensayo temprano, "A la mujer mexicana" (1922), que podríamos llamar, siguiendo a la propia Mistral, "propagandístico": "Te han dicho que tu pureza es una virtud religiosa. También es una virtud cívica: tu vientre sustenta a la raza; las muchedumbres ciudadanas nacen de tu seno calladamente, con el eterno fluir de los manantiales de la patria" (*Lecturas* 173).

Estas construcciones: el indio bello, la mujer-vientre, Mistral como mestiza, condensan el llamado pedagógico a "enseñarle a nuestros niños quiénes somos: todos somos mestizos". Se le confiere al sujeto nacional un origen y, al modo positivista, un destino naturalizado que una entidad racional, el estado, conformaría y prepararía a nombre de todos. El asunto no se detiene ahí; para elaborar ese "todos" nacional, el estado también tendría que decidir quiénes eran, de entre sus miembros, los que tenían que morir. La retórica del mestizaje, entonces, enmascara la manera de obrar de un racismo muy violento, que es condición de existencia de los estados modernos en una sociedad de normalización.

Las zonas no examinadas, no percibidas, y por lo tanto no censuradas del racismo mistraliano nos ofrecen una oportunidad inestimable para romper la armazón de santidad y ofrecer un retrato mucho más complejo, no sólo de Mistral, sino de la intersección sexo-raza en las políticas del americanismo.

Pasemos al texto, muy antologado por cierto, "Primer recuerdo de Isadora Duncan" (1927). En él, Mistral compara el cuerpo blanco de Isadora Duncan al cuerpo negro de Josephine Baker.[12] El primero es el receptáculo (nuevamente la mujer-receptáculo) de la belleza estética, esta vez cifrada en la alta cultura y no en la reproducción. El segundo cuerpo representa la decadencia del arte, y con ella de la "raza". El texto muestra el racismo mistraliano desplegado en contra de la gente negra, y también su posición ambivalente, quién sabe si favorable, ante la supremacía blanca en Estados Unidos. En el texto no se refiere directamente a la supremacía, ni tampoco a la segregación Jim Crow. En vez, utiliza como pórtico el linchamiento. Como se sabe, el linchamiento se justifica por una construcción racista de una transgresión sexual. Condena y asesina al hombre negro por haber "violado" el cuerpo de la mujer blanca. La mujer blanca, por supuesto, es el receptáculo de la raza blanca, el lugar donde se mantiene a salvo su pureza. En el texto de Mistral, Isadora es la mujer blanca cuyo cuerpo, o danza clásica, es transgredido por el cuerpo negro, o el charleston. Sin embargo, esta vez la delincuente es una mujer negra. Aquí vemos una escalofriante colaboración entre homoerotismo y racismo. Examinemos la entrada al ensayo:

> Yanqui era ella también, Isadora, pero yanqui irlandesa, y, en todo caso, de una generación que no había caído en el sótano hediondo de lo negrero.
> Curiosa venganza la de los negros sobre los ingleses de Norte América: los que viajan en carros especiales como los bueyes; los que aparte comen, rezan y existen, y no pueden abrazar un cuerpo de mujer blanca, sin que los hijos de Lynch caigan sobre ellos y les dejen derramando sobre el pavimento la única blancura suya, la de los sesos, han comunicado al enemigo, el lector de la Biblia, el superblanco, como algunos lo apellidan, su inmundo zangoloteo de vísceras, y les han creado los ritmos bestiales con los cuales en Nueva York ahora se despierta, se vive el día y se duerme.
> Isadora se ha salido de la enorme sala de charleston que se ha vuelto el mundo, en buena hora, y con no sé qué elegancia de visitante pulcro que, cuando ve borrachos a los señores de la casa, abre la puerta y se desliza.
> (*Gabriela anda* 118)

El trozo que cito se ampara (cínicamente, a mi modo de ver) en la relación que el linchamiento establece, con fines homicidas, entre raza y sexualidad. Para hablar más en concreto: entre la negritud, la sexualidad, y el crimen. (Recordemos que la segregación es un sistema legal.) El pasaje está lleno de resonancias con las ideas sobre el emparejamiento o "uniones" de miembros de razas supuestamente opuestas, como lo vimos en el Vasconcelos de *La raza cósmica*. Estas resonancias volverán a hacer eco en los comentarios de Mistral sobre el matrimonio interracial, que discutiré más adelante.

Hay que dejar muy claro que el texto "Primer recuerdo", aunque en principio es sobre Isadora Duncan, invierte gran parte de su tiempo textual en la descripción de un objeto odiado, el cuerpo de Josephine Baker. Igual que la imagen del negro en los primeros párrafos es la de un cuerpo destrozado, aniquilado, abierto violentamente de tal modo que se le quita, por así decirlo, la "única blancura suya" que ha intentando robar por medio de la supuesta violación de la mujer blanca, de igual modo el cuerpo de Josephine Baker queda desmembrado textualmente para despojarlo de cualquier reclamo a la blancura, entendida como "arte". Finalmente, quiero puntualizar que el criterio estético es el que autoriza todas estas operaciones; en especial, la idea de la "fealdad", implícita en las palabras "mona", "bestia", "fétido", etc., con las cuales se describe a Baker y a la danza afroamericana.

Este racismo homicida de "Primer recuerdo" tiene que repensarse una vez que Mistral visita las islas hispanohablantes del Caribe y el Brasil. Luego de estos viajes, en la década del treinta, la persona de descendencia africana se convierte en objeto del saber, en tanto hay que incorporarlo a ese "todos nosotros" del americanismo. En una carta a Alfonso Reyes, de 1933, escribe Mistral: "Me descansé en el calor de Puerto Rico entre gente muy buena y muy llana, conociendo una zona de nuestra raza que me ignoraba: el español de la América, suavizado por la tierra y por las virtudes de allá, y el mulato y el negro diferentes, y tanto, de nuestro mestizo y nuestro indio (pero me hacía falta el indio, Alfonso)" (Carta a Alfonso Reyes, 31 de julio de 1933, *Tan de usted* 84). La presencia de un sujeto negro latinoamericano complica el asunto binario del mestizaje y la ideología del "todos somos mestizos" que Mistral adoptó de México. La voluntad de saber y la voluntad de poder se manifestarán ahora a través de la exotización y sexualización del sujeto negro. Este aspecto se ve muy claramente en la correspondencia con Lydia Cabrera.

Ya hemos visto la sexualización del sujeto negro, de modo negativo, en el ensayo "Primer recuerdo de Isadora Duncan". Mistral asume una postura distinta cuando se trata de una negritud latinoamericana. En el intercambio con Cabrera, Mistral menciona la colección de cuentos de Cabrera, *Cuentos negros de Cuba*, en repetidas ocasiones. Como se sabe, según Lydia Cabrera ella escribió los *Cuentos* para "entretener" a Teresa de la Parra, mientras ésta convalecía en Suiza de una tuberculosis de la cual moriría poco después.[13]

Verificamos una doble intención de parte de Mistral en este epistolario. Quería participar en dos circuitos de deseo. El primero es el lazo que unía a las dos amantes. La distancia fatal impuesta por la enfermedad se alivia por el discurso racial que viaja, que fue escrito para llenar las horas "excesivas" de "ocio" que Parra tenía que matar en el sanatorio. El aspecto del ocio y la atracción por el discurso racial me interesan mucho. Sabemos que Mistral siempre se concebía a sí misma como un sujeto del trabajo, fatigado y necesitado económicamente. Sin duda que la pareja aristocrática Cabrera-Parra ejercía gran atracción sobre ella; representaban el ocio y un tiempo literario ininterrumpido por los mundanales reclamos del trabajo por paga. Además, no me cabe ninguna duda que la negritud está ligada al trabajo que no tendrá que hacer la escritora; la negritud es la fuente de la literatura; sabemos que los "informantes" de Cabrera eran sus sirvientes.

En las cartas a Cabrera, el erotismo lésbico queda inscrito como una serie de fantasías raciales cuyos protagonistas son los "negros". La primera carta abre con esta referencia racial, que apunta a un discurso compartido: "Cara Lydia: No te he olvidado y Connie también te piensa siempre, ambas —créelo— con un deseo dulce de saberte un poco feliz pero no sólo con los negros [...]"[14] Aquí el discurso racial se esgrime en un contexto "privado" o "íntimo", y su propósito principal es erotizar el epistolario. Circula entre dos parejas que "entienden", que se saben parejas amorosas o románticas. Esto lo demuestra esa conexión que la apertura convoca entre la "felicidad" y un grupo algo abstracto de "negros", que también protagonizan la obra en concreto de Cabrera, y vienen a representar la cifra de "lo cubano". En el momento en que se escriben estas cartas, esta obra no contaba con la extensión pasmosa de hoy; no se había convertido, propiamente, en una obra antropológica o etnográfica. Era una obra literaria.

En el siguiente trozo, que vale la pena citar en toda su extensión, Mistral trata de explicarse en torno a estos deseos, textualizados como un deseo por una negritud dócil y abundante:

> Yo te quiero mucho; aunque me calle: he tenido mudanzas, carterío enorme atrasado, dolencias y ahora el conflicto de la gente nuestra atascada en Francia sin dinero. Creo irme, no sé cuándo ni a dónde. Tengo —desde hace meses— un deseo violento de campo; haré todo lo posible por irme a un lugar de muy poca gente, de lengua extraña y que me permita vivir con — vacas, pastos y gallinetas. Me da mucho pudor el pedir; a veces tengo el ímpetu de tentar la aventura grande y echarme sin empleo fiscal hacia una tierra americana semi:tropical a ser granjera. ¿Sabes que Bernanos, desesperado, se ha ido al Brasil y vive, país adentro, en una tierra linda y bárbara, comprada a 200 francos la hectárea? Me da pena haberte hallado esta vez muy ciudadana, muy señora francesa de Lyon o Blois, porque creo de más en más que un campo con negros brujos, bananos y piñas son la solución tuya como la mía. Ojalá pueda yo ofrecerte en tiempo más, una cosa así, sin frío europeo, sin blanco decadente y llena de las tantas bestias de tu [ilegible]
>
> Te lo diría en cuanto lo tuviese. Connie se allana a cargar con los papeles consulares, a dejarme dormir y a entregar mi felicidad a los negros, a las negras, y a la hierba. No tomes esto a desvaríos y a la neurosis de la guerra: me lo tengo muy pensado. (74)

Aquí la gente negra entra a competir con las mujeres y los indígenas como representantes de un tiempo arcaico antes de la "modernidad". Sin embargo, existe una diferencia bastante importante: la gente negra forma parte de un espectáculo, y está en una relación directa con Mistral como sujeto individualizado. Esta relación es lúdica y onírica, y evidentemente erótica, máxime si se toma en cuenta que el trozo repite la conexión ya establecida entre la felicidad y el "negro", entre la felicidad y el ocio, entre la felicidad y el dinero, y así sucesivamente.

Las mujeres y los indígenas, por el contrario, siempre son sujetos del trabajo, siempre son utilitarios y productivos. Rinden trabajo y niños. Mistral escribe que se quiere mudar a Brasil porque así puede trabajar menos y vivir mejor. Allí tendrá más tierra, más tiempo para la escritura, y más placer. El placer lo vemos en la descripción de una actividad inútil, el retozar en la hierba, junto a la gente negra, que aquí funcionan como fetiches. En este trozo, Mistral se pone del lado del "ocio", un ocio racializado; lo cual contrasta con la mención de "Connie", su compañera. Connie y el trabajo van de la mano. Connie le arregla los papeles a Mistral y le administra sus asuntos, como todas sus "secretarias", que así se llaman en el récord oficial. La pareja femenina es el epítome del orden social, de la utilidad, y habita el afuera del deseo. Cabrera y Parra representan una pareja muy distinta, en parte porque se intercambian el discurso de la entretención, el discurso racial.

Hablé de dos circuitos de deseo. El segundo es la voluntad de Mistral de autorizar con su propia firma el libro que Cabrera ha escrito, incorporarlo al archivo maestro de América. Mistral se ofrece a publicarle los *Cuentos* en Chile, y ofrece escribirle un prólogo. De hecho, Mistral regaña a Cabrera porque no ha "trabajado", que en este caso significa que no se ha apresurado a publicar los *Cuentos* en español: "¿Por qué no escribes? ¿Cuándo vas a seguir lo comenzado? ¿Quieres que en Chile te den los *Cuentos negros*? Ponlos en varias copias a máquina y cuando sepas mi paradero me los mandas. ¿Oyes? ¿Oyes bien? El español es un suicida de oficio, pero yo espero aún que tengas tres gotas de indio y que éstas te salven" (74); "Y yo quiero que tú salgas por fin con esa traducción de los *Cuentos* al español. Es una villanía quedarse con ese libro sólo en francés, ¿oyes? El prólogo mío, que creo que te ofrecí, está seguro" (77). Notemos la conexión entre el trabajo y el "indio": es la que hará que Cabrera ponga el libro en español, para convertirse en una intelectual y escritora latinoamericana en propiedad. La negritud representa todo lo opuesto: indolencia, placer, y objetos con que suplementar el tiempo ininterrumpido del ocio.

Sylvia Molloy ha demostrado que el intercambio de cartas entre Cabrera y Parra, donde incluye tangencialmente a Mistral, es un intercambio que se basa en un código lésbico. Mistral le manda estas cartas, con las referencias raciales chocantes, a un destinatario lésbico. Hay que notar la ausencia de censura en esta correspondencia ("no tomes esto a locura o a las neurosis de la guerra: me lo tengo muy bien pensado"). La lesbiana, con la cual se construye ese lazo secreto y constituido por la experiencia del miedo, se convierte en la receptora de un discurso imposible de enunciar de este modo en otros géneros discursivos. De veras es asombroso que sea Cabrera precisamente quien reciba estas declaraciones. Como se sabe, Cabrera se convirtió en la autora de libros seminales sobre el "folclor" y las religiones afrocubanas. Mistral da por sentado, al parecer, que el hombre negro y la mujer negra, o lo que ella piensa que es la "negritud", constituye un puntal de deseo para ambas.[15]

Con toda probabilidad, en vez de encontrarse con quien llamara "el negro magnífico" (77), en calidad solitaria de objeto, Mistral se encontró con comunidades negras, en el país más negro del hemisferio, Brasil. Mistral, que siempre se preció de pertenecer a una selecta minoría intelectual, en ese momento se encontró en minoría racial. De ningún modo podía consignarse al negro a una posición de remanente folklórico o sujeto solo en Brasil: convertirlo en el negro mítico. Tenemos entonces que todos los comentarios sobre Brasil posteriores a este momento, que viene a ser la década de los cuarenta, son negativos. La retórica del mestizaje se transforma en una acusación estridente y obsesiva de "xenofobia", dirigida a un generalizado y delincuente "mulataje" brasilero. Nos habíamos topado con esta palabra en el ensayo "El tipo del indio americano". Ahora podemos examinar la emergencia más definitiva de este concepto y con ello, evaluar las implicancias de la "defensa" del mestizaje en un alcance mayor que el que se acostumbra.

La narrativa racial que hace Mistral del Brasil se centra en la muerte del sobrino de Mistral, Yin Yin, para todos los efectos su hijo. El muchacho se suicidó cuando aún era un jovencito. Esta historia se transforma en un relato de un asesinato racial, en donde a Yin lo mata una banda de niños negros por ser él blanco:

> Al llegar la Navidad, la banda que lo perseguía en el Colegio llegó a mi casa, entera, los 4. Tuve el coraje de preguntarles por qué habían matado un ser tan dulce y tan noble amigo para c/u de ellos. Y ésta fue la respuesta:
> —Nosotros sabemos que la Señora sigue pensando en eso pero *eso tenía que pasar*. Salté en mi silla y le respondí: ¿por qué "tenía que pasar"?
> —Porque él tenía cosas de más.
> —¿Qué tenía de más ese niño al cual yo tenía que engañar para que saliese conmigo diciéndole que yo iba a comprar zapatos y ropa para mí?
> —El tenía el nombre suyo de él y el nombre suyo de escritora que le daban prestigio. También él era blanco de más.
> —Villanos, les dije: él no tenía la culpa de ser blanco ni de que Uds. Sean negros. (Carta a Alfonso Reyes, 1954, *Tan de usted* 218)

Nos encontramos con la otra cara de la moneda, de la fantasía racial del exceso. Aquí, se rompe la díada madre-niño. El "mulataje" es el responsable por la desaparición de la familia (blanca). El mulataje destruye la armónica mezcla del mestizaje y con ella la familia nacional. El sujeto negro es excesivo, nuevamente, pero esta vez es violento, criminal, y cínico. En la versión de Mistral sobre el suicidio de su hijo, los niños son malvados; no son los niños "buenos" del americanismo. Dan por razón del "crimen" la importancia de Mistral como escritora. Así se establece el nexo entre la blancura, la escritura, y la fama. El narcisismo de Mistral se junta con un nacionalismo narcisista; y esto en el marco de un gobierno cuyas políticas de inmigración y de blanqueamiento son bien conocidas (Skidmore). Foucault explica que en el biopoder, la guerra entre las razas se reemplaza por el racismo de estado, y que éste último se caracteriza por un impulso homicida y suicida de purificar la raza al exterminar a algunos de sus miembros. Yo pienso que esta lógica se ve en el horrendo relato de Mistral.

He citado el trozo de una carta a Alfonso Reyes, puesto que él era un interlocutor privilegiado. Quiero apuntar hacia una continuidad entre la carta sobre el Caribe, este recuento del suicidio de Yin, y unos comentarios sobre la inmigración con los cuales cerraré este trabajo. Sin embargo, pienso que es importante anotar que Mistral incluyó este incidente inventado como parte de su Oficio Consular de ese año. Así que allí figura como parte del récord oficial de la República de Chile (Teitelboim 214).

Quiero explicarme un poco más. Mistral piensa que la muerte de su niño la causó un exceso, de gente negra a su alrededor. El niño está solo, y es un sujeto acosado (como se percibe a sí misma Mistral). Los niños negros son cuatro. El motivo del crimen es la blancura de Yin, y el privilegio de la madre-escritora. La reconstrucción de la muerte de Yin es profundamente narcisista. Ella es el centro de la narrativa, la razón del asesinato, y la fuente de blancura. La relación que importa en la narración es la de ella con los niños; Yin, el niño muerto, ocupa una posición secundaria por completo. La muerte del hijo, según su visión racista, es el resultado de un desbalance de poder a favor de sujetos marcados como criminales violentos, porque son negros; matan a Yin por ser blanco. No hay otra lógica aquí que la del racismo. Encuentro escalofriante el hecho de que la anécdota transcurra en la *escuela*, que los que cometen en crimen sean *escolares*, y que la víctima sea un *estudiante*. Y que el estudiante sea el hijo de Mistral.

Para evitar pensar que la acusación de xenofobia contra el Brasil se limita a la correspondencia de Mistral y allí habita un espacio privado y extraoficial, quiero hacer referencia al menos a uno de los textos "públicos" de Mistral. He aquí un trozo de un discurso dictado por Mistral en 1956, poco antes de su muerte, "Imagen y palabra en la educación":

> Llega el extranjero a veces por haber leído en un periódico que el país tal precisa de gente especializada en tal o cual rama, o llega meramente por disfrutar de un clima aconsejado para su salud, y ocurre que un día cualquiera aparece un cadáver en un apartamento o en una calle, y la ciudad sabe que aquella criatura inofensiva, celebradora del hermoso suelo que lo sustenta, ha sido eliminada sin razón alguna, sólo porque se trata por una antipatía grotesca hacia un rostro blanco y unos ojos azules. La investigación se abre, y cuando se halla al matador o al cómplice, éste suele declarar sin escrúpulo, y a veces con el orgullo de haber eliminado al extraño, que ese hombre "era blanco de más". Yo os relato aquí una experiencia mía, de deudo mío y la doy sin nombre de país por respeto a nación, que es latinoamericana.
>
> [...]
>
> Yo hablo por muchos que no pueden hablar, y hablo porque es necesario que en tales regiones del mundo se añada a los códigos el delito, a la vez desconocido y frecuente, de la xenofobia. Y no doy ni daré el nombre de tales patrias, porque lo que me interesa, como a mera cristiana, es que desaparezca del mundo, por fin, el delito racial, el crimen a causa de la piel clara u oscura, o del simple hecho de hablar en lengua extranjera. (*Magisterio y niño* 195-96)

El trozo se ampara en la misma ambivalencia en cuanto al supremacismo blanco que examiné en torno a la supremacía blanca legal en el texto "Primer recuerdo de Isadora Duncan". Mistral habla de delitos raciales, pero, en vez de tomar como ejemplo crímenes cometidos en contra de las poblaciones indígenas o negras, que son los blancos obvios del odio racial, ofrece como ejemplo de la llamada "xenofobia" el crimen que ella ha inventado en torno al suicidio de Yin. El sujeto culpable es ahora un país entero, marcado como negro, latinoamericano, criminal, y no-hispanohablante. En otras palabras, Mistral ha definido a un país completo como "criminal" en base a las marcas identitarias que he enumerado, nada más. Estamos, repito, ante la lógica del racismo supremacista. Y en esta escena terrible de cuasi-extinción, Mistral se convierte en una figura alegórica: es el destino (acosado) de Latinoamérica.

Antes de terminar, quiero retomar el tema de la reproducción, siquiera brevemente. Antes lo habíamos visto en conexión a la mujer indígena. Recordemos que dicho sujeto pasó a ser, de denigrado y feo, un receptáculo bello. Otro tanto le sucedió a Mistral; si hemos de creerle, sufrió tormentos y denigraciones en Chile, para transformarse en ícono una vez se encontraba fuera de los límites nacionales.

Las capacidades reproductoras de la mujer son inseparables del asunto de la inmigración, otra de las obsesiones de Mistral. Por ejemplo, en el ensayo "Sobre la mujer chilena" (1946), Mistral pasa por un catálogo completo de las oleadas de inmigración a Chile, distinguiendo las "mejores" de las "improductivas". Insiste en la diferencia racializada y en las buenas y malas mezclas. Esta insistencia un tanto asombrosa se repetirá como una especie de paranoia, que a veces se convierte sencillamente en un nacionalismo narcisista. El ensayo "Sobre la mujer chilena" interesa sobre todo porque ahí se ve nítidamente que la mujer no es un sujeto homogéneo en el *biopoder* (Stoler); la mujer es un sujeto racializado, y las diversas mujeres ocupan lugares jerarquizados en su función común de reproducir a la nación. Más que una noción sentimental sobre la maternidad, o un escudo para protegerse de habladurías en torno a la ausencia de reproducción biológica en su caso, la reproducción en Mistral se trata de jerarquías y más, de jerarquías raciales.

Sugiero que es éste el contexto en el cual hay que aproximarse a la adopción mistraliana del concepto del mestizaje mexicano. Se piensa que Mistral fue la primera chilena que defendió al mestizo, y la primera que abogó por una mejoría en las vidas de la gente indígena. El mestizaje supuestamente está ausente del discurso chileno sobre la nacionalidad. Lo que se le escapa a este lugar común es entender que la idea de una personalidad chilena o de lo chileno es en sí un proyecto racial (Omi y Winant). Las alianzas de Mistral con los privilegiados raciales tienen una genealogía.[16] No es la primera vez que se eleva al mestizo chileno como herramienta de construcción nacional. Lo que sucede es que estas alianzas están totalmente borradas y silentes. (Aquí vale la pena recordar el silencio, que es el silencio del secreto a voces, en torno a la sexualidad de Mistral.) El retrato binario del mestizaje estatalizado no deja ningún espacio para abordar la heterogeneidad racial de Latinoamérica, y requiere por fuerza que se elimine a ciertas comunidades. No se trata de un discurso de homogeneidad racial como linaje europeo puro, tal vez la fantasía de un Rodó; a veces se entiende así el racismo blanco latinoamericano. Se trata de mezclas raciales que compiten entre sí y se solucionan a través de lógicas binarias.

Aunque el discurso de Mistral apunte hacia la noción de heterogeneidad racial, existen documentos que nos sugieren que a Mistral podía perturbarle mucho la verdadera heterogeneidad racial. Creo que sólo llegó a sentirse más o menos cómoda con el binario del mestizaje estatalizado. En una entrevista con Salvador Novo (1948), vemos una instancia de esta tremenda incomodidad, además de la sensación de importancia de la propia Mistral, al pretender dirigirse nada menos que al Presidente de México en ese entonces, Miguel Alemán:

> Y entonces escuché de sus labios un alegato que transcribo y suscribo con el mayor fervor:
> "Hay una cosa —dijo— que es la más importante que yo quisiera decirle al Presidente Alemán: una situación grave y peligrosa, dolorosa, por la que atraviesan los mexicanos que van a trabajar a California. Es urgente y necesario que esa situación se atienda.
> Gabriela Mistral reside en Santa Bárbara, California —Estado de la Unión cuyas leyes, con todas sus letras, prohiben el matrimonio de mexicanos-

"colored"—con blancas. Cuando suceden, se tienen por nulos y se sancionan. Pero no suelen ocurrir. Llegan los furgones de ganado cargados con trabajadores mexicanos. Hombres solos, a residir en barrios especiales y discriminados. Y el único contacto que se les permite es con negras, feas, de la peor raza. Al correr de los años, toda la región hierve ya de criaturas mestizas de negra y mexicano, que van degenerando y borrando la fina raza mexicana.

"¿Por qué, en nombre de Dios, no les dejan a los mexicanos llevar consigo a sus mujeres?"

[...]

Connie nos escuchaba, y adujo nuevos, dolorosos ejemplos de esa trágica situación. (4)

Lo más evidente de este trozo es que Mistral ve salirse de sus manos la cuestión de la reproducción nacional y en especial del mestizaje oficial. Este "sexo" entre hombres mexicanos y mujeres negras es inaceptable, sobre todo porque se producen vástagos híbridos que no son niños americanos.[17] (Nótese la descripción de la mujer negra como "fea", y la palabra "mestizo" para designar a estos niños.) Sin embargo, detrás de la denuncia racista se esconden otros asuntos. Primero, Mistral le habla a Novo, también prototipo del "escritor nacional" y como ella, un "raro" algo público. Novo era gay y además empleado del estado: casualmente, del Ministerio de Educación. Segundo, la anécdota concluye con la mención de "Connie", la misma compañera que aparece en la correspondencia a Lydia Cabrera. Tenemos a un triángulo de homosexuales que discute la posible desaparición de la raza mexicana, causada por una negritud fuera del alcance del estado; o en específico, por mujeres negras, la pareja errónea para el hombre mexicano. Ellos deberían llevarse a "sus" mujeres; éstas tienen una función, que es la reproducción; la reproducción tiene un fin, que es el producir a los mejores sujetos nacionales, que son los mestizos. Ninguno de los tres ha traído niños al mundo, y mucho menos mestizos. Recordemos que el niño de Mistral es tan blanco que muere por ello. Entonces, ¿a qué viene la pareja lésbica aquí? ¿Tendrá algo que ver con el sitial de Mistral, como receptáculo sellado de la raza? Cuando se refiere a las mujeres negras como "feas, de la peor especie", ¿no se opone ella acaso como repositorio de la belleza, merecedora de supervivencia, el producto exitoso de la "selección estética" de Vasconcelos? Las criaturas que "hierven", que no cumplen con el criterio del gusto, ¿no será que no son la imagen de Mistral, en su proyección narcisista?

La marca de la raza, hipervisible en una sociedad racista, puede cruzarse con esos deseos heterodoxos prohibidos, supuestamente invisibles en una sociedad homofóbica. Tenemos en Mistral un ejemplo para contrarrestar esa idea de que la expresión del deseo prohibido, aquí un deseo lésbico, conlleva automáticamente un gesto liberador o solidario. Mientras que ciertos discursos poéticos y propagandísticos de Mistral celebran a la madre y al niño abstractos del discurso americanista, otros géneros discursivos (Bakhtin) empleados por Mistral no dejan ninguna duda de que no todos los niños y no todas las madres pueden aspirar a ser niños y madres americanos. No hay por fuerza una alianza entre sujetos oprimidos racialmente y sujetos oprimidos sexualmente; en nuestro caso más específico, no hay alianza necesaria entre "mujeres" o "madres" tampoco. Esas categorías homogéneas de "lo femenino" están desacreditadas. El discurso del "mestizaje", visto demasiado ingenuamente como si de veras fuera humanitario y justo, esconde en vez un nacionalismo narcisista feroz y brutal, en donde el asunto de la reproducción pesa bastante. Hemos visto, no sólo las contradicciones de Gabriela Mistral, sino también el costado violento del discurso americanista, y en ambos, la reproducción del estado racista y homofóbico.

NOTAS

[1] El lector interesado puede consultar la monumental bibliografía preparada por Patricia Rubio. Según Rubio, la gran mayoría de las citas consignadas provienen de la fascinación con la biografía de Mistral.
[2] Véase el interesante estudio de Nancy Leys Stepan sobre la eugenesia en América Latina. Ella resume la relación entre la raza y la pertenencia nacional del siguiente modo: "The desire to 'imagine' the nation in biological terms, to 'purify' the reproduction of populations to fit hereditary norms, to regulate the flow of peoples across national boundaries, to define in novel terms who could belong to the nation and who could not —all these aspects of eugenics turned on issues of gender and race, and produced intrusive proposals or prescriptions for new state policies toward individuals. Through eugenics, in short, gender and race were tied to the politics of national identity" (105).
[3] Resulta intersante yuxtaponer a esta discusión el artículo de Elizabeth Rosa Horan, "*Santa Maestra Muerta*: Body and Nation in Portraits of Gabriela Mistral".
[4] La carta, con fecha del 10 de enero de 1923, se encuentra en el Archivo del Escritor de la Biblioteca Nacional de Chile.
[5] Ver el estudio de Asunción Lavrin. Ahí podrá constatarse que el lenguaje de la reproducción y del cuidado del niño ya se había convertido en un lenguaje altamente burocrático e impersonal para la época en que escribe Mistral.
[6] Pizarro menciona el cambio en la actitud supremacista de Mistral luego de su visita a México. Sin embargo, escribe: "La mirada cambia, desde luego, en México, y se reafirmará en el Brasil en un periodo en que Gilberto Freyre y Sergio Buarque de Holanda habían realizado la reconsideración fundamental de la cultura negra" (49). Como se verá en lo sigue, mi análisis del cambiante discurso racial de Mistral se inserta dentro del marco de la normalización. No lo veo como un cambio a favor del humanitarianismo. Esta también es mi postura en torno a los trabajos de Freyre y Buarque de Hollanda. En lo que atañe a Mistral, como se verá, sus ideas racistas no

cambiaron y en todo caso, adquirieron una dimensión homicida. Este racismo peligroso se cristaliza sobre todo en las referencias al Brasil.

[7] Notemos que la descripción de Mistral como india o mestiza es común en casi todo lo que se escribe sobre ella.

[8] Me concentro en Vasconcelos, pero no quiero sugerir que él fue el único practicante de esta ideología, ni mucho menos su autor. Para una introducción a la genealogía del concepto del mestizaje en México, ver Alan Knight, "Racism, Revolution, and Indigenismo: México, 1910-1940". Recordemos nuevamente que Vasconcelos reclutó a Mistral durante su estancia breve pero sumamente influyente como Ministro de Educación del recién formado estado posrevolucionario.

[9] "We define *racial formation* as the sociohistorical process by which racial categories are created, inhabited, transformed, and destroyed"; "[W]e argue that racial formation is a process of historically situated *projects* in which human bodies and social structures are represented and organized"; *"Racial projects* do the ideological 'work' of making these links. *A racial project is simultaneously an interpretation, representation, or explanation of racial dynamics, and an effort to redistribute resources along particular racial lines*" (Omi and Winant 55-56).

[10] Ver Fernando Ortiz, *Contrapunteo cubano del tabaco y del azúcar*. George Yúdice elabora en estos momentos un estudio de la "transculturación" desde el concepto de "gubernamentabilidad" de Foucault.

[11] Es un tema muy extenso pero, para empezar, además de a Nancy Leys Stepan, puede consultarse a Richard Graham, ed., *The Idea of Race in Latin America 1870-1940*, donde se ofrecen varios ejemplos de esta preocupación por las mezclas "correctas" e "incorrectas"; también ver Thomas E. Skidmore, *Black Into White: Race and Nationality in Brazilian Thought*. Para un análisis del tema desde la literatura, ver el lúcido trabajo de Doris Sommer, *Foundational Fictions: The National Romances of Latin America*.

[12] Véase la excelente lectura del texto "Primer recuerdo" que hace Alberto Sandoval en "Hacia una lectura del cuerpo de mujer".

[13] Digo "entretener" porque esta es la palabra exacta que utiliza Cabrera. Ver las entrevistas con Rosario Hiriart (1978) y Nedda G. de Anhalt, entre otras.

[14] Carta sin fecha; pertenece al periodo donde Mistral estaba de cónsul en Francia, últimos años de la década del treinta (Hiriart 73). Todas las cartas a Cabrera que cito pertenecen a esta edición; ninguna tiene fecha. En adelante citaré por página.

[15] Esta observación me lleva a la pregunta de si Cabrera y Parra compartían el imaginario racista de Mistral, y si esto en algo tuvo que ver con la gestación de los *Cuentos negros de Cuba*. Me parece que sí, pero no cuento con el espacio para abordar este tema aquí.

[16] No da el espacio para tratar el tema, pero baste con mencionar algunas referencias esenciales para el caso de Chile: Néstor Palacios, *Raza chilena*; Vicente Pérez Rosales, *Recuerdos del pasado*; Francisco Antonio Encina, *Nuestra inferioridad económica*. Todos estos pensadores chilenos se amparan en un argumento de índole biológica, donde la mezcla racial impera. Así elaboran la idea de una personalidad chilena y de un destino común chileno. Para poner por ejemplo a Palacios, vemos que él eleva al "roto" chileno: lo convierte en el chileno genésico. Sin embargo, éste es un mestizo

muy particular: es el descendiente de guerreros. Por un lado, de la madre araucana, y por otro, del padre teutón. Aunque se refiera a la "raza mestiza", este mestizaje representa una suerte de fe fascista en un proceso de decantación de la raza, proceso llevado a cabo por la guerra social y la guerra biológica. También es un mestizaje atravesado por el género. El éxito del mestizaje chileno, según Palacios, se debió a que los teutones hubieran mantenido "pura" a su raza hasta justo el momento en que conquistaran a Chile. Obviamente la raza blanca se ve privilegiada en esta construcción racial, al igual que el poder masculino.

[17] En caso de que se piense que Novo exageró la animosidad racial de Mistral, señalo que aparece la anécdota palabra por palabra en la correspondencia a Alfonso Reyes: "¡Y pronto hierve un mulataje en el cual se pierde el rostro indio y *esto, esto* es lo que allá nombran 'mexicano'!" Carta a Alfonso Reyes, noviembre de 1950 (*Tan de usted*, 193-94); el subrayado es de Mistral. A lo cual Reyes respondió: "Muy grave esa condenación de nuestro *mulataje* de que Ud. me habla. Voy a hablar con la gente adecuada". Carta a Gabriela Mistral, del 25 de noviembre de 1950 (*Tan de usted*, 195); el subrayado es de Reyes.

Bibliografía

Anhalt, Nedda G. de. "Lydia Cabrera, la Sikuanekua". *Vuelta* 11/25 (abril 1987): 35-44.

Bakhtin, Mikhail. "Speech Genres". *Speech Genres and Other Late Essays*. Austin: University of Texas Press, 1986. 60-102.

Balderston, Daniel y Donna J. Guy (eds.). *Sex and Sexuality in Latin America*. Nueva York: New York University Press, 1997.

Bergmann, Emilie L. y Paul Julian Smith. *¿Entiendes? Queer Readings, Hispanic Writings*. Durham, NC: Duke University Press, 1995.

Cabrera, Lydia. *Cuentos negros de Cuba*. [1936] Miami: Ediciones Universal, 1993.

Duggan, Lisa. "The History of Normal People". (Inédito).

Encina, Francisco Antonio. *Nuestra inferioridad económica*. Santiago: Editorial Universitaria, 1978.

Fiol-Matta, Licia. "The 'Schoolteacher of America': Gender, Sexuality and Nation in Gabriela Mistral". *¿Entiendes? Queer Readings, Hispanic Writings*. Emilie L. Bergmann y Paul Julian Smith, eds. Durham y Londres: Duke University Press, 1995. 201-229.

Foucault, Michel. *Genealogía del racismo: de la guerra de las razas al racismo de Estado*. Madrid: Las Ediciones de la Piqueta, s.f.

——— *The History of Sexuality*. I. Nueva York: Vintage, 1980.

Graham, Richard (ed.). *The Idea of Race in Latin America, 1870-1940*. Austin: University of Texas Press, 1990.

Hiriart, Rosario. *Cartas a Lydia Cabrera. Correspondencia inédita de Gabriela Mistral y Teresa de la Parra*. Madrid: Torremozas, 1988.

Hiriart, Rosario. "Labor creativa". *Lydia Cabrera: Vida hecha arte.* Nueva York: Eliseo Torres and Sons, 1978. 71-98.

Horan, Elizabeth Rosa. "*Santa Maestra Muerta*: Body and Nation in Portraits of Gabriela Mistral". *Taller de letras* 25 (noviembre 1997) 21-43.

Knight, Alan. "Racism, Revolution, and *Indigenismo*: Mexico, 1910-1940". *The Idea of Race in Latin America, 1870-1940.* Richard Graham, ed. Austin: University of Texas Press, 1990. 71-113.

Lavrin, Asunción. "*Puericultura*, Public Health, and Motherhood". *Women, Feminism and Social Change in Argentina, Uruguay, and Chile, 1890-1940.* Lincoln: University of Nebraska Press, 1995.

Mistral, Gabriela. "Imagen y palabra en la educación". *Magisterio y niño.* Selección y prólogo de Roque Esteban Scarpa. Santiago: Editorial Andrés Bello, 1979. 195-205.

_____ "A la mujer mexicana". *Lecturas para mujeres: destinadas a la enseñanza del lenguaje.* Madrid: Godoy, 1924. 172-175.

_____ "Primer recuerdo de Isadora Duncan"; "El tipo del indio americano". *Gabriela anda por el mundo.* Selección y prólogo de Roque Esteban Scarpa. Santiago: Editorial Andrés Bello, 1978. 118-121; 179-183.

_____ "Sobre la mujer chilena". *Escritos políticos.* Selección y prólogo de Jaime Quezada. Santiago: Fondo de Cultura Económica, 1994. 61-65.

_____ *Tan de usted. Epistolario de Gabriela Mistral con Alfonso Reyes.* Recopiladas por Luis Vargas Saavedra. Santiago: Hachette; Editorial de La Universidad Católica de Chile, 1991.

Molloy, Sylvia. "Disappearing Acts: Reading Lesbian in Teresa de la Parra". *¿Entiendes? Queer Readings, Hispanic Writings.* Emilie L. Bergmann y Paul Julian Smith, eds. Durham, NC: Duke University Press, 1995. 230-56.

_____ y Robert I. Irwin (eds.). *Hispanisms and Homosexualities.* Durham, NC: Duke University Press, 1998.

Novo, Salvador. "Ventana: Con Gabriela Mistral I". *Novedades.* (México, 1948): 4.

Omi, Michael y Howard Winant. *Racial Formation in the United States.* [1986]. Minneapolis: University of Minnesota Press, 1994.

Ortiz, Fernando. *Contrapunteo cubano del tabaco y del azúcar.* Caracas: Ayacucho, 1978.

Palacios, Nestor. *Raza chilena.* Santiago: Editorial Antiyal, 1986.

Pérez Rosales, Vicente. *Recuerdos del pasado.* Madrid: Instituto de Cooperación Iberoamericana y Filipina, Ediciones de Cultura Hispánica, 1993.

Pizarro, Ana. "Mistral, ¿qué modernidad?" *Re-leer hoy a Gabriela Mistral: Mujer, literatura y sociedad.* Gastón Lillo y Guillermo Renart, eds. Ottawa/

Santiago: University of Ottawa/Editorial de la Universidad de Santiago, 1997. 43-52.

Rubio, Patricia. *Gabriela Mistral ante la crítica: bibliografía anotada.* Santiago: Dirección de Bibliotecas, Archivos y Museos; Centro Diego Barros Arena, 1995.

Sandoval Sánchez, Alberto. "Hacia una lectura del cuerpo de mujer". *Una palabra cómplice.* Raquel Olea y Soledad Fariña, eds. Santiago: Editorial Cuarto Propio, 1996. 47-57.

Skidmore, Thomas E. *Black Into White: Race and Nationality in Brazilian Thought.* Durham, NC: Duke University Press, 1993.

Sommer, Doris. *Foundational Fictions: The National Romances of Latin America.* Cambridge: Harvard University Press, 1991.

Stepan, Nancy Leys. *The "Hour of Eugenics": Race, Nation and Gender in Latin America.* Ithaca: Cornell University Press, 1991.

Stoler, Ann Laura. *Race and the Education of Desire: Foucault's History of Sexuality and the Colonial Order of Things.* Durham, NC: Duke University Press, 1995.

Teitelboim, Volodia. *Gabriela Mistral pública y secreta. Truenos y silencios en la vida del primer Nobel latinoamericano.* Santiago: Ediciones BAT S.A., 1991.

Vasconcelos, José. *La raza cósmica.* [1925]. México: Espasa-Calpe, 1996.

Warner, Michael (ed.). *Fear of a Queer Planet: Queer Politics and Social Theory.* Minneapolis: University of Minnesotta Press, 1993.

Yúdice, George. "Racial Anxiety and the Genealogy of Transculturation". (Inédito).

Lydia Cabrera, invisible

José Quiroga
The George Washington University

Que un fenómeno, evento, o conjunto de creencias sea coherente no siempre quiere decir que sea inteligible. El diccionario Larousse define coherencia como la "armonía o relación lógica de unas cosas con otras", lo cual supone a su vez un sentido de "cohesión" o de inter-relación, basado en una lógica espacial. Para que algo sea coherente, la armonía misma debe estar supeditada a un trazado que se hace visible sobre un terreno. De hecho, si seguimos el diccionario en este punto, la coherencia no depende de un fenómeno sino de varios, y es el resultado de ellos. Lo inteligible, por otro lado, parece referirse a un fenómeno y no a varios—su metáfora pasa de lo espacial a lo temporal, entendido como un chispazo de tiempo. Inteligible es el instante y coherente es el proceso.

La obra de Lydia Cabrera, que estudiaremos más adelante, es un desafío a la coherencia y a la inteligibilidad. Los fenómenos que explica tienen su propia coherencia, y un sentido de inteligibilidad propia que la autora (o recopiladora, como veremos) siempre mantiene a distancia de la razón misma—sin atentar contra ésta y a la vez sin violentar la lógica propia del fenómeno que escucha u observa. En *El monte*,[1] su estudio (o "notas" como señala el subtítulo) sobre costumbres afro-cubanas, se encarga de señalar cuando una fuente no le parece confiable, por causa de lo absurdo mismo del relato: "La procedencia de esta historia podría no merecernos mucha confianza", nos dice y añade, más adelante, en relación a su relator, "Yo al menos fingí que no dudaba de su veracidad" (65). Sin embargo, frente a esta escena, en la cual, según nos cuenta, dos mujeres negras y creyentes dudan de la veracidad una historia relatada, Lydia Cabrera, blanca y al parecer no iniciada en los menesteres de la santería, guarda una distancia circunspecta: "El lector, advertido de qué fuente procede el relato queda en libertad, como siempre, de creer lo que mejor le parezca. Por mi parte me inclino a aceptarlo como verídico, pues soy testigo de otros hechos que parecerán tanto más o igualmente inverosímiles" (66). Esta distancia, que pasa por la impostura ("fingí que no dudaba ...") se resuelve en un alegato a favor de la inverosimilitud de un sistema que Cabrera lee dentro de su propio sentido de coherencia. El evento que se relata puede parecer increíble, pero no lo es si lo vemos dentro del marco de la Regla en sí —regla en su acepción de disciplina religiosa afrocubana y a su vez como sistema. Esta coherencia —el sistema, si se quiere— hace inteligible la situación, ya que la inteligibilidad nace del circuito espacial trazado por cada uno de los eventos narrados en un contexto determinado.

La relación entre coherencia e inteligibilidad puede percibirse mejor si la sacamos del contexto estrictamente afrocubano y la vemos en el plano en el que Cabrera quiso tratar de entenderla —en el plano de la "literatura", o como una relación explicable a partir de relaciones literarias, donde la literatura representa una metáfora de otro proceso, incoherente y tal vez no inteligible dentro del marco de la razón. Vista como proceso metafórico, en la literatura —y la definición de esta categoría, como también veremos, merece comentarse en el caso particular de Cabrera— prima la coherencia por encima de la inteligibilidad; la metáfora misma traza un circuito espacial y lo hace inteligible dentro de sus propios términos, sin que haya necesidad de salir de ellos. En un poema, lo irracional (que uso aquí como antítesis de lo inteligible) se hace coherente —de ahí que la poesía sea, como nos los recuerda Octavio Paz en *El arco y la lira*, "la otra razón" de Occidente. En la literatura de vanguardias —entre ellas, en el surrealismo que conoció Cabrera en sus años en París— el texto viene a ser un desafío a la lógica que exige la coherencia sólo en la medida en la que ésta es inteligible para sí misma. Una secuencia de metáforas siempre es algo más y algo menos que una simple secuencia: es una lógica propia contrapuesta a la razón. El surrealismo, en este sentido, nos enseña que coherencia es a inteligibilidad lo que sistema es a percepción: la coherencia es producto de un sistema percibido a posteriori (digamos, en la escritura automática, el terreno del texto llega a ser coherente para sí mismo) y la inteligibilidad se reserva para las relaciones aprehendidas al momento, en un chispazo iluminador. La literatura —el poema, para los surrealistas, y más tarde para toda una corriente fenomenológica que en Cuba se conoce gracias a María Zambrano y a los Origenistas, que comparten el espacio histórico de Lydia Cabrera— se convierte así en un texto sagrado, ya que ella nos permite el acceso a otro tiempo con sus propias leyes y estructuras. Precisamente al no entender las relaciones trazadas en el universo como producto de la razón, sino más bien como producto de "otra" razón, el surrealismo coloca al texto como un doble del universo, como una representación más verdadera y por lo tanto más coherente, de relaciones ocultas y creadoras.

Cabrera, empapada de este contexto, no puede sino entender esta "otra" razón" afrocubana desde el plano de lo literario. La entiende, para decirlo más claramente, como una relación dinámica, cuyo dinamismo se subraya en el juego especular que la "literatura" mantiene con la "religión" (por no hablar ya aún de "antropología"). Es desde el plano de la literatura —una literatura que está más allá de "lo literario" —que las relaciones trazadas por el sistema religioso pueden verse partiendo de una coherencia que les es propia. Esta relación es más compleja y merece una aproximación más detallada, que se dará en su momento. Por lo pronto, me parece importante señalar que Cabrera aborda la relación coherencia/inteligibilidad desde un marco sumamente influido por la relación literatura/religión, o literatura/ antropología.

Esta relación tiene otras vertientes en la obra de Cabrera, y creo oportuno mencionar una de ellas antes de cerrar este primer abordaje a una obra que asombra por —digámoslo así— la coherencia propia que siempre busca y encuentra en sistemas que resultan legibles aún dentro de sus propias contradicciones. Porque Cabrera, desde la literatura, y como mujer blanca, sólo puede presumir que el sistema del otro posee su propia coherencia si parte del hecho de que todo sistema propio ya es, de antemano, un sistema coherente. Esta coherencia en gran medida viene acompañada, o es el resultado, de una resistencia a la mirada ajena. En otras palabras, a mayor resistencia por parte del otro, mayor coherencia propia, y ambas —resistencia y coherencia— producen un sentido de identidad que es importante señalar, como lo hace Cabrera, en términos de preferencia sexual. Por ejemplo, al hablar de la presencia de "invertidos" o practicantes del "pecado nefando" como lo llama Cabrera, nos dice que esto es algo muy frecuente en la Regla lucumí, aunque no en las sectas de congos, "en las que se les desprecia profundamente y de las que se les expulsa" (56). A su vez, Cabrera registra la presencia de "lesbias" en varias sectas afrocubanas, y añade que tenían "por patrón a Inlé, el médico Kikufago, San Rafael" (58). Cabrera registra precisamente lo que le parece más contradictorio y hasta "incoherente": "Lo curioso es que Inle es un Santo tan casto y exigente en lo que se refiere a la moral de sus hijos y devotos, como Yewá. Es tan poco mentado como ésta, como Abokú (Santiago Apóstol) y Naná, pues se le teme y nadie se arriesga a servir a divinidades tan severas e imperiosas" (58-59). He aquí un fenómeno que Cabrera encuentra de difícil explicacion: ¿de qué manera seres definidos precisamente por su comportamiento sexual terminan siendo devotos de un Santo tan exigente y tan casto? La explicación de Cabrera asombra precisamente al no tratar de explicar la situación:

> Yewá, "nuestra Señora de los Desamparados", virgen, prohibe a sus hijas todo comercio sexual; de ahí que sus servidoras sean siempre viejas, vírgenes, o ya estériles, e Inle, "tan severo", tan poderoso y delicado como Yewá, acaso exigía lo mismo de sus santeras, las cuales se abstenían de mantener relaciones sexuales con los hombres. (59)

Que precisamente lo que hoy conocemos como una "identidad" lesbiana sea referido en este texto como una abstencion de "mantener relaciones sexuales con los hombres" sorprende por su propio recato y cautela. Cabrera, en rigor, registra el fenómeno y asume que el lector lo va a entender coherentemente como tal, más allá de sus propias contradicciones. En este sentido, la noción de "identidad" homosexual no puede ser coherente a menos que no la veamos como una prohibición de todo "comercio carnal" con los hombres, dada por un santo "casto" y "severo". Lo coherente y lo inteligible de cierta manera se desmontan dentro de su propio artificio. Cabrera juega con ambos términos, pero el desmontaje aquí es sumamente complejo y se resiste a otra noción que no sea la de aceptar los fenómenos dentro del sentido de coherencia e inteligibilidad que ellos mismos ofrecen. La identidad sexual es el punto de partida para los practicantes de una secta que a la vez parecen borrar aquello que les otorga, en primer lugar, un sentido de identidad y de comunidad propios.

En un sentido llano, estamos frente a formas que utilizan otras formas para entenderse a sí mismas plenamente. La antopología y la literatura, el estudio del otro y el estudio del ser, el homo y el heterosexualismo —ninguno de ellos merece ser visto dentro del plano de relaciones antagónicas sino desde el plano de relaciones que se hacen inteligibles a sí mismas por virtud de una superposición que los mantiene a raya y los borra, aún en términos de raza. Para Cabrera, lo otro es ante todo parte de "lo mismo", porque lo que estudia, como antropóloga, es una serie de costumbres afro-cubanas que no son estrictamente medibles de acuerdo a criterios estrictos de raza. Como dice en la introducción a *El monte*, "No se comprenderá a nuestro pueblo sin conocer al negro [...] No nos adentraremos mucho en la vida cubana, sin dejar de encontrarnos con esta presencia africana que no se manifiesta exclusivamente en la coloración de la piel" (9). El negro es otro y es parte de "nuestro" pueblo, de la misma manera en la que *El monte* es un estudio sobre las religiones y la cultura afrocubana pero es también un estudio sobre la forma en la que Cabrera misma entiende ese conocimiento, como clave que presume su propia coherencia y su propio sentido de inteligibilidad. Es por ello que señala, en la misma introducción, que su material "no ha pasado por el filtro peligroso de la interpretación" (8) y que para entender plenamente el registro de lo que se habla, es preciso "aprender a pensar como ellos" (8) —es decir, anotar pacientemente el sistema completo, aún y cuando este parezca ser contradictorio.

Lo interesante aquí sería, en todo caso, movilizar todos estos términos, y es eso lo que pretendo hacer al iniciar un estudio de la obra de Lydia Cabrera, en el plano de su propia complejidad como obra, en particular en lo que se refiere a la coherencia o la inteligibilidad que esta guarda con su situación de mujer blanca y adinerada, estudiando un material que atenta contra toda noción de coherencia y de inteligibilidad. Me parece, en este sentido, que la obra de Cabrera, que ha sido hasta ahora, una de las más invisibles en la "literatura" cubana, merece ser vista desde otro ángulo: como una obra que merece ser estudiada a partir de la retórica de la invisibilidad que ella misma presenta como forma de ser coherente consigo misma.

Los *Cuentos negros*[2] de Lydia Cabrera abren espectacular y aparatosamente. Cito del principio de uno de ellos:

> Cuando la tierra era joven, la Rana tenía pelos y se hacía papelillos. Al principio todo era verde. No solamente las hojas, la yerba y cuanto sigue siendo verde, como el limón y el grillo Esperanza, sino los animales y el hombre, que Oba-Ogó hizo soplando sobre su caca. Faltaba un poco de orden; los peces libaban en las flores, los pájaros colgaban sus nidos en las crestas de las olas (41).

En rigor, al parecer, no hay nada que decir de Lydia Cabrera porque toda su obra ha sido leída, por la crítica, como evidencia, y ello le da un estado de "coherencia" textual a una obra y a un sujeto mucho más complejo del que la crítica viene desdibujando hace un tiempo. La antropología le confiere a la obra de Cabrera otro reino, menos "literario", menos susceptible a la hermenéutica. Los *Cuentos negros*, como veremos, se ofrecen como compilación de textos del "otro". Por ello, ya se ofrecen como indicios, sospechas, transparencias; su antropología es texto, código, interpretación de una otredad. La antropología es, para la crítica, su inteligibilidad y su coherencia. Pero no por desmentir el estatuto antropológico del texto como coherencia debemos insistir en su "coherencia" como texto "literario". El no someter el texto al terreno *evidente* de lo científico, no implica que haya que colocarlo en otro terreno, más sospechoso, resbaladizo, casi un tropiezo: el de la "literatura" cubana.

No es fácil, como veremos, leer los *Cuentos negros* de Cuba e insertarlos en una tradición autorial literaria. De más difícil acceso resulta aún *El monte*, la obra magna de Cabrera. Para aquellos que se sientan tentados a indicar el vínculo oblicuo con los *Motivos de son* de Nicolás Guillén, baste recalcar que, aún cuando en ambos casos los textos participen de esa reivindicación de lo negro en la década del veinte y del treinta, en el caso de Nicolás Guillén, como en toda obra "literaria" el nombre le sigue a la obra, la modifica, la fija dentro de unas coordenadas que van desde la reivindicación personal, hasta la nacional. Los *Motivos de son* poseen la "densidad" del texto. Para un estructuralismo feroz, practicado hace unas décadas, no poseerían otra clave sino la dictada por el texto mismo por su condición "literaria". Con Lydia Cabrera sucede todo lo contrario: la ciencia etnográfica nos obliga a leer los *Cuentos* tomando como *principio* el nombre del autor —sea este Franz Boas, o Levi-Bruhl, o Malinowski o Levi-Strauss. Que ese nombre luego se borre en beneficio mismo de la ciencia no niega el hecho de que, como texto, su mecanismo de circulación es muy distinto al de Guillén. Para la antropología, el sujeto científico puede escudarse, pero está siempre en evidencia.

Por otro lado, el reino textual de Cabrera no es tan coherente como pudiera parecer a simple vista, ya que la paradoja —la ciencia como paradoja— siempre marcó la obra de Cabrera y ésta es una paradoja en la que ella siempre insistió y en la que insistieron todos sus comentaristas. Desde su abierta confesión de haber descubierto su patria no como Neruda, en Macchu Picchu, sino a orillas del Sena, que tanto desentona con las posteriores reivindicaciones de lo nacional; hasta su origen de clase (adinerada), pasando por su blancura. Más aún, después de la revolución del cincuenta y nueve, Cabrera y María Teresa de Rojas — compañera a quien conoce desde la década del cuarenta— se convierten en una especie de talismán exilado, emblemas de una Cuba refugiada en cierta desamparada pobreza chata de Miami, con sus fichas y sus cuentos, y las piedras de colores que pintaba, y su articulada conversación sobre la Cuba Republicana. Más que leída, Cabrera fue escuchada. Y escuchada precisamente para suplir una especie de "falta" literaria. Diríase que precisamente por no ser autobiográfica su "literatura", por no relatar el mundo interno del yo, puede existir tan a cabalidad esa persona del escritor, previa distancia entre el contenido del relato y su vida propia, sin temer la oblicua autobiografía en el relato, que a fin de cuentas, pertenece siempre a sus negros relatores e informantes —a Omí Tomi, a Oddedei, a Calazán Herrera, y a muchos otros.

No me interesa tanto recalcar que este juego de invisibilidades sea o no una retórica o una treta del autor. Lo que sí me parece importante es la *presencia* que le confiere a un escritor que parece estar precisamente *ausente* del discurso. Lo que más abunda en la todavía escasa bibliografía de Cabrera es el testimonio, el recuerdo, el anecdotario, la visita a la casa de Miami, como quien va a un santuario a visitar a un renuente babalao. Es como si en los textos críticos literarios hubiera por fuerza que encontrar solamente al autor, para entonces tropezar con su equívoca relación con la "literatura" cubana.

El exilio, la blancura, el sexo y género están ligados a la obra y a la figura de Lydia Cabrera. Aunque no siempre en ese orden —exilio, blancura, sexo y género— sino precisamente invertidos, trastocados, como si formaran un garabato. "Este libro", dice Fernando Ortiz en su introducción a los *Cuentos negros de Cuba* de Cabrera, "es el primero de una mujer habanera, a quien hace años iniciamos en el gusto del folklore afrocubano" (7). Para Ortiz, la distancia señalada por el sexo (mujer habanera) define aquí la labor de la autora como "gusto" —entiéndase tal vez como "hobby"— y no como ciencia, o tan siquiera creación. Precisemos: mujer rica a quien el gusto le confiere el apetito de la antropología, de lo otro: "[F]ue penetrando", dice Fernando Ortiz, quien fuera a su vez su cuñado, "el bosque de las leyendas negras de La Habana por simple curiosidad y luego por deleite; al fin fue transcribiéndolas y coleccionándolas".

Hago hincapié en esas últimas palabras —transcribir, coleccionar— porque son parte integral de este bosque mencionado por Ortiz, al que todo lector de los *Cuentos negros* y de su posterior *El monte*, debe penetrar. Para Ortiz "el deleite de la transcripción" le abre a Lydia Cabrera las puertas a otro reino. Pero veamos más de cerca esa deleitosa ocupación y rescatemos nuevamente las claves que afirman ese gusto. Leamos la estructura que hace ilegible al texto.

Según testimonio propio, (y de paso hay que señalar la importancia de esta fabulación para la autora) Lydia Cabrera escucha en su infancia habanera los que serían con el tiempo sus *Cuentos negros*. Pero los escucha con un oído que la etnografía, más tarde, intentará rescatar. Mientras vive en París en 1928 (hay que recordar aquí el Trocadero, la expedición Dakar-Djibouti, Josephine Baker —marcas de un exotismo que pretende sanar las heridas de occidente) Cabrera empieza a interesarse por los negros de Cuba. Este primer interés aparece ligado, en su paso al texto, a una tragedia: Lydia Cabrera comienza a escribir al menos una primera versión de sus cuentos, para entretener a una amiga, la escritora venezolana Teresa de la Parra, convalesciente en un sanatorio suizo, y sólo más tarde se los muestra a Francis de Miomandre, quien los traduce al francés, y consigue publicarlos en Gallimard. Los *Contes negres de Cuba* aparecen, en su primera edición, en marzo de 1936, a un mes de la muerte, en Madrid, de Teresa de la Parra. Al momento de la publicación del texto, todavía no en castellano, dice Cabrera, "Estaba, recuerdo, muy preocupada; asistía a una agonía (la de Teresa de la Parra), y pensaba en lo evanescente que era la vida [...]" (76).

Esa evanescencia hay que subrayarla con tinta roja, porque es parte de un circuito que rodea al texto, un circuito que traduce este libro —que le añade, si podemos usar esta palabra: funcionalidad, insertado en el terreno del don, y en la relación económica del dar y el recibir. Más que el texto en sí, que precisa de otra lectura, lo que me interesa es fijar esa evanescencia que ya, desde siempre, lo borra y lo define, desde esa lejanía —tan importante a la generación de *Orígenes*— parisina. Desde esa distancia hay que señalar el poder curativo que se le otorga al texto. Es que hay cierto aire de farmacia que rodea los *Cuentos negros de Cuba*, no solo, como ha visto la crítica, por las menciones directas a conjuros y remedios, sino porque las narraciones, en primer lugar, son cartas destinadas a un sanatorio, intentos de alejar a la muerte. Esa farmacopea, a su vez, está ligada a la traducción que lleva a cabo Lydia Cabrera, una traducción como cura de males, responsable del tránsito, de las cartas, a los *Contes negres*, y de los *Contes negres* a los *Cuentos negros de Cuba*, cuentos negros compilados por su traductora blanca, textos rescatados, palimpsestos. Dice, nuevamente, Fernando Ortiz:

> No hay que olvidar que estos cuentos vienen a las prensas por una colaboración, la del folklore negro con su traductora blanca. Porque también el texto castellano es en realidad una traducción, y, en rigor sea dicho, una segunda traducción. Del lenguaje africano (yoruba, ewe o bantú) en que las fábulas se imaginaron, éstas fueron vertidas en Cuba al idioma amestizado y dialectal de los negros criollos. Quizá la anciana morena que se las narró a Lydia ya las recibió de sus antepasados en lenguaje acriollado. Y de esta habla tuvo la coleccionista que pasarlas a una forma *legible* en castellano, tal como ahora se estamparán (énfasis mío).

Tomando en cuenta el *ambiance* parisino de la época, y su furor por encontrar ciertas claves que dieran sentido, más allá de la razón, a una cultura ya vista en convalescencia, podemos tratar de ver el doble rostro de los *Cuentos negros*. Por un lado, para Ortiz, representan lo que queda de un desastre: son los restos "acriollados" "amestizados" de una totalidad (lingüística, cultural) que ya no existe; son textos rodeados de un aura de enfermedad que llevará a una segura muerte, pero a su vez, por otro lado, para Cabrera, son una especie de talismán para que, como lectora, Teresa de la Parra suspenda, mortifique, mantenga en suspenso, en una especie de tente-en-el-aire, a la muerte. Lydia Cabrera, entonces, asume dos roles, ambos relacionadas el uno con el otro, y son esos dos roles los que producen el texto, los que validan el internarse en esa selva oscura. En primer lugar, traductora; el segundo, una especie de diablito que conjura la muerte. Por un lado, al parecer, mero vehículo; por el otro, casi bruja. Hay que hablar, entonces, de Lydia Cabrera: *pharmakos*, responsable del tránsito de lo oral a lo escrito, de la muerte del cuerpo a la vida del texto.

Primero he de referirme a la traducción de la que también habla Fernando Ortiz. Para Ortiz, que aún insiste, como es de esperarse, en cierta autenticidad autorial del texto, la traducción es una operación secundaria, en cierto sentido análoga y relacionada al sexo de esta compiladora: mujer habanera cuyo hobby es transcribir y traducir, llevar al papel una tradición oral para salvaguardarla del desastre. Si se desplaza, sin embargo, esta perspectiva —del original como plenitud y la traducción, como algo secundario— siguiendo el modelo de Benjamin, y tal vez un método borgiano elaborado tan sólo unos años después, la traducción es la respuesta a un pedido hecho por el original, que de esta manera, a su vez, aparece subordinado a la plenitud lograda por la traducción. En relación a este punto cito, como es de rigor, como lo pide la ley, a Jacques Derrida, en mi propia traducción. La supervivencia del original, dice Derrida:

> es un pedido [demand] y un deseo por la traducción, algo así como un imperativo [demand] babélico. Tradúceme. Babel es un hombre, o digamos un dios masculino, un dios que no se encuentra lleno ya que está lleno de resentimiento, de celos [...] Él llama, desea, le falta, pide su complemento o

su suplemento [...] La traducción no es aquello que llega en adición a, como un accidente añadido a una substancia plena —es, más bien, lo que el texto original pide [demands]— y no simplemente la seña [signatory] del texto original sino el texto mismo. Si la traducción está endeudada al original [...] es porque el original ya está endeudado a la traducción por venir. Esto significa que la traducción es también la ley (152-153).

De esta manera, se re-escribe, entonces, el complejo enramado cultural de los *Cuentos negros*, ese bosque del que hablaba Fernando Ortiz, como resultado de una complicidad en la que los interlocutores le piden a Cabrera el ser traducidos, para convertirse, todos ellos, en autores. El problema es que, si bien Derrida trata de dislocar la labor del traductor en relación a un texto original, escrito por un autor y traducido por otro, los *Cuentos negros* nos enfrentan a un abismo, porque el laberinto no lleva nunca a un autor sino a una serie de traductores, que repiten una voz ancestral disuelta en una ambigua autoría. Omí Tomí, Oddedei y Calazán Herrera, los negros que entretienen con sus historias a Lydia Cabrera, son autores que son voces, que ya piden un texto desde el fondo mismo de una nada ancestral. Babel, en este caso, no es el dios masculino del que habla Derrida, sino algo evanescente, un fantasma que busca ser un cuerpo. Y ese texto, desde el fondo de la nada en la que habita, ya repetido dentro de sus infinitas variantes —desde el África, a la colonia, a la república— se corporaliza en la página que transcribe Lydia Cabrera para entretener a ese otro cuerpo, convaleciente, en Leysin, Suiza. Ese entretenimiento es el que quiero examinar de inmediato, para cerrar este circuito.

Al hacerse invisible para ser presencia en unos cuentos al parecer narrados por otros, Lydia Cabrera le escribe ante todo a una lectora, Teresa de la Parra, que fue precisamente presencia y anecdotario, que entretejió en sus narraciones cierta autobiografía como efecto en *Ifigenia (o diario de una señorita que se fastidia)* (1924) y en *Las memorias de Mamá Blanca* (1929), y en las que se leen una serie de secretos que pasan de mano en mano, que desplazan complicidades a un lector atento tanto a lo que se dice como a su silencio. Como señala Sylvia Molloy, en los textos de Teresa de la Parra lo que se lee es el patrón que trazan los residuos de una escritura invisible, llena de tachaduras tanto en el texto literario como el otro, especular y autobiográfico.

Las cartas de Lydia Cabrera a Teresa de la Parra fueron destruidas, al parecer, por la familia Parra. Pero las cartas de Teresa a Lydia, leídas sagazmente desde sus silencios por Molloy, nos presentan, en el período en el que Cabrera dice escribirle los cuentos a Teresa, a dos escritoras que se comunican por medio de la literatura. Comentarios sobre Keyserling y sobre Colette, referencias a Remy de Gourmont y una extensa discusión de *Mädchen in Uniform*. La literatura aquí sirve casi de espacio virtual, refractario, por medio del cual Molloy confirma una clave al parecer secreta de resistencias y complicidades que dibujan la verdadera relación entre las dos mujeres. "Si el comentario acerca de estos textos", dice Molloy, "les permite a Parra y a Cabrera confirmar, por medio de la simpatía, su propia identidad sexual, también les permite reconocer que la expresión de su propia sexualidad no necesita coincidir con, y de hecho puede divergir de, aquella expresada en estos textos" (230-256; 241). Tomando como punto de partida un pasaje de las cartas dedicado a Collette, Molloy resume, en términos generales, este vínculo que se refracta por medio de la literatura como el de una "resistencia al lesbianismo" y, por otro lado, el de un "lesbianismo de resistencia", aún cuando en ello se arriesge el anacronismo de imputar una identidad sexual a aquellos que en vida, excepto por el rechazo, el desvío linguístico, eufemismo, o analogía familiar, nunca la asumieron.

Dado este circuito de resistencia y complicidad, mediado por la literatura, resultaría claro desde el espacio de una crítica abocada a lo visible, trasparentar el vínculo que lleva a Lydia Cabrera a interesarse por la marginalidad afrocubana, y a redactar los *Cuentos negros de Cuba* como un indicio más de una conversación que se tuvo, a todas luces, a media voz, y que ciertamente incluiría una resistencia sostenida a las formas de poder que traspasaban la vida de estas dos mujeres, abocadas a una relación que ya, a partir del París mismo de las vanguardias—con su Collette y su Natalie Barney, su Gertrude Stein y Alice B. Toklas—se hacía sospechosa y hasta un poco evidente (Benstock). Pero no me interesa insistir en el interés por la marginalidad como analógo de una relación erótica en cierto sentido "marginal" sin por otro lado, señalar que es, en este momento del que hablo, una relación "marginal" a punto de desaparecer, de regresar, en cuerpo, a esa evanescencia rescatada por el texto de Cabrera.

Los circuitos trazan una figura inconclusa: cuerpo ausente de Teresa de la Parra, texto presente de *Cuentos negros de Cuba*; narradora invisible, traductora visible; voces anónimas de negros relatores convertidos en nombres y cuerpos, frente a la doble muerte de una amante narradora abocada a esa cuerda en el vacío que representa el acto de lectura; vida de un texto rescatado de una muerte anónima, muerte de una tradición por la escritura. Al desafiar la "evanescencia" de Teresa de la Parra, marcada por la autobiografía velada, Lydia Cabrera asume la etnografía no para enmascarar el ser sino como una forma de entrega a un trabajo etnográfico centrado en otro, para el cual se vive y por el cual se desvive. Ese otro, además, insertado en la etnografía, producto de una falla binaria implicada también en el don: igual a, pero diferente de, como marca que oculta y revela una identidad homosocial. La diferencia cultural no impide que, en su estructura profunda, siempre se escriba o se traduzca, el mismo texto.

Más que a un bosque, a lo que nos invita este circuito por la obra de Cabrera es a uno de esos claros del bosque señalados por María Zambrano, la filósofa española que en la década del cuarenta nos legó un sutil ensayo sobre una isla textual titulado "La Cuba secreta." El secreto, como el de toda travesía, pide ser exorcizado al momento de nombrarse, y aún cuando sus claves reposen en una figuración de la otredad, esa otredad es una ilusión de la retórica.

Los textos de Cabrera son productos de una sutil clave analógica. Implícita en el gesto de Lydia Cabrera hay una analogía entre el cuerpo y el texto, una analogía en la que toda marca visible —de género, de sexo, de evanescencia— no hacen sino confirmar la identidad profunda de cada uno de los términos con el otro. Sólo más allá de un fatuo binarismo de estilo seríamos capaces de dejarnos seducir o tal vez entretener por esta obra donde se supone que estemos —en nuestro lecho convaleciente donde la estructura, finalmente, hace visible a un texto verdaderamente ilegible. Esa relación, en la que aquello que se lee es a la vez desleído, y a cuya deslectura sólo podemos acceder mediante el circuito que nos presenta la autora al hacer visible el soporte del texto—su estructura, y no el texto en sí—sería el punto de partida para una futura poética de la homosexualidad del texto. Y me parece que es a esa puerta a la que debemos tocar.

NOTAS

[1] Esta es la edición que utilizo a lo largo de este ensayo. Los números de página entre paréntesis pertenecen todos a esta edición.
[2] Cito siempre por esta edición.

BIBLIOGRAFÍA

Benstock, Shari. *Women of the Left Bank: Paris 1900-1940.* Austin: University of Texas Press, 1986.
Cabrera, Lydia. *Cuentos negros de Cuba.* Miami: Ediciones Universal, 1993. [París, 1936; La Habana, 1940; España, 1972].
_____. *El monte.* Miami: Ediciones Universal, 1975.
Derrida, Jacques. "Roundtable on translation". *The Ear of the Other: Otobiography, Transference, Translation* [1985]. Christie McDonald, ed. Peggy Kamuf, trad. Lincoln y Londres: University of Nebraska Press, 1988.
Hiriart, Rosario. *Lydia Cabrera: vida hecha arte.* Nueva York: Eliseo Torres & Sons, 1978.
Molloy, Sylvia. "Disappearing Acts: Reading Lesbian in Teresa de la Parra". *Entiendes? Queer Readings, Hispanic Writings.* Emilie Bergmann y Paul Julian Smith, eds. Durham: Duke University Press, 1995. 230-256.
Zambrano, María. *La Cuba secreta y otros ensayos.* Jorge Luis Arcos, ed. Madrid: Endyion, 1996. 130-135.

Virgilio Piñera: los modos de la carne

Juan Carlos Quintero Herencia
Brown University

> ¡Y tantas cosas nobles como pudieran hacerse en la vida! Pero tenemos estómago. Y ese otro estómago que cuelga: y que suele tener hambres terribles.
>
> José Martí, *Cuaderno de apuntes* 5 (1881)

Sería tal vez prolija una enumeración de los pasajes literarios que tienen al cuerpo en el centro de sus figuraciones y que conforman momentos decisivos del *corpus* literario cubano. Sin embargo, anotemos el carácter somático, violento pero también confeccionado de esos cuerpos expuestos por la literatura cubana. Aún así levantaremos, como embocadura, algunos momentos, entre tantos, de ese *corpus*. El libro de poemas más extenso que escribiera José Martí, sus *Versos libres*, está transido por una corporalidad difícil, en algunos sentidos ambigua en lo que concierne a la celebración o libertad posible de esos "versos". El muerto en vida es una de las figuras claves y recurrentes de ese poemario. En el poema "Yo sacaré lo que en el pecho tengo" se lee:

> La madre del dolor guardo en mis huesos!
> Ay! mi dolor, como un cadáver surge
> A la orilla, no bien el mar serena!
> Ni un poro sin herida: entre la uña
> Y la yema, estiletes me han clavado
> Que me llegan al pie: se me han comido
> Fríamente el corazón: y en este juego
> Enorme de la vida, cupo en suerte
> Nutrirse de mi sangre a una lechuza. (*Poesía completa* 171)

Recientemente un excelente ensayo de Julio Ramos nos recordaba una escena paradigmática de la novela de Cirilo Villaverde, *Cecilia Valdés* (*Paradojas de la letra* 23-35). Allí Ramos, como parte de su reflexión en torno a las complejas relaciones entre lengua, cuerpo y subjetividad en el siglo XIX, se detenía ante el relato de una enfermera mulata, María de Regla, sobre el suplicio y la mutilación de Pedro Carabalí. El esclavo se tragaba la lengua:

> Me asomé a la ventana para ver el baile de tambor por un instante, cuando sentí que Pedro se movía, volví la cara y noté que se andaba en la boca con los dedos. No pensé nada malo, pero hizo un movimiento cual si le entrasen naúseas. Corrí a su lado. Acababa de sacarse los dedos de la boca, apretaba los dientes y procuraba agarrarse de la tarima con las dos manos. Entonces le entraron convulsiones. Me dio horror, mandé llamar al médico y sin saber cómo ni cuándo se me quedó muerto entre los brazos. (221-222)

¿No es acaso el comienzo de *Paradiso* de José Lezama Lima la exposición a un cuerpo palpitante?:

> La mano de Baldovina separó los tules de la entrada del mosquitero, hurgó apretando suavemente como si fuese una esponja y no un niño de cinco años; abrió la camiseta y contempló todo el pecho lleno de ronchas, de surcos de violenta coloración, y el pecho que se abultaba y se encogía como teniendo que hacer un potente esfuerzo por alcanzar un ritmo natural [...]. (7)

En otro lugar de ese vasto *corpus*, Nicolás Guillén, a pesar de su canonización fulgurante por la institucionalidad cultural revolucionaria, arremetía contra los puritanismos y moralismos de nuevo cuño desde la grafía del cuerpo. Un fragmento de "Digo que yo no soy un hombre puro" lee de la siguiente manera:

> Yo no te digo pues que soy un hombre puro,
> yo no te digo eso, sino todo lo contrario.
> Que amo (a las mujeres, naturalmente,
> Pues mi amor puede decir su nombre),
> y me gusta comer carne de puerco con papas,
> y garbanzos y chorizos, y
> huevos, pollos, carneros, pavos,
> pescados y mariscos,
> y bebo ron y cerveza y aguardiente y vino,
> y fornico (incluso con el estómago lleno).
> Soy impuro ¿qué quieres que te diga? (419)

Podríamos sumarle a esta galería las tensas relaciones del cuerpo del esclavo y la letra del amo en la *Autobiografía de un esclavo* de Juan Francisco Manzano,[1] el suplicio público de Mackandal en *El reino de este mundo* de Alejo Carpentier, aquellas niñas que "hacían cositas debajo del camión" en *Tres tristes tigres* de Guillermo Cabrera Infante, las erecciones nocturnas de *Termina el desfile* de Renaldo Arenas, las reflexiones sobre el tatuaje y lo travesti en la obra literaria de Severo Sarduy, los cuerpos dialogantes y palpitantes de una poeta en plenos poderes como Reina María Rodríguez en su libro *Páramos*.

Sin embargo, hablar del cuerpo, de la carne, a través de la Biblioteca de autores cubanos es topar con su montón mayor: Virgilio Piñera (1912-1978). Las páginas del autor cubano casi se han convertido en su carne, en la sinécdoque perfecta de una preocupación constitutiva de lo literario en Cuba. La introducción de este trabajo y parte de sus preocupaciones encuentran un estímulo mayor en un pasaje del valioso libro de Eliseo Alberto *Informe contra mí mismo*:

> Virgilio, el nuestro, es un clásico americano de pies a cabeza, porque su vida (complicada y pública, apasionante y secreta) funda para nosotros una tradición, nutre un nuevo árbol: el árbol magnífico de un ahorcado. Si la literatura del siglo XX fuera un cuerpo, si tal licencia anatómica fuera permitida, creo que una autopsia literaria nos permitiría apreciar algunas intimidades significativas. Lezama Lima y Alejo Carpentier serían para mí, los dos prodigiosos hemisferios del cerebro. [...] Eliseo Diego la mirada, [...] Nicolás Guillén el músculo, [...] Fina García Marruz, claro, el corazón abierto, [...] Emilio Ballagas la piel, [...] Dulce María Loynaz la fuga interior, [...] Virgilio el intestino nervioso, colon violado, hígado oculto tras el ombligo, nocturno riñón golpeado, indigesto, censurado o maltratado por los alcoholes y las envidias de los otros cuerpos políticos de la patria. Pero Virgilio ya está salvo. De todos y de todo, menos de su propia descripción, de su literatura. (151-152)

Dos problemas, dos nudos críticos dispara la cita de Eliseo Alberto: el primero, la posibilidad hermenéutica que ofrecería una corporalidad poética que "materializara" el sentido de las letras cubanas luego de su muerte (se conocería la verdad del *corpus* durante la autopsia) y el segundo, el carácter digestivo, violado y oscuramente estrujado de la carne literaria de Piñera. Pensar a Piñera como el fundador o la entidad nutricia de una tradición que tiene como emblema el "árbol magnífico de un ahorcado" resignificaría el sentido teleológico de una historia genealógica del canon literario cubano. Se trataría, pues, de una "herencia" o de un árbol familiar contra-natural. Piñera presidiría una tradición oximorónica, una tradición que poéticamente se asienta ante la antítesis: la novedad que inaugura "el árbol magnífico de un ahorcado" se funda en esa unión "milagrosa" de lo vivo y lo muerto. En esa nueva "familiaridad" de los contrarios se cuece una extraña naturalización del sentido del *corpus* cubano. No olvidemos, que este árbol no da frutos, de este árbol pende la muerte, o mejor aún el fruto de este árbol es un muerto. Luego volveremos sobre los usos del oximoron ante las demandas de la carne y la muerte.

Antes de lanzarnos a los rigores de la carne o lo corporal debiéramos abrir un breve paréntesis. Está de moda hablar del cuerpo, su presencia, casi asfixiante, no sólo en los medios publicitarios sino en los infinitos estudios sobre el mismo apunta, en algunos casos, hacia una posible idealización u "ontologización del paradigma corporal" como ha señalado Juan Duchesne Winter (*Política de la caricia* 27). Nos interesa asediar "lo corporal", o su sinécdoque bíblica "la carne", no como el lugar de la verificación dura y final de los relatos sobre "lo real" o "lo literario" sino como un espacio donde se cuecen, se materializan diversos relatos o sentidos posibles sobre tales experiencias. La carne, por lo tanto, es la imagen instantánea y fugada de posibles relatos de identidad que, como el intestino que Eliseo Alberto le adscribe a los textos-Piñera, es transitada por fuerzas, traspasos y cuerpos en vías de expulsión. La carne es el tránsito de una identidad, de una presencia en consumición, de una presencia hacia su inminente re-elaboración o desecho. En este sentido, tampoco, nos parece que colocarse críticamente ante la carne sea meramente proclamar su innegable irreductibilidad, convertida, ahora, en una nueva esencia de lo inefable. Hablar del cuerpo, de su tentativa carne es pensar en la "materialidad" que constituye dicho cuerpo, es asumir su especificidad y las estrategias presupuestas en su confección. Así nos parecen pertinentes las preguntas que lanza Judith Butler en su deseo por "desplazar" las estrategias de autorización de la ética y las epistemologías feministas que articulan "la especificidad sexuada del cuerpo femenino" (*the sexed specificity of the female body*) como su "irreductible punto de partida":

> [...] I want to ask how and why "materiality" has become a sign of irreducibility, that is, how is it that the materiality of sex is understood as that which only bears cultural constructions and, therefore, cannot be a construction? What is the status of this exclusion? Is materiality a site or surface that is excluded from the process of construction, as that through which and on which construction works? Is this perhaps an enabling or constitutive exclusion, one without which construction cannot operate? What occupies this site of unconstructed materiality? And what kinds of constructions are foreclosed through the figuring of this site as outside or beneath construction itself? (*Bodies that Matter* 28)

Ante los modos de la carne en las textualidades de Piñera no aspiramos a diseñar una metafísica de la carne que fije o invisibilice los efectos de lo corporal, que concretice o esencialice su especificidad en un mapa dado. Por el contrario, proponemos que las especificidades de lo carnal en Piñera remiten a un tensión significante que desea no ser leída como una instancia exterior a los trabajos de la escritura del autor cubano. La carnalidad de la escritura en Piñera es, tal vez, el reconocimiento de un movimiento doble, oximorónico, de las "verdades" performativas de la carne: por un lado, la carne es la incertidumbre de su transformación, de su eventual desaparición, por el otro, escribirla, inscribirla es re-producir su mismidad y su alejamiento. Aquí convendría traer un momento "autobiográfico" de Piñera. En un espectacular texto titulado "Discurso a mi cuerpo" (a nuestro entender clave para leer la obra piñeriana), dedicado significativamente a José Lezama Lima, Virgilio Piñera se dirige a su carne como si esta fuera una entidad ajena que lo acompaña. Allí Piñera relata la suma otredad de su cuerpo ante los discursos y las pedagogías institucionales que insistían, durante su niñez, en como aquél le pertenecía:

> Pero todo aquello era una farsa; sentía que nadie me era más ajeno, extraño e insoportable que tú; que tenía que padecer todas las horas y minutos de la existencia; asisitir cruzado de brazos a tu yantar, a tu yacer; a tus gástricas o pulmonares calenturas. En casa se armaba una gran confusión cuando me oían exclamar: "Lo voy a bañar [...]" por "me voy a bañar [...]"; o "Tiene fiebre [...]" por "tengo fiebre [...]" Entonces me preguntaban quién tenía fiebre o quién bañaría, pero yo me limitaba a repetir la frase sin más explicaciones. Sí, porque todo te lo llevabas tú; todo te pertenecía y hasta tenías tus sacerdotes en los oficiantes médicos y cirujanos que sobre ti se inclinaban. Y todo esto a ti, que aparecías limitado por dos frases lapidarias: "Dar el cuerpo; dar el cuerpo" [...]. (35)

La carne es una contigüidad autónoma que construye una cotidianidad por encima de o junto a la subjetividad de quien la apostrofa. Creemos que el supuesto carácter "absurdo" de la poética piñeriana debe ser leído como el efecto de una construcción lingüística ligada al uso de los posesivos y los pronombres. Extrañar la carne, tornarla otra, exterior al "yo", ocurre a partir del distanciamiento que genera el cambio de la primera persona a la tercera. Sobresale el silencio de Piñera, la ausencia de sus explicaciones ante un cuerpo que se postula, simultáneamente, como una zona de saberes y desconocimientos, como una pieza de cacería que siempre escapa. Escribir la carne es orquestar esta separación, esta agonía y esta inestabilidad espacial de sus verdades. El texto comienza de la siguiente manera: "Como en el suceso criminal te digo ahora, mi cuerpo: 'Al fin te tengo ...' Tú sabes de estas largas persecuciones; en verdad el discurso de mis años ha resultado ser una persecución estremecida de ti, cuerpo que escapas siempre a este momento supremo" (35).

Ahora bien, "Un buen día René tuvo la comprobación definitiva de que estaba hecho de carne" (*La carne de René* 244). ¿Qué significa descubrir que se está hecho de carne? ¿Cómo se lidia con tal "dato"? ¿Cómo manifiesta sus verdades la carne? ¿Cómo opera, cuáles son sus modos? Y sobre todo ¿cómo se vuelve el estilo o la escritura carne? Otra posible entrada a estas preguntas sería la exploración de una afinidad, harto reconocida por la crítica, entre la obra del judío-checo Franz Kafka y la del autor cubano.[2] Sin embargo, nuestra exploración busca establecer una posible relación entre los autores que no pase por las aduanas de lo "derivativo" o el relato de las "influencias". De hecho es el mismo Piñera quien nos ofrece claves para su propio asedio. En un ensayo sobre "el secreto de Kafka" se atisba la "condición" del secreto de Piñera. En este ensayo Piñera defiende la "objetividad" de las construcciones kafkianas frente a los lectores que enfatizan lo subjetivo en sus invenciones, al igual que levanta como brújula estética para el escritor la producción de la "sorpresa literaria". Piñera, para sitiar o situar el secreto de Kafka propone una suerte de experimento:

> Ofreced a alguien que no haya leído la *Divina Comedia*. Le sucederá lo mismo que le ocurriera al primero de los lectores de Dante: se sentirá colmado, inundado mediante el extraño método de la sorpresa por invención (en este caso literaria). Y no será por cierto esta sorpresa: ni el fondo ético de la *Commedia* o el platonismo que alienta en ella o la asombrosa erudición que la recorre. Se verá, sí, sorprendido por la invención de Dante de un infierno que se proyecta en embudos, de un purgatorio en rampas y un paraíso movido por esferas. Se llenará de estupor con sus invenciones de los tormentos infernales o aquella de la rosa de ángeles girando eternamente, y no se detendrá ni un momento en las ideas que dichas metáforas sustentan —o que dicen, ¡ay! sustentar sus hermeneutas de seis siglos— de pecado o salvación. Esta será la prueba más correcta de que el móvil último que moviera a su autor fué el de una invención estrictamente literaria, *producto de una enfermedad que se llama literatura, como la de la seda del gusano o la de la perla de la ostra* ("El secreto de Kafka" 42-43; énfasis mío).

En Piñera leer un secreto literario es hacerle justicia a su "misterio" desde el andamiaje que provee el propio texto durante el instante de su lectura. De *suceder* el instante grabará sus imágenes. (Dicho sea de paso, la obra piñeriana está llena de grandes imágenes perturbantes en las que el cuerpo es el personaje principal). De ahí que la intertextualidad o las contextualizaciones posibles que "sostienen" todo texto pasen, para Piñera, a un segundo plano cuando se trata de "conocer" el por qué de las intensidades e inscripciones de un texto literario en la memoria del lector. Piñera propone como modos de lectura idóneos, primero, el reconocimiento de esa arquitectura literaria, el reconocimiento de la manufactura de esas imágenes y de esos espacios que capturan al lector y, por el otro lado, la peculiar categorización de dicha producción como una intensidad patológica. Escribir es una suerte de expulsión de contigüidades irrefrenables para ciertos autores de la misma manera que el gusano expulsa la seda, o la ostra agrupa su perla. Se trata de una inevitabilidad corpórea.

Así adentrarse en el binomio Kafka-Piñera es reflexionar sobre los "procesos" que producen sus identidades textuales, sus personajes y lo que nos parece un gran tema común a ambos autores: las intensidades. Decimos "proceso" no en su acepción teleológica, entendido el primero como un desarrollo seriado que desde un origen único se mueve hacia delante, progresa y asciende. Decimos "proceso" en un sentido más cercano a la idea de procesamiento; idea que implica abrir, transformar, cambiar la forma de ciertas materias. La intensidad se procesa, la intensidad procesa, la intensidad es exceso procesado por la escritura, producida por ella. La intensidad es un *plus* de fuerzas inquietas que permite la inscripción del efecto literario al otro lado de la página. Proponemos los textos de Kafka y Piñera como zonas que quisieran hablar desde la carne pero que huyen de la piel, de la evidencia de lo epidérmico. Topamos con textos que nos muestran personajes y secuencias que parecen exponerse pero inmediatamente se retiran, se ocultan. De igual manera hallamos, en ambos autores, textos donde son constantes las metamorfosis bajos los pliegues de algún tejido, como en el cuento de Piñera "Las partes" (1944), o las transformaciones bajo la paja de una jaula como en el cuento de Kafka "Un artista del hambre" (1922). En este sentido la carne nos parece que opera no como metáfora de un orden trascendente sino como el conducto por donde procede el tejido de la intensidad; tejido e intensidad a la que apuestan estos textos su efectividad discursiva. Los sentidos y las direccionalidades de los "devenires-animales" unen y separan los textos de Kafka y Piñera. El magisterio de Deleuze y Guattari a propósito de estos devenires es innegable:

> El devenir animal no tiene nada de metáforico. Ningún simbolismo, ninguna alegoría. Tampoco es el resultado de una falta o de una maldición, el efecto de una culpabilidad. Como dice Melville sobre el devenir-ballena del capitán Ahab, es un "panorama" no un "evangelio". Es un mapa de intensidades. Es un conjunto de estados, todos diferentes entre sí, injertados en el hombre en la medida en que éste busca una salida. Es una línea de fuga creadora que no quiere decir nada que no sea ella misma. (*Kafka* 56)[3]

El devenir-hombre del mono en el texto de Kafka, "Informe para una academia" (1917), es una estrategia de desterritorialización y de enrarecimiento de los sentidos de "lo humano". En ese sentido el carácter institucional de la reflexión kafkiana (véase Derrida, "Kafka") pasa por una pormenorización de los sentidos de la voz y los accesos a lo representacional, en este caso, por parte de un mono que remite los comienzos de su "humanidad" a una corporalidad tensa, prisionera. Buscar una salida, "trazar una línea de fuga" es un movimiento cónsono a esta metamorfosis del cuerpo ante las interpelaciones y constricciones institucionales:

> Mis primeras ocupaciones en la vida fueron: sollozar sordamente, espulgarme hasta el dolor, lamer hasta el hastío una nuez de coco, golpear con el cráneo contra la pared del cajón y enseñar los dientes cuando alguien se acercaba. Y en medio de todo ello una sola noción: no hay salida.

Naturalmente, hoy sólo puedo transcribir lo que entonces sentía como mono con palabras de hombres y por eso mismo lo desvirtúo. Pero aunque ya no pueda captar la vieja verdad simiesca, no cabe duda que allá está por lo menos en el sentido de mi descripción. (*Bestiario* 42-43)

Devenir hombre para el mono es *mostrar* la carne herida a través de un gesto paradójicamente investigativo, informativo. El personaje kafkiano es un grotesco héroe intelectual que ante un tribunal académico de-muestra como devenir hombre-sabio es un acto de repetición de la mismidad que hermana la mímesis con el asco. El cruce hacia la voz pasa por el grito, el ruido nunca por la imitación de lo humano. De esta forma, los textos kafkianos desestabilizan cualquier concepción binaria sobre sus modos de significación produciendo lógicas y relatos atados a los sentidos del oximoron. Deleuze y Guattari hablan de la línea de fuga, de la búsqueda de la salida en los cuentos de tema animal como una *huida inmóvil*.[4] En "Chacales y árabes" (1917) presenciamos una "cadena de Acteón" entre el odio y el asco que se administran mutuamente los chacales y los árabes. Piñera señalaría que están amarrados por los sentidos y los usos de la carne. La atadura es oximorónica, tiene la forma de unas tijeras. El narrador kafkiano le pregunta a un guía árabe, que látigo en mano ha dispersado la conversación de los chacales con el primero, sobre "la porquería" que es el cuerpo de los árabes:

—¿Tú también sabes lo que quieren esas bestias? —pregunté.
—Naturalmente, señor —dijo él—; todo el mundo lo sabe; mientras existan árabes, esas tijeras se pasearán por el desierto y seguirán vagando con nosotros hasta el último día. A todo europeo se las ofrecen para que lleve a cabo la gran empresa; todo europeo es justamente aquel que ellos creen enviado por el destino. Esos animales alimentan una loca esperanza; bobos, son verdaderos bobos. Por eso los queremos, son nuestros perros, más hermosos que los vuestros. Fíjate; esta noche murió un camello; lo hice traer aquí.
(*Bestiario* 32-33)

La llegada de la carroña (esa carne que ha entrado en un intenso proceso de descomposición) al final del cuento de Kafka reafirma la intensidad de ese pacto misterioso.

Ahora bien, también habría que señalar las distancias y los matices que hacen de la carne literaria de Piñera una distinta a la de Kafka. Es posible detectar en Piñera devenires-animales, por ejemplo los perros en "El caso Acteón" (1944) y la insinuante cucaracha en "Cómo viví y cómo morí" (1956). También en *La carne de René* existen pasajes en los que René yace recubierto con los modos del animal. En la carnicería René, luego de sortear un desmayo ante la contemplación de la carne, habla como un animal: "Y una vez más, con lamento de animal, pidió un kilo de ésta y cuatro de aquélla [...]" (22). En la Escuela donde intentan iniciarlo en el culto al dolor de la carne: "Al enfilar el corredor, sintió que sus orejas iban a estallar por el agolpamiento de la sangre. No cabía duda, desde ahora eran perros [...]" (76). De hecho la ceremonia de iniciación, que culmina la educación en esta Escuela del Dolor a la que ha sido llevado René, supone la marca de los estudiantes con un hierro candente en las nalgas. El ex-sacerdote católico, un enano llamado significativamente Cochón, mano derecha de la máxima autoridad en la Escuela (Mármolo), hace acto de presencia en la ceremonia y el narrador piñeriano acota ante un aparente momento de recogimiento de aquél: "¿Oraba por el feliz éxito de la ceremonia? ¿Le pedía al demonio de la carne que su rebaño humano alcanzase la perfecta bestialidad?" (136). El propio yo poético de Piñera aparece en ocasiones como un animal. En el poema "Final" recogido en *Una broma colosal* se escucha:

> He sido como un perro
> sumiso a la voz del amo:
> ¡Hop, Virgilio salta!
> He amado la hermosura,
> pretendido la gracia.
> He tenido destrezas
> de perro amaestrado.
> En premio de todo, mi amo,
> sólo te pido,
> un poco de escarnio.
> 1969. (*Una broma colosal* 24)

El devenir-animal que domina los cuentos kafkianos genera su tensión significante a partir de la incorporación de la mirada, del "punto de vista" del animal que paraliza una posible lógica alegórica. Sin embargo, los devenir-animales en Piñera, masoquistamente[5] involucionan lo animal en el remolino de carne; el perro transita hacia la verdad del escarnio. Nos parece, además, que "buscar una línea de fuga, una salida" presupone una visibilidad deseada, una economía de la mirada que desde el agujero otea la claridad o la presupone en su regreso a la guarida. El mono de "Informe para una academia" evita la mirada de su compañera simiesca pues "tiene en la mirada esa locura del animal perturbado por el amaestramiento [...]" (50). Sin embargo, en Piñera la visibilidad carnal se registra desde la perturbación y apunta hacia la opacidad del remolino. Sin duda, en ambos autores existe un relato sobre la carne que levanta como su mejor estrategia narrativa la develación de la intensidad carnal a través de la contínua consumición de su "integridad". Sin embargo "la desaparición" del "artista del hambre" kafkiano se mueve en una dirección distinta a la del vecino del narrador piñeriano en "Las partes". En "Las partes" el cuerpo es una superficie insinuada por su vacío, el cuerpo *es* gracias a un "magnífico" tejido que cubre-revelando su continua desaparición. El narrador contempla, al final de un largo corredor, el diario desmantelamiento de su vecino bajo una capa:

> Una indagación más minuciosa me hizo ver una larga capa de magníficos pliegues. Pero lo que me chocó fue precisamente esa parte de su cuerpo que correspondía a su brazo izquierdo: en aquella región, la tela de la capa se hundía visiblemente y establecía una ostensible diferencia con la otra, es decir con la región de su brazo derecho, aunque debo confesar que la cosa no era como para pedirle explicaciones. (*Cuentos* 29)

De un modo análogo al escogido por el joven Piñera en su texto "Discurso a mi cuerpo", cuando decía no explicar a sus padres los apóstrofes que en tercera persona le dedicaba a su cuerpo, el espectáculo de esta carne no requiere de explicaciones. Sólo resta acumular la suma de detalles que inscribe una indetenible ausencia:

> Un nuevo portazo me anunció una nueva salida: en efecto, iniciaba la cuarta. La única diferencia con la anterior venía a radicar en el punto de elasticidad, es decir, que la capa, de las caderas hacia arriba, descontando aquellas pronunciadas hendiduras de los brazos, contorneaban asombrosamente toda la anatomía de mi vecino; pero, en cambio, de las caderas hacia abajo la tela de la capa se arremolinaba, formaba caprichosos pliegues como si debajo de ella no continuase su anatomía. (30)

Entre las continuas y tantálicas apariciones del vecino, el narrador construirá el *crescendo* de su deseo por una explicación. Pero la explicación nunca llega y sólo discurre el deseo de ella a través del registro minucioso de los efectos del vacío bajo la tela de la capa. La carne no es la carne, la carne es un remolino de pliegues; en Piñera la carne se amontona, se arremolina. Su devenir-montón la torna oximorónicamente oscura, invisible; allí la carne se aprecia según entra al vacío. En los devenires-animales de Kafka los personajes declaraban buscar una salida, sin embargo en Piñera se sale para inmediatamente esconderse, regresar al escondite. El deseo por saber del otro es un deseo por los fragmentos de ese cuerpo; dicho deseo se "sacia" cuando ese otro desembarga, descompone su cuerpo. La victoria del contacto es contrariamente la capa. El afán por penetrar la verdad de esa carne volverá opaca, fugitiva, la representación de un adentro que inmediatamente dejará de serlo:

> Entonces me lancé furiosamente a la puerta, le di un terrible empujón. Clavados con enormes pernos a la pared se veían las siguientes partes de un cuerpo humano: dos brazos (derecho e izquierdo), dos piernas (derecha e

izquierda), la región sacrocoxígea, la región torácica, todo imitando graciosamente a un hombre que está de pie como aguardando una noticia. No pude mirar por mucho tiempo, pues se escuchaba la voz de mi vecino que me suplicaba colocar su cabeza en la parte vacía de aquella composición. Complaciéndolo de todo corazón, tomé con delicadeza aquella cabeza por su cuello y la fijé en la pared con uno de esos pernos enormes, justamente encima de la región de los hombros. Y como ya la capa no le sería de ninguna utilidad, me cubrí con ella para salir como un rey por la puerta. (31)

Si existe algún relato sobre los modos de la carne en este cuento, tiene la forma de una mirada que triunfa sobre el cuerpo deseado a partir del reconocimiento de la certidumbre de su final opacidad. En otras palabras, en "Las partes" se atisba la carne una vez fracasa la lucidez de la visión sobre su superficie. Es en esta resistencia a la explicitación o a la luminosidad de los posibles sentidos de lo carnal donde nos parece se hallan las efectividades poéticas y políticas de la escritura piñeriana.

Hagamos una breve reflexión sobre la noción de "frialdad" en la escritura de Piñera. Si bien "lo frío" puede filiar los textos piñerianos con una concepción masoquista de los procesos de construccion literaria (véase Valerio-Holguín, cap. 4), habría que volver sobre la obviedad y superficialidad de esta frialdad. La nota introductoria a los célebres *Cuentos fríos*, publicados originalmente en Buenos Aires en 1956, merece ser citada en su extensión:

> Como la época es de temperaturas muy altas, creo que no vendrán mal estos *Cuentos fríos*. El lector verá, tan pronto se enfrente con ellos, que la frialdad es aparente, que el calor es mucho, que el autor está bien metido en el horno y que, como sus semejantes, su cuerpo y su alma arden lindamente en el infierno que él mismo se ha creado.
> Son fríos estos cuentos porque se limitan a exponer los puros hechos. El autor estima que la vida no premia ni castiga, no condena ni salva, o, para ser más exactos no alcanza a discernir esas complicadas categorías. Sólo puede decir que vive; que no se le exija que califique sus actos, que les dé un valor cualquiera o que espere una justificación al final de sus días. En realidad, dejamos correr la pluma entusiasmados. De pronto las palabras, las letras se entremezclan, se confunden; acabamos por no entender nada, recaemos en la infancia, parecemos niños con caramelos en las bocas. Y entonces, espontáneo, ruidoso, brota ese misterioso balbuceo: ba, ba, ba, ba [...].
> (*Cuentos fríos* 1)

La aparente frialdad de los textos es una respuesta al contexto de su publicación. Por otro lado, la lectura de la nota diagrama un itinerario de intensidades. Leer estos cuentos, parece decir la nota, es adentrarse en las altas temperaturas del contrasentido muy real que supone la quemadura del hielo.

Presente o contexto son un lugar de purgación dominado por altas temperaturas; acceder, mediante la lectura de los cuentos, a ese horno es participar de un cocimiento histórico. Fríamente exponer lo real ("los puros hechos") a través de estos cuentos es armar un relato que prescinda de teleologías o redentorismos moralizantes. Una vez han sido descalificadas, nuevamente las "explicaciones": el instante de la escritura abre las instancias de la confusión, la regresión infantil y el recuerdo del gozo. El final es la boca misma extrañada de cualquier sentido funcional. La frialdad del estilo es una suerte de depredación de la metáfora, casi de la forma, que convierte a las narraciones en intensidades térmicas de coción y consumición. El calor es la ausencia, la metamorfosis de ese sol negro bajo los pliegues que queda más allá de las "descripciones".

En su ensayo "La carne de Virgilio" el escritor cubano Antón Arrufat ha llamado, con exactitud, a *La carne de René* un *Bildungsroman*, pero también añade que sería mejor colocarla "dentro de la categoría de las novelas de iniciación". Iniciarse en el misterio de la carne es ante todo un proceso de construcción de un sentido institucional sobre esa zona de tensiones e intensidades. Arrufat insiste:

> Si el móvil principal de la conducta de René radica en su empeño de escapar a su propio cuerpo, y a cualquier contacto con los ajenos, el de los demás, incluidos sus propios padres, es aproximarse y chocar con el suyo. Sus vidas tienen un solo sentido: iniciar a René en el culto de la carne. Todos se sienten atraídos por ella. ("La carne de Virgilio" 45)

La carne, su posible frialdad, calentura o su ambiguo endurecimiento (condición que persigue a René durante toda la novela) es la zona donde se verifican los intentos polares de "formarlo" por dos tipos de saberes ante lo carnal. La pugna central que tensa la carne de René la articulan dos deseos institucionales que luchan por inscribir sus sentidos: aquéllos que desean iniciarlo en la carne como dolor (el mundo de su padre, su Causa y su Partido, su madre y la Escuela) y aquéllos que desean iniciarlo en la carne como placer (el mundo de la señora Pérez, su cama, su piano y sus interpretaciones musicales). La carne de René se enfría entre el saber de la llaga (del padre) y el saber de las voluptuosidades de la cópula (la señora Dalia Pérez). Los que se debaten por consumir la carne de René, en la novela, son figuras institucionalizantes que anhelan administrar y regular sus sentidos. Más aún, los saberes institucionales que acosan a René lo hacen desde explícitas pedagogías carnales. Y dichas pedagogías carnales siempre comienzan sus lecciones rodeando a René de todo tipo de representaciones: Ramón, el padre de René, posee en su oficina (que se parece demasiado a la de un dentista) un cuadro de San Sebastián con la cara de su hijo. Dalia Pérez le muestra un álbum con figuras de jóvenes desnudos en "la clásica postura de los manuales de anatomía" (49). Más adelante, la señora Pérez le regalara este álbum a René y el padre alterará las fotos añadiéndole el rostro de René y llenando sus cuerpos de flechas. De igual manera, en todos los baños de las "celdas" de la Escuela donde es internado René se encuentra un Cristo crucificado con la cabeza erguida y el rostro satisfecho. Añádase a todo esto el hallazgo que hace René de un maniquí en el baño de la señora Pérez que es su doble exacto. El enfriamiento y endurecimiento de la carne de René es su reacción ante los afanes de representación que sobre su carne se ensayan:

> La boca se le llenó con una palabra, experimentó la angustiosa sensación de que se ahogaba. Sí, esa palabra era: ¡REPETICION! Por repetición se le quería convencer y por repetición querían acostumbrarlo. Se vio hojeando infinitos álbumes en que se exhibían infinitos Renés. (55)

Como el "ba, ba, ba, ba..." que cierra la nota introductoria de los *Cuentos fríos*, como las salidas al corredor de los vecinos en "Las partes", la repetición es el lugar donde habita el oxímoron y desde el cual puede armarse una teoría de la representación de la carne en Piñera. En efecto, el cuento "La carne" (1944) es un cuento frío que además crece a partir de la repetición. La frialdad es el destilado de un estilo que subraya una y otra vez la repetición de una acción colectiva: el autoconsumo del cuerpo. Dicho autoconsumo corporal puede ser leído como un comentario a la gestación misma del cuento que procede a partir del recorte y la eliminación de los detalles y las causalidades. Este es el comienzo de "La carne": "Sucedió con gran sencillez, sin afectación. Por motivos que no son del caso exponer, la población sufría de falta de carne" (17). Pero es la exposición del cuerpo lo que ocurre en este cuento donde un pueblo le entrega su gobernabilidad ante la escasez de carne a la carne misma. La carne, por su parte, procede con una forma de gobernabilidad que acabará con todos los rituales de sociabilidad. El modo de la carne, en este cuento, es el de un deseo que no es idéntico a su materialidad, sino que nuevamente se activa a través de telas, velos y de esos simultáneos y contrariados movimientos de exposición y ocultamiento: "Pronto se vio a señoras que hablaban de las ventajas que reportaba la idea del señor Ansaldo. Por ejemplo, las que ya habían devorado sus senos no se veían obligadas a cubrir su caja torácica, y sus vestidos concluían poco más arriba del ombligo" (18). En otro momento de "La carne" leemos:

> Sólo se sabe que uno de los hombres más obesos del pueblo [...] gastó toda su reserva de carne disponible en el breve espacio de quince días [...]. Después ya nadie pudo verlo jamás. Evidentemente se ocultaba [...] Pero

no se ocultaba él, sino que otros comenzaban a adoptar idéntico comportamiento. De esta suerte, una mañana, la señora Orfila, al preguntar a su hijo —que se devoraba el lóbulo izquierdo de la oreja— dónde había guardado no sé qué cosa, no obtuvo respuesta alguna. Y no valieron súplicas ni amenazas. Llamado al perito en desaparecidos sólo pudo dar con un breve montón de excrementos en el sitio donde la señora Orfila juraba y perjuraba que su amado hijo se encontraba en el momento de ser interrogado por ella. (20)

Repetición, frialdad, amontonamientos, ya sea como marcas del estilo piñeriano o como situaciones narrativas o poéticas, son lógicas de construcción de sentido recurrentes en su obra. Y dichos procesos siempre están atados a aquellos procesos de institucionalización clásicos que padecen los sujetos. Por ejemplo, estos juegos con los sentidos de la frialdad también son extensivos a la crítica literaria que practicó Piñera. El impresionante ensayo "Ballagas en persona" (1955) es toda una reconsideración, más bien una resurrección, de la especificidad de la carne literaria de Ballagas al interior de la tradición literaria cubana. En este ensayo la frialdad es sinónima de las prácticas moralistas que la crítica literaria puede desplegar en su afán por pulir y domesticar una escritura tensa o plagada de contradicciones:

> No bien Ballagas murió, sus amigos comenzaron esa labor de enfriamiento que consiste en poner la personalidad del artista a punto de congelación; es decir, en nombre del sentimiento, de la moral, de la moral al uso, de las buenas costumbres, sobre todo, en nombre de ese precepto de gente bien nacida que dice "olvidemos sus imperfecciones y destaquemos sus perfecciones", Ballagas, al día siguiente de su muerte comenzó a enfriarse de tal manera, que no podía levantar un brazo ni abrir la boca a fin de impedir que sus amigos hicieran de él un personaje fabuloso.[6]

Virgilio Piñera despliega en este ensayo una "epistemología del closet" en el cual vivió y escribió el poeta cubano Emilio Ballagas.[7] En ese sentido, este ensayo es pionero dentro de la crítica literaria cubana en lo que respecta a reflexiones que pongan en discusión las opacidades y las relaciones de fuerza que tensan las mejores escrituras literarias. Además allí Piñera demuestra cómo la crítica literaria puede ser un lugar de fáciles y dosificados consensos políticos que invisibilizan e inmovilizan el carácter impuro de las máquinas literarias y hasta el sentido de las épicas nacionales:

> Esa reciente historia es compromiso, paliativo, concesión y acomodamiento a nuestros provincianos procedimientos críticos. Así, Martí es puro, Maceo es puro, Gómez es puro y *tutti quanti*... ¡Cuanta pureza! ¿Y ni una gota de cieno? ¿Ni una? No, ni una, porque esas vidas no son las vidas de esos héroes sino nuestra propia tontería produciendo pureza en gran escala.[8]

Por otro lado, Piñera no demuestra ningún temor en echar mano de su cotidianidad y relaciones personales con el autor para armar la contundencia de un argumento crítico que aspira a redefinir, en Cuba, el sentido de la frase "amistad y vida literaria".

Pero volvamos, finalmente, al paradigmático "Discurso a mi cuerpo" a recoger la opacidad, el amontonamiento y, añadamos ahora, la sordera del oximorónico *corpus* piñeriano:

> A veces doy en cavilar si esa especial conformación de las plantas de tus pies no es sino una grave advertencia que impide sea olvidado el principio de que todos vosotros estáis atados al sentido de la tierra; y que vuestra sordera sea la sordera de la tierra. Porque la voz me pertenece a mí enteramente. [...] lo que ella inflama, convoca o determina: La palabra, y puedo probártelo al decirte enfáticamente que eso eres tú: una palabra; la palabra Cuerpo. Y me harás caer en el artilugio de que entonces soy yo también otra palabra; la palabra Yo. Es en este punto donde se produce la hecatombe; tú eres una palabra y yo soy otra palabra, y así de nuestro matrimonio, sólo engendramos un hijo maldito que se llama Contradicción: tercera palabra de la vida. ("Discurso a mi cuerpo" 36)

Esta casi arenga a la otredad irrefragable que es el cuerpo culmina en la explosión, en el reconocimiento de la caída, del escape final, del cuerpo a pesar de las voluntades agónicas de la voz. Si la ficción es de alguna manera el procesamiento de alguna parte de lo real, la opción-Piñera parte de la difícil e in-tensa carne señalando su *in-diferencia*. De ahí que podamos leer los cuentos "El caso Acteón" (1944) y "La caída" (1944) como utopías donde se agita la intensidad casi en un estado puro. En "El caso Acteón" los cuerpos son ocupados, consumidos entre miradas, penetraciones y comentarios en torno al mito de Acteón, su encuentro con la diosa Artemis y su subsiguiente devoración por sus propios perros. Sin duda, el mito aludido es un mito sobre el secuestro de la imagen por el deseoso y la cacería que supone una incorporación del otro de la que emergerá la forma misma de lo indeterminado. Uno de los personajes en "El caso Acteón" nos recuerda alguna de las razones para que se dé el caso Acteón en Cuba: "la segunda razón es que no se sabe, que no se podría marcar, delimitar, señalar, indicar, precisar (y todos estos verbos parecían el pitazo de una locomotora) dónde termina Acteón y dónde comienzan sus perros" (26). La cadena que es el mito, la carne y su hermenéutica se actualiza en Cuba desde esa lógica de continuas y mutuas penetraciones.[9] Apenas pasa algo en este cuento mientras la carne se sucede: la carne se muestra, se muestran las secreciones, hay pequeñas alteraciones de la voz que no logran definirse ni como expresiones de dolor o expresiones de gozo. Al final los deseosos devienen "una sola masa, una sola elevación, una sola cadena sin término" (27). Los deseosos devienen zona indiferenciada como las mesetas y los desiertos de Deleuze y Guattari. La carne como la escritura de Piñera, como el salto al abismo de los escaladores de la montaña en "La caída" es indetenible. "La caída" como sinécdoque de lo corporal en la obra de Piñera supone reconocer su inevitabilidad. La carne siempre está cayendo en ese cuento narrado por el pedazo de la contemplación. Narran dos ojos procesados por una caída en la que presenciamos cómo los personajes aceptan el desmembramiento de sus cuerpos, sin emitir ningún grito de dolor. De hecho devenir fragmento es ser triturado por esa especie de remolino de piedras y salientes que es la pendiente de la montaña. De nuevo, al finalizar la caída, son las contigüidades las que "salvan" y sostienen al cuerpo trozado, un pedazo (los ojos) decretan la "victoria" final de aquella "hermosa barba gris de mi compañero que resplandecía en toda su gloria" (15). Los personajes piñerianos, al caer por un abismo, apreciar los remolinos que hace sobre los tejidos el vaciamiento del cuerpo o convertirse en un montón de carne, consignan cómo estos estados del sentido son homólogos e intercambiables entre sí:

> ¿Tan dependientes eran unas carnes de las otras que se imponía a cierta altura de la vida (sí de la vida) el choque de una carne con otra, o de una carne con dos carnes, o con cuatro, o con diez, cien, mil, un millón [...]? ¡Qué abismo! Vio su pobre carne chocando contra un ejército de millones de carnes; vio su carne incrustándose en esas carnes; vio que a su vez, él formaba parte del ejército y chocaba contra otra carne solitaria, y que esa carne solitaria se incrustaba en su carne-ejército transformándose en otra carne ejército [...]. (*La carne de René* 148)

Ahora, que su obra recoge incesantes lectores que lo desentierran como un muerto que se niega a morir o un vivo que no dejó de morir resucitando, habría que releer perversamente aquellos versos que le dedicara Piñera a Lezama al momento de su muerte: "Es tu inmortalidad haber matado/ a ese que te hacía respirar/ para que el otro respire eternamente" (*Una broma colosal* 71).

Notas

[1] Un trabajo imprescindible sobre esta relación y su carácter inaugural dentro de las letras cubanas es de Antonio Vera-León, "Juan Francisco Manzano: el estilo bárbaro de la nación".

[2] Sería tedioso consignar aquí todos los textos que hablan de esta relación. Ya en 1945 Cintio Vitier, en una nota en *Orígenes*, comentaba esta afinidad a partir de la publicación en 1944 del volumen de Piñera: *Poesía y prosa*. Véase de Vitier, "Virgilio Piñera, *Poesía y prosa*, La Habana, 1944". En 1964 Rogelio Llopis en su reseña de *Pequeñas maniobras* señalaba: "El nombre de Virgilio Piñera hace años que se asocia en Cuba al del escritor judeo-checoslovaco de lengua alemana Franz Kafka. Virgilio Piñera ha

naturalizado a Kafka entre nosotros" (107). Un lector intenso de la obra de Piñera, Antón Arrufat, recientemente ha vuelto a matizar esta relación del siguiente modo: "La crítica que se ha ocupado hasta el presente de los escritos de Piñera, suele destacar su afinidad con los de Franz Kafka. La afinidad mental entre los dos es evidente, y no debe soslayarse. Pero resultaría útil también destacar las diferencias marcadas y esenciales en ambos escritores. Importa ahora señalar una sola, que no obstante considero decisiva: la obra de Piñera carece de trasfondo religioso" ("La carne de Virgilio" 46). En este mismo número de la revista *Unión* hallamos un texto de Witold Gombrowicz sobre los *Cuentos fríos* que también apunta hacia la relación Kafka-Piñera: "Como en nuestro país todo surrealismo resulta 'parecido a Kafka', debemos cuidarnos de no desfigurar esta obra pegándole el rótulo 'De procedencia kafkiana'. Por cierto, Piñera se parece al checo y a ciertos autores surrealistas. Pero es también distinto. Y posee un singular talento narrativo" (75).

[3] En *Mil Mesetas* leemos: "Un devenir no es una correspondencia de relaciones. Pero tampoco es una semejanza, una imitación y, en última instancia, una identificación. Toda la crítica estructuralista de la serie parece inevitable. Devenir no es progresar ni regresar según una serie. Y, sobre todo, devenir no se produce en la imaginación, incluso cuando ésta alcanza el nivel cósmico o dinámico. Los devenires animales no son sueños ni fantasmas. Son perfectamente reales" (Gilles Deleuze y Félix Guattari 244).

[4] "Por ejemplo, en el 'Informe a una academia' no se trata de un devenir-animal del hombre, sino de un devenir-hombre del mono: este devenir es presentado como una simple imitación; y si se trata de encontrar una salida (una salida y no la 'libertad'), esta salida no consiste de ninguna manera en huir, sino todo lo contrario. Pero, por un lado, a la huida no se la rechaza sino en tanto movimiento inútil en el espacio, movimiento engañoso de la libertad; en cambio se la afirma como *huida inmóvil*, *huida en intensidad* ('Es lo que he hecho, me he apartado, no tenía otra solución, ya que hemos descartado la de la libertad')" (Gilles Deleuze y Félix Guattari, *Kafka. Por una literatura menor* 25).

[5] La escritura piñeriana amerita una lectura que la haga dialogar con las obras del Marqués de Sade y Sacher-Masoch. La tesis doctoral de Fernando Valerio-Holguín aborda ocasionalmente esta relación, véase su *Poética de la frialdad. La narrativa de Virgilio Piñera*. Para una discusión sobre las especificidades del ritual y la escritura masoquistas véase Gilles Deleuze, *Presentación de Sacher-Masoch. El frío y el cruel*.

[6] Virgilio Piñera, "Ballagas en persona" (192). Esta cita comparte similitudes asombrosas con varios pasajes de *La carne de René*, sobre todo, aquéllos que recogen el enfriamiento de René ante las lamidas de Cochón, Mármolo y sus discípulos, véase el capítulo. "La carne de René", 94-123.

[7] En este sentido nos ha resultado valiosísima la lectura del ensayo de José Quiroga, "Fleshing Out Virgilio Piñera from the Cuban Closet" 168-180.

[8] Virgilio Piñera, "Ballagas en persona" (193). A propósito de la carne de la nación, en otro trabajo continuaremos, desde los modos y usos del oxímoron, trabajando zonas de la escritura martiana junto a los efectos de la carne literaria en Piñera.

[9] Resulta interesante constatar esa trabazón encadenada y repetida en la narración que hace Ramón, el padre de René, sobre el sentido de su Causa o "la revolución mundial". Véase el capítulo "La causa" en *La carne de René*, 31-40.

Bibliografía

Alberto, Eliseo. *Informe contra mí mismo*. México: Extra Alfaguara, 1996.

Arrufat, Antón. "La carne de Virgilio". *Unión* III/10 (abril-junio 1990): 44-47.

Butler, Judith. *Bodies that Matter. On the Discursive Limits of Sex*. Nueva York/Londres: Routledge, 1993.

Deleuze, Gilles. *Presentación de Sacher-Masoch. El frío y el cruel*. Angel María García Martínez, trad. Madrid: Taurus, 1973.

Deleuze, Gilles y Félix Guattari. *Kafka. Por una literatura menor*. Jorge Aguilar Mora, trad. México: Ediciones Era, 1983.

_____ *Mil mesetas. Capitalismo y esquizofrenia*. José Vázquez Pérez, trad. con la colaboración de Umbelina Larraceleta. Valencia: Pre-Textos, 1997.

Derrida, Jacques. *La filosofía como institución*. A. Azurmendi, trad. Barcelona: Ediciones Juan Granica, 1984.

Duchesne Winter, Juan. *Política de la caricia. Ensayos sobre corporalidad, erotismo, literatura y poder*. San Juan: Libros Nómadas y Decanato de Estudios Graduados e Investigación de la Universidad de Puerto Rico, 1996.

Gombrowicz, Witold. "En *Cuentos fríos* Piñera recoge ..." *Unión* III/10 (abril-junio 1990): 75.

Guillén, Nicolás. "Digo que no soy un hombre puro". *Los dispositivos en la flor. Cuba: Literatura desde la revolución*. Edmundo Desnoes, ed. Hanover: Ediciones del Norte, 1981. 419-420.

Kafka, Franz. *Bestiario. Once relatos de animales*. Jordi Llovet, ed. Barcelona: Anagrama, 1990.

Lezama Lima, José. *Paradiso*. Buenos Aires: Ediciones de La Flor, 1972.

Llopis, Rogelio. "Reseña de *Pequeñas maniobras*". *Casa de las Américas* 4/24 (1964): 107.

Martí, José. *Poesía completa. Edición crítica*. La Habana: Editorial Letras Cubanas, 1993.

Piñera, Virgilio. "El secreto de Kafka". *Orígenes* II/8 (invierno 1945): 42-45.

_____ "Ballagas en persona". *Poesía y crítica*. México: Consejo Nacional para la Cultura y las Artes, 1994. 192-209.

_____ *La carne de René*. Madrid: Alfaguara, 1985.

_____ *Cuentos fríos*. Buenos Aires: Losada, 1956.

_____ *Una broma colosal*. La Habana: UNEAC, 1988.

_____ *Cuentos*. Madrid: Alfaguara, 1990.

_____ "Discurso a mi cuerpo". *Unión* 10/III (Abril-Junio 1990): 35-36.

Quiroga, José. "Fleshing Out Virgilio Piñera from the Cuban Closet". *¿Entiendes? Queer Readings, Hispanic Writings*. Emilie L. Bergmann y

Paul Julian Smith, eds. Durham/Londres: Duke University Press, 1995. 167-180.
Ramos, Julio. *Paradojas de la letra*. Caracas: Ediciones eXcultura, 1996.
Valerio-Holguín, Fernando. *Poética de la frialdad. La narrativa de Virgilio Piñera.* Lanham, MD: University Press of America Inc. 1997.
Vera-León, Antonio. "Juan Francisco Manzano: el estilo bárbaro de la nación". *Hispamérica* XX/60 (diciembre 1991): 3-22.
Villaverde, Cirilo. *Cecilia Valdés. Novela de costumbres cubanas.* México: Editorial Porrúa, 1979.
Vitier, Cintio. "Virgilio Piñera, *Poesía y prosa*, La Habana, 1944". *Orígenes* I/5 (primavera-abril 1945): 47-50.

La sexualidad en la narrativa chilena en el exilio:
un juego de poderes en *Frente a un hombre armado*, y un motivo
degradante en *La visita del presidente*

Ignacio López-Calvo
California State University, Los Angeles

En las décadas de los años sesenta y setenta Latinoamérica es una región en plena ebullición, de constantes crisis y conflictos políticos. Las dictaduras militares se van sucediendo en Brasil en 1964, Bolivia en 1971, Uruguay y Chile en 1973, Argentina en 1976, etc. Quizá debido a la represión generalizada que cada golpe de estado llevó consigo en los años setenta, las referencias literarias al cuerpo humano no suelen tener una función sexual, sino que se convierten en un reflejo de la violencia que sufre el continente. Como explica María Eugenia Mudrovcic:

> en lugar de la operación que estiliza una función natural del cuerpo y exalta lo sexual como signo de goce (tal como procedió la novela sesentista), el gesto político de la década siguiente tiende contrastantemente a desfuncionalizar el cuerpo y a enfatizar sus discontinuidades a partir de la exasperación de cualquier relación posible que sea capaz de entablar con lo mórbido. (453)

Otro de los factores insoslayables es la connotación negativa de la sexualidad que la Iglesia Católica ha impuesto tradicionalmente a las relaciones sociales iberoamericanas. Aunque con el paso del tiempo la Iglesia ha modificado su interpretación de las relaciones sexuales, su influencia continúa, sin duda, dando forma específica a lo que significa hoy en día la sexualidad en las naciones mayoritariamente católicas. Desde los tiempos en que San Agustín instaba a que "las obras de la carne" se llevaran a cabo solamente "a disgusto" y con el fin de la procreación, hemos pasado hoy en día a una crítica notablemente más tímida por parte de la Iglesia iberoamericana:

> Podemos preguntarnos si la sexualidad no representa al mismo tiempo paraíso e infierno, salvación y perdición. Salvación cuando el deseo es deseo de encuentro interpersonal, duradero, inteso y profundo con el otro. Lugar de perdición cuando el deseo se transforma en búsqueda errante de placer momentáneo y sin compromiso. (Antônio Moser 116)

En el contexto del resto de la produccción cultural de la región, en la narrativa chilena en el exilio el cuerpo humano emerge como protagonista pasivo de la acción, objeto de tormentos aberrantes y, en el caso de la mujer, también de violaciones. En novelas como *Cerco de púas* (1977), de Aníbal Quijada Cerda o *Tejas verdes (Diario de un campo de concentración en Chile)* (1974), de Hernán Valdés, se sigue la línea temática de la cautividad en campos de concentración, donde la humillación, debilitamiento y manipulación del prisionero por todos los medios posibles forman parte de un plan bien organizado; allí se despliega, sin que nadie pueda frenarlo, el apetito de sadismo de algunos militares. En la misma línea, tanto en *Coral de guerra* (1979), de Fernando Alegría, como en *Death and the Maiden* (1991) de Ariel Dorfman o *Mi amiga Chantal* (1991) de Ana Vásquez, el abuso sexual y la violencia en general contra el cuerpo femenino simbolizan a un Chile maltratado por los militares golpistas y por el hombre de la clase media. Son abundantes los ejemplos de abusos y violaciones que se denuncian en la novela del exilio pero, de entre ellos, cabe destacar los narrados por Isabel Allende en sus novelas y los de *Coral de guerra*, donde el militar, además de torturar a la protagonista, permite que la violen treinta soldados mientras está maniatada para, como él mismo dice, "borrarle todos los pecados de mujer infiel y perseguida y enseñarle la lección con cariño, guiarla paso a paso a una nueva vida" (69).

Claude Cymerman cita nueve novelas iberoamericanas que se pueden considerar eróticas o con escenas eróticas: *Libro de Manuel* (1973), de Julio Cortázar; *El beso de la mujer araña* (1976), de Manuel Puig; *La vida entera* (1981), de Juan Carlos Martini; *Luna caliente* (1983), de Mempo Giardinelli; *Solitario de amor* (1988), de Cristina Peri Rossi; *Amatista* (1989), de Alicia Steimberg; *Elogio de la madrastra* (1988), de Mario Vargas Llosa; *El amor en los tiempos del cólera* (1985) de Gabriel García Márquez; y *La Habana para un infante difunto* (1979), de Guillermo Cabrera Infante. Sin embargo, además de dichas obras, en la narrativa chilena en el exilio contamos con una novela, *Frente a un hombre armado* (1981), de Mauricio Wacquez (1939, exiliado en España), que no responde a los moldes y estructuras del resto de los relatos de este ciclo. En otra novela anterior, *Paréntesis* (1975), Mauricio Wacquez ya había cuestionado las relaciones entre el amor y el juego de poderes, mediante el enredo de amoríos entrecruzados. Con ello anticipa varios de los motivos de *Frente a un hombre armado*, como las ambiguas relaciones entre el dominador y el dominado o la inmoralidad. En esta última obra el amoral, hedonista, mercenario y escéptico Juan de Warni (Jean de Warni, Juan Guarní), que parece salido de una obra del Marqués de Sade, puede convertirse en niño o en mujer y viaja por el espacio y por el tiempo en busca de aventuras —reales o imaginarias, como don Quijote—, a la caza del sublime disfrute del poder ejercido sobre el otro.

La violencia tiene una presencia insoslayable tanto en la realidad como en la literatura iberoamericana y, lógicamente, no iba a estar ausente en la novela del exilio. Sin embargo en *Frente a un hombre armado* encontramos un nuevo tipo de violencia, la violencia sexual del sadomasoquismo, no muy presente en la narrativa subcontinental que, por otra parte, tampoco se caracteriza por su abundancia de novelas eróticas o pornográficas. Existe un afán premeditado de provocar al lector que entronca con la investigación del origen y los mecanismos sobre los que se apoya el deseo humano de dominación, de someter a sus leyes y de ser dominado, el placer de la víctima y el del victimario, el amor al amo y la subyugación voluntaria del subsumido, mayor cuanto más explotado se le tenga. Para ello, su mayor deseo es el de conseguir infiltrarse en la mente y el corazón de los que le rodean, observar sus movimientos y sus deseos desde dentro para manipularlos sin trabas; conseguir de este modo, en resumidas cuentas, el poder superior a todos: la inmortalidad.

Aunque es perfectamente probable que la preocupación sea legítima, conviene a veces tener presentes algunos factores que desde 1977 viene advirtiendo Mario Benedetti: "hay escritores latinoamericanos, y no sólo residentes en Europa, que escriben con la transparente intención de ser 'leídos' por la crítica estructuralista" (51). Sospechas aparte, si recordamos las afirmaciones de Foucault sobre la íntima relación entre lo que se supone como verdad y el poder establecido que la inventa, hallaremos su reflejo en numerosos comentarios del protagonista de *Frente a un hombre armado*, como, por ejemplo, el que asegura que "sólo el poder es capaz de preservar su propia inocencia" (20).

Juan de Warni es un protagonista con un desarrollo sumamente psicológico que, simultáneamente, psicoanaliza a la alteridad en busca de respuestas a sus propios impulsos; se trata de una novela onírica, obscena e irreverente en la que Warni cuestiona los deseos pederastas, homosexuales y sadomasoquistas, convencido de que "dominar o ser dominado son facetas de una misma delicia" (69). En la misma trayectoria, entiende el comportamiento sexual como una parte esencial en ese todo que es el juego de poderes, amo-esclavo, opresor-oprimido: trata de llegar al porqué de ese goce secreto que sospecha en la víctima de ojos sumisos que miran al suelo. Nos llama la atención, además, el que —más aún que en *Casa de campo* de José Donoso— el narrador tenga una clara intención de inverosimilitud, que nos va recordando de cuando en cuando para que no olvidemos el valor simbólico de personajes y situaciones.

En medio de una cacería (la novela se subtitula (*Cacerías de 1848*)), se pierde en sus elucubraciones psicológicas sobre el simbolismo de la caza que compara con la guerra y el crimen, y se pregunta si de veras los monteros que les sirven disfrutan el despotismo con que son tratados, o si en el fondo preparan una secreta venganza, que llevarán a cabo a la menor oportunidad. Igualmente, en otro capítulo sopesa el posible y probable odio de los sirvientes árabes de la casa a pesar de que nunca han cuestionado la jerarquía. Se siente agraciado por formar parte del centro de poder, por ser inaccesible aunque, al mismo tiempo, reconoce la monstruosidad de ese egoísmo. Después de varios devaneos escapistas, lo encontramos en la Francia de 1848 defendiendo al rey a base de tiros contra las cabezas de sus súbditos en plena revuelta. Una vez más se entretiene en preguntarse por qué serán precisamente los peor tratados los más fieles servidores de la monarquía:

> admirándome de que los más encarnizados fueran los sirvientes sin librea, convertidos en soldados sin saber por qué, los cocineros o incluso el correcto mayordomo que había olvidado de golpe las buenas maneras y voceaba denuestos e injurias a sus subalternos, alentándolos para acabar de una vez con la *canaille*. Me di cuenta de que el odio, como siempre, es más fuerte y virulento entre los iguales y que nada odiamos más que lo que se nos parece. (90)

Aunque la muerte es sin duda una obsesión universal, en el caso del protagonista se convierte en otra de sus idiosincrasias, pues su atracción es más bien por el peligro de muerte que él mismo pueda sufrir, cuya proximidad, al no temerla, le hace sentirse poderosamente fuerte. Habla, incluso, ponderando la relación amo-esclava con Rose, de "acostumbrarse" a ella (121). Pero en un momento dado, en medio de la incoherencia episódica general de la novela, el narrador se decide a darnos pistas. Por ejemplo, se aclara que Juan de Warni es el emblema de una clase social o de un tipo de hombre; podríamos pensar en un esbozo de la psicología del militar del golpe de estado chileno, en el criollo opresor en Iberoamérica o bien en la mirada eurocéntrica del colonizador:

> estos retazos, estos fuegos han querido ser el sedimento depositado en el alma de una clase y no las razones de un solo hombre. Ese hombre, yo, no se identifica con ciertos trozos que sólo pueden pertenecer a los movimientos de una clase en marcha, más aún, a la hora primera de una fiesta en la que esa clase se repartió el mundo y comprendió, por fin, el significado de su fuerza. (203)

El texto nos recuerda ineluctablemente a varios pasajes de las obras de Leopoldo Zea en las que se habla del doloroso descubrimiento para el europeo de la humanidad en la periferia:

> el laborioso esfuerzo que significó construir un hombre que fuera modelo del mundo terminó en el sollozo y en el estupor del deportado. La deportación no habría sido tan horrenda si no hubiera liquidado de un tajo

los contornos gentiles de un hombre con más de trescientos años de buena crianza. (Wacquez 203)

Es simbólica también la figura del Príncipe. Según el narrador de la segunda parte de la novela (de tan sólo diez páginas frente a las doscientas veintisiete de la primera), que la cierra a modo de epílogo explicativo, la figura del príncipe "es una pura entelequia que explica notoriamente los anhelos de mando que enloquecían a Juan de Warni" y el "modelo recuperado del padre" (249). En la erótica y falocéntrica cosmogonía del protagonista, sodomizar al otro representa la máxima expresión de lo que es ejercer el poder total; para alertar a su Príncipe del peligro que corre, le pide que imagine que está siendo sodomizado sumisamente por un joven "porque usted es una vieja escoria que necesita del oprobio" (148).

Juan de Warni le advierte —como si advirtiera al general Pinochet— de que el poder nunca es infinito, es, por el contrario, huidizo y no goza de impunidad; quiere hacerle tomar conciencia de que no debe acostumbrarse a que el perdedor sea siempre el otro: los pilares que mantienen el poder no son muy gruesos, los papeles podrían intercambiarse y entonces tendría que pagar por su actitud presente. Curiosamente, Juan de Warni llega al punto de convencer al Príncipe de que la necesidad de obediencia está inmersa en la dialéctica del poder; otro de los consejos que le ofrece es el de dar un cierto margen de esperanza de éxito al poseído para que no se rebele de pura angustia: es preciso que vea una mínima luz al final del túnel, aunque se reserve para una ínfima minoría. Regresamos aquí de nuevo a la idea freireana de ascender a los más rebeldes (hacerlos capataces) para acallar las voces de protesta, y que guarda cierto parecido con la de Wacquez.

Más adelante, Juan, en un extraño y alucinatorio diálogo con el otro Juan, su padre y alterego de las dudas existenciales, escucha que con darles comida y un sentimiento de seguridad, los sirvientes pasarán por alto la mentira: "Tal vez querrán matarte, estrujarte entre sus brazos, como dices, pero tu deber se reduce a que no lo sepan. Como yo, tú vivirás para ser el símbolo removible de un mundo superior" (205). Es decir, la cuestión fundamental estriba en que el oprimido no consiga leer sus propios sentimientos, que no tenga oportunidad de descubrirse a sí mismo, de tomar conciencia de su dignidad humana. Algo más tarde, vuelve a insistir en la paradoja al afirmar que el subsumido "mientras más profundamente es poseído, más cercano se siente a la libertad" (147). En fin, para Warni su razón de vivir es conseguir el poder a cualquier precio y por medio de iniciativas individuales; como sostiene Paulo Freire, "en el proceso opresor, las elites viven de la 'muerte en vida' de los oprimidos autentificándose sólo en la relación vertical entre ellas" (168). Lo que gobierna el mundo y explica el sentido de la vida humana no es otra cosa que la dicotomía victoriasometimiento. Ninguna, empero, tiene por qué ser una situación más dichosa que la otra, dado que la libertad del sometido es mucho más preciada y disfrutable que la del poseedor, quien la odia de pleno aburrimiento, situación anímica harto frecuente —por cierto— en la novela.

Mauricio Wacquez da a entender en el epílogo, en un diálogo con el lector, que se opone a las teorías que auguran la muerte del autor: asegura que el lector no tiene por qué despistarse a la hora de comprender la intriga, pero está convencido de que, si así ocurre, lo que hará es deshacerse del libro. De las posibles interpretaciones reconocidas por el narrador (¿autor?), advierte que sólo una es la verdadera, la suya a la que ha llegado tras un gran esfuerzo; concede, eso sí, que es posible que exista una hipótesis tan buena o mejor que la suya, aunque sea opuesta. Reconoce que la irrealidad espacio-temporal, las anacronías, son licencias estilísticas y que se puede dudar de la salud mental del héroe, debido sobre todo a los constantes "desbarajustes sexuales, tan obsesionantes que lindan con el fastidio" (243). El narrador mismo nos aclara el simbolismo de varios personajes: Conrad es la proyección de futuro en el que imperaría el amor; León es la única persona —si es que no lo inventa— a la que Warni envidia su manejo del poder y consigue amar; Juan acuchilló a su siervo y amante Alexandre —quien lo había sodomizado— y, a su vez, antes de morir ahoga al protagonista. En definitiva, aclara, a modo de *anagnórisis*, que todo el relato no es más que el recuerdo absurdo de toda su vida puesto en escena en un sólo instante (con reminiscencias del "Poema conjetural" de Jorge Luis Borges), o el anhelo onírico de lo que le hubiera gustado que hubiera sido su vida. Como colofón, el narrador de la segunda parte concede al uso de la fuerza un valor negativo de "mal absoluto, ineludible" (250). Es, en fin, una obra arisca, de difícil lectura, que se ríe del espacio y del tiempo histórico (ya que no se trata obviamente de analepsis y prolepsis). El autor busca la provocación ya desde el mismo título, con su doble sentido, recreándose en un erotismo crudo, pornográfico, que es un trasunto del mundo del poder (placer=poder).

A un nivel diferente, en otra novela perteneciente al discurso chileno en el exilio, *La visita del Presidente o Adoraciones fálicas en el Valle del Puelo* (1983), de Juan Villegas, el tema de la sexualidad aparece en la forma de un concurso de falos en el que el protagonista, Raimundo, sale vencedor y además transforma la vida cotidiana del lugar. Los sacerdotes locales quedan ridiculizados por su anacronismo: junto a la imagen de los obispos que se escandalizan por el concurso de falos y protestan por medio de una carta circular, el sacerdote don Evaristo critica a Raimundo en la misa y al final acaba prendiendo fuego al lupanar. Con ello arruina la economía local y mata a varios cantores —de los que participaban en las ceremonias religiosas— que se hallaban allí celebrando la fama de Raimundo. El cura de Chiloé asegura, por ende, que el defecto físico del concursante es una marca del diablo.

Desde otro ángulo, la sexualidad en *La visita del Presidente*, tiene un efecto desmitificador de la imagen presidencial, que se consigue simplemente mediante la localización de los diálogos que mantiene el mandatario en dos prostíbulos diferentes: allí, paradójicamente, es donde se deciden los destinos del país, el lugar preferido para la diplomacia. Las prostitutas revitalizan la economía de la región y se convierten en las confidentes del Presidente y de otros políticos; además, son las únicas que no temen a los "traucos," trasunto de los militares golpistas. Se presenta de tal manera la yuxtaposición de los actos, pensamientos y mentiras del líder, que al lector no le queda otra opción que concebirlo como el emblema del patriarquismo, el "falogocentrismo" y la corrupción, simbolizados en el concurso de falos: "Llegó a creerse otro Raimundo, erectándose sobre el país entero, las cabezas inclinadas y adorándole como el redentor" (5). Otro recurso narrativo que deteriora su imagen es el obvio paralelismo que se establece a lo largo de todo el relato entre el presidente y Raimundo, el personaje de Chiloé que queda campeón en un concurso de falos. En este sentido, en un momento dado, Ramiro, el narrador y mano derecha del presidente, comenta: "Es el caso de Raimundo Almonacid. Todo se confabuló para que fuera elegido redentor de un pueblo que vivía en desgracia, como usted, Presidente, aunque a un nivel distinto por supuesto" (125).

El Presidente decide, en los últimos momentos de su mandato, cuando sus allegados comienzan a darle la espalda, hacer una peregrinación al sur del país para elogiar las hazañas de Raimundo Almonacid, quien tras su muerte se ha convertido en una especie de santo o héroe popular al que la gente atribuye poderes milagrosos. El intento de beber en lo popular se gana las críticas de la oposición y de la mayoría de la prensa nacional, y se incluyen en la obra, a modo de crónica, numerosos artículos de diferentes periódicos. Curiosamente, los supuestos escándalos y orgías que se le atribuyen, o el hecho de que viaje con su amante Isabel, no sólo no perjudican su carrera política, sino que refuerzan la fama de macho que tanto le gusta al pueblo.

En conclusión, Mauricio Wacquez se convierte en el adalid de la novela chilena, que logra transgredir el tabú sexual impuesto por la Iglesia tradicional y los años de dictadura. Deliberadamente, provoca la sorpresa en un lector que —como Wacquez bien sabe— no está acostumbrado a este tipo de narraciones. El abierto erotismo que empapa la novela se acaba convirtiendo en un ensayo sobre las relaciones de poder, no sólo en las relaciones sexuales, sino en la estructura de las sociedades. Como ya avancé, quizá corriendo el peligro de caer en lo que Umberto Eco llama un exceso de *energía interpretativa*, creo que el Príncipe de la novela podría ser un trasunto de los anhelos de poder y el autoritarismo de dictador Augusto Pinochet. En la dialéctica de la novela, sodomizar al otro es sinónimo de ejercer el poder absoluto sobre él. En este sentido, el Príncipe o Pinochet se siente con el derecho de sodomizar a sus "súbditos", pero Juan de Warni le advierte del peligro que corre de descuidarse y acabar siendo él mismo sodomizado. Le toma el relevo Juan Villegas, quien, con un humor sarcástico, pone en contraste la noción popular de la sexualidad con la que tiene el clero. Al mismo tiempo, lleva a cabo un análisis del papel social del prostíbulo, del falocentrismo del hombre chileno —incluidos los presidentes—, y expone, además, la paradójica interpretación popular de la vida sexual de sus líderes.

BIBLIOGRAFÍA

Alegría, Fernando. *Coral de guerra*. México: Nueva Imagen, 1979.
Benedetti, Mario. *El ejercicio del criterio*. Madrid: Alfaguara, 1995.
Cymerman, Claude. "La literatura iberoamericana y el exilio". *Revista Iberoamericana* LIX/164-165 (1993): 523-550.
Donoso, José. *Casa de campo*. Barcelona: Plaza & Janés, 1993.
Dorfman, Ariel. *Death and the Maiden*. Nueva York: Penguin, 1992.
Eco, Umberto. *Los límites de la interpretación*. Helena Lozano, trad. Barcelona: Lumen, 1992.
Foucault, Michel. *Un diálogo sobre el poder y otras conversaciones*. Madrid: Alianza Editorial, 1985.
Freire, Paulo. *Pedagogía del oprimido*. México: Siglo XXI, 1990.
Moser, Antônio. "Sexualidad". *Mysterium Liberationis*. Ignacio Ellacuría y Jon Sobrino, eds. Madrid: Trotta, 1990. 107-124.
Mudrovcic, María Eugenia. "En busca de dos décadas perdidas: la novela latinoamericana de los años 70 y 80". *Revista Iberoamericana* LIX/164-165 (1993): 445-468.
Quijada Cerda, Aníbal. *Cerco de púas*. Chile: Fuego y Tierra, 1990.
Vásquez, Ana. *Mi amiga Chantal*. Barcelona: Lumen, 1991.
Villegas, Juan. *La visita del Presidente o Adoraciones fálicas en el Valle del Puelo*. México: Centauro, 1983.
Valdés, Hernán. *Tejas Verdes*. Barcelona: Ariel, 1974.
Wácquez, Mauricio. *Frente a un hombre armado*. Barcelona: Montesinos, 1985.
Zea, Leopoldo. *La filosofía americana como filosofía sin más*. México: Siglo XXI, 1989.

La cultura nacional como fetiche en *Plaza de la Convalescencia* de Ana Lydia Vega y Nelson Rivera

Dolores Aponte Ramos
Universidad de Puerto Rico, Río Piedras

A María Milagros López, para entender su ausencia

Él: DEO
Voz pre-grabada: Deslizó las manos hacia la humedad oscura del triángulo. Él cambiaba el peso de un pie a otro.
Ella: DURO
Voz pre-grabada: Estaba mareado. Se iba de boca con los ojos clavados en la ventana del frente desde el balcón lleno de matas mojadas.

"Escena de balcón", Ana Lydia Vega y Nelson Rivera

El cuerpo, se ha propuesto con frecuencia en la última década, es la frontera última donde se esgrimen las batallas de subalternidad, poder y representación. Tras el proyecto modernizador y populista en Puerto Rico, ¿cómo enfrentar al cuerpo en cuanto objeto estético para que permita un recuento de los ademanes populistas que han entrado en crisis en las últimas décadas del siglo? ¿De qué manera la sexualidad, en su valor metafórico, permite relatar con efectividad el desencanto con un proyecto modernizador percibido por un gran grupo de intelectuales como deficiente o por lo menos incompleto? ¿Cómo actos tales como la masturbación, la sexualidad fragmentada o el encuentro erótico imposible se constituyen en representaciones de ruptura cultural?

El 21 de noviembre de 1980, en la Liga Estudiantes de Arte del Viejo San Juan, se estrenó *Plaza de la Convalescencia*,[1] presentación de teatro cercana al "performance" ejecutada y más tarde transcrita por Ana Lydia Vega y Nelson Rivera, quienes usaron los pseudónimos de Talía Cuervo y Sucio Difícil, respectivamente.[2] Cuatro piezas representadas sucesivamente exploran el cuerpo al plantearse los espacios de la "obscenidad" como intervenidos por los atavismos y las propuestas propias éticas de un mundo fronterizo cultural y políticamente. La sexualidad codificada a través de una minuciosa preceptiva social aparece en el texto conjugada con planteamientos estéticos, preocupaciones sobre la llamada "alta cultura" y la presencia de las voces receptoras de la obra de arte: la crítica literaria y el público. Esta imbricación incluye, además, referencias sobre la política estatal y la presencia de formatos de los límites intraciudad de la población isleña.

En la primera pieza, "Tiburón de agua dulce," los códigos culturales de expresión de la masculinidad se examinan dentro de sus carencias e inutilidades. Mientras se escuchan versos de la canción "Tiburón de agua dulce"[3] —música de salsa compuesta e interpretada por el sonero Marvin Santiago y el pianista Jorge Millet— el ejecutante va manipulando objetos previamente colocados alrededor suyo: una muñequita española, un zapato de tacón alto, una reproducción de *La última cena* de Leonardo, un frasco de aceite Mazola, una vela y una imagen de la Virgen María de plástico, entre muchas otras. El ejecutante[4] realiza un grupo de acciones que van desde descubrir objetos que permanecen bajo un pedazo de tela negra, manipular los objetos, lanzarlos al público,[5] o leerlos en contexto con diapositivas de desnudos de Rubens, Modigliani, Picasso, Tiziano, Heintz, y Goya que se presentan.

En la segunda pieza, "Letanías a la Plaza de la Convalescencia", Vega interrumpe las "letanías" para leer fragmentos del relato "Librando la coca" que historia la seducción mutua y platónica entre un boxeador y una intelectual que trabaja su tesis sobre "la subcultura del boxeo", con lo que pone de manifiesto las fisuras del proyecto modernizador populista en Puerto Rico. El texto de "Letanías" es fragmentario: incluye poesía y tres fragmentos de relato sobre la relación entre el púgil y la intelectual. La poesía, escrita en lenguaje cotidiano, presenta el espacio de la Plaza de la Convalescencia como maloliente, encuentro de una población marginal que pulula por la ciudad sin reconocimiento discursivo ni político. Las voces son asimismo múltiples: el púgil que encarna el discurso machista de construcción corporal y sexual, la intelectual quien desmenuza minuciosamente la relación discursiva del intelectual protector y de acentos populistas en contraposición a la imposibilidad de representar al "pueblo", y un testigo que narra la imposibilidad amorosa entre los anteriores.

En la tercera pieza, "Escena de balcón", se reescribe el topos shakespeariano y ahora es un "él", con manguera en mano, y una "ella", su vecina, quienes se masturban mientras se observan mutuamente a la distancia. Los ejecutantes, parados detrás de ventanas del tipo "Miami",[6] escuchan una cinta con la voz grabada de Rivera ("Él"), quien cuenta la historia de unos vecinos que cada tarde tienen un encuentro sexual a distancia, constituidos ambos en lo que Lacan llama "el deseo del otro". "Ella" se hace observar mientras juega con su ropa interior entre sus nalgas, con sus pezones que humedece, con su mirada fija en el otro; "él" riega las plantas, observa y se hace observar a su vez mientras estimula su pene hasta eyacular.

En esta escena del balcón las acciones son pocas: los ejecutantes se observan a través de las ventanas abiertas, Vega se quita su pañoleta y Rivera su corbata. Gritan lexemas del registro lingüístico perteneciente al lenguaje tabuizado, en este caso aquél considerado con alto contenido sexual: "mama", "raja", "leche", entre otras. Finalmente, irrumpe una voz intelectual, grabada por Vega ("Ella") que teoriza sobre el arte y sus propuestas de acercamiento al citar textos de escritores no identificados en la pieza pero que incluyen a José Luis González, Julio Ramos, Emilio Díaz Valcárcel, Julia Kristeva, Roland Barthes y Sylvia Wynter, entre otros.

La cuarta pieza, "Comunión", consiste en la repartición de sorullos — frituritas de harina de maíz y queso— entre el público, mientras se escucha la canción de Marvin Santiago que proporciona el texto de la primera pieza. La transcripción de este evento incluye los comentarios del público, la mayoría de los cuales incidían en la ininteligibilidad de los actos ejecutados esa noche, mientras otros se restringían al asunto culinario.

Retomamos el acto público, veinte años después, provocados por su procacidad política, artística y sexual.

DEL PASTICHE SOCIAL AL FETICHE SEXUAL

La noción de "capitalist-colonialist-pre-modern-modern-postmodern paradox" (Pantojas, 158) fue acuñada por Emilio Pantojas como una *summa* con capacidad descriptiva de la realidad puertorriqueña. Esta descripción, construida a partir de guiones, pretende colocar en un mismo renglón y jerarquía términos que en la historiografía tradicional se usan para aludir a etapas que se suceden y cuyas características son tomadas muchas veces como contradictorias entre sí.[8] En efecto, la unión tipo pastiche de movimientos culturales de diverso extracto y patrocinio, conjuntamente con la paralización reciente de una ascensión social que el proceso populista modernizador había posibilitado, y el desarrollo ético del postrabajo, son parte de un perfil intraisleño que reclama modalidades expresivas poco usuales. La amalgama de identidades no reconocidas por las discursividades esbozadas desde y contra el estado protector —y que convergen con la ruptura de modalidades expresivas que tienden a un relato homogenizante— incide en esa necesidad de un corpus expresivo de ruptura. Las identidades sexuales, raciales y de nuevo acuño urbano son acalladas a favor de otras formas de reconocimiento político. Por ello, la exposición de tales identidades —múltiples y contradictorias entre sí— resulta incómoda por su posibilidad de desestabilizar la diversidad de gestos patriarcales que se colocan ante los proyectos artísticos de factura y origen disímil, relacionados con posibles lecturas de la nación.[9]

El artista, relator y reactor, se enfrenta a un tinglado de aristas heterogéneas que componen la sociedad puertorriqueña de fines de milenio: la alta tasa de quiebras personales y el desempleo en escalada; la violencia criminal e institucional, el colapso del estado protector y la vida suburbana amurallada, conjuntamente con la consolidación de una cultura de consumo y migrante (de ida y vuelta) a los Estados Unidos, país con el que se sostiene una relación de elementos coloniales y poscoloniales imbricados entre sí. Asimismo, la cultura de la drogadicción y otros formatos de economías informales, añadida a la presencia cotidiana de la informática y la telecomunicación, el gran volumen de automóviles en su mayoría de modelos recientes,[10] amén de la carga xenofóbica que ha traído la presencia de indocumentados y migrantes legales — principalmente dominicanos y haitianos— son parte de una enumeración incompleta que propone una realidad ante la cual las posibilidades descriptivas de los formatos artísticos e incluso modelos de capacidad de descripción antropológica como los provistos por las ciencias sociales entran en crisis.

Pese a todo lo antes expuesto, conviene aclarar que si bien las estructuras expresivas tradicionales carecen de la posibilidad para dar cuenta de este amasijo informe de características, existe una resistencia a formas nuevas de expresión, un apego a estructuras gastadas, que se traduce en circunscribir a públicos universitarios los formatos de experimentación. Aun en estos círculos, el reclamo ético populista acompaña y valida el arte en Puerto Rico, por lo que se crea una recepción fría y distanciada —sobre todo en los ochenta— para un gesto experimental de la naturaleza propuesta por Ana Lydia Vega y Nelson Rivera. Todavía hoy la experimentación se mantiene en los límites del gusto del público y responde a moldes probados, curiosamente.

Plaza de la Convalescencia recoge la discusión de la crisis descriptiva de las artes y las ciencias sociales con varias estrategias. La amalgama de objetos que se presentan en "Tiburón de agua dulce", la primera pieza presentada, relata el apoderamiento de las insignias tradicionalmente adscritas a las clases elevadas y su democratización y disponibilidad tras el proceso populista. "Una grabadora portátil/ lágrimas de aluminio para decorar árboles de navidad/[11] dos reproducciones de un caballo[12] y *La última cena* de Leonardo/ una carreta de madera/ un libro con un guante de boxeo encima (cubiertos)/ un pote de ketchup/ una bola de mofongo/[13] una alcancía de lechona/ collares/ un dólar/ una bolsa (cubiertos)/ una imagen en plástico de la Virgen María (cubierta)/ una botella de aceite Mazola/ una pava pequeña..." lee la extensa lista de utilería que se compone de unos cuarenta y cuatro objetos. Esta lista precisa de objetos que no se usarán en la obra —tales como una palangana llena de agua con una penca de bacalao desalando y un piano de concierto con cuerdas preparadas con tornillos a la manera de John Cage— pero que tienen que estar en el escenario. El abigarramiento de objetos de diferente factura, procedencia y caudal simbólico e intelectual nos presenta un conjunto difícil de aprehender y explicar, en retante relación con el canon teatral que lo precede.

En esa misma pieza enfrentamos la re/sexualización de obras que pertenecen al canon de la alta cultura, lo que incide en la discusión sobre la crisis de esa cultura y sus modelos descriptivos. La conjugación de unos versos que provienen de una pieza de salsa y que se refiere a la cultura de la droga, con la presentación de diapositivas de desnudos femeninos de pintores europeos de importante talla incide en el abigarramiento de insignias a las que se superpone contenido sígnico:

> a gozalsa como dice chamaco/ *(foto 1: Dánae - Tiziano)* bayamontándome/ *(foto 2: Venus recreándose en la música - Tiziano)* barranquitándome/ *(foto 3: Der Einsiedler v.d. schlafende Angelica - Rubens)* vegabajándome/ *(foto 4: Desnudo - Modigliani)* y pa'encima que voy mami/ *(foto 5: Maja desnuda - Goya)* con mi troncomóvil/ *(foto 6: Les demoiselles d'Avignon - Picasso)* que pedro picapiedra me lo prestó/ *(foto 7: Ruhende Venus - Heintz)* para llevar al tiburón a gozar.

La posibilidad de que un texto de la cultura massmediática sirva como relato de una interpretación del desnudo femenino —generalmente decodificado por el quehacer intelectual moderno de su campo referencial erótico a favor de uno simbólico o técnico— y la persistencia en un mismo nivel de representación de dos textos, el pictórico y el auditivo, de factura tan disímil, incide en la coexistencia culturalmente abigarrada de un mundo donde las insignias se democratizan y se traslapan en una composición inesperada. Sobre todo, la sexualización del objeto de estudio del intelectual pone de manifiesto su crisis en el proyecto de la nación, pues revierte en el individuo lo que había sido asumido como bien atemporal e impersonal del cual es custodio sacramental, ya que así aseguraba su posicionalidad discursiva.

Por otro lado, la fisura en que se amalgaman los elementos que incluye el mundo urbano implica el acercamiento estético a formas expresivas, subjetividades y topoi inexplorados hasta entonces que se señalan como mecanismos alternos para proponer otras identidades en debate. Mayra Santos-Febres enfrenta la conformación de identidades tribales en un país mayoritariamente urbano al asediar la música rap en Puerto Rico, y explica que:

> Identity shaped at the heart of the marketplace has given rise to multiple discourses that define social belonging according to race, ethnicity, sexual orientation, gender, key social concerns such as environment, public policies on abortion, etc. (223).

Al suscribirnos a lo antes citado nos interesa añadir que la necesidad de pertenencia social y su consecuente creación de identidades alternas puede convertir sexualidad, nación y raza —términos higienizados, reglamentados y homogenizados por el discurso decimonónico constitutivo de la modernidad— en nociones que resistan cualquier intento de coherencia entre las mismas. La crisis de las grandes narrativas, que han ocupado tanto el ademán de la escritura crítica de los últimos años, incide en la falta de representatividad de la sociedad multicefálica en el arte y sus discursividades. Un fragmento de "Letanías de la Plaza de la Convalescencia" nos parece especialmente esclarecedor. "La Doctora" explica a una amiga su relación con "El Púgil" como objeto de estudio y la reacción que ante ello tiene su "Compañero", un intelectual de izquierda:

> Chica, el Compañero se puso histérico cuando me vió salir con la grabadora en una mano y la Minolta en la otra. Te la van a robar, me gritó desde el balcón mientras yo embalaba hacia la parada de guagua con los bolígrafos y las libretas saliéndoseme de la cartera. Y eso, nena, que yo me había pasado dos semanas enteritas pegada al radio día y noche para ambientarme un poco y para irlo preparando a él psicológicamente, verdá, porque el Compañero se crió en Baldrich, como tú comprenderás.

Este texto da cuenta de esa incapacidad de las grandes narrativas en nominar y explicar el mundo del pospopulismo, de democratización de los bienes sociales y la desconfianza con el puebloque se inventa discursivamente y a distancia. La incompetencia del intelectual aliado a las grandes narrativas para enfrentar esto se ejemplifica en el afán clasificatorio de la "Doctora" con su "Compañero": "cae definitivamente bajo la esfera de influencia ideológica del neomachismo ilustrado post fenómeno del urbanismo, producto de la industrialización acelerada de los años cincuenta, tú sabes, crecimiento sin desarrollo".

La ciudad como amenazante, la imposibilidad de acercarse al "mítico Pueblo" de otra manera que no sea el estudio o la teorización política, inciden en esta narrativa del fracaso del intelectual en su intento mediático de propulsor de grandes proyectos de transformación social. "En la Plaza de la Convalescencia, men"–nos dicen las "Letanías"–"siempre nieva de noche/ cuando el perico pinta los bigotes/ descabeza los torsos ambulantes/ las parejas se esquivan/ se aplanan contra el aire..." El torneo de formulaciones simultáneas de lo nacional en el proyecto de modernización proveyó al intelectual de estadios de pacto en que su postura de facilitador no traslapaba necesariamente su gesto opositor, sino que antes bien lo complementaba. De tal manera que un René Marqués escribe *La carreta* y un manual auxiliador para los migrantes puertorriqueños como parte de su trabajo en la División de Educación a la Comunidad sin que se sienta contradicción entre ambos ademanes. Reclamando una virtud atávica, las funciones de encuadramiento del intelectual incluyen la certeza de ser necesario, no como tentemozo sino como alguien capaz de proveer el discurso punta-de-lanza, acompañado de la postura ética inherente a todo discurso vindicatorio. El texto de Vega en que relata el triángulo amoroso entre la "Doctora", el "Compañero" y el "Púgil" muestra la imposibilidad de la presunción del intelectual al mediar con un pueblo que es más su invención que un referencial constatable:

La Flaca ["Doctora"], por su parte, no acababa de salir de la fóquin etapa investigativa de la vieja tesis [...] Se le empezaron a confundir las escuelas [...] Ya no sabía si ubicar al Púgil en el paleomachismo anterior al Pronunciamiento de Aguas Buenas o el socialmachismo progresista [...]. De vez en cuando, para ser fieles a la verdad, como que la picoteaba el sádico mime del pasado. Entonces, iba y ponchaba con el Compañero, quien la sometía a largos interrogatorios bajo el foco ciclópeo de la ducha, sin más respuesta que un orgasmo apaciguador.

LA ESCRITURA MARIMACHA

Ha propuesto Juan G. Gelpí en *Literatura y paternalismo en Puerto Rico* que el teatro se ha utilizado en Puerto Rico para codificar el lenguaje literario fundacional, he allí que se lo aleje de su posibilidad relatora de lo sexual. La ausencia de lo erótico, señala Gelpí, puede leerse como una manera de conformación del canon dentro del afán totalizante y homogenizador:

> Primera jerarquía: escribir para salvar la casa (o la nación) está por encima de o es más importante que el escribir sobre el placer erótico. Segunda jerarquía: esa supresión del erotismo también explica el privilegio que le otorga el canon a los géneros totalizantes —el ensayo de interpretación cultural, la novela y, en su momento crítico, el teatro— y la consiguiente marginación de los mal llamados géneros "de la intimidad" como serían la poesía lírica y la autobiografía, en los cuales puede inscribirse la experiencia erótica. (134)

Como contrapunto de ello *Plaza de la Convalescencia* se establece como un espacio artístico capaz de retar esas propuestas canónicas. Esto lo hace no sólo al unir discursividades no teatrales sino también al reflexionar sobre la escritura teatral. En "Tiburón de agua dulce" el ejecutante se ata una pequeña carreta de madera al tobillo y se desliza trabajosamente por el escenario bajo los acordes de las Walkirias de Wagner. La referencia al teatro de René Marqués —*La carreta* y *Los soles truncos*— no puede ser más obvia.[14] A la referencia casi literal al canon debe añadirse como estructura de ruptura la incomprensibilidad del texto ("y cuidau que voy/ a/ ve maría/ caso felony de salsa"), la incorporación de fuentes cultas y populares sin que su factura exhiba la necesidad de crear un arte "del pueblo o para el pueblo", así como la estructura multiforme. Súmese a ello la presencia angular de la descripción de la sexualidad —ya en la interrogación de su constitución, ya en su representación de prácticas no admisibles— como la estrategia desestabilizadora de ruptura con el canon. Fragmentos como el siguiente, de "Escena de balcón", proponen la ineficacia del discurso intelectual mediático moderno, y la sexualidad como desestabilizadora:

Él: JALA
Voz pre-grabada: soltando el prepucio aceitado

Él y Ella (simultáneamente): LECHE, POLVO, MAZO, ECHA, LEÑA, QUESO, ROMPE, PAJA, etc.

Voz crítica pre-grabada: "Pero queda en pie el hecho central: la masa popular

Él y Ella: (han abierto sus ventanas completamente durante el intercambio anterior; se observan por primera vez.)
Voz pre-grabada: Se oyó nuevamente el chorro de la manguera. La baranda
Voz crítica pre-grabada: puertorriqueña, huérfana en grado cada vez mayor

Él y Ella: (se observan)
Voz pre-grabada: quedó limpia. Miraron el reloj.
Voz crítica pre-grabada: de la ejemplaridad de una clase dirigente capaz de

El relato de sexualidades inacabadas y fragmentadas que se manejan en silencio y que eluden el encuentro —en este caso, el semen derramado sobre la baranda y que se limpia al la crítica hacer su intromisión— sirve como metáfora para la multiplicidad de fragmentos acallados a favor de un discurso homogéneo. El texto mismo, por la multiplicidad de capas referenciales de cada gesto, por la discontinuidad entre un texto y el que le sigue, por la factura múltiple del ademán escénico, muestra un régimen de ruptura con el discurso del canon al exhibir lo fragmentario, lo sexual y la preceptiva falsa de constitución de géneros, esquivado por las grandes narrativas.

Poblados de referencias para ser entendidas por el círculo inmediato de amigos de los escritores, los textos incluyen el topos de la sexualidad desde diversos recursos más allá del relato de alto contenido sexual como el que acabamos de aludir. La sexualidad, como bien propone Gelpí, ha sido la gran desterrada del canon puertorriqueño. Sobre la omisión de lo erótico nos comenta el crítico puertorriqueño: "Si a lo largo de los textos canónicos se hace desaparecer la experiencia erótica es precisamente porque la energía sexual representa otra amenaza para ese canon nacionalista que tiende a totalizar y subordinar" (133). Las referencias cultas ahora leídas en su contenido sexual se sostienen a través de las cuatro piezas que se presentan una tras otra, y en las mismas la preocupación por el cuerpo como significante y revertidor del canon y el patriarcado es central. A manera de ejemplo, en la primera pieza, mientras el ejecutante pronuncia "el tiburón de agua dulce, el tiburón de agua dulce" toma un zapato de tacón alto, lo acaricia y vacía el contenido de arena que hay en éste. Con ello hace una doble alusión al mundo de la cinematografía: se conjuga la escena de *Viridiana* cuando Fernando Rey acaricia el zapato de

Silvia Pinal, con aquella del cine clásico puertorriqueño, *Maruja*, en que Marta Romero se saca la arena del zapato, señal de que se ha consumado un acto erótico. La heterosexualidad es un discurso lleno de reglamentación y preceptiva poblado de fisuras que en el texto se ilustran a partir del mecanismo del humor. Dice "La Doctora":

> Y yo no quería tener pujilatos con el Compañero porque no me da la gana de servirle de carne de estadísticas a la tasa de mortalidad conyugal y montar un psicodrama allá en la Corte de Caguas, total, para venir a coger una pensión alimenticia inferior a mi preparación académica. Eso es lo que yo llamo dejarse aplastar por el momento histórico.

Conviene aclarar que algunos recursos de *Plaza de la Convalescencia* han sido propuestos desde diversos flancos del quehacer artístico isleño. Así pues, del conjunto heterogéneo de realidades que se traslapan y coexisten entre sí en el Puerto Rico finisecular donde habitan la pre-modernidad, la modernidad y la posmodernidad en mutante collage, los escritores han tomado, por ejemplo, el humor, la presencia de la cultura popular y la sexualidad como espacios con posibilidad descriptiva en que pueden sumarse paradigmáticamente las oposiciones y coincidencias. Bástenos recordar *La guaracha del Macho Camacho*, texto seminal en la composición de una literatura urbana que maneja un nuevo conjunto de mecanismos para establecer identidades. Reflexionando sobre la heterogeneidad esquiva de Puerto Rico, su relación con el estado populista protector y las discursividades que intentan aprehenderlas, María Milagros López ha propuesto:

> *A mí me matan pero yo gozo* (they may kill me but I still enjoy life) signifies the slippage that allows for survival, resistance and enjoyment under minimalist conditions. The literary work of contemporary Puerto Rican writers such as Ana L. Vega, Luis Rafael Sánchez, and Edgardo Rodríguez Juliá has aptly described this slippage. The rise of a form of welfare state since the late 1960's, the consolidation of mass consumption, the back-and-forth migratory movement to and from the United States, where forms of welfare were first known and made available to the Puerto Rican population, have in paradoxical ways come to reinforce an entitlement attitude vis-à-vis the state.
> (176)

Las fisuras de los metarrelatos descriptivos y la inadecuacidad de las construcciones icónicas a que se alude a partir del humor, así como la constitución de la estructura humorística en respuesta a la ineficacia de un arte literario nacido bajo los parámetros del discurso nacional de claros acentos paternalistas, convergen con propuestas sobre la sexualidad en este trabajo. Debemos recordar que si, como había propuesto Gelpí en el texto citado arriba, la erótica es la gran silenciada de la narrativa nacional, cuando se la alude se hace más bien asumida en un carácter metafórico, si recordamos la propuesta de Doris Sommer sobre los textos amorosos en la narrativa decimonónica. Para Sommer, las historias de amor tienen un carácter alegórico que representa la unidad nacional constituyendo de esta manera una política de la erótica fundacional (foundational erotics of politics).

El texto amoroso fundacional tiene en *Plaza de la Convalescencia* nuevas logísticas de escritura: el relato de la masculinidad compulsoria, en el primer texto; el amor imposible entre "La Doctora" y "El Púgil", como metáfora de la crisis del discurso intelectual mediático, en el segundo texto; la masturbación y la intromisión de la voz intelectual, en la tercera pieza; y la voz del público, en la última pieza, que funciona a manera de epílogo. Un aspecto importante de esa relación de la pareja fundadora es el acto de colaboración entre Ana Lydia Vega y Nelson Rivera, escritores de diverso caudal formativo, generacional y de género. Cada uno elaboró un solo, y en conjunto redactaron otras dos piezas, la "Escena de balcón", "Comunión", y el texto introductorio, al que le hemos concedido el término "manifiesto", más por su parentela con los formatos vanguardistas que por incluir una preceptiva de nacimiento de un nuevo arte. La presencia de un autor/autora nos permite leer el texto como producto de una escritura de cuestionamiento en la cual el placer, la sexualidad y los ademanes culturales se aunan todos como gestos inacabados, que guardan relación con la incomplitud de la cultura que relatan. Asimismo, disloca la escritura de factura patriarcal, gesto que podemos describir haciendo nuestro el comentario de Arnaldo Cruz-Malavé, "contemporary Puerto Rican writers have decided to speak not from the space of a stable, 'virile' and 'mature' identity but from that '*patological* milieu' of castration and gender-crossing, superfluity and equivocalness..." (151).

Teñir de sexualidad el gesto de representación y de producción igualmente representa una fisura con el canon. En el texto de Marvin Santiago, parlamento que el ejecutante dice directamente y a través de la grabadora, abunda la metáfora, en un conjunto abigarrado que duplica la experiencia de la drogadicción que relata. Rivera sexualiza esas metáforas a partir de la selección y manipulación de imágenes y objetos. En ese proceso pone de manifiesto la inutilidad del rito instituido cultural y socialmente para signar la masculinidad. Se examina la ritualización de la masculinidad en la literatura, el cine, las artes plásticas y la cultura popular.

El texto nos enfrenta a cómo la sociedad patriarcal propone un número limitado de formas sígnicas para la preceptiva de la masculinidad que reescribe en varios discursos y formatos, si bien siempre inexactos, reduccionistas y con gran capacidad falseadora. Un topos puesto en interrogatorio y mostrado con su puerilidad e ineficacia es el gesto de mirar a la mujer. En varias instancias de la primera pieza el cuerpo femenino es observado: Con binoculares de juguete en mano, el ejecutante le levanta la falda a la muñequita española con un palito y la mira. La mirada se constituye en la protagonista y el gesto se torna caduco e inútil. Igualmente la mirada sobre el cuerpo femenino está presente en las diapositivas de desnudos femeninos que examinamos anteriormente.

La "escena de balcón" revierte la posicionalidad femenina en objeto mirado y se convierte en sujeto que mira y se exhibe para ser mirada. En una proposición cercana a Lacan, el recurso no apalabrado de asumir una posicionalidad de goce del otro o suplementario está en la intersección entre lo real y lo imaginario. Convertirse en el deseo del otro es un goce transgresivo. Por ello, se convierte en amenaza. El apalabramiento del gesto, dicho a gritos, encuentra un soporte deseante y simbólico. Con ello se coincide con la propuesta de Judith Butler de producir una narrativa que legitime los géneros no coherentes cuya conformación no le restaría agencia de resistencia, pues en este contexto no nos encontramos en un campo de restricciones.

PARA TEORIZARTE MEJOR: MALESTARES Y FETICHES DE LA CULTURA NACIONAL

La escritura del texto muestra un carácter fronterizo donde se unen formatos discursivos que difícilmente comulgarían juntos. En efecto, el saldo es poco usual: una pieza presentada ante un público por dos personas que no son actores, que barajan textos de escrituras distantes en los que se convocan la música popular de Marvin Santiago sobre la cultura de la droga, los textos teóricos de Roland Barthes, Julio Ramos y Julia Kristeva, entre otros, conjuntamente con el uso del lenguaje tabuizado sobre el sexo ("mama", "leche", "coge") dicho a gritos mientras se describe con lenguaje trabajado ("su hombría violácea", "protuberancia") el acto de una masturbación compartida a distancia en clandestinaje; la fritanga de sorullitos y la participación de un público que se siente disgustado y enajenado del contenido simbólico.

Igualmente pareció de difícil degustación un texto teatral que no presentara mensajes liberadores que coincidieran con el régimen de pensamiento populista —basamento de los movimientos de derecha e izquierda en el país— mientras minuciosamente desmenuza el ademán de la masturbación en varios niveles lexicales. El discurso patriarcal instala "el mensaje" como validación de la obra de arte. Así como toda escultura en la plaza tiene su tarja, todo ademán artístico tiene su exégesis posibilitador de la degustación en la lección didáctico-moral de normativa social o revolucionaria que lo reivindique.[15]

A esta necesidad de explicación/validación responde probablemente el texto con que se inicia *Plaza de la Convalescencia* y que hemos descrito como una suerte de manifiesto. La noche de la representación este texto fue repartido entre los asistentes. En el mismo los dos artistas se definen como "cafres" — "Cafres de auténtico linaje humano: hijos de esclavos, prisioneros, caciques destronados, negros, indios y gitanos enjaulados en el absurdo por Ellos"— y crean con esta estrategia textual un espacio de simpatía insuficiente. Es decir, podría hablarse de un ademán de arte para el pueblo, pues el sector de la población nominada como "cafre" en la lengua coloquial es aquella de bajos recursos y poca solvencia cultural, público siempre ausente de esas representaciones, pero siempre aludido y tomado como el productor receptor modélico, en un ademán populista falso.

El texto, sin embargo, pone en entredicho el populismo que parece adscribir. Los términos de la definición de los "cafres" son intelectualmente elitistas, exhiben el gesto de un arte creado para pocos, gesto prohibido por la práctica de un arte nacional creado bajo el auspicio de un estado protector cuyos parámetros se extienden incluso a lo experimental, que insiste en hacer un arte para y desde el "pueblo", y que mantiene un discurso reglamentador. *Plaza de la Convalescencia* es un texto que está escrito desde la crisis del canon por lo que explicita una de las grandes omisiones del patriarcado, la sexualidad y, con ello, una ruptura estructural, temática, de factura misma. Como explica la obra y nos sirve de conclusión: "Con los textos encontrados, textos injertados, controversias textuales y mixtas de géneros, *Plaza de la Convalescencia* echa al autor-autora entre la realidad cotidiana y la crítica literaria, entre la vida y la letra, entre la brega y la tradición. La obra es ese viaje".

NOTAS

[1] El conjunto de piezas lleva el mismo nombre de la plaza de Río Piedras, residencia de ambos artistas y donde radica el recinto central de la Universidad de Puerto Rico. La plaza ha sido desertada por los habitantes de la ciudad a favor del "shopping mall" y se ha convertido en el espacio de encuentro de deambulantes y drogadictos, entre otros.
[2] La única presentación de la obra hasta el presente ha sido la de su estreno.
[3] Alternadamente se escuchan los versos fragmentariamente ya dichos en vivo por Nelson Rivera o una grabación de su voz.
[4] En el texto se insiste en esa clasificación y no en la de actor, con lo que se nos aleja de una postura ante el teatro en que se propone a sus integrantes como "dotados por la divinidad", con lo que ese arte se tiñe de inmediato de mesianismo.
[5] Antes de comenzar la función el público había sido previamente ensayado.
[6] Listones de metal blancos que abren gracias a una falleba y permiten ver la figura de adentro fragmentariamente en líneas, muy comunes en la arquitectura puertorriqueña.
[7] El texto permanece inédito. Las páginas no están numeradas. Lo leí gracias a la generosidad de uno de sus autores.

[8] La coexistencia entre distintos estadios de modernidad ha sido apuntada con insistencia como modelo discursivo a la hora de describir los conglomerados urbanos latinoamericanos. Las coordenadas de Puerto Rico, por su cercanía política con Estados Unidos, nos parecen, sin embargo, especiales.

[9] Tampoco el discurso de la nación presenta homogeneidades. Más bien, se ha caracterizado por proyectos distantes entre sí, propuestas que convergen o se excluyen, que esperan por un análisis cuidadoso, tras ser expuesto en su colapso descriptivo por Arturo Torrecilla en *El espectro posmoderno*, Carlos Pabón en "De Albizu a Madonna", Arlene M. Dávila en *Sponsored Identities*, entre otros.

[10] Con 3.5 millones de habitantes en la isla de Puerto Rico la democratización de las insignias de clase ha sido exitosa: Tenemos el mayor número de teléfonos celulares per capita del mundo y el "shopping mall" más grande de Latinoamérica. Somos, además, los mayores consumidores de desodorante, perfumería y maquillajes del mundo, entre otras curiosidades.

[11] Referencia al incidente de diciembre de 1954 en que la alcaldesa de San Juan, Felisa Rincón de Gautier, lanzó nieve sobre un parque de la ciudad tropical para que los niños sanjuaneros crecieran con las mismas experiencias que sus conciudadanos estadounidenses. Ana Lydia Vega hace referencia al mismo incidente, y cuando un personaje explica la psicología de su compañero propone que "es bastante adelantadito para su generación. Recuérdate que él fue de los que jugó con la nieve de Felisa y eso no se sobrevive fácilmente". Conviene aclarar que aunque se coincida con las referencias, las primeras dos piezas de ambos autores se trabajaron por separado e independientemente.

[12] Al entonces gobernador Carlos Romero Barceló sus detractores le llamaban "el caballo", para realzar así que se le percibía como carente de talento y creatividad. Su política cultural incluyó el nombramiento de Leticia del Rosario como directora del Instituto de Cultura Puertorriqueña, lo que significó el desmembramiento del Instituto, productor del discurso nacional oficial, y el espacio que ofreció cierta protección mediática y de pacto al intelectual de izquierda.

[13] *Mofongo con ketchup* de Carlos Ferrari y *La carreta* de René Marqués son dos obras que con diferente ratio intentan explicar la realidad nacional y proponen soluciones de corte homogenizador y de retorno a los viejos valores.

[14] Asimismo, se exhibe una puesta en escena de las preocupaciones esbozadas por Arcadio Díaz Quiñones en su texto *El almuerzo en la hierba* en que comienza a apuntar las fisuras del canon puertorriqueño.

[15] No sólo el teatro de René Marqués tiene esa característica de propuesta renovadora o aleccionadora. Cuando en los sesenta y setenta el teatro se lleva a la calle, Lydia Milagros González y el Tajo del Alacrán, el grupo Anamú, entre otros, en su afán de llevar el teatro al pueblo inciden en una épica que muestre el discurso histórico del porvenir revolucionario. En los ochenta los Teatreros de Cayey conservan, con su inserción de formatos y técnicas del Teatro del Oprimido de Augusto Boal y del Bread and Puppet Theatre, mucho del carácter populista de esos teatros.

Bibliografía

Butler, Judith. *Bodies That Matter.* Nueva York: Routledge, 1993.

Cruz-Malavé, Arnaldo. "Toward an Art of Transvestism: Colonialism and Homosexuality in Puerto Rican Literature". *¿Entiendes?: Queer Readings, Hispanic Writings.* Emilie L. Bergmann y Paul Julian Smith, eds. Durham: Duke University Press, 1995. 137-167.

Dávila, Arlene M. *Sponsored Identities: Cultural Politics in Puerto Rico.* Philadelphia: Temple University Press, 1997.

Díaza Quiñones, Arcadio. *El almuerzo en la hierba.* Río Piedras: Huracán, 1982.

Gelpí, Juan G. *Literatura y paternalismo en Puerto Rico.* Río Piedras: Editorial de la Universidad de Puerto Rico, 1993.

López, María Milagros. "Postwork Society and Postmodern Subjectivities". *The Postmodernism Debate in Latin America.* John Beverley, José Miguel Oviedo y Michael Aronna, eds. Durham: Duke University Press, 1995. 165-191.

Pabón, Carlos. "De Albizu a Madonna: para armar y desarmar la nacionalidad". *Bordes* 1/1 (1995): 22-40.

Pantojas, Emilio. *Development Strategies as Ideology: Puerto Rico's Export Led Industrialization Experience.* Boulder: Lynne Reiner, 1990.

Rivera, Nelson, y Ana Lydia Vega. *Plaza de la Convalescencia.* Manuscrito, 1980.

Santos-Febres, Mayra. "Puerto Rican Underground". *CENTRO: Journal of the Center for Puerto Rican Studies* VIII/1 & 2 (1996): 216-231.

Sommer, Doris. "Not Just Any Narrative: How Romance Can Love Us to Death". *The Historical Novel in Latin America.* Daniel Balderston, ed. Gaithersburg: Ediciones Hispanoamérica, 1986. 47-73.

Torrecilla, Arturo. *El espectro posmoderno.* San Juan: Publicaciones Puertorriqueñas, 1995.

Exilio y travestismo,
los escritos mexicanos de Puig

Graciela Goldchluk
Universidad Nacional de La Plata-CONICET

1. Dime quién habla

Tal vez la mejor construcción de Puig haya sido su personaje de escritor *naif*, el eterno relato de las voces que resonaban en sus oídos y del deseo de escribir simplemente lo que lo fascinó de aquellas películas que veía con su madre en un pueblo de provincia, desentendido de los libros. Sin embargo, es posible leer en esa construcción una respuesta al estado de la literatura —al menos de la literatura argentina— particularmente atendiendo al método de trabajo de Puig. Al estudiar los manuscritos, aparece toda una literatura escrita al dorso, ya sea al dorso de una boleta de hotel, de una comunicación académica, de una obra propia o de un amigo, o de traducciones de sus obras anteriores; como un eterno diálogo mantenido consigo mismo y con sus colegas, con la cultura y con los ausentes. De este modo, la literatura de Puig será considerada como una respuesta no solo a la literatura, sino también a un entorno cultural más amplio.[1]

Hacia los años sesenta, cuando Puig se convierte en escritor, un debate con el modelo literario de Borges parecía inevitable. Sin embargo, Puig se desentiende de este modelo; en lugar de intervenir en el debate literario en los términos establecidos, plantea nuevos problemas con respecto a la literatura, desvía la mirada y en ese desvío se encuentra con otras miradas ávidas de desvío: sus lectores. La intervención de Puig, a partir de su primera novela *La traición de Rita Hayworth* (1968), hace tambalear las jerarquías de la alta y la baja cultura y llega a cuestionar el estatuto mismo de lo literario; pero al mismo tiempo, presenta una respuesta literaria a los modos elusivos en que una parte de la literatura argentina planteaba las relaciones con los fenómenos políticos, y a los modos confiados en que otra parte de la literatura se nombraba delegada de la voz popular y del sentir nacional. La posibilidad de la referencia —problema que parecía insoslayable en cualquier texto "serio"— no está cuestionada en las novelas de Puig, donde más que como una dificultad aparece como una fatalidad. No importa qué se diga, si hasta los boleros dicen montones de verdades, es imposible dejar de hablar sobre la realidad. Lo que la literatura de Puig pone en primer plano —con un movimiento que más que a la paradoja se acerca al oxímoron— es el problema de quién dice: se trata de un *silencio a gritos* de la voz autoral logrado a través de la ausencia y la puesta en duda de la categoría de narrador. La falta de un narrador globalizante que se pueda identificar con el autor produce un pliegue sobre la superficie textual que obliga al lector a preguntarse quién se hace cargo de estos discursos. Lucille Kerr lo ha señalado en relación con la puesta en duda del lugar de autoridad que supone esta estrategia narrativa:

> This textualized author is a figure that haunts any text of fiction —Puig's fiction writing allows us to see it as that kind of haunting figure and to read it in a uniquely critical way. (239)

No se trata sólo de la puesta en duda, sino que esta escritura nos induce a una lectura particularmente crítica, movimiento que parte del texto hacia el lector y que he llamado el "silencio a gritos". La pregunta sobre el enunciador resuena y se expande en el silencio de autoridad que dramatizan los textos. Quién habló siempre en la literatura argentina, qué supone la negación estructuralista del autor, practicada como lectura sobre textos que —sin embargo— descansan en la posesión de un saber cada vez más específico, textos enunciados a partir de sujetos escindidos, problematizados, pero dueños de un lenguaje propio, idiolecto que señala el terreno de la literatura propia. El caso es que mujeres y niños, incluso homosexuales, incluso de clases bajas, han habitado las páginas de la literatura, pero difícilmente como enunciadores de su propio discurso.[2] Puig escuchaba, leía, iba al cine, y finalmente articuló en sus textos esa pregunta que nadie parecía dispuesto a formularse: quién habla. A partir de ese punto se desencadena la fatalidad de la referencia: dime quién habla y te diré qué cuenta; o puesto de otra manera, más adecuada a los textos de Puig: te mostraré quién habla y tú podrás imaginarte las historias que tiene para contar.

Lo que intento establecer es que el vacío de autoridad que practica Manuel Puig en los textos inviste a sus personajes de una densidad semántica específica: en el coro polifónico presentado por Puig, la "zona de los personajes" no puede establecer relación segura con una "zona del autor" (Bajtín) que sólo existe en el nivel de la organización textual, y por lo tanto esos personajes giran en una esfera en la que sus voces resuenan y se entrechocan con sus propios referentes intertextuales.[3] Enunciadores por excelencia: conversan, escriben cartas o diarios íntimos, seleccionan lecturas o narran historias; como contrapunto, el texto —el narrador oculto— les opone artículos científicos, informes policiales o historias fantásticas, es decir, les opone el género —modos que tiene la sociedad de contarse sus propias historias. Es finalmente en la voz donde está contenida la historia y es en la construcción de esa voz donde Puig juega su mejor apuesta.

De este modo, la pregunta por el sujeto de la enunciación (que esconde otra pregunta por el sujeto de la escritura) se vuelve también sobre la llamada "literatura social", generalmente portadora de un "mensaje", cuanto más claro mejor. Frente a esta literatura voluntarista que se propuso "ser la voz de los que no tienen voz" Puig sonríe, sabe que la gente tiene voz, la articula socialmente y se reconoce a través de ella. La risa invierte la consigna: no se trata de una carencia de la gente que no tendría voz, sino de la literatura que no ha sabido construirla en la escritura. Solo a través de esa sonrisa, ahora sí risa carnavalesca que destrona los grandes temas para instaurar el reino efímero de lo banal, Puig vuelve a preguntar quiénes no tienen voz, quiénes no la tienen en la literatura argentina, aunque sean protagonistas de las historias que un narrador más o menos populista, más o menos irónico, lleva de la mano. Justamente y retomando el mito de origen de la escritura de Puig, el paso del cine a la literatura es evocado por el escritor como una voz que se le impone, la voz de una tía que "solo tenía banalidades para contar"; de ahí en más, la literatura de Puig se ha leído con acierto como una constante investigación crítica de la función represora del buen gusto y una persistencia en "la fascinación del mal gusto" (Giordano), pero me interesa prestar atención a esta nueva insistencia: la emergencia del personaje en el campo de la enunciación.

En esta encrucijada de respuestas y preguntas (no al revés, ya que la respuesta consiste en formular nuevas preguntas), hay una experiencia que se intensifica en 1974 y que es la experiencia del exilio. Hablo de intensidades, ya que, desde su adolescencia, el joven Juan Manuel Puig Delledone se había alejado de su pueblo General Villegas, de donde conservó amistades, pero ninguna nostalgia de volver a "su tierra";[4] así, vivió en Buenos Aires, Roma, Londres y Nueva York, además de cortas estadías en París, Estocolmo y otras ciudades. La emigración que había comenzado en su adolescencia en busca de un clima culturalmente más amplio se convierte en exilio cuando Puig recibe amenazas de muerte. Ya no tiene opción: quedarse en el país significaba su eliminación física y se va inmediatamente para no regresar. Al mismo tiempo, la policía secuestraba de las librerías de Buenos Aires su tercera novela, *The Buenos Aires Affair*, considerada pornográfica por la Liga de Madres de Familia (Avellaneda 114), y se iniciaba una eliminación simbólica contra la que Puig lucharía permanentemente: sus novelas reclaman al lector argentino y tienden un puente con el exilio.[5] Después de la "primavera de Cámpora", en la que Puig —como tantos intelectuales— había depositado esperanzas, nuevamente triunfaban en el país los sectores más reaccionarios del peronismo y se abrían las puertas para la dictadura más sangrienta que conoció Argentina. Nuevamente también, un movimiento que se reivindicaba nacionalista ponía el acento en la exclusión. Si una nación es una comunidad que se imagina como limitada y homogénea (Anderson), el momento del exilio marca violentamente la heterogeneidad: se expulsa a los otros (los que no son nosotros) fuera de las fronteras que limitan la nación. En este punto es donde se intensifica y se despliega la pregunta sobre quién habla, que Puig había formulado desde su primera novela. Si, como afirma también Anderson, "en el mundo moderno todos tienen y deben 'tener' una nacionalidad así como tienen un sexo" (22), la puesta en duda de uno de esos conceptos socioculturales puede poner en peligro la estabilidad del otro, en tanto lo muestra como construcción. En este sentido, la primera novela que Puig publica en el exilio pone en duda uno de esos conceptos, precisamente el que Anderson naturaliza dando por sentado que todos tienen (y deben tener, agrego ahora) un sexo. La primera frase de *El beso de la mujer araña* resuena contra ese supuesto naturalizado, ya que nos informa, desde el comienzo, que "A ella se le ve que algo raro tiene". Para Francine Masiello, que reflexiona acerca de los procesos de construcción de las nacionalidades, particularmente en Argentina, la historiografía ha puesto énfasis en los procesos de homogeneización, sin advertir que "podríamos acentuar la fase nacionalista como un momento dominado por la periferia [...] Si se la considera de esta manera, la fase de formación de la nación bien puede ser un momento de equivocación en que voces inesperadas irrumpen en el espacio público" (11). Aunque se está refiriendo al siglo XIX, las dos novelas de Puig publicadas en el exilio durante la última dictadura argentina, *El beso de la mujer araña* (1976) y *Pubis angelical* (1979), sumadas a otros proyectos como las comedias musicales *Amor del bueno* (1974) y *Muy señor mío* (1975) o el resumen de guión *Serena* (1977),[6] constituirían ejemplos excelentes de cómo ciertas voces inesperadas surgen para dar respuesta al discurso autoritario. Frente al autoritarismo que Puig ya había detectado en la izquierda y que se impone ferozmente con la represión, agotada toda esperanza de diálogo, serán las voces de un homosexual, una mujer frívola, o directamente la voz del bolero, quienes imaginen estrategias de supervivencia a través de la transmutación o el travestismo.

2. Del beso de la mujer araña al rugido de la mujer pantera

El optimismo de Puig con respecto al proceso político que vivió Argentina a comienzos de la década del setenta quedó registrado en su novela *The Buenos Aires Affair* (1973), donde la sórdida trama de policial negro se entreteje con la violencia de Estado. En un nivel de la historia, Leo Druscovich —personaje siniestro como sólo un crítico puede serlo— muere en un accidente que recuerda la fatalidad del folletín mientras Gladys Hebe D'Onofrio espera el amanecer junto a una joven esposa embarazada; en otro nivel, que conecta lo textual con lo extratextual a través de la presentación de fechas y de datos históricos como el resultado de ciertos partidos de fútbol: el comisario que recibe denuncias telefónicas lee los diarios despreocupado, días antes de que en Argentina estallara el movimiento popular conocido como "Cordobazo" (29 de mayo de 1969) y que iba a desencadenar el final de la dictadura Onganía y llevaría en pocos años a la apertura democrática, que con la asunción de Héctor Cámpora como Presidente de la Nación, en 1973, permitiría la liberación de los presos políticos.

Puig mantuvo entrevistas con estos presos liberados y tomó apuntes para la novela aún sin título que estaba proyectando, donde desde el comienzo había un lugar para esas voces: "El guerrillero estaba siempre, [...] estaba desde el primer momento, porque me interesaba una mentalidad que en ese momento en la Argentina estaba bastante presente, todos esos principios" (1981). Ese "primer momento", para Puig puede remitirse a su primera novela, a los cinco años que tardó en publicarla y en especial a una entrevista con un editor español en 1965, arruinada en oportunidad de conversar sobre el proceso cubano, cuando además de expresar su admiración, Puig agregó críticas a algunos aspectos relacionados con las libertades individuales y a la actitud aduladora de muchos intelectuales. Desde entonces quedó pendiente un debate sobre el componente autoritario y machista de la izquierda en general y de la izquierda latinoamericana en particular, que Puig iba a resolver en su propio terreno: el de la narración. A esta problemática se puede sumar el interés que Puig declaró por los movimientos feministas norteamericanos y la lectura de Marcuse (Amícola 67-71), pero es en la transformación de esas lecturas donde se produce la novela. El interés por los movimientos de liberación, donde tanto el feminismo como el hippismo se convirtieron en foco de atención, no está dado por las consignas sino por los cambios que estos movimientos operaban sobre los hábitos cotidianos, no se trata de "ser" —mujer o hippie—, sino de "devenir" (Deleuze y Guattari): "Se trata simplemente de bandadas de gente joven que van por las calles. [...] La ropa no es necesariamente extravagante, el pelo a veces hasta corto" ("Una revolución" 72). Frente a las consignas, Puig busca la línea de fuga del humor: "Era el momento de la explosión del feminismo y se hablaba ante todo de las terribles desventajas del rol de la mujer sometida. Yo estaba de acuerdo con las líneas generales del movimiento pero se me ocurrió que para extirpar el mal definitivamente había que analizarlo más, y señalar también cuáles habían sido las ventajas de aquel rol, porque alguna habría existido para que tal aberración durase siglos" ("Palabras del autor"), en su crítica a la victimización de la mujer subyace el escozor que le anuncia el peligro de una nueva producción de identidades fijas, de ahí el señalamiento: "en 1972 en Argentina no encontré ninguna mujer sin dudas al respecto" ("Encuentro"). En la búsqueda de la mujer, Puig encuentra el "devenir mujer" del homosexual: "los marginales sexuales con fijación femenina que no pudiendo realizar el sueño del matrimonio del señor fuerte y protector con la señora desvalida seguían imaginándolo a gusto" ("Encuentro"). Es en el movimiento deseante del devenir donde se pueden articular los cruces de dos personajes tan diversos, ya que, como aclara Perlongher: "no serían apenas 'tomas de conciencia', sino que tenderían a subvertir, también, las exclusiones, repulsiones y jerarquizaciones que esconden los enlaces" (69). A lo largo de la novela se explicitan y desarticulan diversos intentos de "toma de conciencia", ya sea a través de las notas al pie que intentan explicar no solo la homosexualidad, sino también la ideología de uno de los filmes narrados,[7] como a través de las intervenciones de Valentín, que actúa su papel de héroe trágico en la ignorancia de la propia trama de la novela (trama conocida tanto por Molina como por el lector). Al mismo tiempo, a través de los intercambios personales en la celda, asistimos a los devenires minoritarios de los personajes: si al comienzo de la novela tenemos un homosexual y un guerrillero (Molina y Valentín), la función de proveedor que asume Molina en su contacto con el afuera de la cárcel, los intercambios sexuales entre ambos, los relatos compartidos en los que empiezan a surgir deseos inconscientes reprimidos, operan desplazamientos en las atribuciones identitarias. Si desde el aparato represivo se intenta "ablandar" a Valentín para que delate a sus compañeros, dando por sentado que su dureza (es decir su hombría) es lo que hay que "quebrar",[8] es precisamente su devenir mujer a través de la aceptación de la banalidad y del deseo lo que le permite navegar en el mar de la morfina a la espera de reunirse con sus compañeros "para seguir la lucha de siempre". Por su parte, Molina persiste en su deseo y deviene heroína; de este modo, escapa tanto a las atribuciones identitarias de los represores como a los reclamos de Valentín de "actuar como hombre".[9]

Hasta acá la novela que Puig empieza a tramar en 1972 y a redactar en 1973, la cual empezaba con la agonía de Molina, a modo de prólogo, y terminaba con el delirio de Valentín. Sabiendo desde la primera página que Molina se sacrificaría, el personaje se rodeaba de un aura de heroicidad y sus acciones quedaban aliviadas de peligro: aunque hablara con el Director del penal, finalmente moriría sin delatar. El heroísmo de Molina se acentuaba porque el lector debía saber que Valentín saldría adelante y sería liberado, tal como anuncia la voz de Molina en la adaptación teatral de Puig. La novela era más discreta: sencillamente ubicaba la totalidad de la acción entre abril y mayo de 1972; faltaba un año, pero Cámpora abriría las cárceles y Valentín se reuniría con sus compañeros, que no llegaron a conocer a Molina. En 1974 la novela estaba bastante adelantada en esos términos cuando sobrevino el exilio y el cambio de coordenadas espaciales en la enunciación produjo inmediatos cambios en el enunciado. La condición de exiliado, junto con la conciencia de las atrocidades que comenzaban a suceder en el país, desplazó el centro del debate interno: trágicamente Molina y Valentín tenían que correr por sus vidas y la discusión, aunque quedaba planteada, podía postergarse.[10] En el interior de la novela, Puig suavizó las diferencias entre los personajes, la salvación de Valentín se tornó incierta y Molina resultó menos inofensivo. Al cambiar las fechas que aparecen en el capítulo ocho y desplazar la acción de 1972 a 1975, el futuro de Valentín quedó ligado al terrorismo de Estado que recién comenzaba, y al cambiar el comienzo de la novela, la rareza de la enunciación comenzó a mostrar su aspecto menos tranquilizador.

Puig sale del país con el borrador de *El beso de la mujer araña*: las ciudades que lo recibieron fueron México, en distintas casas de amigos, y Nueva York, donde tenía un pequeño departamento. En ese departamento es donde ve por televisión *Cat People*, la película de Jacques Tourneur donde el escritor encontró todos los elementos de su propia novela. Como ya había sucedido en *La traición de Rita Hayworth*, donde el capítulo uno es casi el último que escribe, Puig decide cambiar el comienzo y reescribe los tres primeros capítulos, donde cuenta la historia de "La mujer pantera". La primera frase del libro, de ese modo, se convierte en una declaración: "A ella se le ve que algo raro tiene, que no es una mujer como todas" establece una referencialidad múltiple. "Ella" es Irena, la mujer pantera, que vive fascinada por la fiera que lleva adentro. Tal vez también pueda ser la pantera del zoológico, que no se sabe si es una pantera macho o hembra, por la forma en que mira a Irena, y que al principio no puede darse cuenta de que hay algo fuera de la jaula porque le han colocado un pedazo de carne cerca de las rejas (como a Valentín). "A ella se le ve..." también remite a Molina, que no sólo es "raro", sino que se le nota: "—¿Se te nota qué? / —Que mi verdadero nombre es Carmen, la de Bizet" (72). También a la novela "se le ve que algo raro tiene", a partir de la distribución tipográfica que delata una novela "rara", con una doble pertenencia al discurso ficcional en el texto principal y al discurso científico en las notas al pie, en correlación con la doble impertinencia —muchas veces conflictiva— que establecen en el interior de la trama la historia romántica y la historia política. Finalmente es la propia imagen de escritor de Puig la que es "rara" y se ha vuelto visible: sin adscribir al modelo sartreano de "escritor comprometido", es la visibilidad de una escritura que indaga la dimensión política de los deseos más privados, que es capaz de deslizarse en la superficie satinada de los géneros menores y desde allí mostrar los pliegues del cuerpo —biológico y social—, la que resulta amenazadora para un poder que se propone eliminar la disidencia en todos los planos y a cualquier precio. Con este nuevo comienzo, Puig asume y afirma la exclusión física; ser raro es inevitable y además es peligroso: Irena —la mujer pantera— no puede evitar serlo, le toca en cambio sufrir una serie de teorías y explicaciones que tratan de convencerla de que lo que tiene es un trauma hasta que inevitablemente mata a su sicólogo y libera la fiera de la jaula; la pantera del zoológico mata a Irena y finalmente es atropellada por un auto de policía. Del mismo modo, Molina sale de su jaula, pone fin a su relación ambigua con el mozo del restaurant y decide jugarse por Valentín, lo que le cuesta la vida al ser sorprendido por un auto de policía que lo estaba siguiendo. En términos alegóricos —como Puig leyó la película en relación con la novela— podríamos leer que este relato trata de cómo los diferentes —los disidentes— no se domestican y lo que es peor, siguen rugiendo desde el lado de afuera de las rejas, no les da vergüenza. Desde el lado de afuera de la frontera de su país, Puig se afirma en la exclusión física para luchar contra la exclusión simbólica: la novela se publica en España —previo retoque de último momento sobre el carácter guerrillero de Valentín y sobre la fecha de su detención— y circula en fotocopias clandestinas en Argentina.

3. Más que abrazarlas, quiero... hablar con ellas

Tres narraciones se interceptan e intercalan en el collage que conforma la primera novela de Puig escrita totalmente en el exilio. *Pubis angelical* (1979) trata del devenir mujer de Ana desde la cárcel de sus nominaciones: "muñeca sentimental" (24), "objetos preciosos" (26), hasta el propio reconocimiento que la lleva al encuentro con las otras: su madre y su hija. Las tres narraciones: la de "la mujer más hermosa del mundo", la de W218 y la de Ana en el hospital, establecen un paralelo entre sí y a la vez se relacionan con el diario íntimo donde Ana intenta explicarse a sí misma y, por sobre todo, ahuyentar el fantasma de la muerte. En una primera lectura, la novela presenta tres planos ficcionales: uno que abarca las dos historias narradas en tercera persona, ambas ostentosamente antirrealistas; otro que corresponde a los diálogos de Ana con Beatriz y con Pozzi, sin narrador, que se opone al plano anterior por efecto de inmediatez y realismo, pero se integra en el devenir del personaje y la narración; y por último el del diario íntimo de Ana en primera persona, por momentos más explicativo que narrativo, que se hace cargo de contar el pasado de Ana y constituye otro plano ficcional que entrelaza los anteriores.

El diario personal se presenta como un texto con un enunciador unificado en la primera persona del singular, sin embargo esta enunciación, si bien se mantiene, no deja de estar cuestionada. Al yo se le opone un nosotros, o nosotras: "en Argentina diríamos [...], otro plural" (24) "yo y las otras, nos tenemos, y otra vez el plural" (24), pero el texto —como representante de la consciencia de Ana— recupera la singularidad del sujeto enunciador e interpreta el plural como un encuentro con el interlocutor: "¿este diario es una excusa para preguntarle cosas a alguien? ¿a quién puede ser? ¿o es conmigo misma que hablo? ¿me estoy desdoblando?" (24); "con alguien estoy tratando de establecer un contacto" (26). En la búsqueda del otro que la constituya, Ana pone esperanzas en dirigirse hacia su padre muerto: el apelativo, cuando aparezca, será "papá", y el tono será el de justificación de las propias acciones frente a la figura paterna ausente. A lo largo de tres capítulos —el II, el IV y el V—, Ana reconstruirá los pasos más importantes de su vida como si estuviera bajo la mirada del padre ausente, comenzando desde el momento de la muerte hasta llegar al alejamiento definitivo, cuando el diario se interrumpe ante la sospecha de que esa mirada no logrará nombrarla porque ni siquiera se dirige hacia ella: "Papá ¿de qué estoy hecha? [...] Papá... te siento tan lejos. Como si no me comprendieses" (105). El diario reaparece recién en el capítulo X y luego en el XIII, más como memoria que como registro diario de la experiencia.[11] En este punto de la novela, los intentos de nominalización respecto de la mujer han cedido frente a la invasión textual de las distintas mujeres en las que deviene Ana, quien en las pocas páginas que ocupa esta última parte del diario explora los estereotipos masculinos de los que debería estar librado el "hombre superior" que busca, para descubrir rápidamente que estos estereotipos tampoco funcionan. En el aspecto que comparte con las memorias, es decir en la teleología que supone ordenar los hechos para hallarles un sentido, el diario muestra su fracaso; sin embargo, en tanto registro desordenado del acaecer cotidiano, cumple con un propósito postulado al comienzo: "escribo para no pensar que me puedo morir" (26). En el plano de las explicaciones, se repite el esquema de *El beso de la mujer araña*, referido por Valentín durante su delirio: "*me dijo que yo quería encontrarle explicación a todo, y que en realidad hablaba yo de hambre*" (286).

Esta unidad en el nivel del enunciador que sostiene el diario vacila en los otros planos narrativos: la oposición entre un plano "realista" y otro "fantástico" ha llevado a la crítica en general a leer la novela como la historia de Ana y sus ensueños (Bustillo; Speranza); sin embargo, aunque existen conexiones entre las tres historias, no hay marcas de subordinación que permitan establecer una jerarquía. Así como en el diario íntimo se recupera la unidad del sujeto enunciador, en la sucesión de historias encastradas esa garantía de unidad se disuelve. Coherente con su proyecto artístico, Puig elige para esa operación típica de la vanguardia el uso de géneros provenientes de la cultura de masas, como el melodrama y el folletín, que en esta novela pasan del plano de la enunciación al del enunciado. Ya no se trata de personajes que miran películas o escuchan radionovelas —la protagonista en este caso es directora artística del Teatro Colón[12] y conocedora del cine de vanguardia y de los circuitos experimentales de teatro— sino que la narración misma asume la voz del género. Como si Molina nos contara una historia, pero ya no hay a quién adjudicarle una conciencia colonizada por tanta industria cultural, salvo al autor, que tampoco aparece detrás de este narrador, perdido en la pluralidad serializada del producto industrial: no es un narrador, sino una marca sobreimpresa en los rostros de las divas de Hollywood, el enunciador del sintagma "la mujer más hermosa del mundo". En contraste con esta modalidad narrativa, la aparición de una zona de la escritura donde se privilegia el diálogo de tono realista aparece como un lugar desde donde recomponer la subjetividad del personaje, y es así que el lector tiende a reunificar las historias en torno a Ana, que a su vez se esfuerza en suprimir la pluralidad de enunciadores en su diario íntimo. Esta lectura naturalizante está sin embargo puesta en duda por la propia estructura de la novela, la cual, como apunta Lucille Kerr (254), comienza con una historia "segunda" en cuanto a su relación con otra considerada "principal", pero también "primera" por derecho de aparición en el texto y por ubicación cronológica, ya que abre la serie de relatos que parten desde la Segunda Guerra y llegan hasta la "era polar". Bastaría recordar que la naturalidad con que Puig construye sus diálogos es un recurso literario más, tan artificiosa como un soneto, para acceder a otra lectura del texto.[13] La lectura que propongo debería ser al mismo tiempo más desconfiada y más ingenua: deberá desconfiar de la división antes establecida entre relato "realista" y relatos "fantásticos" para incluirlos en el mismo fluir de la narración, y deberá dejarse llevar de manera ingenua por ese torrente del relato regido por el exceso y modelado por el sentimentalismo que es el melodrama. El melodrama tiene su medida en el desborde, en las películas del género las emociones son escenificadas y amplificadas y las acciones proliferan y se suceden alrededor de una pasión avasalladora, como en *Sublime obsesión* (Douglas Sirk, 1953) donde aparece una variante del motivo de la sociedad secreta, además del romance, la fatalidad, la ceguera —por lo tanto la mirada— la identidad oculta y los cambios bruscos de fortuna.[14] La exageración del melodrama cinematográfico, contenida por los límites que impone el cine en cuanto a atención y a duración, se expande en el folletín, cuyo formato casi infinito permite la reaparición de personajes antes eliminados, pero que vuelven a ser necesarios a la trama, libre de limitaciones causales y guiada por la suprema ley de la fatalidad. Es precisamente el formato del folletín el que organiza la aparición de las historias: presentadas por entregas, las tres historias componen un relato que atraviesa el espacio y el tiempo con la sublime obsesión de encontrar un hombre superior. De este modo, el género textual se convierte en vehículo de una travesía por el género sexual en busca del reconocimiento, momento clave de todo melodrama; pero la anagnórisis de Ana no desemboca en el descubrimiento de un ser unificado y verdadero que estaría velado por los estereotipos de la falsa conciencia, sino que deviene un ser múltiple que encuentra su sentido en su errancia. Así, el Ama es un avatar de los años cuarenta cuya historia se prolonga en el matrimonio de Ana y muere para conservar su secreto, huyendo de un psicoanalista que convertiría en realidad su pesadilla de vivisección, y W218 es otro avatar de la misma historia, más cercano de lo que en general ha sido considerado.

La historia de W218 transcurre en 1985,[15] lo que permite suponer una contrautopía irónica con el siguiente planteo: junto con un cataclismo que desvió el eje de la Tierra e inició la era polar, la sociedad que desea Pozzi —el "hombre superior" del relato presente— ha triunfado, y estos son los resultados: las mujeres hermosas cumplen servicio sexual obligatorio, pero las feas y enfermas no lo reciben: "explicó que el Supremo Gobierno tenía en programa una reforma de ese tipo, pero pasarían todavía algunas décadas antes de su realización, antes venían otras emergencias, como la defensa de fronteras, lo cual absorbía a todos los conscriptos varones de la nación" (186-187). Hacia el final de su aventura, W218 se interna voluntariamente en los hospitales de los Hielos Eternos, destinados "a presos políticos peligrosísimos y a enfermos altamente contagiosos" (251),[16] allí establece contacto con otra mujer y escucha la única historia que es calificada en el texto como verídica. Esta última mujer que aparece en el plano fantástico es la portadora del pubis de ángel y enlaza los distintos tiempos del relato: "Era una mujer de más de sesenta años, con el pelo entrecano y alborotado, y grandes ojos negros enclavados en párpados violáceos. W218 no halló maldad en esos ojos, los cuales desafiaban al entero pabellón" (264), su edad y la alusión a "la moda hippie de su juventud" la ubican antes del cataclismo. Ella le cuenta a W218 la historia de otra mujer que "era de un país muy alejado de todo y que estaba en guerra, una guerra civil muy inútil y sangrienta" (265), esa otra mujer había logrado escapar, se desintegró en el aire por efecto "del frío, la locura, el viento, la audacia, el hielo mismo, el ansia de ver a su hija, las estrellas, todo junto" (265) y apareció en "la Plaza del Pueblo [...] donde se yergue una pirámide blanca", en medio de una matanza que la mujer desafió: "Y se puso de pie y preguntó, forzando la voz cuanto pudo, dónde estaba su hija" (265). En este punto hay un cambio en la persona gramatical de la voz narradora, que pasa de la tercera persona a la primera, es decir que aquella mujer que se escapó una vez pasa a ser la vecina de cama de W218: "De pronto se desató un viento extraño y el camisón se alzó, mostrándome desnuda, y los hombres temblaron, y es que vieron que yo era una criatura divina, mi pubis era como el de los ángeles, sin vello y sin sexo, liso. Los guerreros se paralizaron de estupor" (266). La presencia de esa mujer detiene la matanza, pero ella se desintegra nuevamente para seguir buscando a su hija, ahora se reencuentra con quien en otra historia sería Pozzi, un hombre "al que había creído muerto" y que "me dijo que lo perdonara por haberme dicho que yo era una frívola mujer, despreocupada de la suerte de su pueblo"; en el momento de aceptar los honores rechaza una atribución que la congelaría en otro estereotipo y recuerda que "si bien en esos momentos yo era la encarnación del Bien, por dentro no era más que una pobre mortal atormentada por el miedo de perder lo único que amaba en la tierra" (267). Finalmente se reencuentra con su hija, que también tiene pubis de ángel, de modo que es seguro que "no sería la sirvienta del primer sinvergüenza que le oliera ese punto débil entre las piernas" (267) y se vuelve loca de alegría y regresa al sanatorio, donde no la quieren porque es loca peligrosa, no quiere admitir que su hija está muerta. Casi sobre el final de la novela, termina este relato: "W218 miró en torno, las demás enfermas fijaban ojos burlones sobre la cama 27. En cambio la propia W218 tuvo la sensación de que el relato era verídico, y después de incorporarse con dificultad, estiró los brazos y arropó a la anciana dormida". Tal vez el relato fuera verídico en relación con la situación extratextual, ya que la novela transcurre en 1975, pero se escribe entre 1976 y 1979, los años más feroces de la dictadura, años de silencio y represión en los que un grupo de mujeres lograron articular una respuesta inusitada e impensable. Las Madres de Plaza de Mayo empiezan a marchar todos los jueves alrededor de la pirámide de la Plaza en abril de 1977; en junio de 1978, con motivo del mundial de fútbol, llegan a las pantallas de todo el mundo: como contracara de la utilización que la Junta de Gobierno hizo del evento deportivo, la televisión holandesa transmite la marcha de las Madres a la hora de la inauguración del campeonato. A partir de ese momento las nombradas por los militares "Locas de Plaza de Mayo" se convierten en un símbolo internacional de dignidad y resistencia, apoyadas en la consigna de "aparición con vida y castigo a los culpables" que mantienen hasta la actualidad contra toda pretensión de negociación razonable.

Este contexto de enunciación permite recuperar un referente, no para fijarlo como interpretación o punto hacia el que se dirigirían todas las mujeres de la novela, sino para registrar un avatar más de la subjetividad en permanente construcción y fuga que plantea el texto. Si, como señala Perlongher: "Una micropolítica minoritaria pretenderá, en vez de congelar las diferencias en paradigmas identitarios estancos, entrelazarlas hacia la mutación de la subjetividad serializada" (73), la novela parece apuntar en ese sentido. Ni ángel ni prostituta, ni Ama ni esclava, tampoco la encarnación del Bien es una buena opción para quedar congelada en una identidad fija. De ese modo, el final elegido rechaza toda idea de reunificación del sujeto escindido en pos de esa proliferación de subjetividades: "Más que abrazarlas, quiero... hablar con ellas, ...y hasta pueda ser... que nos entendamos...".

Escrita en los años de la dictadura, la novela parece preguntarse también en qué momento sucedió el cataclismo que desvió el eje de la historia y la búsqueda del "hombre nuevo" se convirtió en la imposición del "hombre superior". Si el discurso de la Junta militar de gobierno se basó en el endurecimiento de las oposiciones binarias, hasta convertir en piedra angular del sistema ideológico impuesto la "teoría de los dos demonios",[17] la estrategia discursiva de Puig se muestra particularmente eficaz en cuanto a la producción de un discurso alternativo. La elección genérica del melodrama, nunca tan presente como en esta novela —en donde como hemos visto infiltra todos los niveles—, impone la medida del exceso y trastrueca la posibilidad de fijar una identidad. El exceso melodramático da entrada al ridículo y una vez atravesado ese umbral, la inversión carnavalesca se vuelve contra el discurso naturalizante. Si la historia "verídica" está inserta en el relato de W218, un relato cuyo sujeto enunciador va mutando y que encuentra su referente en lo extratextual, tal vez todas las clasificaciones que proliferan tanto en el texto como en el contexto literario y social son intentos de "ganar una discusión"; o dicho de otra manera: se clasifica para controlar y ese es el gran secreto que no debe trascender. Continuadoras de la estirpe de mujeres araña y mujeres pantera, estas mujeres que leen el pensamiento ponen en peligro la supervivencia de los hombres superiores, y lo que es peor: les saben el secreto.

4. LA OTRA CARA DEL EXILIO

Manuel Puig retomó la escritura de guiones —que parecía haber abandonado para convertirse en novelista— con la adaptación para el cine argentino de su novela *Boquitas pintadas* (Torre Nilson, 1973). Llegado a México, adapta la novela de José Donoso *El lugar sin límites* (Ripstein, 1978), donde recrea la escena en que la Manuela seduce a su camionero bailando con un vestido de española y agrega al baile el relato de la leyenda de "El beso". La experiencia resulta decisiva: Puig se ha reencontrado con una posibilidad expresiva que lo pone en contacto con el mundo del espectáculo, a partir de ese momento continuará con la escritura de guiones, comedias musicales y obras de teatro durante toda su carrera.[18]

En los primeros años de exilio, México constituyó para Puig no sólo el lugar desde donde poder escribir, sino el proveedor de materiales culturales que incorporaría en sus textos, es allí donde se encontró con los mejores boleros y los melodramas de su infancia. Si en las novelas hay un trabajo consciente con la estructura narrativa del melodrama y con el desborde genérico que supone el "mundo raro" que proponen los boleros, en los proyectos que Puig desarrolla paralelamente se entrega al género y lleva al extremo algunas de las posibilidades que solo aparecen sugeridas en la narrativa. Durante la redacción de *El beso de la mujer araña*, Puig escribió dos comedias musicales: *Amor del bueno* (1974), basada exclusivamente en canciones de José Alfredo Jiménez y escrita para la cantante y actriz Lucha Villa, y *Muy señor mío* (1975), para Carmen Salinas. Mientras en *Amor del bueno* —título extraído del bolero "Un mundo raro", que se incluye en la última película narrada por Molina— se sugiere un cuestionamiento de los roles sexuales a través de la historia de un cantante delicado y con marcados rasgos histéricos que es cuidado por una mujer fuerte, decidida y protectora, *Muy señor mío* resulta una comedia ingenua, apta para menores, a pesar de lo cual toma como temas centrales el travestismo y la fascinación que ejerce la ambigüedad. El personaje principal de *Muy señor mío* es Chicharrona, una prostituta de baja estatura y formas opulentas que no consigue trabajo por su escaso atractivo, la plasticidad de su carácter la define en una acotación escénica:

es en efecto una mujer ultrarreceptiva, que a cada estímulo responde de manera acorde, es decir que si se la trata como bella se sentirá bella y actuará como bella, si se la trata como vulgar se sentirá vulgar y actuará como vulgar; esta tónica se mantendrá a lo largo de toda la comedia y será el principal resorte cómico del personaje.

Obligada por las circunstancias a vestirse de hombre, enamora a dos mujeres que pensaban engañarlo, una de ellas la dueña del cabaret que le tenía prohibida la entrada como mujer. Quien sedujo a todos vestida de varón, es engañada en la última escena por el mismo truco que ella había usado, todo esto mientras tangos y boleros se entretejen para comentar las acciones. Nada queda en esta comedia del dramatismo y el peligro que suponen lo "raro" en *El beso de la mujer araña*, surge en cambio el aspecto más teatral y lúdico del travesti; sin embargo, el tópico está desarrollado de manera más explícita que en la novela, aunque menos conflictiva.

Del mismo modo, mientras redactaba *Pubis angelical*, Puig ideó el guión cinematográfico *Serena*, alrededor de un personaje femenino construido por un grupo de hombres que aparecerían más adelante en la trama:

> Los siete hombres proceden a inspeccionar el material y elegir trozos que les interesan. Los van colocando sobre una mesa. Uno de ellos elige un torso de maniquí, otro trae un brazo, este sí humano, delicado y blanco, de mujer. Otro encuentra senos y se los aplica. Otro encuentra el sexo. Otro encuentra una pierna, que no combina con el resto, y brazos, que tampoco combinan [...] Mientras tanto se sigue oyendo a lo lejos la música quejosa del tango. Uno de ellos contribuye con una cabeza sin pelo de bella mujer sofisticada, otro le coloca una peluca rubia. Sin comentario alguno de aprobación, proceden a clavarle la peluca, a martillazos precisos y decididos, corren gotas de sangre por la frente y las mejillas de la mujer. Uno de los hombres saca un pañuelo...

A través de un recorrido que parte de "una clásica vecindad de México" y atraviesa una carpa en el campo, un *sex-shop*, un desierto, un puerto, una selva donde se filma King Kong, el Metropolitan Museum de Nueva York y una barca cargada de flores en Xochimilco, Serena asume diferentes roles, de modo que se indica que serán tres las actrices que representen el papel a lo largo de las distintas escenas. El tono es fuertemente paródico y hacia el final, Serena recorre como sonámbula varios lugares que han aparecido antes, hasta que llega de nuevo a la vecindad, donde:

> Busca algo que no encuentra, desordena todo para seguir buscando. Finalmente encuentra una caja. Adentro hay un par de alas, se las coloca y vuela hacia el cielo.

El sujeto en perpetuo devenir que es Ana en *Pubis angelical* se presenta en este proyecto de guión como un personaje que claramente no puede identificarse con una subjetividad unificada y que realiza su fuga delante de la pantalla, volando al cielo. En el camino que va de la novela al guión, la historia se desterritorializa. Ya no es una escritura construida como respuesta al autoritarismo que ocupa el espacio de la patria, sino como esperanza de diálogo con nuevos interlocutores. Es sabido que el exilio mexicano se caracterizó por su hospitalidad, experimentada de la mejor manera por Puig. Como una de sus consecuencias más felices, mientras a través de las novelas realizaba una tarea en contra de la supresión simbólica y tendía un puente con sus compatriotas, Puig ensayaba en estos proyectos de espectáculos teatrales o cinematográficos otros modos de abordaje de los mismos problemas temáticos y formales, pensando en la posibilidad de nuevos receptores con quienes establecer otras formas de comunicación y recrear el goce que el nuevo encuentro estaba provocando.

NOTAS

[1] Desde 1994 formo parte de un equipo de investigación de la Universidad Nacional de La Plata, dirigido por José Amícola, con el que abordamos trabajos de crítica genética en relación con los manuscritos de Manuel Puig. Los primeros resultados se presentaron en Puig, Manuel, *Materiales iniciales para La traición de Rita Hayworth*. Particularmente en el caso de *El beso de la mujer araña* me referiré a los procesos de escritura, ya que me encuentro preparando una edición de los manuscritos junto con Julia Romero, que serán incluidos en la edición crítica de la novela. Para citar declaraciones y textos de Puig indico la fecha entre paréntesis.

[2] Una excepción la constituye la obra de Silvina Ocampo, única escritora que —a mi juicio— puede considerarse plenamente como antecesora de la obra de Manuel Puig, por su relación con la cursilería, el tratamiento de los problemas de género y por la construcción de narradores elusivos. Puig insistió en el valor de la obra de Silvina Ocampo —con quien mantuvo una relación personal—, a través de la adaptación para el cine de su cuento "El impostor" y de otros proyectos de adaptación junto con escritores mexicanos.

[3] Este proceso de autonomización del personaje con respecto al autor se puede apreciar mejor si se toman en cuenta los procesos de escritura. En el proceso de textualización de *El beso de la mujer araña* se puede apreciar cómo Puig reemplaza alguna referencia cultural incluida en un relato de Molina para adaptarla mejor al imaginario del personaje. Por ejemplo, al describir un interior con "piano de caoba", reemplaza la expresión adecuada por —después de algunos ensayos— una duda del personaje: "¿de pino? ¿de caoba? ¡de sándalo!". La edición geneticista de manuscritos permitirá apreciar el artesanado en la construcción del lenguaje "natural" de los personajes de Puig.

[4] Disiento en este punto con una parte de la crítica que ve en las dos primeras novelas de Puig una reconstrucción nostálgica. Más acertada, y poco frecuente, me parece la relación que establece Espósito de *La traición de Rita Hayworth* con la tradición literaria argentina ligada a la oposición campo-ciudad.

⁵ A partir de *Pubis angelical* (1979), los exiliados argentinos pueblan el universo novelístico de Puig, con excepción de *Sangre de amor correspondido* (1982), que significó una experiencia límite para el autor en cuanto a experimentación y a cercanía con la lengua de Brasil. La recuperación del contacto cotidiano con el español fue uno de los motivos que impulsaron a Puig a elegir México como lugar definitivo de residencia. Sin embargo, esta presencia argentina no se observa en los textos teatrales y guiones cinematográficos, donde Puig se dirige a un público más amplio.

⁶ Las fechas consignadas entre paréntesis corresponden al momento de escritura de los textos, ya que en el momento de redactar este artículo los textos permanecen inéditos, aunque se proyecta su publicación en Beatriz Viterbo Editora durante 1998 y 1999.

⁷ Las notas al pie interceptan e interrumpen la narración con un discurso que responde al modo explicativo, donde se puede constatar a través de la lectura de manuscritos, un proceso de textualización que confirma su integración al plano ficcional, aún cuando en algunos casos se parta de textos científicos.

⁸ "Quebrado" es el término con que se aludía en las cárceles argentinas al militante que se convertía en colaborador de los represores.

⁹ En el capítulo trece Valentín le pide a Molina que no se deje dominar, por lo tanto, debería "actuar como hombre", aunque sea "con otro hombre".

¹⁰ En una conferencia (1984), Puig expresa su identificación de aquel momento con Juan Gelman, por encima de las diferencias: "I knew that Juan Gelman's family had been killed, even though there was a difference in that he had been involved with the guerrillas, he was not only a poet. Still, the precedent was there, the family of an exiled writer had been killed" ("Loss of readersihp").

¹¹ El diario refleja lo que pasa cotidianamente, busca registrar experiencias y sensaciones, mientras que las memorias ordenan la experiencia retrospectivamente y a través de la selección y el ordenamiento establecen un sentido.

¹² El Teatro Colón, fundado en 1890, en un teatro lírico de rango internacional que centraliza la actividad musical y de ballet clásico en Buenos Aires.

¹³ Ya desde los primeros apuntes, Puig organizó la novela en base a tres modos de narrar —"three different styles"— para tres historias: "*florished*", "*despojado*" y "*computerized*", el último correspondería a lo que más adelante se convierte en la historia de W218, que aparece apuntada como "Futurama" en analogía con una revista de la época llamada "Femirama". El primer esbozo de esta historia es el siguiente: "Futurama: ella en clínica, conoce ¿un tipo? amor romántico, se quiere retirar de clínica antes de terminar contrato o servicio militar, sale cuestión rareza, el muchacho la descubre y se ve en obligación de denunciarla. Ella sería puesta en revisación. Le da miedo y vuelve a clínica ¿cómo hace para quedarse?".

¹⁴ Douglas Sirk, de origen alemán, es uno de los padres del melodrama de Hollywood, donde se exilió huyendo del nazismo, *Sublime obsesión* se encuentra en la videoteca de Manuel Puig junto con varias de sus realizaciones. No sugiero una influencia de esta película en particular sobre la trama de *Pubis angelical*, pero resulta un intertexto interesante en cuanto al tópico del hombre superior y a la intervención de elementos misteriosos como la sociedad secreta, que también aparece en la novela.

¹⁵ La fecha está indicada en el texto al comienzo del relato: W218 debe vestirse con "ropas a la moda de 1948" (151) para seguir la fantasía de sus pacientes. El primero de

ellos, que actúa estrictamente dentro de las normas, se presenta como un joven de veinticinco años (152) y es calificado de acuerdo a su edad "un individuo de sesenta y dos años" (154). Si en 1948 el paciente tenía veinticinco años, al cumplir sesenta y dos estamos en 1985.

[16] Esta definición encierra un paralelo con *El beso de la mujer araña*, ya que Molina — como devolución de la mirada social— se refiere a sí mismo en sus representaciones inconscientes como un "enfermo contagioso" (véase capítulo nueve).

[17] El relato de los años de represión como un enfrentamiento entre dos facciones igualmente violentas —lo que a grandes rasgos resume la teoría de los dos demonios— equipara la violencia de algunos grupos opositores con el terrorismo de Estado que produjo secuestros, torturas y desapariciones sufridos por amplios sectores de la población. Si bien los más perseguidos fueron gremialistas, intelectuales, activistas políticos y jóvenes en general, el conjunto de la población fue víctima del terror como método de imponer una política económica y suprimir la oposición.

[18] Pocos meses antes de morir Puig asistió al estreno en Los Ángeles de su obra *El misterio del ramo de rosas*, interpretada por Ann Bancroft y Jane Alexander y a los ensayos de la versión musical de *El beso de la mujer araña* en Broadway, donde realizó numerosas observaciones que fueron incorporadas por el director Harold Prince. Sus últimos proyectos eran guiones, sobre vidas famosas —"Vivaldi" y "Claudia Muzio"— y sobre un romance en medio de la guerra civil española —"Jarama". También tenía una novela —"Mère fantasie"— entre las posibilidades a desarrollar.

Bibliografía citada

Textos de Manuel Puig

Materiales iniciales para La traición de Rita Hayworth. José Amícola comp., colaboradoras: G. Goldchluk, J. Romero y R. Páez. La Plata: Centro de Estudios de Teoría y Crítica Literarias, Publicación *Orbis Tertius* 1, 1996.
The Buenos Aires Affair. Buenos Aires: Sudamericana, 1973.
El beso de la mujer araña. [1976]. Buenos Aires: Seix Barral, 1997.
"Palabras del autor". *El beso de la mujer araña*. Barcelona: Círculo de lectores, 1987.
"Manuscrito y dactiloscrito de *El beso de la mujer araña*". Graciela Goldchluk y Julia Romero, eds. *El beso de la mujer araña*. José Amícola y Jorge Panesi, coord. Colección Archivos: Fondo de Cultura Económica, en preparación.
Amor del bueno. Melodrama. [1974]. Graciela Goldchluk cuidadora. Rosario: Beatriz Viterbo, en preparación.
Muy señor mío. Comedia. [1975]. Graciela Goldchluk cuidadora. Rosario: Beatriz Viterbo, en preparación.
Pubis angelical. [1979]. Buenos Aires: Sudamericana, 1990.

"Serena". *Relatos cinematográficos*. [1977]. Graciela Goldchluk y Julia Romero cuidadoras. Rosario: Beatriz Viterbo, en preparación.

"Encuentro con estudiantes de la Universidad de Göttingen". José Amícola. *Manuel Puig y la tela que atrapa al lector*. 1981. 257-286.

"Loss of a readership", *Index of Censorship* XIII/5 (octubre 1984).

"Una revolución en las costumbres". [1969]. "Bye-Bye Babilonia. Crónicas de Nueva York, Londres y París, 1969-1970", *Estertores de una década, Nueva York '78*. Buenos Aires: Seix Barral, 1993.

TEXTOS DE FUNDAMENTACIÓN TEÓRICA Y CRÍTICA

Amícola, José. *Manuel Puig y la tela que atrapa al lector*. Buenos Aires: Grupo Editor de América Latina, 1992.

Anderson, Benedict. *Comunidades imaginadas. Reflexiones sobre el origen y la difusión del nacionalismo*. México: Fondo de Cultura Económica, 1993.

Avellaneda, Andrés. *Censura, autoritarismo y cultura: Argentina 1960-1983*. Buenos Aires: Centro de Editor de América Latina, 1986.

Bajtín, Mijaíl. *Problemas de la poética de Dostoievski*. Buenos Aires: Fondo de Cultura Económica, 1993.

Bousquet, Jean-Pierre. *Las locas de Plaza de Mayo*. Buenos Aires: El Cid editor, 1983.

Bustillo, Carmen, "El discurso de la no-identidad". *El ente de papel. Un estudio del personaje en la narrativa latinoamericana*. Caracas: Vadel Editores, 1995.

Deleuze, Gilles y Félix Guattari. *Mil mesetas. Capitalismo y esquizofrenia*. Valencia: Pre-textos, 1988.

Espósito, Fabio. "*La traición de Rita Hayworth*. Estampas camperas". *Encuentro internacional Manuel Puig*. José Amícola y Graciela Speranza, comps. Rosario: Beatriz Viterbo Editora, 1998. 281-286.

Giordano, Alberto. "Lo común y lo extraño (para una relectura de *La traición de Rita Hayworth*)". *Paradoxa. Literatura/Filosofía* VI/6 (1991).

Goldchluk, Graciela. "Borges-Puig, el caso Buenos Aires". *Homenaje a Manuel Puig*. José Amícola, comps. *Estudios/Investigaciones* 21. La Plata: Facultad de Humanidades, 1994.

_____ "Cronología de la producción escrita de Manuel Puig". *La literatura es una película. Revisiones sobre Manuel Puig*. Sandra Lorenzano, coord. México: Centro Coordinador y Difusor de Estudios Latinoamericanos de la UNAM, 1997. 139-167.

_____ "La travesía de Valentín: de 'la vida real' a *El beso de la mujer araña*". *Hispamérica* (agosto 1998).

Historia de las Madres de Plaza de Mayo. Buenos Aires: Asociación Madres de Plaza de Mayo, 1995.

Kerr, Lucille. *Suspended Fictions. Reading Novels by Manuel Puig*. Urbana/Chicago: University of Illinois Press, 1987.

Masiello, Francine. *Entre civilización y barbarie. Mujeres, nación y cultura literaria en la Argentina moderna*. Rosario: Beatriz Viterbo Editora, 1997.

May, Georges. *La autobiografía*. México: Fondo de Cultura Económico, 1982.

Oroz, Silvia, *Melodrama. El cine de lágrimas en América Latina*. México: Universidad Nacional Autónoma de México, 1995.

Perlongher, Néstor. "Los devenires minoritarios". [1990]. *Prosa plebeya. Ensayos 1980-1992*. Selección y prólogo de Christian Ferrer y Osvaldo Baigorria. Buenos Aires: Colihue, 1997.

Speranza, Graciela. "Pubis angelical: sobre el uso del género". *In Memoriam Manuel Puig & Severo Sarduy*. First Graduate Symposium on Spanish and Portuguese Letters at Yale University. February, 1994 (mimeo).

El punzante murmullo del deseo: *En breve cárcel*

Sandra Lorenzano
Universidad Autónoma Metropolitana, México

> Un sueño de escritura no es forzosamente compacto; no se forma el proyecto de un libro de una forma organizada, voluntaria, justificada, sino más bien gracias a briznas de deseo, destellos de deseo [...]
> Barthes, *¿Por dónde empezar?* 29

I.

Propongo una lectura surgida de un fallido; propongo el "error" que nace de la mirada (el ojo como instancia liminar entre el riesgo de la posibilidad y una certeza inestable) como modo de explorar la escritura.

Leo acerca del "lenguaje no-discursivo" foucaultiano; lenguaje no-discursivo o "contra memoria" que contrarresta al *discurso*. Si puede pensarse que el espacio del discurso es el espacio luminoso de lo Mismo, el espacio de lo Otro estaría habitado por aquello que ha sido excluido: la locura, la sexualidad, el deseo, la muerte. El período Clásico (c. 1650-1800) es el de la preponderancia del reino de lo Mismo, mientras que en el período Moderno surge un nuevo espacio, un "pliegue" que descubre el límite en que la luz se encuentra con la oscuridad: es el espacio de lo "no-discursivo". En este pliegue escribieron Mallarmé, Bataille, Nietzche, Blanchot, Klossowski... Leo:

> El nuevo lenguaje de este espacio vertical es capaz de proporcionar una descripción totalmente diferente del discurso y de lo Mismo. Puede, además, hablar acerca de lo Otro (locura, sexualidad, muerte) de una manera cualitativamente diferente de aquella con que puede hacerla el discurso. Cada tanto las figuras de lo otro pueden atravesar este pliegue del lenguaje no-discursivo y hablar: sexualidad y muerte en Sade, locura en Artaud, la mujer podemos decir en el monólogo de Molloy [!?] y la actual historia feminista. (Lash 113)

Sin duda, Molloy con su texto sobre la escritura y el deseo se ubica en ese pliegue; sin duda su escritura se construye en la tensión —a veces sólo resuelta en violencia— entre el territorio de lo Otro y el espacio luminoso del discurso; sin duda los nombres de los autores citados forman una genealogía posible de su trabajo con el cuerpo y el lenguaje. Vuelvo a leer el párrafo con ansiedad, entusiasmada por los caminos que abre, "[...] la mujer, podemos decir, en el monólogo de Molly [...]" ¿De Molly? ¿Dónde ha quedado *En breve cárcel*? ¿Qué hay entre las palabras escritas por Joyce y la textualidad propuesta por Sylvia Molloy para haber provocado una lectura que no estoy dispuesta a considerar "equivocada"? El espacio infinito abierto por esa *o* que reúne y separa reafirma la persistencia del pliegue; territorio que se dibuja en la distancia que va de Molly a Molloy. La *o* es el ojo en tanto "figura que está en el acto de transgredir su propio límite" (Lash 117): vuelto hacia arriba el ojo vincula el lenguaje con la muerte. Si mira hacia afuera se vuelve lámpara y espejo. La "oscuridad de su núcleo se derrama en el mundo y lo ilumina", pero también como el espejo, condensa la luz del exterior en un punto negro. La *o*, el ojo: deseo, sexo, cuerpo. La *o*, el ojo: espacio privilegiado del cuerpo erótico (Bataille) ¿A través? del ojo se miran como si fueran sólo una en espejos enfrentados[1] y se alejan. Molly Bloom llevada por el flujo de lo Otro, Molloy desgarrada en la tensión en que nace su escritura. El pliegue no es territorio resuelto sino espacio de contradicciones y violencias en el que se lucha contra la muerte.

II.

> la memoria [...] es menos un acto de construcción activa que un acto de deriva, una suerte de poética de ruinas. Pienso en la deriva de la memoria como en una serie de vasos comunicantes. Al recordar recuerdo no sólo lo que he vivido sino lo que he recordado y también lo que que oído recordar a otros (Entrevista a Sylvia Molloy en Speranza, *Primera persona* 144).

Cuando se habla de la literatura de la época de la dictadura en la Argentina, no suele incluirse la novela de Sylvia Molloy *En breve cárcel*, publicada en 1981. Quizás haya contribuido a este silencio el que Molloy llevara, en el momento del golpe de Estado de 1976, muchos años viviendo fuera del país; quizás, el que su reconocimiento mayor sea como crítica literaria; tal vez estos elementos se combinen con la "incomodidad" creada por el propio texto, por su complejidad, por el sutil y denso trabajo sobre la escritura.

A esto se suma como elemento que aumenta la incomodidad, el tema del lesbianismo tratado de modo de "despojar la reflexión sobre el género de la fatalidad de lo binario [...] Creo que ahí —ha dicho Sylvia Molloy— tiene que estar la verdadera complejización, en cuestionar los límites o los aspectos represivos, de una legitimación monocorde de lo femenino" (*Primera persona* 142).

Estas características hacen que, si alguna recepción ha tenido, haya sido sobre todo por parte de la crítica feminista, que no suele vincularla al período de la dictadura. Creo que la ausencia de una mirada de este tipo, refuerza la idea de que los especialistas suelen hacer una búsqueda de "marcas" claras de realidad dentro de los textos del "Proceso", ese eufemismo con el que tantas veces se designa al último gobierno militar; como si frente a escrituras que revulsionan la noción de autoridad, la crítica quisiera erigirse en una nueva.

¿Qué tendría que ver con la literatura de la dictadura, desde esta perspectiva, una novela sobre amores lesbianos, escrita y ubicada en algún lugar del extranjero? Sin embargo, la novela de Molloy, llamada significativamente *En breve cárcel*, es un complejo ejercicio escriturario sobre el cuerpo y la memoria como espacios de significación simbólica y territorios de disputa de poderes sexuales, familiares, sociales. Por supuesto, pensar que estos espacios y estas disputas tienen que inscribirse *necesariamente* en el contexto de la dictadura es limitar su propuesta, pero desconocer este contexto lleva a que pierda parte de sus sentidos.

A través de la memoria del cuerpo y de la escritura, se asiste a una exploración de las posibilidades del yo en las que el dolor y el placer, con fronteras difusas entre ambos, juega un papel fundamental. Ante lo falocéntrico, autoritario y centralista del discurso dominante, Molloy propone una escritura descentrada, incompleta, realiza una desterritorialización de la expresión oficial que subvierte los lenguajes de autoridad. Frente a la "mujer-madre", vista como la depositaria de los valores nacionales, a la figura femenina encabezando a la "gran familia" argentina, imágenes recurrentes en los discursos de la dictadura, el cuerpo lesbiano de *En breve cárcel* es, de modo análogo a los cuerpos de las madres de los desaparecidos, una desviación a la función social asignada a las mujeres.

La transgresión de la protagonista no se da ya, en términos espaciales, desde la ocupación del espacio público vedado por la dictadura —la plaza, como en el caso de las madres—, sino desde un repliegue exacerbado en la intimidad. Ante un "afuera" amenazante, la escritura —gesto íntimo ella misma— se genera en dos espacios privados: el cuerpo y "las cuatro paredes desde las que ha elegido escribir". Pero intimidad no es sinónimo de comodidad doméstica en el sentido en que puede leerse en muchas de las novelas latinoamericanas contemporáneas escritas por mujeres, donde la recuperación del espacio hogareño, tan aparentemente rupturista, suele formar parte en realidad de un discurso convencional que refuerza las propuestas hegemónicas. En la novela de Molloy, la intimidad significa un permanente ejercicio de autorreflexión y de autointerpelación.

Serán los cruces entre espacios, tiempos y sujeto los que construyan la textura del relato: un departamento pequeño, ciudades nombradas sólo al final, presente y pasado como ejes de la memoria, y una mujer que (se) enuncia de maneras diferentes son las instancias fundantes del cuerpo/texto.

Hay una "historia" que va a desencadenar el ejercicio de escritura ("Quiere fijar la historia para vengarse, quiere vengar la historia para conjurarla tal como fue, para evocarla tal como la añora". *En breve* 13); una historia de mujeres, de cuerpos femeninos, tal vez la historia de una pasión. Historias de amor que se cruzan: la narradora que amó a Vera, que a su vez amó a Renata; la narradora que ama a Renata que ahora ama a otra mujer. Historias de amor que son también historias de celos, de miedos, de desencuentros. La escritura se inicia entonces para cubrir el vacío dejado por una amante que no llega a la cita; para cubrir los vacíos de la memoria.

La memoria como poética de ruinas será la que articule la escritura; escritura de ruinas: fragmentos de imágenes, de recuerdos, de deseos. No hay totalidad ni posibilidad de totalización, sino un continuo movimiento de "añicos" que evidencia el desacomodo. Si en su libro *At Face Value*, Molloy se proponía analizar los intentos y las estrategias de diferentes sujetos que escriben de dar cuenta de sí mismos a través del género autobiográfico, *En breve cárcel* muestra la imposibilidad de alcanzar este objetivo. No hay relato posible, y es a partir de las fisuras de esta afirmación que nace su textualidad.[2]

> Sólo atina a ver capas, estratos, como en los segmentos de la corteza terrestre que proponen los manuales ilustrados. No: como las diversas capas de piel que cubren músculos y huesos imbricadas, en despacible contacto. (*En breve* 23)

¿No puede acaso verse como un palimpsesto la imagen recurrente de las capas de piel? El cuerpo va acumulando los diversos momentos de su propia historia formando estratos de memorias, de sueños, de encuentros, en "despacible contacto".

> De chica le impresionaban mucho más que los esqueletos —que siempre le parecían cómicos— esos cuerpos que ilustran el sistema muscular en los diccionarios. Más de una vez ha soñado con despellejamientos. (*En breve* 16)

Como su memoria, el lugar en el que escribe está habitado por el recuerdo de sus historias de amor, inestables, transitorias, "cuartos y amores de paso", así como por ciertas imágenes del "romance familiar"; es también un palimpsesto: "pequeño, oscuro", casi totalmente despojado, guarda las historias que en él han sucedido; historias reencontradas por la protagonista al volver a ese departamento en el que ya había estado, en el que ya había vivido una dolorosa historia de amor.

La exploración de las distintas capas hecha a lo largo del relato, será en realidad una "deriva rizomática", contraria a una jerarquía organizativa autoritaria. El orden posible de movimiento, del interior al exterior (o del antes al después) o viceversa, es transgredido a través de una estructura fragmentaria y ramificada por la cual deambula la escritura.

III.

> la muerte es sin duda el más esencial de los accidentes del lenguaje (su límite y su centro): del día en que uno ha hablado hacia la muerte y contra ella, para contenerla y detenerla, algo ha nacido, murmullo que se recobra y se cuenta y se redobla sin fin, según una multiplicación y un espesamiento fantásticos donde se aloja y se oculta nuestro lenguaje de hoy.
>
> Foucault, *De lenguaje y literatura* 145

Como para Ulises (nuevamente Ulises, ahora más lejos de Dublín que de un Mediterráneo que lo espera para devolverlo siempre a su lugar de origen), para la narradora de *En breve cárcel*, el lenguaje es el recurso que la mantiene tal vez suspendida contra la muerte. "Escribir para no morir, como decía Blanchot [...]" (Foucault, *De lenguaje y literatura* 14). O quizás contar para no morir, como Scherezada. Contar que se escribe, escribir que se cuenta en el espacio en que el lenguaje habla de sí mismo para hablar de aquella que se construye página tras página:

> Ella también, ella que escribe, surge, como tantos dioses, de un juego de palabras y de lo que las palabras [...] muestran y esconden. Se ha escrito, a lo largo de este relato, sin nombrarse; se ha fabricado, producto de un adulterio entre ella y sus palabras, y —por fin— apenas empieza a conocerse. (*En breve* 150)

La escritura, entonces, la constituye, le permite encontrar una voz, dibujar un cuerpo. "Emprenderá un viaje..." dice hacia el final de la novela pero, en realidad, está llegando de un viaje, del que la ha llevado al encuentro con su propia imagen. Desde la necesidad de "escribir una historia" (13) al descubrimiento de haberse escrito a sí misma; del afuera a lo íntimo, la muerte ha sido conjurada, explorándola, incorporándola al propio cuerpo. El movimiento es doble; o, mejor, son dos movimientos de signo inverso pero complementario: descubrir y cubrir, y entre ambos el ojo volcado hacia el deseo y el erotismo. "El texto tiene una forma humana: ¿es una figura, un anagrama del cuerpo? Sí pero de nuestro cuerpo erótico" (Barthes, *El placer del texto* 29). Como en los despellejamientos que con tanta frecuencia aparecen en sus sueños, la mujer que escribe se irá quitando —a veces con violencia, siempre dolorosamente— las capas que la cubren; en un mismo movimiento las hojas escritas le darán forma como si fueran (son) su piel. No se trata de más o menos "autenticidad" sino del simulacro como origen de la identidad.

> Algún día habría que analizar con detenimiento el cuidado, la energía que dedican ciertos escritores a construir su imagen, a fabricar, a aderezar su persona. [...] La imagen proyectada es el escritor y también su máscara: hecha de lo que es, lo que se busca ser, lo que queda bien que sea y lo que se sacrifica para ser. (Molloy, "Dos lecturas" 58)

Lenguaje autorreflexivo, abierto a la muerte y al deseo, a la sexualidad y a la locura. En ese pliegue, entonces, la narradora construye su rostro y su máscara, el límite de su piel.

IV.

> La *espera* me hace dolorosamente sensible a mi estado incompleto, que *antes* ignoraba. Pues ahora en la espera "antes" y "después" chocan de frente en un terrible jamás. El amor, el amado, borran la cuenta del tiempo.
> Kristeva 5

La *espera* es en la novela *En breve cárcel* también parte de una historia amorosa, pero al mismo tiempo que crea el estado de exaltación e incertidumbre propio de ese tiempo suspendido, de ese "no tiempo", es el disparador de la escritura. El amor revela la propia incompletud, difuminando los límites de la identidad; en el amor "*yo* ha sido otro" (Kristeva 4) o, por lo menos, busca desesperadamente serlo. La ausencia de ese otro, la ausencia que obliga a la espera, muestra la fisura de la discontinuidad. En las fronteras del narcisismo y la idealización, "Su Majestad el Yo se proyecta y glorifica, o bien estalla en pedazos y se destruye, cuando se contempla en un otro idealizado" (Kristeva 5).

Temáticamente, la novela trabaja sobre esta búsqueda del Otro/a que va a permitir convertir a la protagonista en un ser "completo", pero es una historia de amores frustrados, de amores desgarrados, donde el deseo y el placer van acompañados por infinitas violencias. La violencia como signo quizás de lo imposible de la búsqueda amorosa.

La protagonista está sola, y el término no describe únicamente la situación momentánea o temporal del encierro voluntario en un departamento, sino la soledad esencial del ser.[3] Por esto, la espera que marca su escritura, que origina su escritura ("Mientras espera escribe; acaso fuera más exacto decir que escribe porque espera", 15) no terminará ni aun con la llegada de Renata, la mujer a quien está esperando, con la que tiene un fugaz reencuentro en las últimas páginas de la novela.

> Diseca —sobre todo— porque se aplica a algo muerto: el contacto con Renata que ya añora, que ya le duele en todo el cuerpo, porque sabe que no volverá a tocarla. Sigue mirando por la ventana, sigue escuchando la música, diciéndose que Renata no está allí, detrás de ella, y que pronto se tendrá que ir. (158)

Sin embargo, la mujer escribirá sobre su búsqueda por romper esa soledad, y esa búsqueda cargará a la escritura de la tensión del deseo. Hay una necesidad de otros cuerpos, de complicidades, que marca en especial todos aquellos fragmentos que tienen que ver con sus relaciones amorosas. El o los seres amados —las mujeres amadas— son, más que una presencia, una ausencia constante, la falta que lleva a desearlas.

Violencias y abandonos parecen ser las marcas de ese triángulo amoroso; hay una cierta perversión en el goce erótico así vivido, pero a la vez una dolorosa insatisfacción. No son como éstas las "historias de amor" que se desean; tampoco las de la costumbre y el tedio de las parejas que llevan largo tiempo conviviendo ("Diseca, sí, con la mirada fija en el cuarto de enfrente, iluminado, donde come pacíficamente y con la indiferencia que produce el acostumbramiento, una pareja" 157).

Y sin embargo, hay un fuerte erotismo en las páginas de la novela. Habría que decir quizás, una tensión erótica dada sobre todo en la contenida caligrafía de la escritura (vivida como placer y dolor). El deseo que de manera consciente aparece dirigido a las amantes sucesivas se disemina en sueños y recuerdos y en el propio ejercicio escriturario. Menos un placer narcisista que la necesidad de descubrir su propia identidad, la lleva a buscar su imagen, así como solía hacerlo en la infancia en espejos enfrentados, en las páginas escritas. "Escribe para saber" pero ese saber tiene menos que ver con el conocimiento racional que con las marcas de la historia en el cuerpo.

En la película de Peter Greenaway, *The pillow book*, basada en un texto japonés de hace cerca de mil años, la piel de los personajes es la superficie sobre la cual se escribe, literalmente, la historia. El ambicioso editor hace algo más que un acto *voyeurista* al leer la historia que la escritora plasma sobre la piel de los hombres; desnuda al portador del mensaje mediante la transcripción de éste a un libro. Las imágenes de Greenaway muestran a través de la sofisticada elaboración visual que lo caracteriza la exasperación de la relación cuerpo/escritura en su mutua determinación; aquello que se escribe está ya inscrito en el cuerpo, escribir sería, en este sentido, "traducir" (no olvidemos que la protagonista de *En breve cárcel* es, precisamente, traductora).

Por otra parte, el pensar en el cuerpo como origen de la escritura, como fuente,[4] es una de las propuestas más fuertes de ciertas líneas de la teoría feminista; en ellas el cuerpo es aquello no ya que se *opone* al logos, sino que permite la deconstrucción de la concepción binaria que estructura el pensamiento patriarcal.

> La vida constituye texto a partir de mi cuerpo. Soy ya texto. La historia, el amor, la violencia, el tiempo, el trabajo, el deseo lo inscriben en mi cuerpo, acudo allí donde se deja oír "la lengua fundamental", la lengua del cuerpo, en la que se traducen todas las lenguas de las cosas, de los actos y de los seres, en mi propio seno, el conjunto de lo real trabajado en mi carne, captado por mis nervios, por mis sentidos, por el labrado de todas mis células, proyectado, analizado, recompuesto en un libro. (Cixous 5)

Como en todo el relato la tensión se construye entre lo controlado y "la falta de límites". El cuerpo sometido al dolor y los rigores para poder conocerlo, ¿para poder controlarlo?

"Una noche se tajeó con saña el antebrazo: no sintió nada" (32). Escritura y dolor que se unen sobre la piel; es decir, la literalidad de la relación entre el acto de escribir y el cuerpo se da en este violento *graffiti* sobre sí misma. Como en los espejos enfrentados en los que le gustaba mirarse de niña, o en los que alguna vez vio la marca que la violencia de otro había dejado sobre su piel, la relación entre el cuerpo y la escritura tiene un cierto carácter especular: escribe *sobre* su cuerpo y a la vez escribe *a partir de* su cuerpo.

V.

De modo semejante a la forma en que rastrea el "archivo de autores" elegido por aquellos escritores sobre los que trabaja en *At Face Value*, Sylvia Molloy habla del suyo propio en "Sentido de ausencias". El artículo funciona como respuesta a la usual pregunta acerca de los escritores que, como dice la propia autora, "la han marcado". Quiero subrayar la carga corporal de la expresión; en primer término, no aparece la noción de *precursores* ni de *influencias* sino de "marcas" en lo que puede leerse una diferencia con respecto al acto puramente intelectual de armar un catálogo de nombres. La *marca* recuerda que también se lee y se escribe desde la piel, tal como lo explora la protagonista de *En breve cárcel*. La consecuencia de la pregunta es también básicamente "corporal": "Intentar aclarar la dificultad de esta doble pregunta, a partir del *desasosiego* con que reacciono a ella, es el propósito de estas páginas" (Molloy, "Sentido de ausencias" 483). Sin embargo, frente a ese desasosiego se busca un primer apoyo que, de algún modo, es la primera respuesta al cuestionamiento; se trata del epígrafe, tomado de un poema de Alejandra Pizarnik, que contradice, en parte, lo que declara más adelante la autora acerca de la poca influencia que han tenido en su obra las escritoras mujeres. Por otro lado, quisiera señalar la coincidencia entre el título del artículo (que es el título del poema de Pizarnik) y el título de la novela en la traducción al inglés: *Certificate of absence*, tomado de un poema de Emily Dickinson, lo cual refuerza la idea de una cierta genealogía femenina. ¿Señalada quizás a través de la "sinécdoque" de la ausencia?

La pregunta por los precursores es una de las preguntas más indiscretas que pueden hacérsele a un escritor porque "es reclamar acceso a lo que constituye su acervo vital". La respuesta que articula Molloy frente a tal indiscreción sigue, en gran parte, el modelo que ella misma ha estudiado en las autobiografías. Empieza, entonces, a elaborar su propio archivo a partir del "libro inicial" de la infancia:

> justo sería decir que el primer libro que me marcó fue una antología de cuentos de hadas inglesas (de una colección que practicaba un concepto nacionalista de lo feérico), con lo que ejercitaba laboriosamente mi flamante competencia de lectora bajo la mirada tutelar de una tía. ("Sentido" 484)

Esta escena marca el inicio de la pasión por los libros y la lectura, y señala a la vez una relación más bien doméstica o cotidiana con ellos. La familia aparece como determinante en el descubrimiento del "mundo de la lectura"; la tía que sigue y protege a la niña en este rito iniciático pareciera dar origen también al gesto crítico ("Mi tía puntuaba mi lectura con comentarios de desaprobación ante ciertas violencias [...]"). Un papel similar es el que desempeña la tía de la protagonista de *En breve cárcel*.

Pueden establecerse precursores de dos maneras: "Una de ellas poco tiene que ver con nuestra voluntad. Cada texto que escribimos dicta, entre líneas, sus propios precursores, refleja para el lector los meandros de nuestras lecturas previas" (485). El segundo modo es elegirlos. Se elige un linaje, autores que "me permiten anclarme en otros textos, encontrar un respaldo cuando siento que lo que escribo es particularmente tentativo, inerme" (485).

Hay en estas líneas autobiográficas de Molloy una segunda escena que se rescata en la memoria y que tiene que ver con las precursoras mujeres: "Recuerdo un hecho de mi adolescencia, tanto más nítido cuanto que fue un gesto aislado.

En mi último año de colegio inglés salí primera en el examen final y gané un premio importante". El nombre que eligió entonces fue el de Katharine Mansfield a pesar de las presiones para que optara por un "clásico". Sin embargo, visto desde el presente, sabe que este gesto no resultó emblemático ni marcó el comienzo de una serie de elecciones semejantes, ya que durante muchos años sus lecturas fueron las señaladas por el canon patriarcal. La marca de la familia sigue siendo de gran peso, pero en sentido inverso a aquella primera complicidad con la tía: "Mi madre, que leía poco, opinaba que las mujeres escritoras (había conocido superficialmente a algunas: Norah Lange, Alfonsina Storni) eran todas unas extravagantes". Frente a la "extravagancia", Molloy optó por lecturas vinculadas a los gustos paternos. "Nunca vi a mi padre leer a Jane Austen, a George Eliot, a Virginia Woolf; sí a Kipling, a Conrad, a Stevenson" (487). Es interesante notar la coincidencia entre las lecturas del padre y la biblioteca de Borges.[5]

En "Sentido de ausencias", la falta de precursoras mujeres coloca a Molloy, quizás, como su propia precursora, lo que le daría, de acuerdo con Stephenson, la "autoridad" para escribir. Sabemos que la "angustia de autoría" ("*anxiety of authorship*") que sienten las escritoras, se trata de "a radical fear that she cannot create, that because she can never become a 'precursor' the act of writing will isolate or destroy her" (Gilbert y Gubar 49). Gilbert y Gubar proponen esta noción como una relectura, desde el punto de vista feminista, de la idea de "angustia de las influencias" de Harold Bloom. La teoría de Bloom se refiere fundamentalmente al canon patriarcal de la literatura occidental. Gilbert y Gubar plantean que ésta no puede pensarse de igual forma para las escritoras mujeres, por la sencilla razón de que sus precursores son fundamentalmente masculinos y por lo tanto tienen una significación diferente para ellas; no solamente porque encarnan la autoridad patriarcal, sino que tienden a encerrarlas en definiciones sobre su propia persona y potencial con lo cual suelen reducirlas a estereotipos ("ángel" o "demonio") que están en conflicto con su subjetividad, su autonomía, su creatividad. En este sentido, sería difícil leer la literatura de mujeres sólo de acuerdo con el modelo de Edipo frente a Laio que propone Bloom.[6]

La primera batalla de las mujeres por la creación las somete a sí mismas a un proceso en que debe revisar y redefinir los términos de su socialización. "Her battle, however, is not against her (male) precursor's reading of the world but against his reading of her" (Gilbert y Gubar 49).

Sin embargo, creo leer tanto en Gilbert y Gubar como en el trabajo de Stephenson una cierta idealización de la búsqueda femenina de precursores; tal búsqueda permitiría, según esta perspectiva, mostrar que la lucha contra la autoridad literaria patriarcal es posible. Así la mujer escritora buscaría un modelo femenino fundamentalmente para legitimar su propio trabajo. A pesar de que hay en estas afirmaciones una dosis de verdad, caen en lo que es uno de los principales problemas del pensamiento feminista, el del esquematismo. Considero que fincar el desarrollo de la literatura masculina en el "parricidio" y el femenino no en el corte sino en el establecimiento de un linaje de mujeres, es reducir las cosas a una polaridad demasiado simple. Es cierto que la mayor parte del trabajo crítico de Molloy, por lo menos el desarrollado hasta hace unos años, es sobre autores masculinos (Borges, Onetti, Felisberto Hernández, Sarmiento, Martínez Estrada, Rulfo); en este sentido *En breve cárcel* contrastaría con el resto de su producción. También me parece correcta la afirmación de que estas diferencias son el origen de parte de las tensiones y violencias que caracterizan a la novela. Sin embargo, tengo reparos para aceptar una relación directa entre el trabajo sobre los autores hombres y el canon, y las precursoras mujeres y la transgresión. Evidentemente, tanto la protagonista de la novela como la propia Molloy son conscientes de la dificultad de las mujeres para acceder a la literatura. De hecho, Molloy parece necesitar, aunque sea *a posteriori*, el reconocimiento de un linaje femenino.

> Inventarme, sí, precursoras: las que hubiera querido que me marcaran y no escuché con atención; fabularme un linaje, descubrirme hermanas. Hacer que aquellas lecturas aisladas se organicen, irradien y toquen mi texto ("Sentido de ausencias" 487).

Se trata de una propuesta básicamente política ante el silenciamiento que durante siglos ha pesado sobre las mujeres. De algún modo es un gesto que se propone como continuación de aquella opción rebelde de los 16 años por Katharine Mansfield. Pero queda un problema sin trabajar: el del tipo de lectura que Molloy ha hecho como crítica tanto de escritoras mujeres como de hombres; una lectura basada más en la desviación que en la norma, en lo marginal que en lo canónico. "Siempre me han atraído escritores que de algún modo han planteado la marginalidad, la autorreflexión, la ambigüedad, la perversidad" (Speranza 142).

Sin caer en los esencialismos que Molloy critica en ciertas líneas de la crítica francesa, considero que tanto su trabajo crítico como su ficción se acercan más a las teorizaciones sobre los textos "no discursivos", o sobre la "literatura menor", que a la preocupación por el género sexual de quien escribe. Cuando habla de sus lecturas de Blanchot, por ejemplo, ¿podemos acaso pensarlo como un autor del canon? En este sentido, me parece equivocada la apreciación de Stephenson de marcar como oposición las diferencias entre el trabajo crítico y el trabajo de ficción, "gender is what separates Molloy's fiction from her scholarship" (91).

Posiblemente veamos más "marcas de género" en la novela que en los ensayos críticos, pero hay un "contagio" entre los dos registros que es necesario señalar.

Para mí, la escritura de ficción y la escritura crítica son inseparables. Suelo trabajar paralelamente en un proyecto de ficción y otro de crítica, y a menudo los dos se mezclan, como sucedió con *En breve cárcel* y *Las letras de Borges*, dos textos que se han contaminado bastante eficazmente. Me gusta esta idea de contaminación, de contagio textual (Speranza, *Primera persona* 142).

Podríamos rastrear este "contagio textual" en muchos otros aspectos, sin embargo, más que eso, me interesa el quiebre, aquellos que hace que *En breve cárcel* represente una ruptura incluso con el corpus en que Molloy inscribe la textualidad borgeana.

Si Borges escribe amparado por la cultura occidental, es decir, si la literatura es para Borges, entre otras cosas, la reescritura (fragmentaria, irónica, desarticuladora) de su biblioteca, de manera similar la protagonista de Sylvia Molloy se respalda en los "libros consagrados", pero en su caso funcionan como instancia previa a la exploración de un camino diferente que el marcado por los "precursores". La biblioteca que contiene las obras que leyeron tanto Borges como el padre de la autora es necesaria quizás como protección, pero una vez situada con respecto a la mujer que escribe, en la primera página de la novela, no vuelve a aparecer.

No hay bibliotecas —dijo—, no hay mesa para escribir y la luz es mala. Suplió esas deficiencias y ahora libros y lámparas la rodean, apenas eficaces. Sabe con todo que la protegen, como defensas privadas, marcando un espacio que siempre llamó suyo sin hacerse plenamente cargo de él. (*En breve* 13)

No hay catálogos de nombres ni de títulos y el lugar de la literatura como eje en torno al cual se articula el relato lo ocupan el cuerpo y el deseo. Esta es quizás la transgresión mayor de la novela con respecto al canon patriarcal, transgresión que implica una doble ruptura en cuanto a las expectativas del (los) padres(s). Como mujer no será Diana, la diosa de la fertilidad, ni se someterá a los lineamientos de la literatura hegemónica; ambos elementos estarán en tensión con la exploración individual de su propia identidad así como con la construcción de un nuevo corpus literario con el cual dialogar (Blanchot, Bataille, Emily Dickinson...).

Algo similar sucede en el terreno en que son más inquisitivas y censoras las miradas de los demás: el del cuerpo y la sexualidad. La naturalización del lesbianismo significa una transgresión a la norma patriarcal del binarismo sexual. La protagonista dispone (¿disfruta?) de su escritura y de su cuerpo rompiendo con las expectativas del padre (tanto el real como el simbólico); esta ruptura es cuestionada permanentemente dentro del propio texto.

VI.

> El sueño confina con la región donde reina la pura semejanza. Allí todo es semejante, cada figura es otra, es semejante a la otra, e incluso a otra, y ésta a otra. Se busca el modelo original, quisiéramos ser remitidos a un punto de partida, a una revelación inicial, pero no la hay: el sueño es lo semejante que remite eternamente a lo semejante.
>
> Blanchot 256

Emily Dickinson escribió: "Tell all the truth but tell it slant". Estamos hablando, por supuesto, de las "verdades" del texto. Las críticas feministas han analizado estas tácticas de escritura sesgada como uno de los modos en que las mujeres han podido constituirse en sujetos que escriben. Desde el punto de vista masculino, la mujer creativa ha estado asociada usualmente a lo misterioso y mágico, o a lo monstruoso; como respuesta, muchas mujeres han reivindicado este estereotipo para deconstruirlo a través de la identificación con el monstruo. De alguna manera, esta búsqueda oblicua es uno de los modos en que también la protagonista de *En breve cárcel* intentará articularse a sí misma.

La transgresión por la que opta, en el plano de la escritura tanto como en el de la sexualidad, la convierten, ante su propia mirada, en un monstruo; no será vivida entonces como una posibilidad gozosa sino como una opción desgarradora ("Se veía de chica con una enorme cabeza, monstruosa [...]", *En breve* 31); de ahí las imágenes de figuras cortadas, los muñones, la ausencia de rostros; el castigo es la locura:

> Desde el hall adonde da la escalera ve bajar a dos figuras: una, su padre ya muerto; la otra, un cuerpo decapitado que parece el más fuerte. Luchan los dos con furia, su padre muerto y esta figura que sólo tiene por cabeza un muñón. [...] Ese cuerpo trunco, el cuerpo de la mujer que los miraba, es para ella la locura [...]. (*En breve* 149)

La locura, lo monstruoso, son también el castigo por el placer. En el momento previo a esta escena del sueño, la protagonista, a un gesto de su padre, se toca el sexo y "encuentra un placer que pocas veces ha alcanzado" (*En breve* 149). El *fantasma* del incesto es algo presente, sin embargo, analizarlo sólo en función de la sexualidad, como lo hacen ciertos críticos (Stephenson Norat), es limitar la lectura. Veo el tema del incesto más como un temor inconsciente que como una "realidad" que ha tenido lugar en la historia personal de la protagonista. Por otra parte, me parece fundamental considerar el sueño también como expresión del conflicto vinculado a la escritura.

Sin duda, hay algo perturbador en la relación con el padre.

> Siente que al hablar de su padre, al hablar sobre todo de la puerta entreabierta que nunca le permitía cerrar, ha abierto a su vez un hueco amenzador dentro del relato. No una apertura que le permita salir de este cuarto sino una grieta por donde se insinuarán —ya se están insinuando— restos que la agobian. (75)

¿Qué es lo amenazador? La relación con el padre le provoca incomodidad, el contacto físico con él, aquello que vive como una invasión a su intimidad. Puede pensarse que la escena de la lucha entre su padre y la mujer sin cabeza es también una muestra de independencia: alcanzar el placer ajeno a la intervención de otros. Su padre y ella están compartiendo un escritorio, espacio que remite de algún modo a la mesa donde ella escribe; pero sabemos que la idea que ambos tienen de la literatura es diferente. Un instante antes de tocarse el sexo ella está "leyendo en voz alta un texto que la aburre", es decir que la entrada del cuerpo, la posibilidad del placer, se da en tensión con aquellas obras que "la aburren"; tensión entre la Ley y el deseo (entre su padre y la mujer decapitada) que no se resolverá.

Sin embargo, la novela explora posibilidades que trascienden la opción maniquea *orden* o *locura*; y esa exploración está, por supuesto, cargada de angustia e incertidumbre.

VII.

> El exilio, aunque tenga sus lamés dorados, desterritorializa. Y parece que no hay vuelta, se territorializa en la desterritorialización, un nomadismo de la fijeza.
>
> Perlongher, *Prosa plebeya* 17

Dos epígrafes marcan el inicio de la escritura; señales, claves, dadas por la autora en ese único momento en que se muestra abiertamente; a través de las voces elegidas es ella misma la que está hablando. Una vez más estamos frente a un juego de máscaras y simulacros que guía una mirada oblicua.

El primero se trata de unos versos de Quevedo de donde está tomado el título de la novela:

> En breve cárcel traigo aprisionado,
> Con toda su familia de oro ardiente,

El punzante murmullo del deseo: *En breve cárcel* • 187

> El cerco de la luz resplandeciente,
> Y grande imperio del amor cerrado.

Para Roberto Echavarren, se establece una relación entre la cabellera amada que aprisiona el resplandor del sol y la mujer que escribe "prisionera no sólo de los sentimientos que purga, sino de una tarea que la hace vivir" (97). Podemos preguntarnos si así como el retrato de Lisi estaba "encerrado" en una sortija, el texto se propone guardar para sí los rostros que ha amado. La cárcel es vista así como "prisión de memorias", como forma de guardar pasado, familia y amor.

> La época del soneto y el confinamiento a que alude convocan, en el intertexto de la escritura femenina del continente, la celda monjil de Sor Juana Inés de la Cruz; y, a través de tal figura, una tarea considerada como aberrante o impropia por las autoridades eclesiásticas. Entrar a la celda aparece como la condición de ganar una libertad paradojal: enmarcada por la prisión, emplea las horas en una tarea autónoma. (Echavarren 97)

Antes de trabajar sobre esta paradoja me parece necesario señalar que, si bien resulta acertada la lectura de Echavarren que alude a Sor Juana, primero habría que subrayar el linaje borgeano a que la mención de Quevedo remite. A través de Quevedo aparece (palimpsesto, transparencia) Borges, aparece la biblioteca del padre. En este sentido, podemos situar ambos epígrafes como expresión de la tensión que marca todo el texto.

> Sola, sin que me vean; viendo yo todo tan quieto, allá abajo, tan hermoso. Nadie mira, a nadie le importa. Los ojos de los otros son nuestras prisiones; sus pensamientos, nuestras jaulas.

El segundo epígrafe es de Virginia Woolf (curiosamente Echavarren no lo menciona), la escritora inglesa considerada una de las "madres fundadoras" de la literatura feminista. Se trata de un personaje sumamente polémico; algunos críticos, sobre todo hombres, la han descalificado considerándola "una insignificante esteta de Bloomsbury y una bohemia frívola" (Moi 15). En el otro extremo, ciertas feministas hablan de ella como de una "guerrillera en falda victoriana" (Jane Marcus, cit. en Moi 30). Sin embargo, también dentro del feminismo ha sido denostada, en especial por Elaine Showalter en su libro *A Literature of Their Own*, título que parafrasea el célebre de la escritora inglesa. La línea del feminismo representada por Showalter centra sus críticas en lo que percibe como un deseo de Virginia Woolf de no enfrentar su propia feminidad; es decir, en hacer evasiva su propia experiencia. Este tipo de acercamiento considera implícitamente que la literatura feminista "eficaz" es aquella capaz de ofrecer una expresión intensa de la experiencia personal en un marco social;

en tal sentido, favorecen las obras que se encuadran dentro de un cierto "realismo crítico". Hay una presunción implícita de que una buena novela feminista tendría que presentar imágenes de mujeres fuertes con las cuales las lectoras pudieran identificarse. Tal como lo plantea Toril Moi esta crítica se sostiene en una ideología que comparte con el pensamiento hegemónico la idea de que los seres humanos no deben tener fisuras ni contradicciones. Woolf se opone, con su estilo "deconstructor", al esencialismo metafísico que aclama al dios, al padre o al falo como significante trascendental, así como a la idea de una identidad esencial. ¿Cómo podría hablarse de una identidad única "si todo significado es un juego interminable de la diferencia, si tanto *ausencia* como presencia son el fundamento del lenguaje"? (Moi 23).

Así, Toril Moi busca entender la idea de la androginia de Woolf en el marco de la propuesta feminista de negación de la dicotomía entre los masculino y lo femenino. No se trata, como lo interpretaba Showalter, de una huida de las identidades sexuales, sino de reconocer su naturaleza engañosa. Para Virginia Woolf uno de los objetivos del feminismo tenía que ser destruir las oposiciones binarias de masculinidad y feminidad.

Sin duda, todo esto está presente en la elección que hace Molloy del epígrafe de Woolf. Sin embargo, la elección no apuesta a la que sería la referencia más evidente, *Una habitación propia*—cuya presencia intertextual es innegable. ¿Qué otra cosa es ese departamento, breve cárcel, donde la protagonista escribe?—, si no a una frase que alude a los otros como a nuestras prisiones. El tema de la mirada que aquí aparece será muy importante en la novela. Tal vez una de las claves de esta elección sea el título del texto del cual está tomado el párrafo: "Una novela no escrita", ya que la relación entre posibilidad e imposibilidad de la escritura es uno de los núcleos de *En breve cárcel*. De acuerdo con la lectura de Masiello, la celda sería un modo de escapar de ojos ajenos. La cárcel como espacio de libertad y de tiranía al mismo tiempo. La opción planteada por los epígrafes entre la cárcel quevediana como modo de guardar la memoria, lo más íntimo, y la prisión representada por la mirada de los otros que nos aleja de nosotros mismos de Virginia Woolf, se quiebra ante el deambular que la escritura propone; entre una y otra posibilidad se abren múltiples alternativas y combinaciones.

Otra de las tensiones que puede leerse entre los dos epígrafes es el de los idiomas: español e inglés como las dos raíces que nutren la lengua de Sylvia Molloy.

> ¿Qué sentido tendrá que el primer libro que escribí en inglés haya sido un libro sobre autobiografías? Hasta entonces el inglés no era lenguaje de crítica. Estaba destinado, en su versión más pragmática, a la vida cotidiana del exilio; en su versión excesiva, no utilitaria, a los afectos presentes y pasados. Y era

El punzante murmullo del deseo: *En breve cárcel* • 189

también uno de los lenguajes del recuerdo, el recuerdo de mi padre (Entrevista a Sylvia Molloy en Speranza, *Primera persona* 136).

Por supuesto no podemos pasar por alto la carga simbólica del título; si bien el peso del término "cárcel" pareciera aligerarse con el adjetivo "breve", no deja de ser una alusión inquietante. Inquietud que aumenta si pensamos en la época en que la novela fue publicada. La "breve cárcel" puede ser la vida, el cuerpo (imágenes muy socorridas en el barroco quevediano), la memoria, la escritura, la historia ... de todos modos, no deja de resonar un cierto eco contextual. Si pensamos en el título que lleva la traducción al inglés —*Certificate of absence*— se refuerza esta impresión. Si bien su origen es, como ya dijimos, un verso de Emily Dickinson, la "ausencia" nos lleva a pensar en los fantasmas de nuestro pasado reciente.

Otra posible lectura nos permite jugar con lo oximorónico: la cárcel de la protagonista es la de no tener un sitio que le pertenezca, la de ser justamente un sujeto desterritorializado; lejos de su país de origen, viajera por distintas ciudades, vive sólo y sola en "cuartos de paso". La escritura le dará territorialidad; por eso podrá alejarse en el final de la novela y emprender un nuevo viaje, con miedo, sin saber exactamente cuál será su destino inmediato pero aferrada a las páginas que ha escrito: su territorio.

> Se instala en el bar del aeropuerto a esperar. Bebería hasta insensibilizarse pero no lo hace. Ha decidido armarse para el ejercicio: no hay alcohol, ni droga, ni tabaco que la ayuden [...] se aferra a las páginas que ha escrito [...].
> (*En breve* 158)

En un trabajo bastante reciente sobre Teresa de la Parra, Sylvia Molloy relaciona una cierta desterritorialización de esa escritora con su lesbianismo. Ante el conservadurismo y rigidez de la sociedad latinoamericana, el exilio

> should be read as a political gesture, signifying much more than a circumstancial decision to live abroad. Geographic displacement offered what Venezuela for Parra, Cuba for Cabrera, and Chile for Mistral could not (cannot ever now) give, that is, both a place to be (sexually) different and a place to write. Or perhaps, to put it more accurately, geographic displacement provided a place to write (however obliquely) one's difference.
> ("Disappearing Acts" 248)

No es difícil leer en estas líneas una reflexión de Molloy sobre su propio exilio, vivido —al igual que el de su protagonista— entre París y Búfalo (en esta última ciudad estuvo varios años antes de mudarse a Nueva York, donde vive actualmente). Algo muy interesante es la relación que establece entre los deplazamientos geográficos y la escritura como gesto vinculado al cuerpo y, por lo tanto, a la sexualidad. Se trata de una escritura nómada, no de fijezas sino de movimientos. El "nomadismo de la fijeza", como lo proponía Perlongher. El nomadismo implica una permanente extranjería que temáticamente permea toda la novela, entre otras escenas, se hace explícita en aquella en que la protagonista estando dormida habla en otra lengua, en el idioma de su infancia; la lengua de los recuerdos infantiles, la lengua antigua de la tía Sara.

> Creo que la desterritorialización que resulta del exilio desencadena una reflexión intensa sobre la lengua, porque la lengua constituye un lazo vital con el país que se ha dejado atrás. (*Primera persona* 138)

Este elemento reflexivo, fundamental en el texto, tiene que ver tanto con la escritura como con el cuerpo, y la transgresión que propone de los órdenes genérico-literarios y genérico-sexuales.

Desde esta perspectiva, una de las propuestas más provocadoras de *En breve cárcel* es la "naturalización" del lesbianismo de la protagonista; utilizo el término "naturalización" en tanto no aparece como un elemento abiertamente conflictivo. Lo difícil es establecer relaciones donde la violencia o las agresiones no sean lo dominante, más allá del sexo de los integrantes de la pareja. "...recuerda haber pensado también que se iba a enamorar de esa mujer, recuerda la nitidez con que previó el sufrimiento y la humillación" (*En breve* 15). Un acercamiento psicoanalítico —que la novela de algún modo propone a través de la importancia dada a la infancia y a los sueños como espacios que otorgan claves de lectura— permitiría interpretar el peso de la familia tanto como de la sociedad en la constitución de la sexualidad de la protagonista. Sin embargo, en el texto el cuestionamiento permanente que realiza a través de la escritura no aborda el tema de la sexualidad lesbiana como algo problemático. Considero que este gesto, como ausencia, exaspera la provocación respecto del estereotipo de lo femenino impuesto por la sociedad.

> habría que examinar por qué se reprime, en Argentina y en el resto de Hispanoamérica, el discurso de la homosexualidad. Ver por qué cuesta tanto despojar la reflexión sobre el género de la fatalidad de lo binario, por qué no se pueden integrar cuerpos y sexualidades plurales dentro del discurso crítico. Creo que ahí tiene que estar la verdadera complejización, en cuestionar los límites, o los aspectos represivos, de una legitimación monocorde de lo femenino. (*Primera persona* 142)

Hay una propuesta política en la sexualidad de la protagonista que se construye como respuesta a una realidad que busca imponer una imagen unívoca de lo sexual, silenciando los cuerpos disidentes. Evidentemente este autoritarismo

El punzante murmullo del deseo: *En breve cárcel* • 191

que pretende controlar los flujos de deseo no nace con la dictadura sino que tiene una larga trayectoria en nuestras sociedades; no obstante, durante este período se agudizan sus perfiles más represivos. El texto construye una identidad femenina diferente a aquella que funciona como ideal social: en el camino que va de la mujer/madre defensora de los valores más retrógrados de la sociedad —imagen privilegiada por el discurso militar-patriarcal— a la escritora lesbiana que funda la escritura en su propio cuerpo, se ponen en cuestión todos los estereotipos femeninos. El modelo de la "Sagrada familia" es sexualizado y representado en triángulos de mujeres con rostros cambiantes: Renata/Vera, Clara/madre, madre/Sara,[8] y en todos la protagonista como vértice. Relaciones de pasión, deseo, dolor. La escritura es un refugio doloroso —espacio primigenio— que no resuelve la tensión entre la transgresión y la culpa. Ni torturas, ni violaciones, ni militares o militantes temerosos de una "vagina dentata" que los persigue en sus fantasías.

VIII.

> La escritura no es en modo alguno un instrumento de comunicación, no es la vía abierta por donde sólo pasaría una intención del lenguaje. Es todo un desorden que se desliza a través de la palabra y le da ese ansioso movimiento que lo mantiene en un estado de eterno aplazamiento.
>
> Barthes, *El grado 0* 26

Un sueño puede leerse como una de las tantas claves que le dan "un orden al relato"; un sueño cuya simbología va a tener un gran peso sobre la escritura. Sueña que está "levantando" la casa de su madre porque van a venderla (el proceso de deshacer un hogar es inverso al que hace al apropiarse del departamento donde escribe); cada uno de los objetos que se apilan sobre la mesa le trae un recuerdo; de pronto suena el teléfono y el que le habla es su padre muerto.

> Con dificultad empieza a distinguir las palabras aisladas: primero la palabra Egeo, urgente, luego la palabra Efeso repetida varias veces. Es necesario dejar todo —le dice la débil voz de su padre— y viajar para ver a Artemisa.
> (*En breve* 77)

Ella no quiere hacer un viaje, no quiere desprenderse de los objetos conocidos que la rodean en esa casa; significativamente mira por la ventana, sobre todo un "jazmín del país"; sin embargo, ese "país" que la retiene tiene elementos perturbadores: en uno de los platos que hay sobre la mesa le parece ver sangre. Tal vez, la sangre femenina vinculada a la fecundidad, la sangre de la figura materna; quizás lo doméstico —una vajilla— como espacio que comparten lo familiar y ciertos sacrificios rituales.

El padre la manda a ver a la diosa de la fecundidad, "¿para adorar o para destruir?" (78).

"La fecundidad: ignora dónde ubicarla, en su propio cuerpo, en lo que escribe, en lo que la rodea" (78). Parece exigirle una fecundidad que ella ha elegido alejar de sí; la fecundidad de los cuerpos maternos: de su madre amamantando a Clara, de una gata teniendo cría, o de la cocinera que les lleva leche a ella y a su hermana, en abierta complicidad con sus juegos eróticos infantiles. Ella prefiere a la otra Diana, a la cazadora, libre, "no la lastran los racimos de pechos, maternales y pétreos, de su contrafigura, la enorme figura de Efeso, cifra de la fecundidad" (*En breve* 78).

Quizás sea importante analizar la relación entre el laberinto[9] que le pide al padre y el aparente lapsus que éste tiene cuando al inicio de la comunicación telefónica dice "Egeo" antes de decir "Efeso". "¿Por qué al mismo tiempo, al susurrar la palabra Egeo, le recuerda la muerte de un padre desesperanzado, víctima de un olvido del hijo?" (79). Si la primera palabra que entiende es "Egeo" es porque ésta le recuerda "la muerte de un padre desesperanzado, víctima de un olvido del hijo"; como ella olvidará el deseo del padre de que se convierta en una mujer "fecunda", en una madre. Como Teseo, ella tendrá un laberinto; ¿de cuál de sus acciones resultará víctima su padre? ¿Cuál es el minotauro que tiene que vencer para cambiar las banderas de la embarcación?[10]

La "traición" al padre tiene que ver con la escritura y con la sexualidad, con la elección de la Diana cazadora, libre y rodeada de mujeres.[11]

Esta oposición entre el deseo propio y el del padre cierra la primera de las dos partes en que está dividida la novela. La frase que abre la segunda parte podría ser leída como una respuesta a tal oposición: "Ha ocurrido lo temible" (82). ¿Qué significa esto frente a la orden del padre? ¿Tiene algo que ver el reencuentro con Vera —que a esto se refiere específicamente la frase— con el padre? Quien induce el reencuentro es un hombre que le recuerda a su padre; como él la vuelve "receptáculo de sus anécdotas y no le permite contar las suyas. "Los dos la han tratado paternalmente, los dos también por fin se confiaron a ella y ella se volvió escucha —a veces consejera— de quienes querían aconsejarla" (82). Ella prefiere reservar sus historias para "oídos de mujeres acostumbrados a escuchar". ¿Es esto lo temible? ¿Quizás desobedecer una vez más el mandato paterno?

> Adivina un camino ambiguo entre las dos Dianas, impulsado por aquel vago mensaje de su padre que ella no entiende y tampoco logra desatender. (*En breve* 150)

Las palabras son el camino entre ambas opciones; las palabras como una búsqueda de sí misma y de los cuerpos amados: Renata, Vera, su madre, Clara, Sara. Sara juega un papel fundamental como alternativa a la maternidad/paternidad utilizada como "emblema" de la creación literaria (ese camino ambiguo entre las dos Dianas). "[...] como su homónimo bíblico tampoco es fecunda en un sentido literal" (Montero 116), pero es fecunda en palabras. "[...] la poca imaginación que tiene, la necesidad de contar, se las debe a ella" (*En breve* 35). Se trata de un ser marginal al centro del poder familiar; personaje caracterizado por el amor que siente hacia sus sobrinas y por su relación con las palabras. "Palabras viejas, quizás desusadas, que sólo contaban cuando las decía ella: facha, taruga, mangangá, paquetear" (35). La bibilioteca existe atrás, como respaldo, pero la verdadera memoria parece estar en las antiguas palabras de uso cotidiano.

Las labores de costura que lleva a cabo la tía representan la producción del texto; labores de tela ("género").

Una expresión que usaba Sara cuando cosía y no le alcanzaba el género: jugar a la gata parida. De chica, ella no entendía. Le explicaron —le explicó Sara— que era un juego: una fila de chicos que se pegan empujones tratando de expulsar a uno, el último de la cola, fuera del límite marcado. El que sale es el parido y ahí culmina el juego. O culmina —y era el sentido que le daba Sara cuando se empeñaba en ubicar de modo absoluto todas sus proyecciones en un rectángulo de género— en la no salida del parido, en una contención satisfactoria. (*En breve* 35)

Ubicar "las proyecciones en un rectángulo" ¿no es acaso similar al trabajo de escritura? Sara cuenta y cose; en ambas acciones se ubica su fecundidad. De los modelos que la literatura impone, es el de la literatura "menor", el modelo femenino vinculado no al canon sino a las labores de costura y al espacio doméstico, lo que Molloy pareciera elegir.

Como Diana, "ella está marcada por la hermandad, por la contigüidad de una figura paralela, la que veía diariamente a la hora del baño" (*En breve* 151). También Acteón mira a la diosa a la hora del baño, y ella será Diana y será Acteón, ambos transgresores, desafiantes del mandato de los dioses. Tanto Michel Foucault como Juan García Ponce, en sus respectivo análisis del texto de Klossowski, *El baño de Diana*, identifican la búsqueda del absoluto de Acteón (aquel que quiere poseer a la divinidad) con la búsqueda del artista. El ámbito natural del cazador y del poeta es la transgresión. "Poseído por la pasión, por la necesidad de ver, Acteón, el cazador, se ha convertido en Acteón el artista" (García Ponce 35). Se sitúa por fuera de la ortodoxia, es decir por fuera del culto consagrado en Efeso, y se vuelve fundador de la "secta de los lunáticos" que tiene que ver con la media luna que adorna como diadema los cabellos de la representación de Diana, y con que la luna es uno de los emblemas de su divinidad. Como a Acteón, a la protagonista la mueve el deseo por la cazadora; en ambos casos, en el mito y en el texto, es este deseo el que hace que se vuelva posible el lugar del encuentro. "Es el paso que y en la medida que Acteón se abisma en su meditación que Diana se hace corpórea" (Klossowski, cit. en 36).

La prosa de Klossowski es, para Foucault, "La prosa de Acteón" porque su ojo transgrede a la diosa Diana y sus palabras transgreden los límites del discurso; también el texto de Molloy es, desde esta perspectiva, la "prosa de Acteón". Prosa que nace del deseo, que *mira* desde el deseo,[12] que cruza los límites con el cuerpo y las palabras.

IX.

> Es precisamente la preocupación por las fugas, por los márgenes, por las rupturas, la que ha de guiar la exploración cartográfica. Cartografiar es viajar.
>
> Perlongher 66

Las páginas de *En breve cárcel* pueden ser leídas como una cartografía del deseo de la protagonista; mapa hecho de multiplicidad y simultaneidades, de la exploración del placer y el dolor. Si en el texto de Borges —que a Molloy le gusta tanto citar— el narrador descubre que ha dibujado su propio rostro, en esta novela lo que queda finalmente dibujado es un cuerpo de mujer.

Entre un sujeto múltiple, en fuga, y otro controlado, se desgarra la escritura de *En breve cárcel*; entre escribir "una y otra vez sin punto fijo, sin saber adónde va" y el haber aprendido "de chica a controlar la zozobra, a negar cuanto pudiera llevarla del lado del desorden, de la locura" (28). Quizás la mayor libertad está en el propio trabajo textual, en su apuesta a la fragmentación y a la ruptura, en el goce de la palabra.

NOTAS

[1] La imagen de los espejos enfrentados, recurrente en *En breve cárcel*, debe verse no como duplicidad, sino como la multiplicidad laberíntica creada por los reflejos.
[2] Un aspecto importante del texto es la relación propuesta entre el uso de los pronombres personales y la construcción del sujeto. La tercera persona elegida para narrar crea una distancia con el "yo" abrumador de la tradición autobiográfica; a la vez, la inclusión, en dos momentos del relato, de la primera persona tiende a mostrar el quiebre de la identidad narrativa.
[3] "La soledad que alcanza al escritor mediante la obra se revela en que ahora escribir es lo interminable, lo incesante" (Blanchot 20).

⁴ Hablar de fuente me lleva a pensar en la figura de Narciso extasiado ante su reflejo. Al referirse al escritor, Sylvia Molloy lo llama "eterno Narciso entregado a su proyección", ¿es Narciso su protagonista cuando dice "mirarse" en lo que escribe?

⁵ Marcia Stephenson desarrolla esta idea en su análisis de *En breve cárcel*.

⁶ "As Harold Bloom has pointed out, 'from the sons of Homer to the sons of Ben Jonson, poetic influence has been described as a filial relationship', a relationship of '*sonship*'. The fierce struggle at the heart of literary history, says Bloom, is a 'battle between strong equals, father and son as mighty opposites, Laius and Oedipus at the crossroads" (Gilbert y Gubar 6).

⁷ Ver, por ejemplo, los trabajos de Marcia Stephenson o de Giselle Norat.

⁸ Los nombres de las mujeres importantes en la vida de la protagonista tienen un significado que es necesario considerar en la lectura del texto. Vera —"verdadera"— construye y relata ficciones de manera permanente, en las que no es la "verdad" lo que importa, sino el propio ejercicio de relatar; tiene amantes y las abandona como un Don Juan femenino, dejando su marca en todas ellas. Con Renata —la que vuelve a nacer— vivirá "como con nadie, la falta de límites", y será quien la haga revivir después del dolor en que la ha sumido el abandono de Vera. Clara, la hermana, representa su propia imagen, la "otra" en la que se aprende a sí misma, pero también su reverso, lo que ella no es o no tiene.

⁹ Dedalus; ella será entonces como Stephen/Telémaco buscando a su padre.

¹⁰ Teseo se ofreció a dar muerte al Minotauro. Si tenía éxito en su empresa "la nave vendría provista de velas blancas; en caso contrario de negras. Egeo, al ver desde la costa la nave que, por descuido, volvía con velas negras, no pudiendo soportar lo que él creía noticia cierta de la muerte de su hijo, se arrojó al mar que, desde entonces, llevó su nombre" (Falcón Martínez 199).

¹¹ Joseph Fontenrose subraya en su libro *Orion: The Myth of the Hunter and the Huntress* la relación entre la metáfora de la caza y la transgresión sexual permitida en el bosque (cit. en Masiello).

¹² Como Acteón, la narradora también espía a sus amantes. "Vio ese día a Vera y se dedicó a espiarla, a sorprenderla [...] Seguía sin límites la pista de una Vera esquiva (45) [...] A medida que se acerca reconoce a Renata, ve a una Renata distinta, que la espera. La espía desde la acera opuesta, la encuentra dura y triste (53) [...] ya tenía la costumbre de espiar (76) [...] querría espiar a Renata y a su amiga" (135).

BIBLIOGRAFÍA

Barthes, Roland. *El placer del texto*. 5ta. edición. México: Siglo XXI editores, 1984.
_____ *¿Por dónde empezar?*. Barcelona: Tusquets, 1974.
_____ *El grado cero de la escritura: seguido de nuevos ensayos críticos*.
Blanchot, Maurice. *El espacio literario*. 2da. edición. Barcelona: Paidós, 1992.
Cixous, Hélène. *La venue à l'écriture*. Paris: UGE, 10/18, 1977.
Echavarren, Roberto. "Escritura y voz: *En breve cárcel* de Sylvia Molloy". *Margen de ficción. Poéticas de la narrativa hispanoamericana*. México: Editorial Joaquín Mortiz, 1992. 97-103.

Falcón Martínez, Constantino, Emilio Fernández Galiano y Raquel López Melero. *Diccionario de la mitología clásica*. México: Alianza Editorial Mexicana, 1989.

Foucault, Michel. *De lenguaje y literatura*. Barcelona: Paidós/Universidad Autónoma de Barcelona, 1996.

Gilbert, Sandra M. y Susan Gubar. *The Madwoman in the Attic. The Woman Writer and the Nineteenth-Century Literary Imagination*. New Haven/ Londres: Yale University Press, 1984.

Kristeva, Julia. *Historias de amor*. 4ta. edición. México: Siglo XXI Editores, 1993.

Lash, Scott. *Sociología del posmodernismo*. Buenos Aires: Amorrortu editores, 1997.

Masiello, Francine. "*En breve cárcel*: La producción del sujeto". *Hispamérica. Revista de literatura* XIV/41 (1985): 103-112.

Moi, Toril. *Teoría literaria feminista*. Madrid: Cátedra, 1988.

Molloy, Sylvia. *At Face Value. Autobiographical Writing in Spanish America*. Cambridge University Press, 1991.

_____ "Disappearing Acts: Reading Lesbian in Teresa de la Parra". *¿Entiendes? Queer Readings, Hispanic Writings*. Emilie L. Bergmann y Paul Julian Smith, eds. Durham/Londres: Duke University Press, 1995. 230-256.

_____ "Dos lecturas del cisne: Rubén Darío y Delmira Agustini". *La sartén por el mango. Encuentro de escritoras latinoamericanas*. Patricia Elena González y Eliana Ortega, eds. Río Piedras: Ediciones Huracán, 1985. 57-69.

_____ *En breve cárcel*. Barcelona: Seix-Barral, 1981.

_____ "From Sappho to Baffo. Diverting the Sexual in Alejandra Pizarnik". *Sex and Sexuality in Latin America*. Daniel Balderston y Donna J. Guy, eds. Nueva York: New York University Press, 1997. 250-258.

_____ "Sentido de ausencias". *Revista Iberoamericana* LI/132-133 (1985): 483-488.

Montero, Oscar. "*En breve cárcel*: la Diana, la violencia y la mujer que escribe". *La sartén por el mango. Encuentro de escritoras latinoamericanas*. Patricia Elena González y Eliana Ortega, eds. Río Piedras: Ediciones Huracán, 1985. 111-118.

Perlongher, Néstor. *Prosa plebeya. Ensayos 1980-1992*. Selección y prólogo de Christian Ferrer y Osvaldo Baigorria. Buenos Aires: Ediciones Colihue, 1997.

Showalter, Elaine. *A Literature of Their Own: British Women Novelists from Brontë to Lessing*. Princeton: Princeton University Press, 1977.

Speranza, Graciela. "Sylvia Molloy". Entrevista. *Primera persona. Conversaciones con quince narradores argentinos*. Buenos Aires: Grupo Editorial Norma, 1995. 138-145.

Stephenson, Marcia. *Unveiling the self-conscious narrator: A study of two works by Sylvia Molloy and Clarice Lispector* (Ph.D. Thesis). Indiana University, 1989.

Erotismo y escritura antiautoritaria en *Los nudos del silencio* de Renée Ferrer

José Vicente Peiró
UNED - España

Se viene advirtiendo desde los años sesenta un proceso de actualización de las técnicas y el tratamiento de los contenidos en buena parte de la literatura paraguaya, y en concreto de su narrativa, tradicionalmente circunscrita a las temáticas costumbrista, histórica y realista social. A partir de la expansión del conocimiento de las obras de Gabriel Casaccia y Augusto Roa Bastos la literatura paraguaya dejó de ser una incógnita, retomando la cita de Luis Alberto Sánchez (*Historia* 149). Sin embargo, los años ochenta la han devuelto al aislamiento anterior; aislamiento que ya no puede justificarse por razones de calidad de las obras y por su anacronismo temático, como se ha realizado habitualmente.[1] Las causas son complejas: la dictadura de Stroessner distanció la cultura nacional del extranjero, separándola de los circuitos internacionales, la razón más importante de su falta de difusión. La posterior transición democrática iniciada en 1989, después de la caída del dictador, no ha venido acompañada de la deseada integración en las estructuras culturales mundiales. Pero no sería justo pensar en su inexistencia o en el mentado anacronismo, cuando los jóvenes escritores en los sesenta comenzaron a estudiar en el extranjero y a asimilar las fuentes de la cultura universal, lo que ha permitido que sus obras presenten una variedad formal y temática sin precedentes en su corta historia.

El hecho literario más importante que se percibe a partir de los años sesenta en Paraguay es la expansión de la narrativa. En realidad, las obras paraguayas actuales no presentan tantas distancias temáticas y estilísticas con las de sus países vecinos, como ocurría anteriormente. Es posible encontrar vertientes narrativas de plena vigencia en la literatura contemporánea, como la histórica, la femenina, la ecológica o la ciencia-ficción.[2] Y sirva como prueba de la existencia del proceso de actualización de la narrativa paraguaya actual, la novela de Renée Ferrer titulada *Los nudos del silencio*,[3] la primera que ha publicado esta autora. Se trata de una de las principales creaciones de la novela feminista paraguaya, y una muestra de la nueva percepción del mundo de la mujer paraguaya contemporánea y del desarrollo de su conciencia individual.

Después de una larga trayectoria como poetisa y algunas experiencias como cuentista, Renée Ferrer escribió *Los nudos del silencio* en 1988, novela importante si tenemos en cuenta su dimensión de universalidad, aspecto del que la novela paraguaya anterior solía carecer, con excepciones. Con ella reivindicaba los derechos de la mujer a defender su educación en una sociedad machista y patriarcal castrante. La autora construía el drama doméstico de una mujer postergada por el marido, pero el discurso de la protagonista femenina, a medida que avanzaba, se imponía al mensaje de anhelo de libertad.

Sin embargo, las circunstancias políticas paraguayas variaron a partir de 1989, cuando el general Rodríguez derrocó al dictador Alfredo Stroessner, e inició un proceso de transición a la democracia que aún se encuentra en plena vigencia a pesar de que haya transcurrido una década. En esos momentos, Ferrer sintió la necesidad de ser más explícita en la denuncia de la opresión y de las formas de dominio en Paraguay, por lo que modificó la novela, puliendo su estilo para conseguir una mayor versatilidad de la prosa. El trabajo definitivo se publicó en 1992,[4] y resultó una obra donde predomina el discurso lírico monologal, que parte del silencio al que alude el título, para convertirse en un grito por la defensa de la dignidad y de la identidad de la mujer del llamado Tercer Mundo; la más sometida a la autoridad violenta del macho.

Al tratarse de una novela poco conocida en el ámbito iberoamericano, procede resumir en breves líneas su argumento. El profesor David William Foster lo ha realizado a la perfección:

> Una respetable pareja perteneciente a la clase media alta del Paraguay decide tomar vacaciones en París. En realidad, el marido cumple así una promesa hecha a la mujer: llevarla a Europa. Promesa de larga data, fruto también de su irregular y nunca completamente reconocida relación política y comercial con la dictadura militar. Un hombre, triunfador en la escala social por sus propios medios, casado con una mujer de considerable posición social —Manuel— insiste, sin embargo, en ver París en los términos que él impone; su siempre condescendiente compañera —Malena— se resigna a sus pedidos. Específicamente, sin dar lugar a ninguna discusión, él insiste en que ella lo acompañe a ver un espectáculo de striptease: después de todo, ¿qué sentido tiene ir a París si uno no puede disfrutar de las sofisticadas delicias de la ciudad? Para sorpresa de ambos, el espectáculo es más de lo que Manuel esperaba, y éste demanda que su esposa dé vuelta al rostro ante el acto de lesbianismo que tiene lugar en el escenario, protestando vigorosamente y diciendo que no es lo que él pensaba. Mientras ella permanece casi embrujada por lo que está mirando, comienza a pensar que Manuel, por supuesto, sólo podía tolerar un espectáculo en el que se vieran variaciones de la dominación sexual de la mujer por el macho, y que lo que él le ha obligado a presenciar desafiaba sus nociones del orden establecido en la manipulación sexual y la gratificación. ("Introducción" 7-8)

Sólo con observar el argumento se advierte que *Los nudos del silencio* no es una novela erótica, pero sí que el erotismo se convierte en instrumento de la rebeldía de la mujer, como ha ocurrido en la llamada novela femenina, que mejor calificaríamos de feminista. En su prosa no hay, en principio, regocijo en la descripción de las secuencias sexuales; tampoco signos explícitos de reivindicación de la libertad sexual, en sentido estricto del término. Sin embargo, una idea se desprende de la historia: la contemplación de una relación sexual "diferente" hace que se tambaleen las estructuras mentales del poder dominador del macho. Es la relación lésbica el hecho que solivianta a Manuel, y el que su propia mujer, hasta entonces sometida, participe psíquicamente de unas escenas sexuales que causan repugnancia al marido, lo que se interpreta como un acto de rebeldía contra la tiranía machista subyugadora por medio del sexo que practican dos mujeres. La otredad, como otros ámbitos de la vida, alcanza dimensiones sociales y políticas, porque significa contravenir las reglas morales de la sociedad vigente. Ello es una manera de enfrentarse a la misma desde la individualidad. El esposo, hombre de la dictadura de Stroessner y torturador, de igual forma que a los detenidos políticos, mantiene a la mujer apresada en la intimidad del hogar, con la diferencia de que no emplea la violencia física como en su labor política, sino el poder psicológico de la moral vigente —la machista— y la fuerza de la costumbre autoritaria.

El argumento se centra en la pareja de la clase media alta del Paraguay, Manuel y Malena. La promesa de viajar a París de vacaciones no es consecuencia del valor concedido a lo pactado con la mujer, sino un simple pretexto, porque en realidad Manuel ha de desaparecer de su país por recomendación de la superioridad, después de conocerse algunos asuntos oscuros e inconfesables de su relación política y comercial con la dictadura militar. Todo la historia de este personaje, prototipo del machismo autoritario, se va desentrañando a lo largo de la novela, cuya acción se fragmenta sin dejar de ofrecer un conjunto consistente.

Manuel impone su criterio, como habitualmente. La pareja acude al espectáculo pornográfico en vivo una vez que se encuentran en París. Como consecuencia, la sensibilidad de la Malena colisiona con la brutalidad del esposo, y ella, como sucede siempre, habrá de resignarse a sus pretensiones. Pero las mujeres que interpretan la escena lésbica derriban la autoridad del macho impenetrable; el episodio de su contemplación es una epifanía que sacude poderosamente a Malena y revierte en su forma de ser desde ese instante, porque a partir de ese instante se concienciará de la indignidad de su sometimiento. Mientras dura la escena, Malena permanece absorta y embrujada por lo que observa y se niega a abandonar el teatro, mientras Manuel se incomoda al comprobar que el espectáculo no era lo que esperaba, y la escena lésbica ataca su mentalidad de dominación del macho a la hembra, además de desafiar el orden familiar donde el poder sexual pertenece al hombre, según se desprende de la intención textual de la autora. A partir de esta situación, la conciencia de Malena se ilumina y va descubriendo su papel de víctima de la explotación sexual y socioeconómica hasta entonces. El papel modélico del ama de casa tradicional de la sociedad paraguaya se subvierte, pero la conciencia de Malena deja de resistirse en el último capítulo. El desenlace de la historia queda abierto por la ambigüedad.[5] Finalizado el espectáculo, Manuel llama un taxi, y con la puerta abierta, se desconoce si ella acepta subir para continuar siendo dominada o si sucede lo contrario.

El soliloquio de Malena es el discurso de la duda que produce el descubrimiento del placer individual. Su sentimiento se escinde. Por unos instantes abandona el discurso monolítico que se le ha impuesto y se evade hacia la sensibilidad personal. La institución familiar ha actuado sobre ella como una imposición dictatorial acendrada en la sociedad, y durante el espectáculo que contempla descubre la existencia de la posibilidad de escapar de la trivialidad del mundo habitual de la resignación. Al mismo tiempo, la denuncia de la situación de la mujer no se centra exclusivamente en el mundo latinoamericano: una de las participantes en el espectáculo lésbico es una mujer vietnamita que resulta vendida por su tío a un francés, a causa de unas deudas contraídas por el juego, y que finalmente ha acabado como prostituta. Vinculando a ambas mujeres, la autora denuncia la opresión que el hombre ha ejercido tradicionalmente sobre la mujer en dos vertientes: la del sometimiento familiar y la de la explotación sexual. Son dos formas de explotación socioeconómica y sexual de la mujer, sólo que el origen de la explotación es distinto. Víctimas del dominio del hombre, ambos tipos de personaje femenino son incapaces de liberarse de la opresión con decisión cuando se les presenta la oportunidad, por lo que la autora hace constar que la mujer que no se rebela contra estas circunstancias también es culpable en cierta medida de su sometimiento, al aceptar inexorablemente el destino social al que se le educa desde niña.

Dentro del rompecabezas narrativo en que se estructura el discurso, el contrapunto se conforma desde que Malena observa por primera vez a la mujer oriental. Los fragmentos de ambas mujeres se alternan ensamblándose hasta formar parte del mismo discurso: el de la mujer humillada por el sometimiento. Los monólogos interiores de Malena y de Mei Li, a pesar de su separación, están ligados por la experiencia común de ser mujeres de las que se ha abusado; una es víctima de la "colonización sexual"; y la otra, de un régimen moral y políticamente autoritario del que su marido es cómplice. La conducta brutal de Manuel se refleja en la vida conyugal, que es al mismo tiempo una célula social de un conjunto que forman las estructuras del poder: el autoritarismo y el machismo del poder se corresponde con el familiar. Mei Li y Malena representan dos tipos de mujer víctima, de modos distintos de explotación; pero explotación al fin y al cabo. En este sentido, Betsy Partyka afirma:

> Mei-Li, la bailarina exótica, refugiada vietnamita cuya vida de semi-esclavitud, prostitución, y abuso ya le ha enseñado otras sendas donde buscar su autoafirmación, al ver la entrada de esa mujer burguesa, quien la despreciará por ser lo que en realidad no es, funciona como un imán de polaridades que simultáneamente atrae y repugna a Malena, su imagen espejo contrapuntística. ("Rompiendo" 2)

Los discursos de Malena y Manuel se confrontan en contraste. De sus diálogos se deriva la antítesis de sus caracteres: la del macho y la de la mujer sensible reprimida. Finalmente, se impone el deseo machista y ella se ha de resignar a aceptar la voluntad de su marido, el presenciar el espectáculo erótico donde el hombre someterá a la mujer con furia propia de animal irracional:

> ¡Pero Manuel, cómo se te ocurre que quiera ver una cosa así! ¿Por qué no? Estamos en París, querida. ¡En París! Figúrate. La ciudad donde germinan como hongos los placeres. Estás hablando como un turista de lo más vulgar. ¿No es lo que somos? Hay tantas cosas que ver en París sin ir precisamente a eso. Pero decime, ¿qué tiene de aterrador ver gente desnuda en un escenario? ¿Te intimida o tu sensibilidad no te lo permite? No me intimida para nada, simplemente no valoro un espectáculo de esa clase. Pues a mí me encantan las mujeres, qué quieres que te diga, y cuanto más descubiertas, mejor. Sí, sí, ya lo sé. Pero ¿acaso no es más excitante para un hombre ver una sola mujer desenvolviendo sabiamente su voluptuosidad, dándose a sorbos pequeños que le agrandan la sed, a tener veinte descubiertas de la cintura para arriba, paseando las medias corridas por el escenario, como si el cuerpo ya no les importara nada y ni siquiera fuera de ellas? (13-14)

París es una ciudad deseada por ambos por diferentes motivos. Como capital cultural ofrece la posibilidad de disfrutar de espectáculos que nutren el espíritu, como el concierto al que desea asistir Malena. Sin embargo, esconde también un mundo marginal del sexo: el espectáculo pornográfico del pequeño teatro, al que Manuel desea asistir para satisfacer su ego y sus impulsos sexuales autoritarios, donde el hombre humilla a la mujer con la posesión. El discurso posterior descubrirá la anulación de la voluntad femenina —cuando Malena cede completamente a los deseos de Manuel— menospreciando su parecer:

> No sos chiquilina de pecho, Malena. Es que no puedo, Manuel. ¿No logras entender? ¡No quiero! Pero yo sí. Y te prevengo que no me lo voy a perder por tus escrúpulos. De modo que si no querés quedarte sola en el hotel, preparate y vamos. (15)

Son, por tanto, dos discursos enfrentados. Se impone el autoritario de Manuel, reflejo del machismo y de la violencia del poder de su sociedad, la paraguaya, donde la mujer no presenta relevancia en las grandes decisiones, pero en la novela va dominando poco a poco el de las mujeres, por el poder revelador de la ficción monologada. A ella le desarman los enfrentamientos, y responde con el silencio y la sumisión, ante la imposibilidad de encontrar una vida distinta a la de cónyuge complaciente.

El público que Malena encuentra en el teatro está formado por "hombres solos masticando una lujuria que no intentaban esconder" (18). No hay mujeres; el local representa, así, un mundo, el del machismo concentrado en su dominio humillante por medio del sexo, que relega a la mujer al papel de intérprete que sacia la lujuria masculina. Para Malena, el teatrillo es un prostíbulo, y el erotismo que Manuel desea contemplar, la forma más cruel de dominio de la mujer por el hombre. Por ello, después de resignarse, se refugia en el sueño. Las sábanas que evoca ofrecen mayor placer sexual que Manuel, y Malena se abandona a la sensación del contacto con sus pliegues por ser más gratificantes que el sexo por necesidad. El coito frío con Manuel contrasta con el calor de la soledad, refugio del placer erótico como estímulo de la propia concienciación de Malena.

La aparición de Mei-Li, la bailarina vietnamita de *strip-tease*, rompe el letargo monologal y humillante de Malena. Su discurso, en segunda persona, se dirige desdoblado al propio pensamiento de la mujer paraguaya, que en principio la ha rechazado por participar en un acto inmoral:

> En cuanto entraste te vi, con el talle de junco emergiendo de la amplia falda verde lino y aquella blusa de seda natural displicente y suelta más abajo del cuello, tan blanco, alabastrino. Se nota que vienes ceñida por cierta cuerda misteriosa a la cual siguen tus pasos sin resistencia ni cuestionamientos. No te atreves a ocupar la primera butaca del costado, tan cerca de mí que hubieras podido tocarme, y simulas no verme todavía. Incluso ahora que ya estás adentro, con el telón descorrido sobre el hecho concreto de mi cuerpo, disimulas. Te sientas como pidiendo permiso, como si tu actitud permanente fuera la disculpa y tú misma una excusa indecisa. Mejor quedarse atrás. Que nadie te vea. Que no se advierta tu presencia. (21-22)

En este sentido, el pensamiento de ambas mujeres humilladas, una por la brutalidad del marido y otra por la desdicha de condenarse a la exhibición erótica, entra en comunión. Ambas mujeres proceden del llamado Tercer Mundo, por lo que sufren la humillación de la explotación, aunque en diferente forma, en el grado más elevado. A pesar de que su situación social y su origen sean distintos, se encuentran igual de sometidas al imperio del sexo autoritario. Por ello, el discurso de identificación de ambas arremete contra el poder, en la medida en que éste se sostiene en la opresión del "hombre por el hombre", entendido genéricamente.

La transgresión social con la "desviación de la norma" machista enerva a Manuel. Malena ha cumplido siempre con su ritual cotidiano de esposa y madre, de la misma forma que para Mei-Li, la exhibición sexual lésbica es una rutina. La posición sexual de ambas mujeres es la del fingimiento constante: fingimiento ante el marido machista de Malena, y fingimiento de Mei-Li por la frialdad del espectáculo que protagoniza. Son posturas antitéticas, en principio, que se entrecruzan, como lo son también la del macho falocrático heterosexual, y la imagen del lesbianismo. Pero hay una diferencia notable entre ambas: la sensibilidad del lenguaje femenino frente a la brutalidad del masculino. A pesar de ser también simulada, la relación lésbica posee la virtud de despertar la conciencia del verdadero placer erótico, por lo que es más sincera y auténtica que la posesión de la hembra por el macho. En realidad, Malena vive el sexo, y se libera de traumas y pulsiones surgidas de su matrimonio, por lo que acaba detestando a Manuel, quien acaba abandonándose al recuerdo de su brutalidad de torturador y humillador que Malena desconoce:

> Manuel ya no piensa en el saxo, ni en la sala, ni siquiera en su mujer. Todo comienza de nuevo. Golpes. Golpes. Y la picana. Y la goma roma, las cachiporras y los puños. Pronto llegará el día de llevarse a Malena lejos de todo esto, Dios mío, antes de que lo sepa. Y descansará siquiera por un mes del temor a que se entere finalmente de lo que soy o adivine por qué me llaman casi noche de por medio, cuando finge que duerme y me escabullo despacito para que no me sienta. Menos mal que estas cosas no se publican, porque si no. Tan tonta, la pobrecita, no es. (139)

En contra de lo imaginado, una noche de placer erótico, se ha convertido para Manuel en su tortura. El espectáculo lésbico es inaceptable para su moral, y lo es más cuando descubre que su mujer decide permanecer como espectadora de un *show* tan doloroso para él.

El triángulo es visible: Manuel a un lado, el de la brutalidad, y al otro Mei-Li, la liberadora sometida. En el centro permanece Malena, entre la concienciación y la duda de la decisión final omitida hábilmente por la autora. La escena lésbica es inconcebible para él, porque sólo disfruta con la relación sexual en que el hombre domina a la mujer como si fuera su presa, y repudiará por ello la ausencia de la mujer-objeto. Su pasado no es el de un triunfador: fue un estudiante fracasado y es un hijo ilegítimo que guarda en su interior la amargura producida por su triste existencia, lo que le lleva a buscar una nueva identidad iniciando su colaboración con la dictadura como agente policial. Su comportamiento llega al sadismo en algunas ocasiones, participando incluso en la violación de las mujeres que apresa y en el exterminio a golpes de sangre de los opositores a los que interroga. Le impresiona la sangre, pero es un experto en atormentar detenidos, terrible contradicción del torturador. Y el mismo tipo de relación impone en su vida familiar: ha de mostrar en todo momento su poder, y aunque no utiliza para ello la agresión física, se encarga de coartar cualquier iniciativa de Malena, imponiendo la rutina y el silencio en el ambiente.

Por el contrario, Mei-Li esconde el enigma de la impenetrabilidad. Su pasado de explotada sexualmente la equipara a Malena, también explotada aunque como esposa y madre. Es decir; la paraguaya es una burguesa cuya explotación es la aceptada socialmente, mientras que la de la vietnamita es la "despreciable y marginal". Los tres personajes, en definitiva, forman un triángulo del sexo ausente; ausente porque las relaciones de Manuel y Malena son las "normales", y la comunicación de liberación erótica de Mei-Li y Malena se plasma en las palabras de los monólogos, en lugar de en actos físicos. La palabra será, así, la revelación de la liberación. Frente al cuerpo-cárcel de Malena, Mei-Li le ha propuesto su cuerpo desnudo y el gozo de los sentidos. El gozo de Malena se convertirá en contemplativo, nunca activo, por lo que la liberación sólo se consuma psíquicamente.

La novela, al decir de David William Foster, mantiene la imagen de la fuga musical de las partituras de Juan Sebastián Bach por dos motivos. El primero es el del abandono de la carrera musical por parte de la protagonista por exigencia de su futuro marido, única condición que impone para casarse con ella, y el segundo, y más importante es que la narración es una fuga musical ("Introducción" 7-10). El discurso está presentado en fragmentos que se imbrican entre sí en los que se van enlazando motivos temáticos de la relación entre Malena y Manuel y entre Malena y la vietnamita.

Los motivos musicales de la novela no terminan con estos aspectos de forma y de contenido. A lo largo de la narración aparece un saxofón que alcanza un valor simbólico, además de lírico. Frente al aristocrático piano que Malena admira y que revela su frustrada carrera musical rota por el matrimonio, el sonido del saxofón acompaña al discurso como un fluir de la conciencia, sensación que nos remite a "El perseguidor" de Julio Cortázar. Este instrumento representa el sufrimiento del ser humano torturado, símbolo en el *jazz* de la melodía encadenada y con aires de tristeza, y en el caso de Malena es el hilo conductor que ata los "nudos del silencio" de su represión. El saxo da carta de existencia a los nudos de silencio que ahogan a la protagonista y a la represión y sometimiento a la autoridad masculina. De hecho se refiere al "desgarramiento del saxo-sexo atormentado" (43), lo que hace referencia a la esclavitud y obsecuencia en que vive, con el juego fonético de cambios vocálicos. El saxofón acompaña el sufrimiento de las mujeres de la obra y absorbe su dolor torturado causado por la sociedad autoritaria que las oprime y coarta la plena expresión de su personalidad. En el siguiente párrafo al principio de la obra se revela el sentido simbólico que tiene el saxofón:

Un saxo arrancaba de sus entrañas metálicas las quejas largas de una melodía. Con dolorosa persistencia las iba sacando. Hurgaba en las notas como si las estuviera violando y la violara a ella también, doblegada ya —puro deleite en abandono— a esas voces incisivas, graves, enloquecedoramente profundas. La música se vuelve carne sobre carne; tiembla, agoniza y se yergue encendiéndole el pulso en el ramaje azul de las venas; vive en ella, se adentra y la posee; porque ella nunca dejó de ser música a pesar de su consentimiento en abandonar el conservatorio, el curso de perfeccionamiento, la gira, en fin. Siempre fue un torbellino de sonidos, simultáneo a cualquier acto de su cuerpo, a los innumerables altibajos de su corazón. Toda ella música hasta que le anudaron los dedos uno por uno, dejándole las manos condenadas. (20-21)

El sonido del saxo trepa por el salón a medida que avanza el espectáculo lésbico en paralelo a la concienciación de Malena. El saxo se va convirtiendo en un elemento definidor del erotismo distinto; del liberador del autoritarismo y del miedo reprimido. Sus sonidos son caricias imperecederas, como lo serán las caricias de las palabras de Mei-Li. Y la unión de los ecos de su pensamiento y de la música del saxo se va consumando entre el pasado terrible de la vietnamita y el contraste entre la felicidad de Malena y la desesperación de Manuel.

Mei-Li absorbe a la mujer que en principio venía a humillar, hasta convertirse en el doble sombrío de la protagonista paraguaya. La atracción que sufre Malena se debe a que descubre una forma distinta de transgresión de la mentalidad tradicional: la sexual, afirmada por la relación lésbica. Como indica Biruté Ciplijauskaité, "las novelas escritas por mujeres con énfasis en lo sexual se escriben no para excitar la imaginación erótica, sino para dar cuenta de la vivencia plenaria de la mujer" (*La novela* 166). Renée Ferrer enfoca la narración hacia la descripción del pensamiento interior y de las vivencias personales, sin explayarse en descripciones del acto sexual. De esta forma, la atracción que siente Malena por la escena de amor lésbico representa el descubrimiento de la "otredad", que significa la desintegración de la mitología sexual tradicional que reduce a la mujer al pánico del potente falócrata. La contemplación de las escenas sugiere en Malena la posibilidad de una inversión de las estructuras sociales y familiares, un paso hacia la liberación y el deseo de crearse su propio mundo. La expresión libre de lo erótico comprende, así, la denuncia de las estructuras sociales tradicionales.

En razón de este contenido, las frases adquieren a veces un sentido filosófico, porque la toma de conciencia de la protagonista comporta el cuestionamiento del mundo en que vive, como "el absurdo, ese ingrediente impenitente de la vida, se pasea a nuestro alrededor con la obstinación de una sombra" (40). Este tipo de frases pronunciadas desde la reflexión introspectiva demuestra que la autora parte del problema particular de una mujer de su país, para hacerlo genérico, convirtiendo a Malena en modelo de la mujer explotada familiarmente. Para llegar a la generalización, Ferrer ironiza sobre las consignas educativas que la mujer recibe desde su infancia: la protagonista expresa que "las mujeres honestamente casadas no pierden la compostura" (23). Otras ideas descubren la rebeldía inconsciente de la protagonista contra un mundo donde se acomoda "a la rutina de quererse de memoria" (36). En ocasiones el discurso se refiere a la comunicación de las personas; Malena revela que la palabra no es el único vehículo del conocimiento, que a veces se da por misterio o por el impacto de una imagen. Y la comunicación visual se establece en el momento en que contempla a la vietnamita en la escena sexual.

El erotismo no es el centro de las secuencias en que aparecen situaciones de este tipo, sino la consecuencia del discurso, por lo que queda como una manifestación de la transgresión del orden familiar establecido y, a la vez, como un motivo donde la autora muestra su prosa lírica con mayor eficacia. La contemplación de lo erótico que transgrede el orden sexual imperante es un vehículo de comunicación que despierta la revelación de la auténtica personalidad de la protagonista, y desata la memoria para recorrer el pasado de los personajes, quienes recuerdan su vida y las circunstancias que les han llevado a la situación presente. El monólogo es la forma textual que esconde la rebeldía y el cuestionamiento de un mundo móvil y voluble como el masculino; monólogo que surge de los silencios de ambas mujeres, como señala Boujema El Abkari ("*Los nudos*" 54). La subjetividad que reproduce el personaje, representativa de la escritura de la posmodernidad, encierra a la mujer aún más en su universo, pero genera el discurso de poseer el *logos* y el entendimiento que rompa la barrera de la marginalidad de la mujer en la sociedad patriarcal, *a priori* infranqueable.

El desenlace es producto del escepticismo de la protagonista, cuya conciencia no termina de desprenderse de las trabas de la sociedad patriarcal. Malena no inicia con la representación erótica un camino de aprendizaje, ni tampoco ejerce una autocrítica que denote una debilidad de juicio, sino que traslada el narcisismo social del hombre al ámbito de su persona. Su rebeldía surge del gesto que adopta durante el espectáculo. Y a través del sexo va descubriendo con autocomplacencia que con su discurso puede combatir el peso arraigado del discurso monolítico de la sociedad patriarcal dictatorial. Con la contemplación de las escenas sexuales, el tiempo se detiene para la protagonista y se eliminan sus contactos con la situación actual para aislarse del presente en que vive. La rebeldía incipiente anula los minutos, y se unen las dimensiones del pasado, presente y futuro para que todo vuelva a comenzar.

Renée Ferrer asume para sí el modo discursivo elegíaco de Virginia Woolf, porque tematiza la violencia física y moral de la institución familiar y, además, apunta la ineludible instancia radical de soledad que comparte el ser humano como experiencia personal. La soledad de los dos personajes femeninos es producto de una causa diferente, y a pesar de que la mujer oriental no tiene ataduras familiares como Malena, el discurso social masculino hace que ambas sean víctimas de la falocracia. Por esta razón, el morbo de la relación sexual entre dos mujeres despierta la conciencia de Malena porque contempla que el placer no es propiedad exclusiva del hombre.

El discurso de Malena es intuitivo y prerracional, centrado en momentos de visión más o menos preverbales. El silencio aparente, que no real porque su conciencia dispara las palabras, supera la dicotomía masculino / femenino y suspende la temporalidad que exige de la mujer una constante disponibilidad hacia el mundo y los otros. La totalidad de la experiencia de Malena se manifiesta con la progresión secuencial de verbos que expresan actitudes de estatismo, con lo que su rebeldía pertenece al estado de su conciencia, y no a hechos concretos, que serían expresados con verbos de movimiento. De ello se desprende que la novela responde con un lenguaje femenino basado en la fragmentación del discurso, fundamentado en el automatismo y la receptividad pasiva, al masculino que se suscribe al movimiento.

La narración femenina suele dar rienda suelta a los pensamientos de la conciencia mental del personaje, a lo individual profundo, mientras que la masculina, ausente en la novela de formulación propia, a los referentes externos. El discurso activo de *Los nudos del silencio*, como puesta en cuestión del sentido de exclusividad y superioridad del hombre, incluyendo la sexual, nunca podrá anular en su beneficio los verdaderos pensamientos de la mujer, expresados por medio del monólogo interior. Y la sugerencia lésbica mueve a la rebeldía; a la necesidad de una transformación de las convenciones sexuales, que reporte una moral más abierta; menos autoritaria. El pensamiento de Malena es un juego prometeico de subversión por medio del lenguaje porque, como afirmó Jung, "la mujer ejerce su poder sobre el hombre a través del inconsciente" (citado en Ciplijauskaité 91).

Las referencias a la situación política de la dictadura de Stroessner, en conexión con el símbolo de la posesión sexual del fuerte, son inevitables si tenemos en cuenta el contexto político en que fue escrita la novela. El torturador arribista, que se enriquece por medio de actos delictivos como el contrabando, fue un personaje característico del régimen, y para Renée Ferrer representa la personificación culminada del macho paraguayo, de la misma manera que Ángeles Mastretta aúna las características del macho mexicano en el personaje masculino que se beneficia de la Revolución Mexicana en *Arráncame la vida*. Al fin y al cabo, los siervos de la dictadura trataron al Paraguay como a una hembra a la que se podía violar con impunidad, por lo que erótica y poder presentan paralelismos en sus prácticas genéricas. En realidad, la prevaricación y la explotación autoritaria no son características exclusivas de la dictadura paraguaya. Mei Li huye a París junto al hombre maduro que la explota, aprovechando la inmunidad diplomática de éste, después de que se dirigiera una redada contra la resistencia armada en Saigón y se clausurara el prostíbulo donde trabajaba ella.

David William Foster afirmó que *Los nudos del silencio* "es probablemente la primera novela paraguaya que ofrece el problema de la conciencia feminista" (9). La afirmación de Foster es arriesgada porque otras autoras habían publicado anteriormente obras de temática femenina: Neida Bonnet de Mendonça con *Golpe de luz* (1983), una desgarradora manifestación y revelación de fantasmas interiores de la autora en la que proclama la necesidad de romper el enclaustramiento social y familiar de la mujer paraguaya, y Raquel Saguier con *La niña que perdí en el circo* (1987), novela en la que la conciencia femenina tiene un especial significado y cierto sentido reivindicativo. Pero este trío de novelas paraguayas son muestra de la irrupción en los ochenta de una vertiente feminista, con el referente anterior de Josefina Pla en la memoria, por ser obras en las que los personajes femeninos adquieren conciencia de su individualidad, y descubren el mundo al que han estado sometidas. Sin embargo, la de Renée Ferrer es la primera de ellas que mantiene un objetivo: traspasar los límites de la experiencia personal, de lo autobiográfico, para extenderse a la ficción plena, sin ataduras a la referencialidad de la propia experiencia, de la que deriva el cuestionamiento de la sociedad patriarcal. No es una novela que parta de las experiencias propias de la autora; o que se centre sólo en Paraguay, como las de Neida Bonnet y Raquel Saguier. A partir de su captación del mundo, Renée Ferrer inventa una historia que nada tiene que ver con su vida, salvo en lo genérico y en lo social, y desarrolla el postulado de la reivindicación del papel de la mujer en la sociedad, no tratándolo como un problema individual, sino como una situación universal, en un espacio como París, donde la mujer ha alcanzado mayores libertades que en Sudamérica o en el Extremo Oriente. Frente a la impregnación de la experiencia personal que intensifica el autodescubrimiento de las obras de Bonnet y de Saguier, Renée Ferrer afronta el problema de la marginación de la mujer en una dimensión dialógica donde predomina la escritura rebelde interior, y donde el erotismo queda subyugado a la escritura. Así pues, la escasa relevancia de lo autobiográfico y la importancia del personaje masculino distinguen la novela de Renée Ferrer de las publicadas por otras autoras coetáneas del Paraguay.

Como hemos sugerido, el argumento de *Los nudos del silencio* tiene puntos de contacto con el de *Arráncame la vida* de la autora mexicana Ángeles Mastretta, salvando las diferencias argumentales y las sociales que existen entre México y Paraguay. En ambas se narra la historia de la sumisión por el amor de una protagonista a un personaje que va escalando socialmente, y progresivamente la mujer va tomando conciencia de su identidad en un mundo machista. Sin embargo, mientras que la protagonista de la novela de Ángeles Mastretta se desvincula de su subordinación a la brutalidad del hombre, la de Renée Ferrer se centra en la percepción de la sensación de lo diferente y de su identidad. El punto de partida temático puede ser semejante, pero el desarrollo y el desenlace de ambas obras es distinto. No obstante, la mexicana y la paraguaya son novelas de la concientización de la mujer dominada por el macho.

En conclusión, *Los nudos del silencio* es una novela determinante en el desarrollo de la narrativa paraguaya contemporánea. Representa la consolidación narrativa de una escritora que se caracteriza por el buen dominio del lenguaje. También significa la afirmación de la narrativa de reivindicación femenina en Paraguay, junto a las obras de otras autoras coetáneas. La novela de Renée Ferrer es la culminación de un inicio de reivindicación y, al mismo tiempo, el punto de partida de la narrativa donde los problemas y la situación de la mujer son objetos de introspección literaria; un síntoma de la rebeldía femenina contra el mundo paraguayo dominado por el hombre, consumada en una escritura antiautoritaria que despierta ante la contemplación de la "otredad" erótica.

NOTAS

[1] La limitación temática, el localismo y el anacronismo han sido característicos de la narrativa paraguaya según críticos y escritores como Augusto Roa Bastos, Josefina Pla y Roque Vallejos. Sus opiniones pueden comprobarse en el trabajo de Augusto Roa Bastos "La narrativa paraguaya en el contexto de la narrativa hispanoamericana actual", el de Josefina Pla y Francisco Pérez-Maricevich, "Narrativa paraguaya: recuento de una problemática", y la de Roque Vallejos, *La literatura paraguaya como expresión de la realidad nacional.*
[2] Como breve resumen de la problemática, estado, vertientes y obras de la narrativa paraguaya actual, ver mi introducción a la edición de la novela de Carlos Villagra Marsal, *Mancuello y la perdiz.*
[3] Renée Ferrer (Asunción, 1944) es una de las escritoras paraguayas más importantes y prolíficas. Ha destacado como poeta con obras como *Peregrino de la eternidad* (1985), *Nocturnos* (1987), *El acantilado y el mar* (1992) *Itinerario del deseo* (1994) y su antología *La voz que me fue dada* (1995). En narrativa, publicó su primer libro de cuentos en 1996, *La seca y otros cuentos* (en él figura "La colección de relojes", seleccionado por Fernando Burgos en su antología *El cuento hispanoamericano del siglo XX*. A continuación, reunió un conjunto de relatos infantiles con el título de *La mariposa azul y otros cuentos* (1987). En 1993 se editó un nuevo libro de cuentos, *Por el ojo de la cerradura*, y en 1994 el ecofeminista *Desde el encendido corazón del monte.* En 1998 se publica su segunda novela, una narración histórico-intimista titulada *Vagos sin tierra*, partiendo de sus conocimientos sobre la historia de la ciudad paraguaya de Concepción, recogidos en su Tesis Doctoral, *Un siglo de expansión colonizadora. Los orígenes de Concepción* (1985). También ha publicado trabajos para el público infantil y ha adaptado

algunos de sus cuentos al teatro (Datos obtenidos del *currículum vitae* cedido gentilmente por la autora, y del *Breve diccionario de literatura paraguaya* de Teresa Méndez-Faith.

[4] En todas nuestras citas utilizaremos la edición definitiva de 1992, publicada en Asunción por la editorial Arandurã.

[5] El desenlace abierto y ambiguo de *Los nudos del silencio* es una muestra de la actualización técnica de la novela paraguaya actual.

BIBLIOGRAFÍA

Alvar, Manuel. "Los murmullos opacos de la noche". *Exégesis* 26 (Humacao, Puerto Rico, *Revista del Colegio Universitario de Humacao, UPR*, 1996): 52-53.

Burgos, Fernando. *El cuento hispanoamericano del siglo XX*. Madrid: Castalia, 1997.

Ciplijauskaité, Biruté. *La novela femenina contemporánea (1970-1985). Ensayo para una tipología en primera persona*. Barcelona: Anthropos, 1990.

El Abkari, Boujemaa. "*Los nudos del silencio* y la dialéctica del silencio". *Exégesis* 26 (Humacao, Puerto Rico, *Revista del Colegio Universitario de Humacao, UPR*, 1996): 54-57.

Ferrer, Renée. *Los nudos del silencio*. Asunción: Arandurã, 1992.

Foster, David William. "Introducción a *Los nudos del silencio*". *Los nudos del silencio*. Asunción: Arandurã, 1992. 7-10.

Méndez-Faith, Teresa. *Breve diccionario de la literatura paraguaya*. Asunción: El Lector, 1994.

Partyka, Betsy: "Rompiendo las cadenas en *Los nudos del silencio*". Trabajo cedido gentilmente por la autora.

Peiró, José Vicente. "Introducción". *Mancuello y la perdiz*. Carlos Villagra Marsal. Madrid: Cátedra, 1996.

Pla, Josefina y Francisco Pérez-Maricevich. "Narrativa paraguaya: recuento de una problemática". *Cuadernos Americanos* 4 (julio-agosto 1968): 184-185.

Sánchez, Luis Alberto: *Historia de la literatura americana (Desde los orígenes hasta 1936)*. Santiago de Chile: Ediciones Ercilla, 1937.

Roa Bastos, Augusto. "La narrativa paraguaya en el contexto de la narrativa hispanoamericana actual". *Augusto Roa Bastos y la producción cultural americana*. Saúl Sosnowski, ed. Buenos Aires: Ediciones de la Flor, 1986. 117-138.

Vallejos, Roque. *La literatura paraguaya como expresión de la realidad nacional*. Asunción: Editorial Don Bosco, 1970.

Villagra Marsal, Carlos. *Mancuello y la perdiz*. Madrid: Cátedra, 1996.

La Cuba homotextual de Arenas: deseo y poder en *Antes que anochezca*

Silvia Nagy-Zekmi
SUNY at Albany

> Todo el vacío del amor
> lo he ido llenando con la muerte
> Enrique Lihn, *Diario de muerte*

> Sé que más allá de la muerte
> está la muerte,
> sé que más acá de la vida
> está la estafa.
> Reinaldo Arenas, "Introducción del símbolo de la fe"

La homotextualidad en el título se refiere a lo propuesto por Jorge Ruiz Esparza, entre otros, a la textualización de la homosexualidad y no a lo planteado por Lucien Goldman, la homología textual como la observación de paralelismos estructurales entre situaciones de clase, perspectivas sobre el mundo y formas artísticas. En la autobiografía de Reinaldo Arenas (1943-1990) titulada *Antes que anochezca* y publicada póstumamente en 1992, la homosexualidad es textualizada como la *différance* derridiana en la orientación sexual (diferencia/ deferencia) que se convierte en discurso. Para efectuar este discurso, al consabido homoerotismo del autor se añade su admitida preferencia por la transgresión,[1] su irrevocable e irreducible posición crítica en lo que atañe a la realidad política y social cubana. Arenas enuncia un discurso irreverente, irónico (Barquet, Rozencvaig) que pone de manifiesto el "desamparado humor" (Valero) *sui generis*, un discurso de resistencia a la normas de orientación sexual y política en Cuba posrevolucionaria.

La vasta obra de Arenas ha provocado una notable evaluación crítica, pero pocos son los escritos que analizan su autobiografía, pese a que las diferentes narrativas confesionales (diarios, cartas, autobiografías) siempre han sido materia de primer interés para los críticos a causa de su sujetividad. En *Antes que anochezca* la exhibición de la subjetividad se complementa con la libertad de expresión motivada por una perspectiva excepcional generada por la decisión ya tomada por el autor de terminar su vida. Varios críticos (Hasson, Barquet,

"Conversando con R.A. sobre el suicidio") arguyen que la vida de Arenas no podía sino desembocar en suicidio, siendo éste una solución literaria (demasiado) recurrente en sus novelas,[2] "un tema obsesivo en [su] obra" (Hasson 165), demostrando que la posibilidad de la autodestrucción está siempre presente en su psiquis. Hablando de sus estrategias literarias Arenas declara en una entrevista: "Creo que en lo que yo escribo hay frecuentemente dos alternativas: la situación llega a tal grado de desesperación que provoca la *destrucción* o provoca la *liberación*" (Barquet, "Conversando" 934, el énfasis es mío). El último acto de su vida ha sido el entrelazamiento de las dos opciones: creyó haber obtenido la liberación *por medio* de la (auto)destrucción. Como él mismo lo expresa en su carta de despedida: "Cuba será libre. Ya yo lo soy" (343). Cabrera Infante, en un artículo sobre el fenómeno del suicidio entre cubanos, opina que el suicidio no es "una vía de escape, sino un bastión de defensa [...] una declaración de principios [...] una exploración de los extremos posibles de la personalidad y del ser" ("Entre la historia" 12). En su carta de despedida Arenas da como razón inmediata de su suicidio "el estado precario de salud" por lo cual no puede "seguir escribiendo y luchando por la libertad de Cuba" (343).

En este ensayo abordaré las posibilidades hermenéuticas y soluciones narrativas que genera la perspectiva: "escribir desde el umbral de la muerte" al que el título del libro hace eco[3] y en este contexto analizaré las dos vertientes evidentes y paralelas de la autobiografía: la representación de Cuba y el homoerotismo, dos ejes de la obra en cuestión que manifiestan disidencia y transgresión.

La autobiografía[4] de Arenas, como toda autobiografía, se crea de manera analéptica, pero lo que le otorga suma importancia es el hecho que en *Antes que anochezca* el narrador/protagonista se manifiesta desde la mencionada prespectiva única de su muerte próxima, por consiguiente, la verosimilitud exigida por algunos teóricos (Catelli, Lejeune, entre otros) debe reexaminarse tomando en cuenta esta circunstancia desde el comienzo de la lectura. Para expresar lo que, de acuerdo al mismo Arenas, "is the meaning of his life" (Rozencvaig, "Last Interview" 83) el autor recurre a un lenguaje exagerado y "su visión del mundo [es] una hipérbole" (Jiménez). En efecto, el lenguaje empleado por Arenas es un elemento que mina la aparente representación mimética del sujeto. Según el conocido concepto de Paul de Man, narrar la propia historia proviene de la necesidad de dotar un *yo*, mediante el relato, al que previamente carece del *yo*. Es, hasta cierto punto, el caso de Arenas, cuyo *yo* estaba en pugna con el poder de la cultura dominante, razón por la cual el autor opta por la construcción de un *yo mítico* motivado por un deseo de dejar su autobiografía como legado[5] tras el inminente suicidio.

Antes que anochezca tiene muchos aspectos testimoniales:[6] 1. el autor/narrador relata eventos que había vivido, 2. el hecho que lo vivido/relatado trasciende la importancia de lo personal por ejemplificar la discriminación en Cuba tanto en lo que concierne a la orientación sexual como la disidencia política, 3. los personajes se nombran: "Era pintor y se llamaba Raúl Martínez", "Abelardo Estorino se llamaba" (96) "Marcia Leiseca, [era] una de las más grandes agentes de Seguridad del Estado" (294), etc. y se caracterizan con una subjetividad desenfadada por el narrador/autor quien, no sorprendentemente, se llama Reinaldo. Además de recordar con gratitud o con odio a los que participaban en su vida, el autor expone opiniones sobre las reconocidas figuras literarias de la época y su obra.

¿Qué fue la obra de Alejo Carpentier, luego de haber escrito *El siglo de las luces*? Churros espantosos, imposibles de leer hasta el final. ¿Qué fue la poesía de Nicolás Guillén? A partir de los años sesenta toda esa obra es prescindible; es más: absolutamente lamentable. (116)
El Premio Nobel se lo dieron a Gabriel García Márquez, pastiche de Faulkner, amigo personal de Castro y oportunista nato. (323)
Carlos Fuentes se expresaba en un inglés perfecto y parecía ser un hombre que no tuviera ningún tipo de dudas, ni siquiera metafísicas; era para mí lo más remoto a lo que podía compararse con un verdadero escritor. (326)

De manera similar procede otro escritor, el peruano José María Arguedas (1911-69) quien, luego de escribir su última novela, *El zorro de arriba y el zorro de abajo* (publicado también póstumamente en 1970) intercalando en ella sus *Diarios*, se suicidó en 1969. El también aludía abiertamente al inminente suicidio[7] y opinaba sobre los autores contemporáneos, aunque con mucho mayor mesura que Arenas, tono que corresponde a su carácter (muy distinto al del escritor cubano).

¿somos distintos los que fuimos pasto de los piojos en San Juan de Lucanas y el Sexto, distintos de Lezama Lima o Vargas Llosa? No somos diferentes en lo que estaba pensando al hablar de "provincianos". Todos somos provincianos, Don Julio (Cortázar) (30). Carlos Fuentes es mucho artificio como sus ademanes. (18)

La exposición de estas opiniones se hace desde la perspectiva obstruida por la muerte, a la que ambos autores aluden, y a partir de la esperanza de liberación (de los sufrimientos físicos y psicológicos) que el planeado suicidio brinda a ambos autores. Los dos libros, tanto el de Arenas como el de Arguedas manifiestan señales inequívocas de ser la conclusión, la última obra, hecho que lleva al autor a no preocuparse por la futura recepción de la misma, poniendo en duda la tesis de Sylvia Molloy quien opina de la autobiografía que es un género de titubeos, porque "The autobiographer [is] an inordinately wary writer, conscious of his or her own vulnerability and the reader's potential disapproval" (6). Los que concluyen su autobiografía[8] con el dramático hecho del suicidio, no parecen darle importancia a la posible desaprobación de los lectores.

La otra vertiente que me interesa examinar en *Antes que anochezca* es la representación de Cuba. Veamos la manipulación textual de Arenas, que la subjetividad narrativa de la autobiografía como género le permite, en la representación de la Isla como un espacio políticamente sofocado y sexualmente sobreerotizado. En cuanto al medio político, Arenas deja entrever en el relato de su trayectoria que su anticastrismo no está del todo motivado por una convicción ideológica en sí, sino que el fundamento de su visión política se encuentra en su homosexualidad censurada en ese medio homofóbico.[9] Suponiendo que la construcción de una identidad nacional a nivel individual necesariamente parte de experiencias personales, es evidente la imposibilidad de otra posición ideológica que la del enemigo de aquel régimen que lo marginalizó, lo encarceló y, finalmente, lo expulsó.

Además de los numerosos ataques contra el poder político en Cuba, en *Antes que anochezca* el tratamiento narrativo del deseo homoerótico ocupa un lugar eminente (Jiménez). La representación de Cuba como país se hace mediante un filtro de experiencias homoeróticas, a partir de las cuales se articula el discurso homotextual. Tanto es así, que el mismo autor observa un nexo íntimo entre la práctica homoerótica y la praxis literaria.[10] En toda su obra Arenas deja entrever la indisoluble relación que tienen para él la creación literaria y la sexualidad. Desde este punto arguye el autor su posición contra la censura de la orientación sexual y la de la disidencia política. "Toda dictadura es casta y antivital" (119). Como respuesta, el lema del autor podría ser: "coito ergo sum". En su caso, el discurso homotextual se vale de la recodificación[11] en la representación del sujeto homoerótico. Según el concepto desarrollado por la crítica feminista (Guerra, Felman, entre otros) para enfatizar la necesidad de cambiar las normas estéticas de la representación del sujeto, la escritura femenina se sirve de la recodificación, es decir, la manifestación de una actitud subversiva y la deliberada desconsideración de normas sociales. La insistencia de Arenas en incluir en su autobiografía las aventuras homoeróticas con lujo de detalle pone de manifiesto una actitud desafiante que, desde luego, puede interpretarse como la aplicación de la recodificación.

Según algunos críticos (Bejel 30) la razón del homoerotismo del autor es "el odio que le inculcaron" en su infancia "hacia su progenitor". Esta observación no parece tomar en cuenta los resultados de la investigación psicológica sobre los motivos de la homosexualidad que parecen indicar más y más que esta orientación sexual es independiente de los factores socio-educacionales (Foster, *Gay and Lesbian Themes*). Lo que Arenas expresa en su autobiografía, a mi parecer, se refiere meramente a las raíces de su tendencia a transgredir normas que se debía parcialmente a su condición de niño ilegítimo y poco cuidado: "Mi existencia ni siquiera estaba justificada y a nadie le interesaba; eso me ofrecía un enorme margen para escaparme" (22). Como se ha enfatizado anteriormente, Arenas manifiesta la transgresión de normas tanto sociales como políticas en la Cuba socialista. "El insistente homoerotismo que caracteriza la obra" (Jiménez 12) funciona como un acto de rebeldía, un desafío contra la hipocresía tanto social como política del país. Arenas reconoce que su disidencia política estaba estrechamente entrelazada con su homosexualidad.

> De todos modos, la juventud de los años sesenta se las arregló [...] para conspirar contra el régimen. Clandestinamente, seguíamos reuniéndonos en las playas o en las casa o, sencillamente, disfrutábamos de una noche de amor con algún recluta pasajero [...]. (116-117)

En otra parte se hace un paralelo entre el deseo (frustrado, en este caso) homoerótico y la frustración vivida en un régimen represivo.

> [...] aquel hombre, que nos había perseguido por maricones, lo que quería era que nosotros nos lanzásemos a su sexo [...] Tal vez eran aberraciones del sistema represivo. (121)

Si se repasa su desarrollo político desde el comienzo, se hace evidente que en su adolescencia Arenas estaba incorporándose en el orden político de Cuba; a los quince años "aún no me había salido la barba" (68) se fue a la Sierra de Gibara para luchar contra Batista (Capítulo: "El rebelde") y en 1959 al triunfar la revolución castrista se integró a la causa:

> En aquel momento yo estaba integrado a la Revolución; no tenía nada que perder, y entonces parecía que había mucho que ganar; podía estudiar, salir de mi casa en Holguín, comenzar otra vida. (70)

Su descontento y disidencia política no se despiertan hasta el momento en que su segunda novela, *El mundo alucinante* no sale premiada por el UNEAC como lo fue la primera, *Celestino antes del alba*.[12] "In the mid-60's when the Castro regime begun openly persecute homosexuals, Arenas turned away from the Revolution" (Soto 2).

A fines de los 60 y comienzos de los 70 Arenas comienza a publicar fuera de Cuba para evitar la doble censura del contenido político y la naturaleza homoerótica de sus escritos. Sánchez-Eppler caracteriza así esta época: "By then both his own homosexuality and the nature of his writing makes him a perfect target of surveillance and subsequent persecution, imprisionment, alleged rehabilitation, and a postpenal return to a social limbo of unemployment [...]" (389).

Una lectura crítica de *Antes que anochezca* nos lleva inevitablemente a examinar la relación entre el deseo y el poder, o sea, sobre la "identidad sexual y nacional" (Bejel 29). Como indiqué anteriormente, Arenas presenta al lector una Cuba reprimida políticamente y liberada sexualmente, pese a los esfuerzos de las autoridades por reprimir la (homo)sexualidad. La representación de la sexualidad en la autobiografía se basa en mitos (que a la vez el mismo Arenas construye)[13] sobre la sexualidad tropical en un medio paradisíaco de mar, de calor, de cielo azul infinito: "aquella playa, donde nunca vi tantos hombres dispuestos a templarse a otros hombres" (126) "[...] todo el mundo quería fornicar desesperadamente [...]" (117), "el mar era realmente lo que más nos erotizaba" (127). En efecto, esta actitud no es insólita: en *La isla que se repite* Antonio Benítez Rojo examina la construcción histórica de la identidad caribeña que se entrelaza con la articulación del deseo y la sexualidad en un medio tropical, paradisíaco (¿bíblico?). La representación de Cuba en el relato autobiográfico de Arenas no sólo se rige por la perspectiva analéptica, sino por un factor importante, al que varios críticos (Colás, Pérez Firmat y el mismo Benítez Rojo) enfatizan: que la Isla está "allá" y se define desde "aquí" un lugar que ya dejó de ser un espacio utópico, de exilio, sino que es de residencia. Debido a que *Antes que anochezca* fue escrito en Nueva York la posibilidad de la nostalgia en la construcción narrativa de Cuba como un espacio utópico debe tomarse en cuenta.

La ostentación del deseo homoerótico y de la disidencia política rinde como resultado la autorrepresentación de Arenas como un ser censurado, aislado y marginalizado en un medio regido por binarismos infraqueables tanto en el discurso político: patriota/traidor, revolucionario/contrarrevolucionario, etc., como en el discurso sobre la sexualidad: homo/heterosexual, masculino/femenino, activo/pasivo, privado/público, a/normal (Jiménez).

Su traslado a los Estados Unidos trae consigo ciertos cambios, aunque no radicales; Arenas pasa a ser de "anti-Castro dissident" un "anti-Miami malcontent" (Benigno Sánchez-Eppler 383) y por ser "auténtico disidente e individualista" (Bejel 45) se rebela también contra las reglas (las contradicciones económicas, en particular) de la sociedad capitalista. "Finally I leave that hell and come here full of hopes. And this turns out to be another hell; the worship of money is just as bad as the worst in Cuba" (Manrique 2). La manifestación del desencanto se pone en evidencia en la autobiografía, que admitidamente fue escrita "como venganza". Cabrera Infante cita a Arenas en una reseña sobre *Antes que anochezca* diciendo: "Writing those books kept me alive [...] especially the autobiography. I didn't want to die until I had put in the final touches. It's my revenge" (2). En efecto, Arenas parece gozar al desenmascarar la hipocresía o los hábitos sexuales de ciertas personas que, infaliblemente, aparecen nombradas sin discreción ni piedad. Sirve de ejemplo la descripción muy detallada de las preferencias de Virgilio Piñera en los juegos sexuales (cap. "Virgilio Piñera") o la siguiente cita: "Eliseo Diego decía: 'Yo el día que tenga que escribir una oda elogiando a Fidel Castro o a esta Revolución, dejo de ser escritor'. Más adelante, sin embargo se convirtió en vocero del régimen de Fidel Castro" (99). Las exploraciones de las posibles lecturas de *Antes que anochezca* deben reparar en la ironía y la burla acompañadas por un tono acérrimo "digno de Voltaire" (Hasson 171) que se manifiestan, más que todo, en los retratos de amigos y enemigos; nadie se escapa, ni el mismo autor. "Bruja fue mi tía Orfelina, perfecta en su maldad" (316); "Todos me miraban como se mira a un personaje de otro planeta, a un apestado" (259).

Antes que anochezca ofrece múltiples claves para la interpretación de la obra areniana en general. *La pentagonía*[14] (el vocablo es un neologismo creado por Arenas en vez de lo más acostumbrado pentalogía) que reúne cinco novelas sobre la realidad cubana que contienen personajes extravagantes y marginalizados: disidentes, soñadores, homosexuales,[15] librepensadores. Personajes/personas[16] de la misma índole aparecen en *Antes que anochezca* confirmando lo que todos sospechaban (Rozencvaig, "Last Interview" 79; Barquet, "Rebeldía"), que gran parte de la escritura de Arenas es autobiográfica.

Una de las características más llamativas de los escritos de Arenas es su índole premonitoria (Hasson 172). En *Leprosorio*, (1990, escrito en 1974-76) se manifiesta "una atrocidad festiva o una festividad atroz" (Valero 149). La burlesca letanía de enfermedades (políticas) de toda clase: "leucemia y batista general" y "castroenteritis general/vómito negro" evoca los horrores (más tarde sufridos por Arenas) del SIDA. En *Morir en junio y con la lengua afuera* (fechada 1970) ya proyecta el suicidio, como también *El Central* ya en 1981:

> Me voy muriendo.
> Me voy callando.
> Me voy gritando.
> Me voy engarrotando.
> Me voy reventando
> sin haber visto el reventar
> de esa tierra de muchos truenos
> y rayos.
> El ta ta ta, el ta ta ta, el ta ta ta,
> incesante. (77)

Estos versos tendrán su eco en la conclusión de la carta de despedida ya citada al principio: "Cuba *será* libre. Ya yo lo soy" (El énfasis es mío.). En efecto, el autor/poeta terminó su vida "sin haber visto el reventar de esa tierra". Desde la premonición hasta el relato de vida que desemboca en suicidio la obra de Arenas se cerró en forma circular.

Para concluir, hago hincapié en la insistencia de Arenas en el derecho a ejercer la libertad de crear y de vivir, practicado hasta sus últimas consecuencias en su autobiografía y en toda especie de géneros literarios (novela, poesía, ensayo) que le valió experimentar un cierto ensombrecimiento de prejuicios sobre sus escritos y su persona, a partir de los malos entendidos que esta actitud provocaba desde su misma intensidad, aunque a raíz de una intransable coherencia interna.

La autobiografía de Arenas, una obra ajena al discurso académico como el que se despliega en este ensayo, me brindó las bases para llevar a cabo un análisis discursivo e ideológico de la visión areniana y me permite concluir que el lenguaje de deseo (homo)textualizado en *Antes que anochezca* está íntimamente ligado a un discurso político, demandando cambio, tanto en el ámbito político como en la aceptación de diversas sexualidades.

NOTAS

[1] El por qué la homosexualidad, en cuanto a construcción cultural, se considera una transgresión, es abordado en el lúcido análisis de Silvia Spitta que parte del concepto de la transculturación propuesta por Fernando Ortiz y concluye que "[c]ulture is therefore [is] implicitly gendered as *male*, even though theorists such as Ortiz mobilize gendered metaphors to describe its components" (163).

[2] "eso es lo que hago: suicido a mis personajes pero yo todavía no" (citado en Barquet, "Conversando" 636).

[3] Calvin Bedient sugiere en un artículo sobre el SIDA y las víctimas de esta enfermedad, que el título de la autobiografía tiene importancia política: "the title is not memorable until one learns that Arenas worked at an earlier version each day before dusk while hiding in a park from Castro's security forces" (200). En el mismo texto el autor no deja duda sobre el doble significado del título: "Había empezado ya [...] mi autobiografía en Cuba. Lo había titulado *Antes que anochezca,* pues tenía que escribir antes que llegara la noche ya que vivía prófugo en un bosque. Ahora la noche avanzaba de nuevo en forma más inminente. Era la noche de la muerte" (11).

[4] Es interesante que Liliane Hasson en su artículo "*Antes que anochezca* (Autobiografía): Un lectura distinta de la obra de Reinaldo Arenas" desmintiendo su propio título, repetidamente se refiere a la novela como "memorias". Yo veo una diferencia fundamental entre las memorias y la autobiografía en cuanto a género literario, ya que en la autobiografía se efectúa la construcción de un sujeto y el discurso se enuncia a partir de esta construcción, mientras que en las memorias el rasgo sobresaliente es la testimonialidad.

[5] En su carta de despedida Arenas indica sus intenciones con su autobiografía: "les dejo como legado todos mis terrores" (343).

[6] No es del todo inusitado incluir aspectos testimoniales en la autobiografía, aunque frecuentemente los autores optan por cambiar nombres y otros datos de las personas/ personajes que aparecen en ella.

[7] "Anoche resolví ahorcarme en Obrajillo de Canta, o en San Miguel en caso de no encontrar un revólver" (Arguedas 12).

[8] Considero como una autobiografía truncada los *Diarios* de Arguedas intercalados en *El zorro*.

[9] David William Foster propone que los mecanismos motivando la homofobia son resultados de la imposición de "una interpretación hegemónica del individuo, operación represiva/opresiva que proviene igualmente de la derecha burguesa y de la izquierda estalinista" ("Consideraciones" 90-91).

[10] Emilio Bejel consagra gran parte de su artículo al tratamiento de la relación entre la creatividad y la sexualidad en *Antes que anochezca*.

[11] En mi libro, *Paralelismos transatlánticos* en el capítulo sobre el género autobiográfico desarrollo con mayor profundidad el concepto de la recodificación.

[12] Virgilio Piñera, escritor excelente e ícono homosexual forma parte del jurado y pese a que, de acuerdo al recuento de Arenas, Piñera no pudo convencer (esta vez) a Alejo Carpentier y a José Antonio Portuondo para premiar *El mundo* (cap. "La biblioteca").

[13] Basta recordar la alusión a los cinco mil amantes que Arenas confiesa haber tenido, como manifestación del discurso hiperbólico que sirve como vehículo para construir la representación mítica de la sexualidad tropical.

[14] Las novelas siguientes forman *La Pentagonía: Celestino antes del alba* (1967) (también titulado: *Cantando en el pozo* en 1982), *El palacio de blanquísimas mofetas* (1982), *Otra vez el mar* (1982), *El color del verano* (1991), *El asalto* (1991).

[15] *Celestino antes del alba* es quizás la única novela en la cual la representación del homoerotismo no es abierta. Escrita en 1964 ganó el prestigioso premio del UNEAC en 1967. Según Roberto Valero, sería imposible que una novela escrita dentro de Cuba fuera más directa (75).

[16] Si se considera el libro como creación literaria, son personajes, y si la lectura se orienta más hacia los aspectos testimoniales, son personas.

BIBLIOGRAFÍA

Arenas, Reinaldo. *Antes que anochezca*. Barcelona: Tuskets, 1992.
_____. *El central*. Barcelona: Seix Barral, 1981.
_____. *Leprosorio*. Madrid: Betania, 1990.
Arguedas, José María. *El zorro de arriba y el zorro de abajo*. Buenos Aires: Losada, 1970.
Barquet, Jesús. "Rebeldía e irreverencia de Reinaldo Arenas". *Reinaldo Arenas: Recuerdo y presencia*. Reinaldo Sánchez, ed. Miami: Universal, 1994. 27-38.
_____. "Conversando con Reinaldo Arenas sobre el suicidio". *Hispania* 74 (1991): 934-936.
Bedient, Calvin. "These AIDS days". *Parnassus: Poetry in Review* 20/1-2 (1995): 198-205.
Bejel, Emilio. "*Antes que anochezca*: Autobiografía". *Hispamérica* XXV/74 (1996): 29-45.
Benítez Rojo, Antonio. *La isla que se repite*. Hanover, NH: Ediciones del Norte, 1989.

Cabrera Infante, Guillermo. "Entre la historia y la nada. Notas sobre la ideología del suicidio". *Vuelta* 74 (1983): 11-12.
____ "Journey to the End of the Night". *Book World, The Washington Post* (November 7, 1993).
Catelli, Nora. *El espacio autobiográfico*. Barcelona: Lumen, 1991.
Colás, Santiago. "Of Creole Symptoms, Cuban Fantasies, and Other Latin American Postcolonial Ideologies". *PMLA* 110/3 (1995): 382-96.
Estevez, Abilio. "Between Nightfall and Vengeance: Remembering Reinaldo Arenas". *Michigan Quarterly Review* 33 (1994): 859-67.
Felman, Shoshana. *What Does a Woman Want? Reading and Sexual Difference*. Baltimore: Johns Hopkins University Press, 1993.
Foster, David William. *Gay and Lesbian Themes in Latin American Writing*. Austin: Texas University Press, 1991.
____ "Consideraciones en torno a la sensibilidad gay en la narrativa de Reinaldo Arenas". *Revista Chilena de Literatura* 42 (1994): 89-94.
Goldman, Lucien. *Le Dieu caché. Etudes sur la vision tragique dans le Pensées de Pascal et dans le théâtre de Racine* [1955]. Paris: Gallimard, 1976.
Guerra Cunningham, Lucía. "El personaje literario femenino y otras mutilaciones". *Hispamérica* 43 (1986): 3-19.
Hasson, Liliane. "*Antes que anochezca* (Autobiografía): una lectura distinta de la obra de Reinaldo Arenas". *La escritura de la memoria*. Ottmar Ette, ed. Frankfurt am Main: Veuvert/Verlag, 1992. 165-73.
Jiménez, Luis A. "*Antes que anochezca* y el homoerotismo en la autobiografía". Unpublished paper.
Lejeune, Philip. *Le Pacte autobiographique*. Paris: Ed. du Seuil, 1975.
Man, Paul de. "The Rhetoric of Temporality". *On Interpretation*. Charles Singleton, ed. Baltimore: Johns Hopkins University Press, 1969. 188-199.
Manrique, Jaime. "Last Days of Reinaldo Arenas". *Book World. The Washington Post* (7 de noviembre de 1993).
Molloy, Sylvia. *At Face Value: Autobiographical Writing in Spanish America*. Cambridge: Cambridge University Press, 1991.
Nagy-Zekmi, Silvia. *Paralelismos transatlánticos: postcolonialismo y narrativa femenina en América Latina y África del Norte*. Providence, RI: INTI, 1996.
Ortiz, Fernando. *Contrapunteo de tabaco y azúcar*. La Habana: Montero, 1940.
Pérez Firmat, Gustavo. "Transcending Exile. Cuban-American Literature Today". *Dialogue* 92, Miami: Latin American Center, Florida International University, 1987.
Rozencvaig, Perla. *Reinaldo Arenas: narrativa y transgresión*. México: Oasis, 1986.
____ "Reinaldo Arenas' Last Interview". *Review: Latin American Literature and Arts* 44 (1991): 78-83.

Ruiz Esparza, Jorge. "Homotextualidad: La diferencia y la escritura". *Escritura y sexualidad en la literatura hispanoamericana*. A. Sicard, F. Moreno, eds. Madrid: Fundamentos, 1990. 233-252.

Sánchez-Eppler, Benigno. "The Displacement of Cuban Homosexuality in the Fiction and Autobiography of Reinaldo Arenas". *Challenging Boundaries: Global Flows, Teritorial Identites*. M.J. Shapiro y H.R. Alker, eds. Minneapolis: Minnesota University Press, 1996. 383-399.

Spitta, Silvia. "Transculturación, the Caribbean and the Cuban-American Imagery". *Tropicalizations: Transcultural Representations of Latinidad*. Frances A. Aparicio y S. Chávez-Silverman, eds. Hanover, NH: University Press of New England, 1997. 160-182.

Soto, Francisco. *Reinaldo Arenas, The Pentagonía*. Gainesville: Florida University Press, 1994.

Valero, Roberto. "La visión de Cuba en el Leprosorio". *Recuerdo y presencia*. Reinaldo Sánchez, ed. Miami: Universal, 1994. 225-235.

Homosexualidad, rebelión sexual y tradición literaria en la poesía de Manuel Ramos Otero

Wilfredo Hernández
University of Connecticut

Introducción

El 9 de octubre de 1990, días después del fallecimiento del escritor Manuel Ramos Otero, el suplemento cultural del periódico *El Mundo*, de San Juan, publicó, a manera de homenaje, el poema inédito "Nobleza de sangre". Se trataba de un texto de estructura provocadora, extraña y, dentro del contexto de las tradiciones locales, irrespetuoso. Era la primera vez que un poema publicado en Puerto Rico hablaba sin tapujos de los males asociados con el padecimiento del SIDA, la enfermedad de la que había muerto su autor.

> Gracias, Señor, por habernos enviado el SIDA.
> Todos los tecatos y maricones de New York,
> San Francisco, Puerto Rico y Haití te estaremos
> eternamente agradecidos por tu aplomo de Emperador del todo y
> de la nada (y si no me equivoco, de Católicos Apostólicos Romanos). (62)

Empleando un lenguaje cuyo tono religioso imitaba las oraciones de agradecimientos que los feligreses católicos rezan a sus patronos cuando éstos les conceden "favores" o milagros, el sujeto poético, plural, se identificaba con las formas coloquiales usadas para insultar a los homosexuales. Luego pasaba a referir los males asociados con la enfermedad: "sudores o escalofríos", "cansancio", "marginación sin límite", "asco colectivo al Kaposi Sarcoma", "tuberculosis", "flaquencia", "hongos epidérmicos". Casi al final, la voz poética —siempre plural— se situaba en el mismo plano de sufrimiento experimentado por el dios cristiano cuando fue crucificado: "Ya han cometido contra nosotros las barbaridades (y muchas más) que/ dicen haber hecho contigo (con métodos privilegiados por nuestra era, claro está)" (63). El carácter subversivo de la composición alcanza su nivel más sacrílego en los últimos versos, cuando el hablante se pregunta si la enfermedad que sufre fue una venganza del dios cristiano por sentirse aislado ("será tal vez, tu soledad total, tu colosal hastío"), incapaz ("tu complejo de culpa con tantos genocidios") o sexualmente insatisfecho ("tu frustración sexual con los apóstoles"). La novedad del tema, su carácter de tabú y la parodia de algunas creencias generales, hacían previsible el desconcierto de los lectores.

Desde su muerte la literatura de Ramos Otero ha comenzado a ser leída críticamente. En 1991 la Universidad de Nueva York, conjuntamente con la de Puerto Rico, organizó un homenaje que reunió a varios de sus mejores conocedores (García Ramis 5-15; Vega 16-25). Ese mismo año también apareció publicado el poemario *Invitación al polvo*, del que "Nobleza de sangre" forma parte. Después han aparecido editados sus cuentos completos (Ramos Otero, *Cuentos de buena tinta*), así como variados estudios de sus obras. Sin embargo, su obra poética, integrada por dos poemarios: *El libro de la muerte* (1985) y el ya mencionado *Invitación al polvo*, ha sido poco estudiada. Con esos dos volúmenes el escritor culmina una carrera literaria de casi veinte años, signada por la rebelión contra la represión, tanto en la vida social como en la literatura, de su orientación sexual.

Al concentrarse en los textos narrativos la crítica ha obviado una parte importante del proyecto que sostiene la escritura de Ramos Otero en tanto corpus de escritura homosexual.[1] Desde la perspectiva de la expresión literaria de las minorías sexuales, es precisamente en la poesía donde el escritor plantea los temas más significativos en la construcción de una identidad homosexual positiva. Intento mostrar aquí cómo, partiendo de una oposición a una manera pasiva de asumir la homosexualidad, evidenciada en la serie de epitafios que forman la segunda parte del primer poemario, Ramos Otero propone una manera activa de asumirla. En el segundo poemario se describe una relación amorosa homosexual y se metaforizan los males asociados con el padecimiento del SIDA. Ambos poemarios señalan dos fases importantes de la experiencia homosexual en las últimas dos décadas.

LITERATURA PUERTORRIQUEÑA DE LOS SETENTA. MINORÍAS POLÍTICAS Y SEXUALES

Nacido en Manatí en 1948, Manuel Ramos Otero comienza publicando narrativa a finales de los años sesenta. La temprana actividad literaria es simultánea con la valiente toma de conciencia de su preferencia sexual. Desde entonces el homosexualismo será parte de su escritura y marcará toda su vida. En el agitado clima de los años sesenta, con la rebelión estudiantil en Europa y los Estados Unidos, los movimientos de liberación femenina y las minorías raciales en Norteamérica, el joven escritor forma fuertes vínculos con algunos de los escritores que poco más tarde renovarán el discurso cultural puertorriqueño. De este grupo de intelectuales, Ramos Otero aprende que la lucha contra la marginación y la discriminación requiere cooperación, inteligentes alianzas, así como una definición cabal de los programas que se intentan poner en práctica. Los escritores con los que Ramos Otero muestra mayor afinidad estética y política son las escritoras Rosario Ferré, Ana Lydia Vega, Magalí García Ramis, Olga Nolla, Vanessa Droz y Luz María Umpierre. Casi todas estas escritoras publican sus primeros textos en la revista *Zona de carga y descarga*, fundada por Rosario Ferré en 1972, y que sería publicada hasta 1975. La revista está marcada por el feminismo y, en este sentido, es la primera publicación en la que comienzan a debatirse abiertamente algunos temas hasta entonces prohibidos. El más importante para nuestros efectos es el de la sexualidad. Así, a manera de ejemplo, la directora de la publicación afirmaba en un editorial dedicado a la poeta Julia de Burgos: "El erotismo de su poesía tiene, por lo tanto, un sentido mucho más profundo de lo que comúnmente se le adjudica. Es un erotismo revolucionario, que atenta contra la base misma de la sociedad burguesa [...] La mujer puertorriqueña tiene que erradicar la moral burguesa, que la corrompe y la cosifica" (Fernández 11). La actividad de vanguardia ideológica llevada a cabo por la publicación promoverá la literatura hispanoamericana contemporánea, al mismo tiempo que desarrollará un proceso de evaluación de la literatura nacional. Parte de ese programa revisionista consiste en el rescate de escritoras que, por razones diversas, habían sido marginadas. Ninguna figura más reverenciada que Julia de Burgos, cuya vida y obra van a servir para atacar muchas de las convenciones sociales sobre los papeles de la mujer. Sexualidad y sexo se convierten así en preocupación central en las prácticas literarias y políticas de la mayoría de estos escritores. Como concluye Barradas al describir la literatura de los setenta, "la liberación cultural y sexual de los 'sixties' estadounidenses y el feminismo describen los cambios ideológicos y revitalizan la literatura puertorriqueña" ("La necesaria" 548).

Ramos Otero fue colaborador permanente de *Zona de carga y descarga* y, en dos ocasiones, el editor de todo el número (Gelpí 171). El escritor se había mudado a Nueva York desde 1968 luego de haber culminado sus estudios de pregrado en la Universidad de Puerto Rico. Desde su época de estudiante en Río Piedras había reconocido abiertamente su homosexualidad. Esta actitud, que aún hoy en día es de gran dificultad para numerosos homosexuales, aparecía como más admirable aún en los años sesenta, antes de los disturbios de Stonewall. En una entrevista realizada poco antes de morir, el escritor confesaba las razones de su ida a Nueva York: "No aguantaba la atmósfera represiva de Puerto Rico. Me había dado cuenta que [sic] Nueva York era una ciudad donde podía vivir sin sentirme perseguido todo el tiempo. En Puerto Rico sentía muchísima persecución debido a la apertura de mi sexualidad" (Costa 59). Comienza a estudiar cine en la School of Visual Arts y en la New School for Social Research (Costa 59), pero ante la imposibilidad de costearse los equipos, decide estudiar dirección teatral con Lee Strasberg. Forma un grupo de teatro e inicia estudios de posgrado en literaturas hispánicas en New York University (Costa 60).

Regresa a Puerto Rico en 1977; allí vive menos de un año. Es una época en la que su activismo no le permite hacer ningún tipo de concesiones al medio, que como había ocurrido antes de que se fuera, no había dejado de rechazar a los homosexuales que se atrevieran a hacer explícitas sus preferencias sexuales. Para el San Juan de esta época era inaceptable que un hombre pudiera tener un amante con el que compartiera también la vida doméstica (Costa 59). De este período datan algunos de sus primeros poemas recogidos en *El libro de la muerte*, pero su actividad literaria por entonces estaba casi por entero dedicada al cuento. Desde inicios de los setenta va a ampliar la perspectiva de presentación de los temas; importante será la presencia en los relatos de un narrador abiertamente homosexual.[2] Aunque la experiencia neoyorquina es clave para refinar el entendimiento de su sexualidad, pocos cuentos aparecen situados en el contexto de esa ciudad. Una de esas ocasiones se encuentra en "El cuento de la mujer del mar" (1979), que se desarrolla en Christopher Street, en el Village, cuya resonancia es clara: en ese barrio de Nueva York ocurrió la rebelión de Stonewall, que marca el inicio del cambio de la consideración de la homosexualidad en Estados Unidos. Como ha señalado Edmund White, un testigo de los acontecimientos y uno de los escritores que más ha contribuido al desarrollo de la literatura homosexual en Estados Unidos, "before 1969 only a small (though courageous and articulate) number of gays had much pride in their homosexuality or a conviction that their predilections were legitimate. The rest of us defined our homosexuality in negative terms, and those terms isolated us from one another" (70). Ramos Otero, en esto, como en lo que propondría en su escritura poética de los años ochenta, fue un pionero.

Rebelión sexual y poesía

Luego de una estancia de casi una década en Nueva York, Ramos Otero regresó a Puerto Rico en 1977. Era ya para entonces un joven escritor ampliamente conocido dentro del circuito cultural local gracias a sus colaboraciones en *Zona de carga y descarga* y a la publicación de varios volúmenes de cuentos y de una novela. Intenta entrar en los programas doctorales literarios de la Universidad de Puerto Rico, pero se le niega el acceso por tener estudios de pregrado en Ciencias Sociales, aunque se había graduado en el programa de maestría en español de la Universidad de Nueva York. Está cerca de un año en la isla. En esta época el escritor inicia la experimentación en un género literario que, al cabo del tiempo, lo convertirá en uno de los poetas más destacados dentro del importante grupo de hispanoamericanos que comienzan a escribir hacia esta época poesía abiertamente homosexual.

La crítica (Vega 19) ha reconocido el carácter hermético de su primer poemario, *El libro de la muerte* (1985). La obra está dividida en tres partes:

"fuegos fúnebres", que contiene veintitrés poemas; "epitafios", diez poemas; y el "epílogo", una composición. La sección que me interesa comentar aquí es la segunda, integrada por diez epitafios compuestos a la memoria de once escritores; cuatro del siglo pasado (Oscar Wilde, Joris Huysmans, Arthur Rimbaud y Paul Verlaine); el resto son escritores del siglo XX (Federico García Lorca, Tennessee Williams, Yukio Mishima, Fernando Pessoa, Constantin Cavafis, José Lezama Lima y René Marqués). Los once escritores comparten como elementos unificadores el sexo y la orientación homosexual (o haber tenido experiencias homosexuales). Los epitafios pueden ser leídos como rebelión codificada ante una manera arcaica de seguir concibiendo la homosexualidad. Es una toma de posición frente a colegas, escritores y homosexuales del pasado, así como una clara propuesta —en la vida real y literaria— de asumir —en el presente— honesta y orgullosamente la homosexualidad.[3] Como es conocido, Oscar Wilde, Arthur Rimbaud y Paul Verlaine no fueron exactamente individuos que intentaran desarrollar o defender una identidad homosexual. Todos fueron, en mayor o menor medida, individuos que asumieron sus preferencias sexuales con apego casi absoluto a la moralidad general. Todos se casaron, o vivieron con mujeres, y tuvieron familia. De los escritores del siglo XX varios se comportaron de manera parecida: José Lezama Lima se casó, igual hizo René Marqués. Ciertamente, varios evitaron apegarse a algunos de los patrones heterosexuales. Quizá Mishima y Cavafis son los dos escritores más cercanos a la perspectiva de Ramos Otero. De hecho, agregaría que solamente el griego alcanza el nivel de modelo para esta época. Por razones de espacio me concentro solamente en tres de los diez poemas, con el propósito de esbozar brevemente la ideología del escritor puertorriqueño. El primer epitafio es el inicial de la serie, dedicado a García Lorca; el segundo —consagrado a Cavafis— es el centro de las preferencias de Ramos Otero; el último aparece en el libro justamente después del anterior y está dedicado a la memoria del también escritor puertorriqueño René Marqués.

Con Federico García Lorca el poeta puertorriqueño muestra una abierta oposición a su actitud complaciente con el machismo y el heterosexismo de la sociedad española de la primera mitad de siglo. El epitafio está escrito recurriendo a una parodia de la "Oda a Walt Whitman" que el español escribió a raíz de su estancia en Nueva York en 1929, incluida en *Poeta en Nueva York* (1940). Allí Lorca describe a Whitman como un anciano uranista puro y opone su figura —que aparece santificada— a la de los homosexuales urbanos del presente: "maricas de las ciudades,/de carne tumefacta y pensamiento inmundo, madres de lodo, arpías, enemigos sin sueño/ del amor que reparte/coronas de alegría" (130). García Lorca estaba en contra de asumir abiertamente la homosexualidad tal como vio que numerosos homosexuales estaban haciendo en Nueva York.[4] Para esta época, según George Chauncey, los homosexuales neoyorquinos habían alcanzado una fuerte presencia en la ciudad. Muchos se estaban atreviendo a asumir valientemente sus gustos, alejándose —en su vestimenta, conducta y comportamiento— de los ideales masculinos heterosexuales. La ciudad que el poeta español visitó estaba presenciando la creación de dos enclaves con muy activa vida homosexual: Greenwich Village y Harlem. García Lorca asistió a la Universidad de Columbia, localizada muy cerca de Harlem, que desde 1910 se había convertido en el barrio mayoritariamente negro de la ciudad (Chauncey 245). *Poeta en Nueva York* tiene un subtexto dedicado a los negros, cuyas condiciones de vida García Lorca ha debido llegar a conocer después de numerosas visitas a Harlem; lo que resulta interesante saber es que Harlem también era famoso en la época por su vida gay. Según Chauncey, "If the Village was considered the city's most infamous gay neighborhood by outsiders, many gay men themselves regarded Harlem as the most exciting center of gay life" (227). El rasgo más llamativo del Village era que sus residentes se dejaban crecer el cabello y podían vestirse de manera estrafalaria; el de Harlem: los hombres podían llevar vestidos de mujer (Chauncey 244). En el Village los travestis cantaban en los cafés; en Harlem, los hombres bailaban juntos y los travestis eran clientes regulares. Harlem llegó a ser el lugar donde los negros del Sur escapaban de la opresión racial. De la misma forma, el Village y Harlem se convirtieron en espacios donde los homosexuales estadounidenses podían escapar de la represión. Posiblemente por su rechazo a cualquier apertura, García Lorca no pudo llegar a entender tal fenómeno: "Some men carried themselves openly as fairies in the streets of other working-class neighborhoods, but perhaps nowhere were more willing to venture out in public in drag than in Harlem. Drag queens appeared regularly in Harlem's streets and clubs" (Chauncey 249). El poeta español exclamaba:

> Contra vosotros siempre,
> Faeries de Norteamérica,
> Pájaros de la Habana,
> Jotos de Méjico,
> Sarasas de Cádiz,
> Apios de Sevilla,
> Cancos de Madrid,
> Floras de Alicante,
> Adelaidas de Portugal. (131)

A pesar de la variedad en los nombres, todos peyorativos, el significado era el mismo: un hombre que asumía públicamente una identidad minoritaria despreciada. Ramos Otero comienza su ataque desde el mismo título del poema; en vez de los dos apellidos, como es lo corriente, opta por escribir el segundo —Lorca— que fonéticamente está muy cerca del insulto aplicado a los homosexuales en el área del Caribe hispánico: loca. Después desmonta gradualmente la imagen marginal elaborada por García Lorca. El sujeto poético asume abierta y orgullosamente todos los rasgos que la voz poética del español señalaba como despreciables: se presenta como un travesti: "Ahora mismo estoy vestido de novia/ y enfrento las lunas del ropero" (45). Es decir, un individuo que subvierte valientemente la noción de masculinidad que la mayoría heterosexual impone normativamente. A diferencia del sujeto poético de la "Oda a Walt Whitman", aquí el hablante se atreve a denominarse: "Soy maricón del mundo/ y asesino palomas para invadir el viento/ que se cree muralla cuando paso./ Sé que por ser esclavo soy señor" (45-46). Al final la voz poética se complace en apostrofar al muerto, reafirmando de esta forma el desprecio a la ideología sustentada por el poeta español. A esto contribuye el empleo de vocabulario escatológico y la repetición en otro contexto de algunos de los motivos de la "Oda":

> ¡Qué bueno que estés muerto Federico!
> Que no serás el siniestro invitado
> de nuestra bacanal guerrera
> tu reino de la espiga
> sucumbe a la zafra del bicho y de la espada. (46)

El segundo epitafio está dedicado al poeta griego Constantin Cavafis, a quien también pertenece uno de los tres epígrafes del poemario, tomado de la traducción realizada por Francisco Rivera. Cavafis se destaca por ser uno de los primeros poetas contemporáneos que escribe desde la condición de un homosexual que psicológicamente se autoacepta a sí mismo.[5] El griego comenzó a escribir poesía amatoria hacia 1904, pero mucha de ella nunca llegó a imprimirse en vida del poeta (Keeley 45-73). No fue sino hasta los cincuenta años cuando Cavafis reveló en su escritura sus gustos más profundos. Al menos cuarenta y cinco de los cien poemas traducidos por Francisco Rivera son abiertamente homosexuales. La influencia de Cavafis llega incluso a proveer el mismo motivo de la segunda parte del poemario. Cavafis emplea abundantemente la forma genérica del epitafio. Quizá la mejor muestra sea "Para Amones, muerto a los 29 años, el año 610":

> Rafael, son pocos los versos que te piden
> que compongas como epitafio del poeta
> Amones
> Algo exquisito y fino. Tú sabrás,
> eres el hombre indicado, escribir como conviene
> para el poeta Amones, nuestro Amones. (71)

La importancia intertextual de Cavafis es, sin embargo, más profunda; del griego aprende, por una parte, el uso de las máscaras. José Luis Vega, uno de los pocos críticos de la poesía de Ramos, ha señalado acertadamente cómo en la primera parte del poemario aparecen numerosos personajes que pueden ser uno y varios a la vez, hombre y mujer consecutivamente: "El hablante es Penélope que aguarda el regreso de Ulises ... O es Tsuchigumo ... O es la Mujer del Mar" (18). Además, en Cavafis encuentra modelos del tipo de contenido que se podía tratar. Casi toda la poesía de tema homosexual del griego gira sobre tres temas: primero, la memoria, es decir el recuerdo de un placer sexual disfrutado en el pasado; segundo, el reconocimiento de que la experiencia amorosa no es simultánea o recíproca; finalmente, la contemplación de la belleza de hombres jóvenes. Ramos Otero privilegiará el primer tema. La muerte, sin embargo, el otro tema predilecto del puertorriqueño, tanto en este poemario (título, contenido, los epitafios mismos) como en el publicado póstumamente, resulta ajeno al poeta griego.

El epitafio a Cavafis está construido como una variación del poema "Itaca" (54-46). Como indiqué al analizar el epitafio dedicado a García Lorca, aquí el empleo del poema del escritor homenajeado responde a una necesidad ideológica. Pero si con el poeta español el sujeto poético atacaba al hablante de la "Oda", aquí ocurre algo diferente, pues éste se apropia de los versos de Cavafis y se los dirige a sí mismo. La composición está escrita en segunda persona del singular (Cavafis tiene varios poemas en que emplea el mismo procedimiento). Itaca es reemplazada por el nombre indígena de Puerto Rico; el contenido remite hasta cierto punto a la autobiografía del poeta:

> Si vas a volver a Borikén,
> Ya llevas recorrido la mitad del camino;
> el exilio ha sido generoso contigo y tú
> mismo comprendes
> que sólo te hacen falta los huesos del destino. (59)

El poema se construye a partir de "Itaca", pero internamente se encuentran ecos de otros poemas de Cavafis. Por ejemplo, el verso "No temas al Angel que cada madrugada" recuerda uno de "Riesgos" (47): "No temeré a mis pasiones como un cobarde"; igual ocurre con los versos "dejó sobre tu cama las palabras prohibidas/ que te hicieron poeta" que recuerda versos de "Riesgos": "Fortalecido por el estudio y la contemplación,/ no temeré a mis pasiones como/ un cobarde./ Daré mi cuerpo a los placeres/ a los goces con que he soñado" (Cavafis 47). A diferencia de "Itaca", "Riesgos" es un poema homoerótico. Ramos Otero fusiona ambos poemas y construye uno nuevo en el que el contenido remite a él y a Puerto Rico.

El tercer poema es el único compuesto a la memoria del escritor puertorriqueño: René Marqués, uno de los grandes dramaturgos hispanoamericanos del siglo XX. Probablemente la figura más influyente de la literatura puertorriqueña hasta los años setenta, Marqués fue un abierto crítico de los escritores asociados con la revista *Zona de carga y descarga*. Según todos los rumores, el famoso dramaturgo era homosexual (Barradas, "Epitafios" 331-332). De ser cierto, su actitud era una típica muestra de un homosexual que simulaba ser heterosexual y actuando como el más conservador de los defensores del patriarcado: misógino y homófobo. Esta confluencia de factores de la vida privada y pública hay que tenerla en mente al leer el epitafio. La selección del motivo de San Sebastián, que ocupa los primeros 19 versos (de 31) es significativa. La imagen del santo se emplea para desenmascarar al escritor, que es el único que aparece identificado con su nombre (para los otros se emplean los apellidos):

> ¡Purificación, René, purificación!
> Aguaceros de hostias, mostajos de cenizas,
> [...]
> El muerto está más muerto
> está partido en dos y no lo sabe.
> [...]
> Tú mismo lo quisiste:
> San Sebastián abajo está tu infierno. (61-62)

Como se desprende del tono de los versos citados, Ramos Otero muestra una abierta oposición con el conocido escritor. El empleo del apóstrofe desarticula, como vimos con el dedicado a García Lorca, el epitafio, que en general es una composición poética empleada para alabar la memoria de algún muerto. Sin embargo, como ha sugerido Ramazani a propósito de la elegía, "modern poets reanimate the elegy not by slavishly adopting its conventions; instead, they violate its norms and trangress its limits" (1). La separación esencial entre los tres poemas resulta la actitud de ambos escritores al encarar (o no) una parte de sus personalidades. El verso con que comienza el apóstrofe, "¡Purificación, René, Purificación!" es de gran fuerza, no sólo por el uso coherente de la acción de purificar definida en el contexto religioso por la mención de San Sebastián, sino también por las referencias explícitamente anatómicas, claramente una distonía intencional ("de botánicas de barrio, pero su bicho no;/ abánicos de aspas tendrán sus alas/ testículos rellenos con avispas comerá el emperador"). Los tres versos contienen vocabulario (bicho, alas, testículos) que gráficamente muestran una perspectiva desacralizadora de la figura religiosa.

Los tres epitafios analizados muestran la importancia ideológica de sus contenidos tomando en cuenta la distancia, oposición y comunidad que el hablante asume con los tres escritores. Ramos Otero valora la honestidad personal y la aceptación de la homosexualidad. Las mayores diferencias resultan con la actitud acomodaticia vista en Federico García Lorca, quizá el escritor tratado con más encono. La defensa de la figura del travesti resulta ilustrativa de la posición favorecida por el puertorriqueño en pro de la libertad y el respeto de la diferencia. Para Ramos Otero el travesti es admirable precisamente por la valentía de que hace gala al expresarse, a diferencia de los homosexuales que esconden —o simulan— su condición. Un ejemplo de esta actitud es René Marqués, que aparece mostrado como una suerte de epígono de García Lorca. En contraste con estas dos figuras, ambas suficientemente conocidas, Ramos Otero sitúa la figura de Cavafis, para entonces (hacia 1980) unos de los pocos escritores conocidos en cuya obra el deseo homoerótico aparece como tema recurrente; es decir, un escritor homosexual que no teme escribir desde la perspectiva sexual desde la que se sitúa en el mundo. La selección del epitafio, una forma poética arcaica, también parece estar cargada de significación, sobre todo a la luz de las formas y el tipo de poesía que el escritor cultivará en el poemario publicado póstumamente, en el que visitará el tema del amor y los padecimientos asociados con el SIDA.

Tradición literaria y poesía homosexual contemporánea

Si, desde un ángulo estético y vital, Cavafis resulta decisivo en la escritura del primer volumen de poesía, la influencia de Luis Cernuda es, por su parte, más que central en la composición de *Invitación al polvo* (1991). Hay un texto clave para acercarse al proceso que lleva a la escritura del segundo libro poético de Ramos Otero: se trata del ensayo que éste le dedicó a la poesía de Luis Cernuda. "La ética de la marginación en la poesía de Luis Cernuda" es la lectura de un poeta homosexual del primer poeta español que escribe desde un ángulo no heterosexual. Cernuda, contemporáneo de García Lorca, asumió valientemente su condición, tanto en su vida privada como en la pública y, para nuestros efectos, lo más importante, también la convirtió en uno de los temas claves en su escritura poética (Paz 175). Es difícil encontrar un escritor homosexual de su época con la valentía y calidad estética de su literatura, excepto Cavafis. *La realidad y el deseo*, el libro que recoge su poesía completa, es uno de los antecedentes de poesía de tema homosexual en lengua española que Ramos Otero rescata. Gracias a Cernuda iniciará un proceso de estudio que lo llevará a la poesía del Siglo de Oro, y que, como veremos, tendrá gran influencia en la elaboración de su segundo poemario, uno de los libros claves de la poesía homosexual escrita en Hispanomérica a partir de los años ochenta.

Ramos Otero se acerca a Cernuda como lo hace un escritor ante su antecesor, del que se siente heredero y de cuyo trabajo desea ser continuador y par. Los puntos de contacto entre los dos poetas llegan a ser planteados por el escritor antillano de tal forma que los dos terminan siendo originarios del mismo país (el padre de Cernuda había nacido en Puerto Rico cuando aún era colonia española). Sólo me detengo en algunas de las coincidencias entre los dos poetas: 1) ambos expresan su orientación sexual desde muy jóvenes y la convierten en tema principal de sus respectivas escrituras; 2) al atreverse a vivir como homosexuales y expresarse literariamente sin apego a las costumbres generales, los dos escritores confrontan el peso del poder a todo nivel (censura de los libros, discriminación social, literaria, etc.); 3) los dos se dan cuenta de que, a través de ellos, se expresan grupos minoritarios, tradicionalmente sin voz o acallados (ambos saben que surgen del margen y saben que serán leídos marginalmente); 4) al asumir su marginalidad orgullosamente no se reconocen como víctimas, ni claudican ante las presiones heterosexistas. Así se enfrentan al orden y convierten su rebelión en un acto literario con connotaciones políticas.

Ramos Otero no es, sin embargo, un mero continuador de Cernuda: son poetas cuyas escrituras están separadas por varias décadas y experiencias históricas distintas. El conocimiento de Cernuda le permitirá vislumbrar que, a fin de llevar a cabo el proyecto de escritura de *Invitación al polvo*, debe conocer los modelos mayores de la poesía heterosexual en su propia lengua. Algo similar había hecho el mismo Cernuda al principio de su carrera cuando leyó detenidamente a Garcilaso. Ramos Otero opta por Quevedo, cuyos *Poemas a Lisi* le van a proporcionar un modelo de equilibrio y coherencia temática. Además usará a otros poetas del Siglo de Oro, entre ellos San Juan de la Cruz.

Como señalé con anterioridad, Ramos Otero vivió en Nueva York desde 1968 hasta 1989. Las casi dos décadas que el escritor residió en Nueva York fueron decisivas en el aún inacabado proceso de liberación homosexual. Ramos Otero tuvo la oportunidad de participar en los eventos iniciales de 1969, vivir la década de los años setenta —clave en la construcción de una identidad homosexual alternativa—, los inicios de la epidemia del SIDA, así como uno de los logros más importantes del movimiento: la eliminación por parte de la Asociación Estadounidense de Psiquiatría, a mediados de los ochenta, de la homosexualidad de las listas de enfermedades mentales y desviaciones sexuales. También fue testigo de la discusión, igualmente aún inconclusa, sobre el matrimonio homosexual. La escritura de *Invitación al polvo* está motivada por uno de los eventos que más ha marcado la vida de los homosexuales en los últimos lustros: la epidemia del SIDA. La redacción del poemario ocurre cuando el escritor sabe que está infectado; de hecho, muchos de los poemas fueron compuestos durante la enfermedad. El mismo título del volumen juega irónicamente con esa realidad: evocación del acto sexual, el sexo como muerte, la muerte por sexo o el sexo desde la muerte.

El libro está dividido en tres partes: 1) "De polvo enamorado", integrada por veintinueve poemas; 2) "La víspera del polvo", por trece poemas con títulos individuales; y 3) "La nada de nuestros nunca cuerpos", que incluye una sola composición. La primera parte del volumen se abre con dos epígrafes, uno de Francisco de Quevedo y el otro de Luis Cernuda. Ambas citas provienen de poemas de amor: el primero, de *Poemas a Lisi*; el segundo, de *La realidad y el deseo*. Los dos epígrafes metaforizan la ausencia del ser amado. La inclusión de los dos textos muestra la intención de fusionar la tradición lírica heterosexual del Siglo de Oro y la homosexual, más moderna, de la que Cernuda es uno de sus mejores ejemplos. La primera parte del poemario es una especie de cancionero-tratado. En el pasado reciente el sujeto poético ha sufrido la muerte de un ser amado y se ha retirado a vivir en duelo. Pero el amor lo visita: "Vuelvo a cantar dejando atrás la muerte/ sumándome a la horrible ternura del amor" (12). La voz poética pertenece a un hombre que ya ha pasado la juventud: "Y aquí está mi cabello plateado [...]" (19). El objeto amado es un personaje identificado como José, originario de Cuba, más joven, exiliado (¿En Puerto Rico? ¿En EE.UU?), casado y con hijos. El sujeto poético lo ve en la calle donde vive; en el espacio donde se conocen, José trabaja como obrero: "Era pintor de templos, no de ángeles utópicos/ pintor de aposentos humanos que dejaba su olor" (37). Los rasgos del personaje cuadran con la tradicional figura del bugarrón, que dentro de los sistemas sexuales operantes en el Caribe hispánico, es un hombre que mantiene relaciones sexuales con otro hombre, pero no se identifica ni es identificado como homosexual. En el poemario, José es sexualmente promiscuo: "Obrero visitante de lechos transitorios/ o huésped lujurioso de mágicas cosechas" (37).

El sujeto poético se vuelve a enamorar. Escribe entonces una de las composiciones en que mejor se expresa el deseo homoerótico en español. En la primera parte el poeta sólo nombra las partes corporales del ser amado:

> Tus manos José tus dedos José
> tus brazos José tus hombros
> tus labios José tus besos José
> tus ojos José tu pelo
> todo en mis manos José
> todo tu cuerpo en mis manos (19).

Más adelante señala el conflicto del homosexual reprimido, que no puede expresar su preferencia sexual y que usa los medios disponibles y aceptados —en este caso el alcohol— para atreverse a realizar actos que, estando consciente, rehusaría. Ramos Otero contrasta aquí la figura del bugarrón con la del "maricón" que de él se enamora.

¿En qué fábrica te hicieron como te hicieron?
Virgo de barro José huevo de hierro forrado
que no se atreve a nacer José
por miedo a ser desplumado
y quiere seguir callado
cayendo de lado a lado (19).

Si al comienzo el poema es una oda al cuerpo del amante, cantada desde el presente del poema como celebración que la voz poética jubilosamente realiza al contemplar y poseer el cuerpo de José, al final alcanza otro tono, esta vez crítico de la personalidad de un homosexual que no tiene la valentía de asumir su condición. De la misma forma que aparece el amante, José, asimismo desaparece. Se sugiere, sin embargo, que el personaje muere del SIDA. Después de la desaparición de José, la voz poética comienza a emplear formas privilegiadas por la tradición como las de más elevado carácter para escribir del amor. Previamente, en el poema seis, se halla una variación de "Noche del alma oscura", de San Juan de la Cruz, que indirectamente remite al "Cantar de los Cantares". Este carácter subversivo de fusionar religión y homosexualidad, señala lo que a lo largo del poemario Ramos Otero intenta, y exitosamente logra: el ingreso de la homosexualidad a la escritura más prestigiosa dentro del sistema literario. El empleo de los epitafios en el primer poemario, una forma poética poco usada, pero que remite al Renacimiento y al Barroco, ya indicaba este propósito. En esta primera parte del volumen, Ramos Otero logra que el amor homosexual se convierta en fuente de la escritura poética privilegiada: la amatoria. Esta es la razón de que a partir del poema trece, cuando el sujeto poético tiene la certeza de que el objeto amado ya no existe, se pregunte: "¿Es por eso que [sic] exiges un tiempo de soneto/ de cuartetos vacíos donde el amante espera/ que todo se resuelva en tercetos sombríos?" (22). A pesar de que pareciera estar en contra de emplear dicha forma, el sujeto poético la va a usar de manera continua a lo largo de cuatro poemas (14, 15, 16 y 17) y después de manera consecutiva (20, 22, 24 y 26). Ramos Otero sigue el ejemplo de Quevedo en *Poemas a Lisi*, insertándose así en la ya extensa tradición de poesía petrarquista, sólo que aquí, en vez de una mujer, el objeto amado es otro hombre. Este deseo del poeta puertorriqueño de que su escritura, abiertamente homosexual, se convierta en parte de la tradición literaria, aparece claramente expresado en uno de los poemas finales de esta sección que comento: "Sólo será verdad aquél que vio poesía cuando a sus ojos tentó/ la fealdad: Francisco que burló, Gustavo de las sombras añosas,/ José de las islas utópicas, Luis del placer prohibido y el otro/ Luis de la quimera negra, César sin Dios con aguacero y Julia" (38).

La primera sección concluye con un largo poema en que la voz poética recuerda la primera vez que estuvo enamorado, cuando era adolescente. La experiencia amorosa fue unilateral y el poeta la describe como un "adelanto de la muerte" (39). Jura entonces no volver a enamorarse y dedicarse por entero a la literatura. Pero no es fiel a sus promesas: desde entonces hasta la fecha en que aparece José tiene varios amantes, ya fallecidos o idos: "John es polvo de tumba sin cadáver/ Angelo es polvo de emigrante sin ruta/ Angel es polvo de castillo en la arena" (40). José es descrito como dador de vida y muerte. El sujeto poético sabe que esta vez la experiencia del amor es trágica: también le trajo el SIDA.

La segunda sección del poemario, "La víspera del polvo", metaforiza el sufrimiento de la voz poética al saber que está infectado, refiere algunos sufrimientos asociados con el SIDA y concluye en la víspera de la muerte del sujeto. Esta parte viene precedida de dos epígrafes cuyo tema es la muerte; uno de Rubén Darío y el otro de Palés Matos. Cinco poemas ilustran la lectura que propongo: "Insomnio", "Metáfora contagiosa", "Nobleza de sangre" y "La rosa". La primera composición refiere el momento en que después de someterse a los análisis de laboratorio, el sujeto espera los resultados. Las pruebas resultan positivas y su conocimiento sugiere en el sujeto poético imágenes precisas de su fin: "Esta mañana llegaron los resultados/ de mi muerte todavía no abro/ el sobre (al ataúd, debiera decir)" (46). Sin embargo, saber su estado viral no ocasiona ningún tipo de arrepentimiento o depresión en el hablante, que se muestra impasible e incluso llega a ironizar sus angustias ante lo que pueda sobrevenir después de su fallecimiento: "El único temor que abrigo es que la muerte/ sea un insomnio eterno en un país fatal/ sin cigarrillos, en un lecho sin fin/ habitado por nadie, sin que nadie me clave" (46). Los dos últimos versos muestran que la voz poética no claudica ante la muerte; para ella morir significa no disfrutar del acto sexual. Por su parte, en "Metáfora contagiosa", cuyo título, igualmente irónico, se refiere a la propagación del virus que causa el SIDA, el sujeto indica claramente la enfermedad que padece, que para entonces —fines de los ochenta— era denominado en los medios de comunicación masiva el "cáncer gay": "[...] a mí, fantasmal morador del siglo Veinte/ Jodido juey del trópico de Cáncer/ me tocará la tumba del tumor de moda" (50). La enfermedad aparece descrita más detalladamente en "Nobleza de sangre", el poema publicado por el periódico de San Juan y, que como indiqué en la introducción de este trabajo, aparece bajo los marcos genéricos de las oraciones de agradecimientos a los santos católicos: "Señor, me consta que muchos pacientes de SIDA tiernamente creen/ quel [sic] hombre (y creo que también la mujer) fueron hechos a tu imagen/ y semejanza, piensan que tú has pasado por toda esa caterva/ de enfermedades infecciosas que a los pacientes de SIDA nos aquejan" (62).

No deja de resultar llamativo que se use el formato de las oraciones y se emplee la forma respetuosa para dirigirse al dios de los cristianos, cuando la voz poética pareciera no compartir esas creencias religiosas. Al final de la composición, recurriendo a Freud, el hablante lanza las hipótesis de explicación, que como mostró al inicio, han debido conmocionar a numerosos lectores, y que respondían burlonamente a la repetida idea de que la aparición del SIDA era un castigo divino contra los homosexuales. Finalmente, el poema "La rosa" funciona como el cierre de la segunda sección y, según mi opinión, también del poemario. En esta composición el sujeto poético reconoce que su fin está cercano: "El martes que viene voy de viaje./ No es necesario hablar de mal agüero./ Regreso al pan, al mar y al aguacero" (64). La aceptación estoica de la muerte ocurre al mismo tiempo que el sujeto se muestra altamente consciente de la importancia del acto de escritura, pues intuye que el texto que escribe será recibido como metáfora y testimonio de una enfermedad de la que han fallecido numerosos homosexuales, pero pocos con las habilidades y el coraje de describir los sufrimientos que padecen: "¿Qué más quieren de mí sino este libro abierto/ que a todos asegura el clímax de sus penas,/ este fúnebre ramo deshojado, este mapa de piel/ que profetiza la órbita de otra cuarentena?" (64).

El análisis parcial que precede da una idea general de los dos grandes temas que Ramos Otero explora en el segundo volumen: el amor y la muerte. Ambos asuntos resultan, por sus implicaciones sociales, necesarios para valorar la importancia del poemario póstumo. En esta fase de su escritura es de enorme importancia su conocimiento de la poesía de Luis Cernuda. El autor español, uno de los escritores pioneros de la literatura homosexual, le enseña el valor de la tradición lírica renacentista y del Siglo de Oro y, al mismo tiempo, le muestra el valor del tiempo presente como fuente de la escritura. Quevedo provee modelos literarios de lo que se puede hacer con el tema del amor. La selección del soneto sugiere el deseo de escribir poesía amatoria a la manera de sus cultivadores más prestigiosos, pero Ramos Otero llena esos marcos de contenidos relativamente nuevos: esta vez el objeto amado es un hombre. La primera parte de *Invitación al polvo* es una especie de cancionero de poesía homoerótica. La segunda parte del poemario refiere uno de los temas claves de la vida de muchos homosexuales en los últimos lustros. La valentía, originalidad y belleza de muchos de esos textos, convierten este volumen en una de las obras que todo lector —especialmente homosexual— debe conocer.

CONSIDERACIONES FINALES

Los dos poemarios que he comentado constituyen la mejor muestra de la poesía homosexual masculina escrita en Puerto Rico en la década de los ochenta. En un trabajo extenso (en curso), en el que estudio las relaciones entre la literatura y el desarrollo de organizaciones homosexuales en Hispanoamérica, muestro cómo en la misma época en que Ramos Otero escribe, otros escritores de

Argentina, Colombia y Venezuela también publican poesía que toca abiertamente la experiencia homosexual. En el caso de Puerto Rico, Ramos Otero está al inicio de la discusión nacional ocurrida en 1997 cuando grupos defensores de los derechos ciudadanos de los homosexuales intentaron fallidamente la despenalización de los actos homosexuales (Braulio 33-34). La publicación en un periódico nacional del poema "Nobleza de sangre" aparece como el primer hito de esa discusión. La muerte de Manuel Ramos Otero estimuló la publicación de textos diversos en los que se mencionaba la homosexualidad y la actitud de lucha que como activista el intelectual siempre mostró; desde entonces se ha podido hablar más abiertamente del tema en la sociedad puertorriqueña. Aunque en 1997 no se logró la derogación del artículo 103 del Código Penal (Puerto Rico, Chile y Nicaragua son los tres países hispanoamericanos en que las relaciones consentidas entre miembros del mismo sexo continúan siendo ilegales), los esfuerzos pioneros de uno de los primeros activistas en pro de un cambio en la situación de los homosexuales, así como su obra literaria —narrativa y poética— constituyen ejemplo y estímulo para seguir luchando contra la discriminación sexual en Hispanoamérica.

Notas

[1] Barradas es el crítico que más se ha acercado a la poesía de Ramos Otero. El estudio de Dionisio Cañas también es de interés.
[2] Sobre la cuentística de Ramos Otero, Gelpí ofrece una excelente aproximación.
[3] Barradas propone que los epitafios conformarían un panteón personal y funcionarían como antecesores de la escritura de Ramos Otero. Como mi análisis prueba, no comparto esta interpretación, cuyo carácter pionero hay que reconocer. Es una lectura que recomiendo.
[4] Sobre la "Oda a Walt Whitman", ver a Walsh.
[5] Sobre la influencia de Cavafis, ver Gomes.

Bibliografía

Barradas, Efraín. "La necesaria innovación de Ana Lydia Vega: preámbulo para lectores vírgenes". *Revista Iberoamericana* LI/132-133 (junio-diciembre 1985): 547-556.
———. "Epitafios: el canon y la canonización de Manuel Ramos Otero". *La Torre* 7 (julio-diciembre 1993): 319-338.
Braulio, Mildred. "Challenging the Sodomy Law in Puerto Rico". *NACLA. Report on the Americas* XXXI/4 (January-February 1998): 33-34.
Cañas, Dionisio. *El poeta y la ciudad. Nueva York y los escritores hispanos.* Madrid: Cátedra, 1994.

Cavafis, C. P. *Cien poemas*. Francisco Rivera, trad. Caracas: Monte Ávila Editores, 1978.

Costa, Marithelma. "Entrevista: Manuel Ramos Otero". *Hispamérica* XX/59 (1991): 59-67.

Chauncey, George. *Gay New York. Gender, Urban Culture and the Making of the Gay Male World, 1890-1940*. Nueva York: Basic Books, 1994.

Fernández Olmos, Margarita. *Sobre la literatura puertorriqueña de aquí y de allá: nuevas aproximaciones feministas*. Santo Domingo: Editora Alfa y Omega, 1985.

García Lorca, Federico. *Poeta en Nueva York*. México: Editorial Séneca, 1940.

García Ramis, Magali. "La mayor de las muertes. Breve semblanza de Manuel Ramos Otero". *Homenaje a Manuel Ramos Otero 1948-1990*. Río Piedras: Universidad de Puerto Rico, 1992. 5-15.

Gelpí, Juan. *Literatura y paternalismo en Puerto Rico*. San Juan: Editorial de la Universidad de Puerto Rico, 1993.

Gomes, Miguel. *Poéticas del ensayo venezolano: la forma de lo diverso*. Cranston: Ediciones INTI, 1996. 180-183.

Keeley, Edmund. *Cavafy's Alexandria*. Princeton: Princeton University Press, 1996.

Paz, Octavio. *Cuadrivio*. México: Editorial Joaquín Mortiz, 1965.

Ramazani, Johan. *Poetry of Mourning. The Modern Elegy from Hardy to Heaney*. Chicago: University of Chicago, 1994.

Ramos Otero, Manuel. *La novelabingo*. Nueva York: El Libro Viaje, 1976.

_____ *El cuento de la mujer del mar*. Río Piedras: Ediciones Huracán, 1979.

_____ *El libro de la muerte*. Maplewood, NJ: Water Front Press, 1985.

_____ *Página en blanco y staccato*. Madrid: Editorial Playor, 1987.

_____ "La ética de la marginación en la poesía de Luis Cernuda". *Cupey: Revista de la Universidad Metropolitana* V/1-2 (enero-diciembre 1988): 16-29.

_____ *Invitación al polvo*. Madrid: Editorial Playor, 1991.

_____ *Cuentos de buena tinta*. San Juan: Instituto de Cultura Puertorriqueña, 1992.

Vega, José Luis. "La poesía de Manuel Ramos Otero". *Homenaje a Manuel Ramos Otero 1948-1990*. Río Piedras: Universidad de Puerto Rico, 1992. 17-25.

Walsh, John K. "A Logic in Lorca's Ode to Walt Whitman". *¿Entiendes? Queer Readings, Hispanic Writings*. Emilie Bergmann y Paul Julian Smith, comps. Durham: Duke University Press, 1995. 257-280.

White, Edmund. *The Burning Library*. Nueva York: Alfred Knopf, 1994.

Mirar al monstruo: homosexualidad y nación en los sesenta argentinos

Gabriel Giorgi
New York University
Universidad Nacional de Córdoba

Secreto, silenciamiento, espacio privado: alrededor de la homosexualidad aparece sistemáticamente este conjunto de figuras, vinculadas de distintas maneras a la represión, a lo interdicto, a la obligación del silencio. Si la así llamada "*cultura post-Stonewall*" ha desarrollado en Estados Unidos un nuevo terreno público y comunitario para el deseo homosexual y las identidades asociadas a su despliegue, en Latinoamérica la homosexualidad se ha constituido en el marco de espacios privados y de comunidades "semipúblicas", cuyas producciones culturales llevan la marca del secreto que está en, por así decirlo, sus condiciones de producción. Alrededor de las representaciones de la homosexualidad, hay un saber del secreto (saber, a su vez, *secreto*) que atraviesa la fábrica de representaciones y se especifica en juegos retóricos singulares, siempre divergentes, de dificultosa fijación interpretativa, y cuyo régimen de lectura reclama siempre miradas dobles y movimientos constantes.

El secreto construye escenarios, relatos, percepciones que van a otorgar a la homosexualidad su forma y sus condiciones de acceso a la representación. Hay allí una economía, un conjunto de reglas que hacen del secreto una estética —condiciones de percepción, reglas de representación— y una política —construcción de escenarios, de identidades, de marcos colectivos de significación, etc. Esta semiótica del secreto está siempre ligada a una economía de deseo que sostiene la actividad de leer —esa relación entre texto y lector donde los límites de las identidades, las prácticas, los objetos sexuales se ven retrabajados, deconstruidos, o confirmados, pero siempre hechos visibles por los desafíos (y también las certezas) que el texto arroja al lector. El marco de una economía sexual sostiene la posibilidad de una comunidad de lectores que es también el terreno donde se debaten cuestiones de identidad sexual, nacional, política; a la vez, sin embargo, los textos instituyen y transforman las reglas que definen una comunidad de lectores. "*Leer la homosexualidad*", pues, convoca esta fuerza doble conjugada en la figura del lector y constituida en un objeto crucial de las políticas del deseo y de la identidad.

Los relatos del "deseo que no se atreve a decir su nombre" producen efectos de oblicuidad, divergencia y "verdad" que involucran y afectan las matrices de identidad jugadas entre texto y reglas de lectura. Y el esfuerzo por "representar sin nombrar" (que desde luego implica la posibilidad de nombrar de diversas maneras) abre un efecto de contaminaciones por el cual la homosexualidad permea otros significantes y abre conexiones de distinto orden. Hay una duplicidad constitutiva en los mecanismos de representación y relato alrededor del deseo homosexual: el "homosexual" y la "lesbiana", dada la inestabilidad que los constituye en el saber sexual de nuestro siglo, se constituyen siempre en un cruce de relatos, de escenas y de juegos de lecturas. "Representar sin nombrar", dar forma y relato al secreto homosexual, definido casi siempre en términos de abyección, implica construir un punto de articulación entre significantes, historias, e identidades diferentes.

En este sentido, la "literatura" aparece como una historia lateral e inestable de las categorías de identidad, y como un momento de especial densidad en la constitución de "posiciones de sujeto". En el caso de la homosexualidad, la literatura verifica la afirmación y el desplazamiento, la visibilidad y la invisibilidad, los juegos de representación y de borradura que constituyen la identidad homosexual en la cultura moderna latinoamericana. La literatura es un lugar donde el secreto como retórica de las identidades homosexuales encuentra sus momentos de reflexión y contaminación (Patton, "Tremble").

Este trabajo quiere analizar una escena de la literatura argentina entre los 60 y 70 donde la participación en el secreto homosexual es ofrecida a un lector que, en principio, no quiere ningún pacto, ninguna identificación con la homosexualidad, y que no forma parte de la comunidad secreta entre homosexuales —pero que, sin embargo, *quiere ver*. Esta "voluntad de ver" de un lector, y la voluntad de mostrar el secreto, por parte de un escritor, construyen un rara relación donde el *voyeurismo* no se reduce a un mero deseo impiadoso de novedad y rareza sexual sino que funciona como práctica que define y construye identidades. *Ver al homosexual*, o *ver la homosexualidad* es el objetivo de una apuesta estética y una imaginación política. Narradores y lectores *voyeurs* usan la literatura para ver: el "objeto" y el relato de esa mirada hablan necesariamente de la figuración de una amenaza.

PERFORMANCE SEXUAL Y MIRADA

Hay dos instituciones que parecen condensar, en líneas muy generales, tensiones cruciales entre cultura y política en la historia argentina inmediata: la universidad y el ejército. Ellas son los polos que indican los momentos de máxima tensión política y social; su encuentro es siempre violento (pensemos en la célebre "noche de los bastones largos", en 1966, que funciona como un signo inicial del período más violento de la historia reciente). El contexto de ese encuentro violento es el que funciona alrededor de un texto de Ricardo Piglia publicado en 1967: *La invasión*, que da título también a la colección en la que aparece editado (Piglia 91-100). Este relato despliega una articulación entre sexualidades, instituciones e identidades políticas alrededor de una marca clave: *la frontera*. Sin ser un "relato de frontera" donde el límite del territorio es la condición de representación y narración, el texto convoca la frontera desde el mismo título: los "invasores" serán los enigmáticos protagonistas de una historia cuyas fronteras deben ser trazadas y atribuidas por el lector. Se trata, pues, de un relato de la sexualidad escenificado alrededor de una invasión y una guerra sofocada y silenciosa.

La historia que cuenta *La invasión* está casi en el límite de lo narrativo: Renzi, un joven estudiante, cumpliendo con su servicio militar, es encarcelado por una insubordinación menor. En la cárcel deberá convivir con dos presos (Celaya y "el morochito") que se mostrarán distantes y agresivos; horas más tarde el estudiante comprenderá que todas las noches mantienen relaciones sexuales, y que esa noche y las siguientes él estará obligado a ser espectador de aquello que se le aparece como *monstruoso*. Más que contar una historia, el texto de Piglia intenta el registro de las alternativas del ver: los juegos de la mirada, la voluntad de observación y de ceguera, y la configuración escénica y espectacular de lo sexual. En el marco de ese despliegue visual, la homosexualidad se torna la ocasión de un espectáculo y una *performance*: se convierte principalmente en objeto de la mirada. "*Ver*" la homosexualidad, hacer que el deseo exhiba marcas corporales, *escenificar la diferencia*: el texto de Piglia codifica una cierta *voluntad de ver* constituida alrededor de la homosexualidad.

Si pensamos la escena inmóvil de *La invasión* como *performance*, resulta evidente el abismo entre mirada y espectáculo: lo que se da a ver es una suerte de "catástrofe perceptiva". Es la violencia de ese desajuste entre el espectáculo homosexual y la mirada ("heterosexual") del estudiante lo que habrá de proyectarse en un enfrentamiento violento entre identidades y entre "lugares" de subjetividad. Este desajuste a nivel de la escena sostiene la aparición de lo monstruoso y produce las significaciones de la "invasión" —la violencia de un espectáculo impensable e inesperado. El final del relato narra el enceguecimiento del espectador:

> Cuando Renzi lo comprendió hacía un rato que el morocho acariciaba la nuca de Celaya. Las manos se deslizaban por el cuello, subían hasta el nacimiento de las orejas, bajaban por el pecho y empezaban a desprenderle el pantalón.
> Desde el piso, Renzi ve el mentón del morocho, los labios jugueteando con las tetillas, en el cuello, en la boca de Celaya; los dos cuerpos se abrazan, tirados en el colchón como si lucharan; el cuerpo del morocho es un arco, Celaya está encorvado sobre él, los gemidos y las voces se mezclan, los dos

cuerpos se hamacan y los gemidos y la voz quebrada de Celaya se mezclan, son un solo jadeo violento mientras Renzi se aplasta contra el cemento, cara a la pared, hecho un ovillo entre las mantas. (99)

Renzi "ve": es eso lo que el texto necesita codificar, porque es esa mirada el punto de vista que el lector va a seguir y con la que se va a identificar. Leyendo *La invasión* somos lectores y espectadores a la vez: leemos lo que Renzi "ve". El escándalo de esa mirada ante el espectáculo monstruoso es el *pacto* que "nos" constituye como lectores (de éste y de otros textos donde el escándalo es la ocasión y la regla de lectura). Ese escándalo funciona como regla para la configuración de una comunidad de lectura, un "nosotros" heterogéneo, cuyo lazo principal o esencial reposa sobre un repudio corporal, sexual, "instintivo", ante aquello que ese mismo "nosotros" constituye como *abyecto*.[1]

Hay un juego contradictorio entre "ver" y "saber" (o "comprender") en el texto: mientras Renzi, ingenuamente, no "comprende" de qué ese trata la escena, es decir, mientras no pronuncia silenciosamente los nombres de lo abyecto, puede seguir el juego voyeurístico de un espectador más o menos atemorizado por esas figuras amenazantes (no lo suficientemente amenazantes como para interrumpir la visión); cuando "entiende", *ya no puede mirar*. Es esa contradicción entre ver y comprender lo que produce el desajuste entre *performance* y espectador: no hay reglas comunes entre ambos; no hay momento de "lectura" o interpretación como adecuación entre la percepción y la significación. Ambos se repudian. El momento final es la escenificación de esta contradicción: cuando "entiende" de qué se trata se interrumpe la visión y el espectáculo (los dos cuerpos manteniendo una relación sexual mientras Renzi se retuerce contra la pared); pero, a la vez, hay una incorporación de Renzi a la performance de los cuerpos: su negativa a ver lo convierte en una suerte de actor partícipe de la escena. El espectáculo de la homosexualidad convoca la mirada para enceguecerla y luego provocar al cuerpo: trastoca los límites entre espectador y actor.

El pánico a una "*performance* generalizada" y sin límites se realiza. Hay una alteración global de las posiciones como efecto del "espectáculo de la sodomía" (que es tambien una versión homosexual de la "escena arcaica" psicoanalítica), capaz de invertir las posiciones, los roles y las identidades. Este efecto deconstructivo producido desde el espectáculo sexual afecta la frontera entre "adelante" y "detrás": el "ver" de frente se convierte en un ambiguo "dar la espalda", que se lee a la vez como un repudio del espectáculo y un extraño ofrecimiento sexual -sustituye el deseo de ver por un (callado) deseo sexual que no "ve".[2]

Antes de "saber", sin embargo, Renzi ve formas confusas, deformaciones que aparecen como ininteligibles, y para las cuales no hay reglas de percepción.

Es en ese momento, en el que "ve" pero no "entiende", cuando los cuerpos de los compañeros de celda adoptan el aspecto de lo monstruoso. El monstruo tiene la virtud de asociar lo abyecto con lo deforme, con aquello que se ve "a medias" y se desplaza sigilosamente del reino de lo humano. Tal pérdida de forma es, en realidad, un significante difuso y en suspenso para lo que se presentará como abyecto, cuando sea posible "entender":

> Encorvados, muy juntos, alumbrados débilmente por la luz que bajaba de la ventana, Celaya y el morocho eran un bulto deforme. Parecían reírse o hablar, en voz baja. (99)

El "bulto deforme" designa una pérdida de límites (los cuerpos pierden forma y se confunden) que, en la penumbra de la celda donde nunca hay luz suficiente para "ver", representa una amenaza incierta. Hay, a la vez, una distancia y una proximidad de lo abyecto: si por un lado se constituye como el/lo "otro" repudiado, al mismo tiempo ejerce un efecto contaminante que lo convierte en una amenaza. El monstruo siempre juega en esa oscilación entre la distancia (que lo diferencia de lo humano) y la pérdida de límites, que implica la pérdida de identidad para su testigo: en algún punto, "ver el monstruo" implica, como señala J. Cohen en su "teoría del monstruo", la narrativa de una amenaza:

> The monster is born only at this metaphoric crossroads, as an embodiment of a certain cultural moment —of a time, a feeling, a place. The monster's body quite literally incorporates fear, desire, anxiety, and fantasy (ataratic or incendiary), giving them life and uncanny independency. The monstrous body is pure culture. (4)

La relación entre la homosexualidad y lo monstruoso ha sido, desde luego, frecuentemente explotada. El deseo homosexual ha sido asociado a una pérdida de límites, no meramente entre lo masculino y lo femenino, sino sobre todo entre lo humano y lo no-humano; no es tanto una crisis de los géneros como un escándalo de la especie lo que se escenifica alrededor de la homosexualidad. En los 60, otro texto, más prestigioso y difundido que el de Piglia, trabajó la relación con lo monstruoso: *Los premios*, de J. Cortázar (Cortazar, 1960), muestra al marinero Bob como una figura intermedia entre lo humano y lo animal, con un águila tatuada en el pecho que se mueve inquietantemente al ritmo de la respiración ("Tumbado entre Felipe y la pared, el águila azul alzaba y bajaba estertorosamente las alas a cada ronquido"). Como se recordará, ese marinero es quien seduce o viola a Felipe, un adolescente de sexualidad más o menos indefinida; este marinero se recorta contra el otro homosexual —Raúl— que sacrifica todo deseo sexual a su pertenencia al reino de lo humano, y que aparece como un "heterosexual" más, sólo que desea al adolescente aunque nunca llega a ninguna realización sexual. Los dos homosexuales de *Los premios* exhiben los límites de la representación sexual en Cortázar: una representación "aceptable" del homosexual enamorado, que sacrifica toda sexualidad en aras de su representabilidad, y su negación en ese marinero violento y enigmático, que termina aparentemente forzando al adolescente deseado. Las representaciones del homoerotismo polarizan una identidad reconocible al precio de la sexualidad, o una sexualidad desbordada que se torna irrepresentable en tanto mezcla una violencia incontrolable con una crisis de los límites entre lo humano y lo animal. El monstruo homosexual combina la violencia sexual con la imposibilidad de su representación, con su cualidad de irrepresentable —es el momento de un pánico comunitario, de un consenso acerca de lo aterrador. "El monstruo humano", dice Foucault, "combina lo imposible y lo prohibido" (*La vida* 84), aparece en la doble frontera de lo impensable y lo transgresivo; el escándalo de su aparición es el escándalo de esa doble abyección a la vez jurídica y epistemológica. En consecuencia, su aparición no dice tanto acerca del "monstruo" en sí como de las reglas o los códigos de percepción del observador/*voyeur* (en el sentido en que Cohen afirma que el "el cuerpo monstruoso es pura cultura"). Tanto en Piglia como en Cortázar, a pesar de que se trata de dos estéticas diferentes, y hasta contradictorias, hay un acuerdo general acerca de las coordenadas que definen al monstruo humano: su visibilidad implica una violencia originada a la vez en un deseo ilícito y, quizá sobre todo, en el hecho de que aparece allí donde no debe, o no era esperable ni posible, su aparición. El monstruo es aquí resultado de la aparición y percepción de lo *imposible*.

La frontera: percepción y territorio

El marinero de Cortázar tiene una función simbólica bastante obvia: no sólo es un monstruo sexual capaz de forzar a un adolescente; es también un *extranjero*. Ese límite que produce lo monstruoso es también una frontera territorial en la que se definen significados y representaciones de lo nacional. Recordemos que el barco de *Los premios* es esa suerte de "microcosmos" argentino donde las clases y los "tipos" sociales de la Argentina de los 50 se encuentran y se enfrentan en sus antagonismos; es pues en el marco de ese debate "narrativo" por la identidad nacional donde aparece el monstruo homosexual, mezcla de marinero corrupto y águila imperial, violando (o, al menos, "engañando") al adolescente de la clase media argentina. El monstruo es, pues, no sólo esa figura que desborda o pone en crisis las fronteras de lo humano en general, sino también la figura que indica y define una frontera territorial e identitaria: el límite exterior de la nación. Si el monstruo es siempre una figura anti-comunitaria, aquí su amenaza se localiza porque permite representar e instituir los lazos o los pactos que sostienen la "comunidad imaginada" de la nación.[3] Desde luego, la percepción del monstruo en el marco de lo nacional implica que la nacionalidad o la pertenencia a una comunidad nacional presupone ciertas reglas de percepción que permiten distinguir compatriotas y extranjeros, "nosotros" y "ellos". La nación (entendida como reglas de reconocimiento e inclusión entre individuos desconocidos) no es únicamente una lengua, una raza, unas tradiciones supuestamente compartidas; es también una *performance* del cuerpo según la cual gestos mínimos, casi insignificantes, significan la pertenencia a una comunidad, a un "cuerpo" nacional. Las construcciones alrededor de la identidad nacional, pues, no se alimentan sólo de una lengua, un territorio y unos significados más o menos estabilizados: se alimentan también de ciertas maneras de construir y exponer el cuerpo. Diana Taylor compara e identifica la construcción performativa del género con la de la identidad nacional:

> Just as gender is a performative act, what Judith Butler describes as an "identity tenuously constituted in time —an identity instituted through a stylized repetition of acts", nation-ness is also performative [...] National/gender characteristics may look "natural", though they become more visibly performative in situations that brutally impose acceptable embodiments of national identity. But even in their everydayness they are performative: discontinuous moments come to appear as as constituting a cohesive "reality" that social actors believe in. Doing one's nation-ness/gender "correctly" promises privilege and a sense of belonging, yet involves coercive mechanisms of identification. National/gender identity is not so much a question of being as of doing, or being seen doing, of identifying with the appropiate performative model. (92)

El monstruo escenifica la negación absoluta de esas reglas y del reconocimiento derivado de ellas; es un cuerpo, no ya "diferente", sino absolutamente negativo: niega todos, y uno por uno, los signos menores que hacen al rostro de lo nacional. Indica y refuerza la frontera nacional en el nivel de los cuerpos y desde sus formas y sus gestos. Aquello que hace del monstruo una forma irreconocible y eventualmente irrepresentable son las reglas de percepción, los modos de la mirada y del ser-mirado, sobre los que una comunidad establece las bases de sus semióticas grupales, y el ejercicio corporal de su "identidad". "Ver" al monstruo, identificar lo monstruoso, es en estos contextos una verificación y un refuerzo de los pactos comunitarios de un "nosotros" que coincide con la nación —"nosotros" que incluye principalmente al lector, que es quien *debe ver* al monstruo y aprender a reconocer lo monstruoso en sus formas evidentes o más o menos secretas. El monstruo como *performance* es el pre-texto para la afirmación (tácita y silenciosa: interpretativa) del "nosotros" en sus reglas de percepción y enunciación.

Esa *performance* negativa se nutre del homoerotismo como dominio constituido en los cuerpos: no es tanto la homosexualidad como "significado" o identidad, sino la amenaza de su aparición corporal, de su visibilidad como cuerpo y práctica sexual, lo que traza la frontera y designa las exclusiones. La homosexualidad es en estos textos un límite que se realiza entre cuerpos: la frontera no es "ideológica", "cultural" o "moral", sino corporal. La nación es el escenario y el efecto de una *performance* cuyos enemigos son esos cuerpos marcados por la semiótica extraña, y fatalmente extranjera, del homoerotismo. (*Los premios* es ejemplar en este sentido: dos homosexualidades absolutamente diferentes para lo nacional y lo extranjero. El homosexual argentino dice que es homosexual, pero jamás "actúa" su sexualidad; el extranjero es una "pura" *performance*, un cuerpo monstruoso, y precisamente por ello se constituye en amenaza. Este juego de representaciones dice mucho acerca de un impulso moderno que quiso integrar diferencias, pero sin revisar ni desafiar economías de representación e identidad que, fatalmente, reclaman la homosexualidad en términos de abyección).

DESERTORES E INVASORES

Si el homoerotismo es una frontera que distribuye los cuerpos más que los significados, las *performances* más que las "ideologías" y las tradiciones culturales, su cualidad de *extranjero* no es, sin embargo, una evidencia. ¿Cómo representar, o incluso nombrar, una frontera no trazada pero evidente, un signo obvio pero simbólicamente incierto? ¿Cómo introducir el relato de la frontera, pero dentro del territorio y entre compatriotas? Si el texto de Cortázar recurría a la figura muy clara del marinero extranjero, el texto de Piglia cuenta con un personaje a la vez jurídico y militar: el *desertor*. En la cárcel, cuando Renzi pregunta por qué los otros están allí, Celaya responde "por desertar". Aquí la figura del desertor es central por varias razones. Por un lado, el desertor es, como figura jurídica, aquel que se resiste a enrolarse para "servir" a la patria en la institución militar: es el que se niega a ser soldado "de la patria". Se recorta específicamente contra el imaginario militar de la pertenencia y la identidad nacional; su nombre maldito forma parte de una definición "militar" de la nación (el ejército o las fuerzas armadas concebidas como "la columna vertebral" de la nación: su esencia y su representación total). Este texto de Piglia aparece durante la dictadura militar del Onganía, y refracta la historia previa y posterior de las relaciones entre ejército y nación en Argentina, en el sentido de la superposición entre sociedad y ejército: los nombres, las exclusiones, las pertenencias, a nivel social, han sido permeadas desde el imaginario militar. El desertor es, pues, la contrafigura del soldado, cuya imagen define, en alguna medida, las reglas de la pertenencia nacional y el ideal de su identidad.

Si, por un lado, el desertor es la figura negativa de los relatos marciales de la identidad nacional, por otro lado, se opone a otro personaje que es central en el texto de Piglia: el estudiante, que es el estudiante rebelde de los 60, el que va a la cárcel porque un sargento "le tiene bronca" por el solo hecho de ser estudiante. Leído desde hoy, este estudiante va a ser el futuro militante revolucionario, y su destino no va a ser una cárcel en el servicio militar sino la desaparición y la tortura. El estudiante preso de los 60 es el soldado revolucionario de los 70; este texto de Piglia es parte de su relato y su historia.

Los desertores de *La invasión* están afuera de la oposición entre el soldado y el estudiante "revolucionario", y, desde luego, se definen negativamente respecto de los dos: son desertores desde ambos lados. Hay, en este sentido, una caracterización militar, bélica, de la ciudadanía: es ciudadano aquel que, llegado el momento, arriesga la vida por la patria. El ciudadano es quien, debajo de su apariencia civil, lleva "en sí" un soldado que surge cuando la nación lo necesita. Si, por un lado, la tradición militarista argentina hizo este presupuesto obvio en la jerarquía entre militares y civiles como ciudadanos de primera y segunda clase, por el otro, el soldado insubordinado, el revolucionario, hará del riesgo de muerte "por la patria" una ética heroica y la ocasión de una leyenda. Desde ambos lugares, el desertor, asociado a distintos significados, funciona como negación de la pertenencia nacional, sin ser un enemigo "extranjero": el desertor es el paria, el desterrado; no es ni siquiera el traidor que sirve a otra nación u otros poderes, es quien *pierde* los derechos de ciudadanía o, eventualmente, quien nunca los tuvo. (Aquí, de nuevo, la figura del "monstruo" es correlativa: el monstruo es un exterior de la comunidad y sus límites territoriales, y por ello su identidad es difusa. El desertor pierde la nacionalidad en tanto que fundamento de la identidad, y su identidad se torna incierta).

La deserción, entonces, se lee como la figura negativa de la ciudadanía, en un momento en que el ciudadano se conecta a imaginarios militaristas.[4] El texto de Piglia organiza la sustitución de la homosexualidad por la deserción: en lugar de "homosexualidad" (probablemente la razón por la cual están presos), Celaya dice "deserción". El texto es el montaje de esta sinonimia. El despliegue de esta equivalencia no es narrativo ni ideológico: trabaja con la percepción, la mirada, y el extrañamiento del estudiante en el ambiente enrarecido de la cárcel. El extrañamiento o el desconocimiento entre compatriotas, la falla de las *performances*, la percepción de los otros como "raros" (en todos los sentidos de lo "raro": lo *uncanny* y lo *queer*) funciona antes de que el estudiante "entienda" qué esta pasando. El logro estético de este texto es la codificación de ese extrañamiento perceptivo: el proceso por el cual Renzi "ve" al monstruo. Es esa percepción lo que el texto significa con la ecuación homosexualidad-deserción. La frontera entre ciudadanos y desertores se especifica en el cuerpo: es visible, y se presenta como un espectáculo "aterrorizante" que es narrado desde una epistemología del miedo. Lo que el texto de Piglia resta a su relato político son las "fronteras ideológicas" del debate político entre el estudiante y el sargento que "le tiene bronca" (esto es, suprime la discusión entre los enemigos políticos); en su lugar, propone las fronteras entre cuerpos, entre *performances* y miradas entrecruzadas, desde donde la frontera no se enuncia ni se argumenta pero se ve y se narra: es allí, sin duda, donde más insistentemente funciona. La nación es, aquí más que en cualquier lado, un modo de hacerse un cuerpo.

"Al lado de Celaya, alto, macizo, el cuerpo del morochito se diluía, pálido. Tenía los brazos sin vello y las manos blandas, como sin fuerza y los dedos amarillentos en las puntas [...]" (99). El "monstruo" homosexual no sólo parece un "bulto deforme"; es una entidad bifacial, donde uno de los "miembros" habla, es viril y arrogante al punto de intimidar al estudiante, y el otro es un cuerpo debilitado, que no tiene lugar en el lenguaje, una prótesis del otro o de las paredes y el piso. El "morochito" siempre está fusionado y confundido con otra cosa: su cuerpo no es "uno". Esta figura de dos caras es lo que Renzi "empieza a ver", y lo que desafía la imagen de dos "hombres" —ni enteramente humanos ni (en el caso del "morochito") enteramente masculinos. Femeneidad y pérdida de límites son los rasgos del monstruo que demarcan la frontera de la nación y destruyen el vínculo de los compatriotas.

Lo que estas *performances* señalan es una crisis de reconocimiento que tiene lugar en la mirada y la percepción de los otros. Algo en los cuerpos no se realiza y entonces, por así decirlo, la nación "no sucede". No se trata de compatriotas que son enemigos políticos; no hay allí compatriotas. La comunidad imaginada se desmorona ante el espectáculo de unos cuerpos raros.

La cárcel: territorio e identidades

Si el recurso a la deserción ya introduce el enunciado o la narrativa de la guerra y de una relación "marcial" con la identidad nacional, el título refuerza el significado definitivamente bélico de este texto. "La invasión" es ya una guerra por el territorio. ¿Qué territorio, qué guerra y qué ejércitos aparecen alrededor de las fronteras? ¿qué invasiones tienen lugar? Para recorrer estas preguntas debemos indagar las lógicas de significación jugadas sobre la cárcel como territorio simbólico.

La primer invasión, la más evidente, se juega sobre el límite cerrado de esa cárcel en donde el deseo homosexual está a la vez oculto a las miradas y resguardado de la represión sexual. La cárcel es, en este sentido, una suerte de closet: un territorio secreto que permite el ocultamiento y la supervivencia del deseo homosexual en contextos fuertemente homófobos. Es, pues, ese territorio secreto lo que el estudiante invade contra su voluntad, y donde necesariamente descubre aquello que se oculta. En este recorrido, la frontera se traza entre homosexualidad secreta y heterosexualidad pública: una primer división sexual.

La segunda lectura de la invasión es más compleja, y tiene que ver con otra lógica simbólica de los territorios y los límites que va a escenificar una segunda división política. El escenario del texto de Piglia es una cárcel, dentro de una institución militar. La cárcel es un escenario de fuerte densidad simbólica y política, sobre todo en la historia argentina: es un *topos* de historias políticas, un foco de relatos secretos donde escriben, y son escritos, los vencidos.[5] Si ya la cárcel viene cargada con este valor simbólico, una cárcel dentro de una institución militar en el contexto de una dictadura torna más evidentes las posiciones y las identidades políticas. Este escenario tiene una cualidad fundamental: el presupuesto de *una comunidad y una resistencia política* en la convivencia carcelaria. Los que se encuentran en la cárcel militar son aquellos que resisten un poder que no es el de la "ley" sino el de los enemigos políticos; los presos son, al menos en primer instancia, aliados, por el simple hecho de estar en la cárcel: son presos *políticos*. No se trata de delincuentes sino de insubordinados, y en tal sentido opositores, en algún grado, al régimen autoritario de los militares.

El beso de la mujer araña, de Manuel Puig (1976), despliega efectivamente el relato de la construcción de esta comunidad carcelaria, donde la cárcel funciona como condición de esa alianza y esa comunidad. La cárcel de la dictadura es el lugar donde las víctimas se igualan y trazan los recorridos de su encuentro: el recorrido de las víctimas de la barbarie política. El abrazo entre las víctimas del poder represivo funciona como la imagen de la "otra" nación posible sofocada por la violencia fascista: la cárcel es el terreno donde se celebra la alianza progresista, para la democracia futura. Extremando los términos, en ciertos contextos históricos (como sin dudas el que funciona en el texto de Puig), la cárcel es el escenario donde se demarca la diferencia entre sociedad civil y poder militar, o, mejor dicho, donde la sociedad civil se reinventa (diferenciándose de la sociedad política anterior: la izquierda radicalizada) a partir de su sofocamiento por parte de los militares. En este sentido, la cárcel funciona como una suerte de laboratorio de la política y la sociedad futura, post-dictatorial, poniendo en escena imágenes reparativas y ofreciendo la virtualidad de nuevos consensos.

El texto de Piglia funciona al revés que el de Puig en su relato político de ciudadanía. Escrito casi 10 años antes, el texto está trabajando con los materiales de una cultura y una política que todavía no habían enfrentado la masacre posterior a 1976, y donde las representaciones sexuales funcionan como un material que no es objeto de evaluación política en sí mismo (esto es, el homosexual no es un aspirante a la ciudadanía). En lugar de la alianza escenificada en *El beso*, el texto de Piglia verifica la imposibilidad de toda alianza. No hay comunidad porque los otros no son compatriotas. En lugar del abrazo hay una ruptura y una catástrofe perceptiva que se significa como "monstruo". Entonces, la invasión, leída desde el estudiante, es el descubrimiento de un territorio invadido y ocupado por los "otros" que no son la nación pero que están en la nación y viven en secreto. Esa es la segunda invasión. En lugar de los aliados, de la comunidad política de los resistentes, el estudiante se encuentra con dos "desertores" con quienes no hay ningún reconocimiento posible porque el fundamento de la identidad común ha sido destruido —*la ecuación nación-sexualidad que funciona como fundamento de la identidad*. Es esa ecuación lo que la palabra "desertor" niega.

En este sentido, la homosexualidad parece estar designando una suerte de "frontera interna" de la nación, un pliegue del territorio comunitario concebido como transparente y familiar (precisamente la "comunidad imaginada"). La homosexualidad es la ocasión de lo *uncanny*: lo familiar se torna extraño, ante la mirada aterrada del estudiante, allí donde la comunidad y la transparencia era esperable, segura. En el juego de cuerpos donde la nación no es ya una idea ni una lengua sino unas reglas de la mirada y de la *performance*, los lazos masculinos sobre los que se concreta el reconocimiento de los compatriotas estallan cuando el monstruo entra en escena: si los enemigos políticos (el estudiante y los militares) todavía se reconocen como pertenecientes a la nación (aún en su misma rivalidad), los homosexuales representan una amenaza que llega mucho más allá de la política y de los proyectos de nación. Esa amenaza es la del desbaratamiento de los lazos o vínculos sobre los que se asientan tanto las alianzas como la rivalidad políticas, el "ser" de la política como juego o guerra masculina, y específicamente "homosocial", cuya sexualización, dentro del contexto de la cultura política moderna en Argentina, es ocasión de pánico, el pánico que produce monstruos.[6]

Una historia secreta

Esta doble escena de lectura, donde la "invasión" se lee desde los dos lados de la frontera, tiene también otro correlato, que es el de la historia argentina inmediata al texto. *La invasión*, en este sentido, es un texto sobre la derrota política del peronismo en el 55 y el destino del "pueblo peronista". Si leemos la imagen de "la invasión" en un contexto más amplio, tendremos las imágenes de los "cabecitas negras" (la designación racial de los sectores populares en Argentina) invadiendo el centro de Buenos Aires para reclamar la libertad del líder, en 1945, hecho inequívocamente percibido como una ocupación territorial por parte de los sectores dominantes. El reverso de esta imagen es el golpe militar del 55, que tomó con fuerzas militares el territorio nacional para derrocar a Perón y sofocar toda presencia y todo recuerdo de la fase peronista: para "borrar del mapa" al peronismo. Los historiadores y politólogos coinciden en señalar el efecto radicalmente polarizador de este golpe de Estado, que dividió al país en peronistas y antiperonistas y condujo, desde ese antagonismo, a la violencia armada como respuesta a la alianza entre poder económico y militar (véase Terán, *Nuestro años sesenta* y Altamirano, "Montoneros"). Alrededor de la "invasión", entonces, se juegan un conjunto de tensiones históricas, políticas y sexuales que se cristalizan alrededor de la homosexualidad.

Como ya señalé, el "monstruo" homosexual se compone de una doble figura, Celaya y "el morochito". Inequívocamente, el morochito es un "cabecita negra", que, de alguna manera, conjuga la parte más inhumana de la pareja: no tiene nombre, no habla (susurra cosas al oído de Celaya, pero nunca sabemos qué dice), aparece "brotando del piso", es afeminado (no tiene vello, tiene las manos "blandas"), y sobre todo, es débil (las manos parecen "sin fuerza, y los dedos amarillentos en las puntas"). Frente a este cuerpo debilitado, Celaya es viril, poderoso, agigantado. Dos mitades que se unen para una figura monstruosa: el *"bulto deforme" es una alegoría del peronismo*, escrita desde el estudiante, y que despliega las tensiones y la imposible conciliación entre peronismo e izquierda revolucionaria (Montoneros será, como sabemos, el terreno incierto de esa conciliación violenta). El monstruo homosexual es la imagen de la unión entre Perón y "su pueblo", que, aunque derrotados y en prisión, repiten, en secreto, maquinalmente su unión.

En el marco de esta alegoría, la equivalencia con la deserción resulta también central, y se lee desde dos posiciones. Por un lado, Celaya y "el morochito" están en prisión "por desertar": un abandono de la continuación y profundización de las luchas populares, interrumpiendo un proceso que, leído desde la izquierda, eventualmente podría haber sido revolucionario. La deserción, en este sentido, es una deserción jugada sobre la *clase* obrera: desde tal relato, el peronismo desvía a la clase obrera de sus "verdaderos" intereses y de su destino histórico.

Por el otro lado, la deserción se lee sobre el horizonte de la nación, y abre el terreno para una lectura del peronismo que es al mismo tiempo una lectura de la homosexualidad. La equivalencia deserción=homosexualidad absorbe al peronismo y lo pone en confrontación con la nacionalidad. La identificación o fusión masiva entre el líder y "su pueblo" (identificación por la cual, como se decía, "para un peronista no hay nada mejor que otro peronista", donde el nombre y la mirada del Líder mediatiza y asegura el lazo entre los individuos) es percibido como monstruo y "bulto deforme" con el cual no hay, desde la perspectiva del estudiante, posibilidad de conciudadanía. El lazo social y simbólico de ciudadanía está definitivamente roto. La alegoría del peronismo a través de la homosexualidad no es accidental: ambos implican un desafío a la idea moderna de nación como objeto último de deseo, o para decirlo con Benedict Anderson, como aquella entidad por la cual el ciudadano entrega su vida. El deseo entre Perón y "su pueblo" es igual al deseo homosexual (tal como éste ha sido constituido en nuestro siglo, al menos) puesto que ambos constituyen un objeto de deseo que compite con el amor del ciudadano por su patria; un deseo que, desde la perspectiva del ciudadano, es un exceso, un derroche, y una amenaza. Desde luego, si "Perón" se superpone a la nación, el peronismo es un nacionalismo; pero para ello hay que ser peronista. Si "Perón" no es la nación sino un mero movimiento político, amenaza la nación porque postula un objeto más amado que la patria misma: el vínculo "entre peronistas" atraviesa y desborda el vínculo "entre argentinos". De la misma manera, como argumenta Cindy Patton analizando las políticas anti-gays después de la Segunda Guerra Mundial en EE.UU, "the degraded desire of one man to consume another's body had the power to undermine that most noble desire: to surrender one's body and die for one's nation". A diferencia del comunismo, que amenazaba la nación con un orden internacional, o el judaísmo, cuyo peligro es también una mega-nación pero con base religiosa, "homosexual[ity] defies the very primacy of nation as the ultimate love object" (Patton, "To die for" 334).

En este sentido, lo que el texto de Piglia quiere escenificar es la "economía libidinal" del peronismo en términos de una *naturaleza homosexual* en la que el lazo homosocial (propio del juego de rivalidades y alianzas masculinas entre los conciudadanos) ha sido desbordado por el exceso sexual de la fusión entre Perón y su "pueblo". Es ese pasaje desde lo homosocial hacia lo homosexual lo que el estudiante "ve", y lo que confronta peronismo y pertenencia nacional. Peronismo y homosexualidad, o, mejor, el peronismo en su naturaleza homosexual, se constituye en una retórica de la identidad que desplazan a la nación como fundamento último. Por eso no hay alianza posible en la cárcel militar.[7]

El uso de la homosexualidad para construir una representación alegórica del peronismo es también una representación y una teoría de la homosexualidad. El monstruo es homosexual no sólo porque constituye una retórica de la identidad y del deseo que compite con la nación (o, mejor dicho, que es percibida por los otros como en desafío a la nación); es homosexual porque permite representar al peronismo como una alianza replegada sobre sí misma, cerrada, donde ningún otro es convocado al juego del deseo. De allí la atmósfera de repetición maquinal y ritual que rodea a Celaya y al "morochito": el "acto" se repite indefinidamente, *es una pura repetición*. Esto se vincula directamente a otro elemento: el debilitamiento físico del "morochito", a la vez afeminado y extenuado. Aquí la homosexualidad no es un mero "significante alegórico": *es esa sexualidad constituida sobre la pura repetición, y que conduce al extenuamiento, a la pérdida de fuerzas, del varón* (y, lo que es aún peor, del "pueblo peronista"). Aquí las palabras de Cindy Patton se tornan literales: "el degradado deseo que consume el cuerpo de otro hombre". La imagen del "morochito", ese cuerpo agotado, es el fantasma para los proyectos de nación enemigos: el del militar y el del revolucionario. Las retóricas de la masculinidad que construyen los diferentes proyectos de nación son, directamente, políticas del cuerpo y administraciones de la energía: se preocupan por los destinos de la fuerza corporal. Si el afeminamiento es materia de repudio constante en las imágenes de las instituciones y la política, quizá no sea tan profundamente abyecto como la amenaza de una sexualidad que no sólo no se reproduce ni lega, sino que además consume las fuerzas de los candidatos a poblar el mundo futuro de los militares o los revolucionarios. Una sexualidad que, según se dice, entrampa a los sujetos dentro de un circuito especular clausurado sobre sí mismo —"*narcisista*". Es esa trampa la que describe en *La invasión* a la vez la historia del peronismo y la amenaza homosexual para la economía sexual de la nación.

Este repliegue sobre sí mismo, este ritual cerrado, *es decir, su "naturaleza homosexual"*, deja al peronismo fuera de la Historia, desde la mirada "cargada de futuro" del estudiante. Este fuera-de-la-Historia está claramente marcado por el closet de la cárcel: el monstruo no resiste ni huye, se repite y no abre el juego a nuevas alianzas, nuevos deseos, a una nueva camaradería. Vuelto sobre sí mismo, el monstruo rechaza a los compatriotas, quienes, afuera del closet, están peleando entre sí por la nación. De allí que la relación entre teatro, mirada y pe*rformance*, el juego ambivalente entre el actor y el espectador, y el mismo repudio, legible como deseo, por parte de Renzi, designen un juego de tentativas, de aproximaciones y distancias, que terminan justificando la ruptura final, la imposibilidad de la alianza: el monstruo no sale de su juego repetido, ni invita ni desea (aunque el "morochito" parece mirar con deseo a Renzi, la presencia autoritaria de Celaya-Perón impide cualquier contacto). La homosexualidad del monstruo no sólo es abyecta sino políticamente (históricamente) clausurada: es un mero juego especular. El espectáculo homosexual del monstruo no es pues sólo escandaloso: está fuera de la Historia, viene del pasado, pero todavía persiste como un residuo histórico (de allí la atmósfera de irrealidad y extrañamiento que tiene la cárcel desde el comienzo: es un viaje en la Historia, hacia atrás). Esa alegoría del peronismo, y esa teoría de la sexualidad, es lo que el estudiante "ve" en la cárcel militar de los '60.

El deseo que no se atreve a decir su nombre se atreve, sin embargo, a mostrarse. El cuerpo es el lugar donde el secreto se escenifica como tal; el juego de extrañezas y reconocimientos entre miradas y cuerpos constituye una especie de umbral material, físico, de los terrores y las alianzas de una sociedad. La homosexualidad sirve a este relato como material para enunciar las distancias y las rupturas con un peronismo que no encaja en el proyecto de nación por la naturaleza de sus identificaciones, pero que persiste como presencia histórica y dilema político. Pero así como Celaya y el morochito se retiran del mundo (o son puestos fuera del mundo) por su recíproco, compulsivo amor, Molina en *El beso* sacrificará su vida no por la Revolución ni por la patria, sino por otro hombre, y el homosexual de *Los premios* abandona la sexualidad para ser un argentino más. Homosexual y ciudadano han sido construidos como figuras que se repudian, que jamás coinciden: por el contrario, son contrafiguras que los relatos de la nación moderna convocan permanentemente. En la Argentina de los 60 y 70 la homosexualidad es siempre una crisis de la ciudadanía no sólo porque designa una cierta abyección moral sino, sobre todo, porque compite con la nación a la hora de determinar el fundamento de la identidad, en tanto reorganiza la economía del deseo y las reglas de la pertenencia. Esto es, sexualiza el vínculo entre conciudadanos y constituye nuevos objetos de amor que atraviesan y desbordan la geografía imaginaria de la nación.

Si las luchas gays y lésbicas contemporáneas aspiran a la ampliación de los derechos de ciudadanía para incluir homosexuales y lesbianas dentro de las definiciones del ciudadano, ¿no hay un punto tenso y ambivalente donde el deseo homosexual (al menos, tal como nuestro siglo lo ha construido dentro de los saberes modernos) desafía y perturba la idea misma de ciudadanía? ¿no hay algo en el deseo homosexual que desborda o desplaza el tipo de vínculo entre ciudadanos? Aún dentro de los proyectos más democráticos, hay una ecuación entre nación y sexualidad que el homoerotismo parece siempre exceder. Es ese "resto" que desborda la representación y el relato del ciudadano la fuerza que, en Argentina, ha escrito algunos de los momentos más complejos e inasimilables de la historia reciente.

NOTAS

[1] Judith Butler habla del problema de la identificación y de lo abyecto en términos de comunidad: "It will be a matter of tracing the ways in which identification is implicated in what it excludes, and to follow the lines of that implications for the map of future community that it might yield" (119).

[2] Hablando acerca del espectáculo de la sodomía masculina, Lee Edelman señala que "any representation of sodomy between men is a threat to the epistemological security of the observer —whether a heterosexual man or merely heterosexual-male-identified— for whom the vision of the sodomitical encounter refutes the determinacy of positional distinctions and compels him to confront his too clear implications in a spectacle that, from the perspective of castration, can only be seen as 'catastrophe'" (113).

[3] Esta es una de las funciones clásicas del monstruo, según Cohen: "Through all these monsters the boundaries between personal and national bodies blur. To complicate this category confusion further, one kind of alterity is often written as another, so that national difference (for example) is transformed into sexual difference" (10). El monstruo funciona como un material de lectura privilegiado precisamente por su capacidad para atraer "magnéticamente" tensiones y antagonismos diversos, de cuya articulación surge como punto de abyección: "the monster accrues one kind of difference into an aggregate, multivalent identity around an unstable core" (23,n19).

⁴ Esa ciudadanía debe leerse en el contexto de la polarización política e ideológica de la Argentina después de la así llamada "Revolución Libertadora" de 1955, que derrocó a Perón y lo obligó a ir al exilio. Peronista/antiperonista definieron desde entonces, y hasta los 70, el mapa político e "identitario" de la sociedad argentina. El texto de Piglia, como veremos, escenifica esa oposición, que forma parte de las reglas de la pertenencia nacional, y que en el momento en que se publica el texto, ya está dejando de ser política para comenzar a ser militar: recordemos que a fines de los 60 se está gestando el movimiento Montoneros. El imaginario de la guerra ya está, de alguna manera, funcionando en los mecanismos de definición y representación de la ciudadanía.

⁵ Desde luego, hay otro tipo de relatos carcelarios, que construyen el universo jurídico de la delincuencia, y que suele reprimir su propia política en atención al orden jurídico que produce esos delincuentes: la cárcel como "infierno" de violencias sin ley.

⁶ Para la relación entre "homosocialidad" y "homosexualidad", Sedgwick (1985).

⁷ Andrew Hewitt ha estudiado de manera rigurosa las teorías y las políticas de la relación entre nazismo y homosexualidad en las décadas del 20 y 30 en Alemania. Como se sabe, entre fines de siglo XIX y principios del XX Alemania fue el escenario de las primeras gestiones emancipatorias jugadas alrededor de la homosexualidad, y también el terreno donde se consagró cierta asociación entre nazismo y homosexualidad, desde la izquierda (habría cierta homosexualización de los vínculos entre varones en la base social del movimiento nazi, que se consagraría espectacularmente en la fusión político-militar entre el pueblo y Hitler). Las similaridades entre aquel pánico homosexual ante el nazismo (cuyo ejemplo más prestigioso es, sin duda, la homofobia en T.Adorno) y esta representación del peronismo son notables. Fundamentalmente, hay que subrayar el juego *identificatorio* como economía fundamental del deseo, opuesta a la diferenciación genérica "heterosexual". No se desea al género opuesto o diferente, sino al "mismo" —si leemos la frase "para un peronista no hay nada mejor que otro peronista" en términos sexuales, no tenemos sino un deseo que es "pura" identificación. La consecuencia de esa economía deseante basada en el deseo del "mismo" por el "mismo", que en Adorno se condensa en la categoría "narcisismo", conduciría directamente a una pérdida de la individualidad, esto es, a una disolución del sujeto en términos políticos y sexuales; y esa disolución del sujeto es, evidentemente, lo que aparece como "totalitarismo". Es ese terror lo que "el morochito" de *La invasión*, como imagen del "pueblo peronista", exhibe en su cuerpo y su silencio. Una suerte de fundamento sexual de la política moderna construye la mirada del estudiante/futuro revolucionario y es la condición de la producción del monstruo, ese monstruo que es *necesariamente* a la vez homosexual, peronista, desertor. Ver Hewitt (*Political inversions*).

Bibliografía

Altamirano, Carlos. "Montoneros". *Punto de Vista* 55 (agosto 1996): 1-9.
Anderson, Benedict. *Imagined Communities: Reflections on the Origin and Spread of Nationalism*. Londres: Verso, 1983.
Butler, Judith. *Bodies That Matter. On the Discursive Limits of "Sex"*. Nueva York/Londres: Routledge, 1993.

Cohen, Jeffrey Jerome. "Monster Culture (Seven Theses)". *Monster Theory: Reading Culture*. Minneapolis, University of Minnesota Press, 1996. 3-25.

Cortázar, Julio. *Los premios*. Buenos Aires: Sudamericana, 1960.

Edelman, Lee. "Seeing Things: Representation, the Scene of Surveillance, and the Spectacle of Gay Male Sex". *Inside/Out. Gay Theories, Lesbian Theories*. Diana Fuss, ed. Londres/Nueva York: Routledge, 1991. 93-116.

Foucault, Michel. *La vida de los hombres infames*. Madrid: La Piqueta, 1991.

Hewitt, Andrew. *Political inversions. Homosexuality, Fascisms, and the Modernist Imaginary*. Stanford: Stanford University Press, 1996.

Patton, Cindy. "Tremble, Hetero Swine". *Fear of a Queer Planet*. Michael Warner, comp. Minneapolis: University of Minnesotta Press, 1993. 143-178.

_____ "To die for". *Novel Gazing*. Eve Sedgwick, comp. Londres/Durham: Duke University Press, 1997. 329-352

Piglia, Ricardo. *La invasión*. Buenos Aires: Jorge Alvarez Ed., 1967.

Puig, Manuel. *El beso de la mujer araña*. Barcelona: Seix Barral, 1976.

Sedgwick, Eve Kosofsky. *Epistemology of the Closet*. Berkeley: University of California Press, 1990.

_____ *Between Men: English Literature and Male Homosocial Desire*. Nueva York: Columbia University Press, 1985.

Taylor, Diana. *Disappearing Acts. Spectacles of Gender and Nationalism in Argentina's 'Dirty War'*. Durham/Londres: Duke University Press, 1997.

Terán, Oscar. *Nuestros años sesenta*. Buenos Aires: Contrapunto, 1992.

La ventana abierta de Ramón Fonseca Mora:
el incesto como fusión interracial

Humberto López Cruz
University of Central Florida

El diccionario de la Real Academia de la Lengua define el vocablo incesto como una "relación carnal entre parientes dentro de los grados en que está prohibido el matrimonio" (813). A través de los tiempos el incesto se ha constituido en algo execrable condenado por los códigos morales. El incesto se manifiesta como el deseo erótico prohibido del individuo; un enunciado transgresivo que contradice las leyes de la naturaleza. El estudio de Ignacio Viladevall aproxima al lector a la conceptualización del incesto como propósito. No obstante, no es completa; su teoría omite la posibilidad de unificación que puede derivarse al incestar el individuo. Viladevall expone que:

> al margen de cierto gusto por las desgracias, al margen de las aburridas obligaciones que impone la realidad, quizás el recurso temático del incesto pueda demostrar plenamente que uno puede amar todo aquello que destruye, todo aquello que agoniza en el vertedero de la memoria, todo aquello que rechaza el equilibrio y ayuda a desembarazarse de las nociones temporales. (26)

La literatura, como reflejo social, no ha permanecido indiferente ante la referencia incestuosa como enunciado textual. Estamos en desacuerdo con lo apuntado por Viladevall al decir que la historia de la literatura es parca en incestos (29). Es prácticamente lo opuesto. No es sorprendente comprobar, que tal como Otto Rank[1] expone, los escritores se han ocupado de una manera uniforme y continua del siempre actual tema del incesto. Hasta el presente, este tema ha proveído el material para una variada gama de obras literarias (541). En el presente trabajo se presenta *La ventana abierta*, del escritor panameño Ramón Fonseca Mora, donde se expone cómo el incesto actúa como aceptación y unificación socio-racial.[2]

La trama de la novela presenta situaciones inesperadas dentro de la sociedad panameña contemporánea. La sospecha de un parricidio sirve para que Fonseca Mora comience su narrativa sirviéndose del punto de vista de dos narradores —muy disímiles entre sí— y del recurso del epistolario para unificar el discurso textual. La contemporaneidad se manifiesta en la unión simbiótica entre el indígena y la tierra para buscar —y lograr— una protección mutua ante la codicia de la civilización que amenaza con reducir, y hasta destruir, los recursos ecológicos del país. Enfrentamos un continente donde la producción cultural ha sido determinada por la conquista y colonización, y donde se puede encontrar una diversidad cultural producto de la hibridación,[3] diferencia que ha sido crucial para imaginar las identidades nacionales (Pick 127). La eterna pugna entre la civilización y la barbarie manifiesta el deseo de poder; el individuo lucha por el mismo espacio sin conceder que el mismo pueda ser compartido. En una cultura multirracial, y dentro de una sociedad dividida en castas, el incesto intenta cruzar las fronteras morales impuestas y proyectarse, primero como aceptación, y luego como unificación. No obstante es una proyección antinómica al equiparar el posible escarnio con la aprobación de la relación incestuosa. En otra parte he indicado que:

> la narrativa cuenta con un toque significativo, ya que el autor propone una doble relación incestuosa como sugerencia de una posible comunión entre dos razas. Fonseca Mora recurre al tema del incesto, no como vejación sexual sino como fusión y aceptación de una coexistencia racial (López Cruz B-5).

La unión carnal voluntaria entre el mestizo protagonista y sus dos hermanastras es el enunciado de Fonseca Mora que, como se verá, corrobora la intención de establecer una relación que tácitamente implique una avenencia entre dos mundos disímiles y litigantes. Ríos Torres indica que el texto "hace sentir la marginalidad de los indígenas" y leerlo es "incursionar en un país enigmático, multicultural, con muchas etnias en conflicto. Un país con grandes edificios, historia remota, olor a selva, inmensos cocodrilos y aves del paraíso" ("¿Por qué" 1). El contraste topográfico expuesto por Ríos Torres denota una narrativa que oscila en caer bajo los parámetros literarios de —por un lado— la novela indigenista, o por otro, la novela telúrica. El incesto literario perpetrado por Fonseca Mora se erige como tabú erótico que amenaza con destruir al individuo.[4]

Quizá la humanidad ha buscado la legitimación del incesto, aunque lo haya condenado como concepto. En *La ventana abierta*, Fonseca Mora yuxtapone la relación incestuosa con la necesidad de denunciar las desigualdades sociales y exponer la pluralidad racial del continente americano; el propósito del autor fundamenta una colectividad discursiva que trasciende al texto.

La narrativa comienza, a través del epistolario, por enfrentar al lector con Carlos acusándolo de parricidio. Carlos es mestizo, producto de las incontables relaciones sexuales que su padre tuviera con jóvenes indígenas de la región selvática panameña mientras talaba indiscriminadamente los bosques del istmo. La gerontocracia indígena concibe el proyecto de distraer de la tala a don Alberto, apodado "Comeárbol" por su fuero destructor, facilitándole adolescentes que sacien sus apetitos sexuales. La madre de Carlos es una de estas muchachas, quien después del nacimiento del muchacho deja a su hijo con el padre y regresa a su tribu. Con el correr de los años, es Marisa la destinada al lecho de don Alberto. Ésta también es hija de la madre de Carlos, pero con un indígena, media hermana del protagonista. Esta vez el padre no se limita al coito con la joven indígena sino que obliga al hijo —inconsciente de la consanguinidad que lo ata a la muchacha— a repetir sus agresiones sexuales a Marisa. Es el comienzo de una relación incestuosa entre hermanastros, o bajo los parámetros de la escala social, entre el mestizo y la indígena.

La impresión de ambos hermanastros es similar: de asco y repudio cuando se fuerza al coito; de aceptación y complacencia cuando la relación se busca por ellos mismos. El epistolario de Carlos refleja la diferencia entre la relación obligada y la buscada; lamenta el abuso —del que es actante pasivo— cometido por el padre y se ilusiona con el destello del adolescente que descubre su primera pasión: "pero era otra Marisa, muy diferente a la que me esperaba con cierta inocencia en nuestra cueva" (53). El recuento de Marisa, como narradora textual, es similar:

> fue Carlos, con la ternura de que era capaz con sus pocos años, quien me abrió los ojos y me hizo ver que existe otro amor diferente al que yo conocía. Aunque yo era más joven que él, sabía más y me extrañaba que no me quisiera de la misma forma que su padre, ni aun en los momentos en que el patrón le obligaba a hacer con mi cuerpo lo mismo que él hacía casi todos los días. Aquello me abrió un poco los ojos y comencé a cuestionar lentamente mi situación. (242)

La exploración erótica que conlleva al incesto no produce víctimas ni victimarios. Es muy diferente a la relación forzada entre don Alberto y Marisa donde el poder del blanco atropella la imposibilidad indígena de rebelarse. En su estudio sobre las consecuencias del incesto en la mujer, Rosaria Champagne establece la diferencia entre la víctima y la sobreviviente e indica que las víctimas "become complicit with abuse and honor injunctions posed by perpetrators to dismiss the abuse's import or impact" (2). Las sobrevivientes, por el contrario, "move to a place where they reject the demand to remain politely silent" (2). En el caso de Marisa, ninguna de las dos teorías es válida. La indígena es muy consciente de su situación y acepta el mandato de la tribu de actuar como concubina de don Alberto; es un destino aceptado en que no hay espacio para la defensa o para la denuncia: "eso me unió a la larga historia de mujeres que a través de la historia han tenido que sacrificar sus ilusiones más íntimas en favor de quienes las rodean" (343). Marisa encuentra en la relación con Carlos su primera ilusión y su primer goce erótico —ambos sentimientos reciprocados por el mestizo— y Fonseca Mora utiliza el pretexto del incesto para fundamentar el texto de una aceptación interracial.

Este incesto *vital* transgrede pero no destruye. Alimenta la pasión de Carlos y Marisa, y al mismo tiempo, consolida la relación entre ambos: la ingenuidad será el denominador común que caracterice el enlace coitivo.[5] En Marisa, aun más que en Carlos, el impulso incestuoso se acerca a la definición de Rank que indica que no debe interpretarse "in a sexual-pathological manner, but that they belong, rather, to the most primitive expressions of human drives and emotional life" (569). Para Marisa, esta relación es la única que recordará con complacencia entre las experiencias eróticas que devendrán en su existencia, siempre postergando su idealizado microcosmos ante la necesidad de la supervivencia tribal.[6] Para Carlos, Marisa será la mujer que lo une a la madre que no conoce, a descubrir su propio ser, y que verá representada en otras mujeres durante su vida. El recuerdo de Marisa se reflejará en ulteriores pasiones eróticas como la imagen donde buscar refugio, donde establecer una comunión consigo mismo. Durante la aventura con Michelle, Carlos evoca que "la sentí un instante como mamá; mamá se transformó en Marisa, Marisa en la mujer que tenía a mi lado, y las tres fueron al mismo tiempo la diosa Madre que siempre he sentido que nos acurruca, nos protege, en nuestros momentos difíciles" (52). Es evidente que para Carlos cualquier relación erótica posterior al conocimiento carnal de Marisa tiene que complementarse con la esencia mediadora de su hermanastra, relación que culmina con la legitimación del incesto.[7]

La dualidad incestuosa de la narrativa está representada en Carolina, hija legítima de don Alberto con su esposa Beatriz —por lo tanto blanca. Éstos viven en la capital entre las riquezas provenientes de la madera vendida, ajenos —y sin importarles mucho— a cómo lentamente se desvanece la selva bajo la sierra de don Alberto. Carolina admira a Carlos, lo quiere y se entrega a él; su exotismo mestizo lo hace diferente. Un incesto subliminal es el que se consuma siguiendo los parámetros establecidos en la narrativa. El lector no se sorprende ante la revelación de la cópula, es más: la presiente. Fonseca Mora manipula al lector de forma que el incesto elabore la tripe alianza racial: blanca, india y mestiza, siendo ésta última el vector activo de la relación mientras que las blanca e india son las recipientes pasivas del encuentro. La propia Carolina explica que:

> es algo que no pude evitar. Carlos tiene un carisma masculino muy fuerte y yo era una niña inexperta, muy suceptible. Me convenció fácilmente. De allí nuestra relación continuó pues me gustaba. [...] Cuando estaba con él me imaginaba que solamente me acostaba con su parte de acá. La otra, la que comparte conmigo, lograba rechazarla. Al pasar el tiempo me olvidé de los lazos que nos ataban y lo vi como a mi amante. (414)

La "parte de acá" aludida por Carolina es la América autóctona. La muchacha blanca, por medio de la relación coitiva con Carlos, acepta a las etnias de América y se fusiona a ellas a través del ente creado por ambos mundos: el mestizo. Pero es menester subrayar que no sólo es Carolina la que entra a un mundo desconocido por medio del incesto. En *La ventana abierta*, Fonseca Mora utiliza a Carlos como el intermediario entre dos mundos; si bien Carolina penetra en el mundo indígena, también Marisa se une al mundo blanco a través de Carlos. Este personaje se desdobla para cumplir una doble función textual mientras que el autor ratifica la unificación de las razas blanca e india por medio del mestizo. La propia Marisa, al referirse a Carolina, la describe como: "mi hermana postiza, la que está unida a mí a través de Carlos, y que representa la otra cara de esta moneda que llamamos América, de la que sólo Carlos es un ejemplar auténtico porque combina ambas sangres: la del conquistador y la del conquistado" (243). La narrativa de Fonseca Mora responde a conceptos preestablecidos por el pensamiento occidental donde términos como ser, esencia, substancia y consciencia —entre otros— se aúnan para formar el tejido cultural que engarza los eslabones de la trama.

Si bien Fonseca Mora sugiere la presencia del incesto como fusión interracial, ello no indica que se llegara a una completa integración y armonía interrelacional. No obstante, la mezcla racial fundamenta la construcción de la nación en el imaginario; el reflejo de la sociedad contemporánea va a encontrar eco en la narrativa.[8] De la misma forma que Carolina cambia el semblante cuando Marisa alega que está en la capital buscando novio (289), la indígena ve a la blanca como la intrusa en su territorio. Ambas sienten la amenaza de "la otra" aunque comparten la intersección de ambos mundos. Marisa no quiere ver a Carlos y a Carolina juntos por imaginar lo que ha podido haber ocurrido entre ellos (320). La voz narrativa observa la tensión entre las muchachas durante el reencuentro con Carlos: "las dos muchachas daban la impresión de estar en competencia a ver quién lograba estar más pegada al recién llegado" (331). La aproximación telúrica que sugiere el texto demuestra el afán que ambas razas —blanca e india— sienten por el dominio de la tierra. Carlos, en función de mestizo, se identifica con la tierra testigo del encuentro entre dos mundos y se convierte en la presa común. Ambas hermanastras persiguen al hombre para dominar el ambiente; la historia se reescribe tras la fachada de un incesto dual. Retomando el análisis de Rosaria Champagne en el que expone la presencia de la mujer y su participación en el orden social, y por supuesto, la presencia femenina en literatura, concordamos con Champagne —aunque anteriormente disintiéramos en la aplicación de sus definiciones de víctima y sobreviviente en nuestros respectivos casos— cuando apunta que:

> while novels historically engage the tasks of self-construction, they also initiate the project of making and writing history. [...] This bridge between narrative representation and everyday life that literature constructs is of importance to the emerging definition of history. (4)[9]

Fonseca Mora desarrolla a través de la ficción el enunciado planteado por Champagne: la comunión directa entre la narrativa y los aspectos de una total transparente realidad social que no permite percepciones dubidativas. No obstante, es el lector el que debe partir del nudo y llegar a su propio desenlace; al responder al llamado del autor es que el lector penetra en la dicotomía racial presentada. La historia étnica de Panamá, extendida a todo un continente, es una problemática compartida. Pastor Núñez indica que "los pueblos indígenas variaron notablemente tanto en número como en ubicación territorial a consecuencia de la conquista" (17), para concluir que Panamá es "un territorio donde convive una multiplicidad étnica, que es un país pluricultural" (22). *La ventana abierta* recoge la esencia de la nación y plantea la consciencia común usando una ficción transgresora: el incesto. La unificación que se presenta por medio del ayuntamiento racial intenta una reconstrucción realista de la contemporaneidad latinoamericana que absorbe la coexistencia étnica dentro de la pluralidad social que muestra el texto.

La proyección pluricultural que señala Pastor Núñez encuentra eco en la visión expuesta por Ríos Torres, quien concluye en *Las raíces compartidas*, y refiriéndose a Panamá, que el país es "síntesis de un intenso mestizaje físico-cultural" (10). Fonseca Mora utiliza al mestizo y recurre al incesto como vehículo de alerta. Como dijera Rank, el tema del incesto siempre ha interesado a los escritores; sin embargo, su estudio concluye con la tendencia de elaborar más en *cómo* (técnica y esamblaje) que en el *qué* (el material) (541). Este concepto es fundamental para devenir el precepto que la relación incestuosa se tiene que moldear al enunciado del texto en cuestión para, de esta forma, responder al objetivo del autor. En *Cien años de soledad*, Gabriel García Márquez utiliza el incesto como axioma de la realidad en Macondo; Fonseca Mora lo utiliza para coadyugar a la fusión interracial. Con respecto a la catarsis incestuosa en la novela de García Márquez se ha señalado que "cuando estos dos últimos vástagos de la familia Buendía se enamoran, el amor llega como un impulso atávico que devuelve las cosas a su sitio" (Pera 91). Para concluir, "será a través del incesto, volviendo la mirada perdida en otro continente y otra realidad hacia sí mismos, mediante la introversión, como consigan descifrar el manuscrito y recobrar así sus orígenes" (92). En *La ventana abierta* se recobran los orígenes del individuo mediante una concientización textual frente al marasmo social; el manuscrito de la historia panameña está aún por descifrarse. No obstante, el incesto en la novela de Fonseca Mora contribuye a la comprensión y aceptación de hibridez en un continente donde la unión interracial no debe percibirse como un suceso insólito.

NOTAS

[1] Otto Rank fue el secretario de un grupo de intelectuales denominado "The Psychological Wednesday Society" que se reunió en Viena, Austria, semanalmente durante los años 1906 al 1915 para discutir las ideas freudianas. Rank transcribió las minutas de dichas reuniones y confeccionó un ensayo, dividido en tres partes, sobre el drama del incesto y sus complicaciones. Este trabajo fue tan sólo el preámbulo de su obra posterior en la que analiza los aspectos fundamentales del incesto y su psicología dentro de la creación literaria. Rank publicó el texto original —en alemán— en 1912, bajo el título de *Das Inzest-Motiv in Dichtung und Sage*. La traducción al inglés —por Gregory C. Richter— que citamos fue publicada por The John Hopkins University Press, en 1992. Para más información sobre los estudios de Rank, véase la introducción de Peter L. Rudnytsky (xi-xl) en el texto de Rank, *The Incest Theme in Literature and Legend*.

[2] Ramón Fonseca Mora (1952-), de nacionalidad panameña, publicó *La ventana abierta* en 1996, siendo presentada la novela simultáneamente por Plaza y Janés en Panamá y Colombia. *La ventana abierta* no constituye la primera creación literaria de Fonseca Mora, ya que con anterioridad había publicado cuentos en las revistas panameñas *Maga* y *Viceversa*, para terminar reuniéndolos junto a otros inéditos en *La isla de las iguanas*. Posteriormente fue publicada su primera novela, *La danza de las mariposas*, por la que había recibido el premio "Ricardo Miró" de la literatura panameña, en 1994. En estos momentos se encuentra en prensa su tercera novela *Ojitos de ángel*, la cual fuera reconocida en marzo de 1998 con el segundo lugar —mención honorífica— en el Concurso Enka de Literatura-premio Andino, en Bogotá, Colombia. Ahora trabaja en su nueva novela, *Soñar con la ciudad*.

[3] El tema de hibridez socio-cultural en Latinoamérica ha sido abordado con anterioridad. Las consecuencias de la relación colonizador-colonizado motivan a

reconsiderar la situación actual del continente bajo la óptica del encuentro de dos mundos. Para una mejor comprensión sobre el concepto de hibridez en América Latina y su consecuente polémica, consúltese el texto de Nestor García Canclini, *Hybrid Cultures*, especialmente el capítulo titulado "Hybrid Cultures, Oblique Powers" (206-63). Además, véase el análisis de J. Jorge Klor de Alva, "The Postcolonization of the (Latin) American Experience: A Reconsideration of 'Colonialism,' 'Postcolonialism,' and 'Mestizaje'".

[4] El tabú erótico del incesto puede verse bajo "Totem and Taboo" en *The Basic Writings of Sigmund Freud*, especialmente el capítulo denominado "The Savage's Dread of Incest" (807-20).

[5] La ingenuidad de los personajes ante la cópula remonta la narrativa al romanticismo decimonónico latinoamericano que Fonseca Mora retoma para ajustarlo a los parámetros contemporáneos. Lo que Rousseau —como uno de los precursores europeos del movimiento romántico— exponía: el culto al buen salvaje, la atención a la naturaleza, y las emociones y sentimientos sobre la razón (entre otros tópicos), lo representan los encuentros furtivos entre Carlos y Marisa. Tras la fachada de la relación erótica entre ambos hermanastros se encuentra la historia de todo un continente que denuncia la aceptación de una supremacía foránea y, al unísono, reclama el espacio de las etnias autóctonas de América.

[6] Hay que recordar que el destino de Marisa continúa siendo el mismo, solamente varía el sujeto masculino. De ser la concubina de don Alberto pasa a realizar la misma función con Miguel, el hijo legítimo de aquél y por consiguiente hermano de Carolina. El propósito sigue siendo el mismo que la forzó a entregarse a don Alberto: el controlar por medio del erotismo al blanco depredador y proteger, de esta forma, las necesidades de su etnia.

[7] El protagonista apela a la imagen materna como refugio de su relación erótica. La dualidad de la madre es fundamental para que el incesto cumpla su función procreadora sin que aquélla pierda su enunciado materno.

[8] El incesto literario se ha visto con anterioridad en América Latina. En la narrativa latinoamericana decimonónica, el incesto funge como agente consolidador interracial sin que, en la mayoría de los casos, los participantes en la relación conozcan la consanguinidad que los une. Doris Sommer, en *Foundational Fictions: the National Romances of Latin America*, hace un detallado recuento de los albores de la novela hispanoamericana y comenta las relaciones incestuosas en *Cecilia Valdés*, del cubano Cirilo Villaverde; en *Cumandá*, del ecuatoriano Juan León Mera, y en *Aves sin nido*, de la peruana Clorinda Matto de Turner. En esta última, al compartir la pareja de enamorados el mismo padre —el cura del pueblo— Matto de Turner proyecta el abuso blanco, y en este caso el eclesiástico también, como enunciado del mestizaje americano. Véase el capítulo de Sommer "*Sab* c'est moi" (114-37) y la nota número 29 (388) —sobre *Aves sin nido*. La tesis de Sommer, mestizaje como construcción de la nación, es precisamente lo que Fonseca Mora recoge en el discurso de *La ventana abierta*.

[9] Véase la nota anterior para comprobar la similitud entre los planteamientos de Sommer y de Champagne. Sommer indica la reescritura de la historia hispanoamericana a través del mestizaje, reflejo de la realidad del continente.

BIBLIOGRAFÍA

Champagne, Rosaria. *The Politics of Survivorship: Incest, Women's Literature and Feminist Theory*. Nueva York: New York University Press, 1996.

Fonseca Mora, Ramón. *La ventana abierta*. Bogotá: Plaza & Janés, 1996.

_____ *La danza de las mariposas*. Panamá: Editorial Portobelo, 1995.

_____ *Las islas de las iguanas*. Panamá: Editorial Portobelo, 1995.

Freud, Sigmund. *The Basic Writings of Sigmund Freud*. A. A. Brill, trad. Nueva York: Random House, 1938.

García Canclini, Nestor. *Hybrid Cultures*. Chistopher L. Chiappari y Silvia L. López, trads. Minneapolis: University of Minnesota Press, 1995.

Klor de Alva, J. Jorge. "The Postcolonization of the (Latin) American Experience: A Reconsideration of 'Colonialism,' 'Postcolonialism', and 'Mestizaje'". *After Colonialism: Imperial Histories and Postcolonial Displacements*. Gyan Prakash, ed. Princeton: Princeton University Press, 1995. 241-275.

López Cruz, Humberto. "*La ventana abierta*, un drama universal". *El Universal de Panamá* (25 Feb 1998): B-5.

Pastor Nuñez, Aníbal. "Diversidad cultural panameña". *Lotería* 406 (1996): 6-24.

Pera, Cristóbal. "Alienación (europeización) o introversión (incesto): Latinoamérica y Europa en *Cien años de soledad*". *Chasqui* 22/2 (1993): 85-93.

Pick, Zuzana M. (ed.). "Cultural Difference and Representation". *The New Latin American Cinema*. Austin: Texas University Press, 1993. 126-156.

Rank, Otto. *The Incest Theme in Literature and Legend*. Gregory C. Richter, trad. Baltimore: The John Hopkins University Press, 1992.

Real Academia Española. *Diccionario*. Madrid: Espasa Calpe, 1992.

Ríos Torres, Ricardo Arturo. *Las raíces compartidas*. Panamá: Editorial Universitaria, 1993.

_____ "¿Por qué leer *La ventana abierta*?" *Huellas* 2/1 (USMA, Panamá, 1996): 1.

Sommer, Doris. *Foundational Fictions: the National Romances of Latin America*. Berkeley: University of California Press, 1991.

Viladevall, Ignacio. "Invitación al incesto (en literatura)". *Quimera* 89 (1989): 26-31.

Entre mujeres: sexo, pasión y escritura en
El cielo dividido de Reina Roffé[1]

Mónica Szurmuk
University of Oregon

I. PARTIR

"Perdidos en la diáspora. ¿Quién de nosotros escribirá el *Facundo*?" (94). Esta pregunta incluida en una de las cartas que estructuran la narración de *Respiración artificial* —novela de Ricardo Piglia publicada en Buenos Aires en plena dictadura militar en 1980— ha sido recogida por críticos literarios porque resume determinadas preocupaciones sobre el rol de la literatura en la creación de la memoria histórica en la Argentina reciente. *Facundo* como texto fundacional de la literatura argentina propone un modelo de país imaginado en el campo de la literatura y en cuya realización la literatura escrita por la generación de 1837 en el exilio tendrá un rol relevante. La literatura del exilio de la décadas del 1970 y 1980 debe retrospectivamente responder preguntas similares: ¿cuál es la relación entre la literatura y la historia? ¿qué rol tiene la literatura como preservadora de la memoria histórica? y ¿qué modelo de país será el que pueda acoger a los que regresen del exilio?

Esta introducción sitúa mi discusión de la cuarta novela de Reina Roffé — *El cielo dividido*— publicada en Buenos Aires en 1996. *El cielo dividido* retoma elementos que Roffé había presentado en su anterior novela, *La rompiente* (1987). *La rompiente* era la novela del exilio, *El cielo dividido* plantea la reinserción de los que vuelven y examina los resabios de la represión en la reciente re-democratización. Ambas novelas proponen una respuesta a la pregunta postulada en *Respiración artificial*. Según Roffé no sólo no es posible re-escribir el *Facundo* sino que tampoco es deseable. Desde el exilio de los 70 y 80 de este siglo, Reina Roffé parece sugerir, no se escribe un nuevo modelo de país sino que se deconstruye el modelo de país propuesto desde 1837 y cuya antinomia básica civilización-barbarie domina el espacio del debate político y cultural en Argentina hasta nuestros días.

Los textos fundacionales de la literatura argentina —*Facundo, El matadero, Martín Fierro*— acuñan un paisaje físico y social que define la deseabilidad de prácticas políticas en términos de género y de etnia. En estos textos, y las lecturas posteriores que se harán de ellos, se imagina un modelo de masculinidad siempre amenazada por fuerzas externas —los caudillos en *Facundo*, los mestizos y los negros en *El matadero*, los inmigrantes y la modernización económica en *Martín Fierro*. Las mujeres están ausentes de estos tres textos (y también de *Respiración artificial*). Lo femenino aparece como metáfora, como posición que asume el hombre blanco y civilizado para demostrar su vulnerabilidad frente a sistemas políticos totalitarios. La obra que condena al gaucho —*Facundo*— y la que lo reivindica —*Martín Fierro*— comparten el desinterés y el desdén por la presencia de la mujer en la historia. La historia se escribe entre hombres. Y, en *Respiración artificial*, la novela canónica de la re-democratización, se re-escribe entre hombres.

Mi título, "entre mujeres", apunta a esta ausencia en *Respiración artificial*, re-escrita como presencia en *El cielo dividido*. En la narración de los encuentros y desencuentros de siete mujeres en Buenos Aires en la segunda mitad de la década de 1980, Reina Roffé escribe un texto provocativo que desafía las nociones de inclusión y exclusión que forman parte del debate sobre la re-democratización y que pone en evidencia las características de travestismo y actuación requeridas por la toma de posiciones de identidad. Sobre los cuerpos de estas siete mujeres se inscriben los límites del discurso de la democratización y se ponen de relieve las coincidencias entre discursos patriarcales de derecha y de izquierda.

El discurso de la nacionalidad es presentado en las novelas de Roffé como un producto discursivo diseñado para servir a determinados grupos. Tanto en *La rompiente* como en *El cielo dividido*, Roffé diseña una posición subjetiva desde la cual encontrar una voz para contar una historia. En *La rompiente*, Roffé narraba un pequeño éxito: encontrar una voz en el contexto del silencio impuesto por un gobierno totalitario. En *El cielo dividido*, la autora investiga las posibilidades de crear un discurso diferente que esté al margen de los determinantes de las metanarrativas patriarcales. Es importante recordar que la crisis de las metanarrativas que relacionamos con la posmodernidad tiene connotaciones diferentes en los países del cono sur (y de Latinoamérica en general) a las que tiene en los países del Primer Mundo. Observa al respecto Lelia Area:

> Porque si en el *primer mundo*, el descentramiento de un discurso sostenido y abigarrado en la esfera valorativa —teleología, ontología, metafísica, historicismo— estuvo vinculado a la deconstrucción del relato de la ciencia, en Argentina estuvo articulado con la erradicación de los valores a través de la destitución de los cuerpos —portadores de esos valores— de la escena social, y a la colocación de un vacío —agujero, diría mejor— donde antes había un campo intelectual. (5)

El cielo dividido se ubica en este agujero y minuciosamente cuenta historias personales y corporales como única alternativa para situar una subjetividad femenina al margen de las metanarrativas patriarcales. Estas historias están narradas en el marco de encuentros, cruces, recorridos por la ciudad de Buenos Aires a fines de la década de 1980. Como gran parte de la narrativa argentina reciente, *El cielo dividido* es una novela escrita desde múltiples posiciones subjetivas desde las cuales se ordenan datos, se jerarquiza información, se discuten versiones. La artificialidad del discurso de la historia es ejemplificada por las múltiples interpretaciones y por la arbitrariedad de los discursos oficiales. Por eso, aparecen en *El cielo dividido* documentos que hay que leer y jerarquizar, fotos que hay que mirar de cerca y por sobre todo recuerdos que no son completos. A diferencia de otras novelas como *Respiración artificial*, la búsqueda de la historia-otra no está en las narrativas paralelas de la historia argentina sino en la intimidad de un grupo de mujeres que están al margen del contrato heterosexual y no participan de la reproducción. La sexualidad aparece en el marco de la bisexualidad y el lesbianismo.

En *El cielo dividido*, se narra el retorno de Eleonora Ellis a Buenos Aires después de un período en Estados Unidos. Ostensiblemente, Eleonora vuelve a Buenos Aires para escribir su disertación de doctorado. Aunque nunca se explica el tema de la disertación, sabemos que Eleonora está escribiendo algo relacionado con la represión en Argentina, ya que tiene información acumulada sobre los años del silencio incluyendo apuntes sobre el "estudiante". El estudiante es el personaje que en *La rompiente* dirige una *razzia* en un café, señalando a quién se deben llevar y a quién se debe perdonarle la vida.[2] En *El cielo dividido*, el estudiante ejemplifica la falta de resolución del período represivo y la presencia de los represores en la vida cotidiana del país ya exonerados a través de las leyes de Punto Final y de Obediencia Debida.[3] El texto académico que Eleonora se proponía escribir no toma forma en *El cielo dividido*. En su lugar surge una narración de encuentros y desencuentros entre siete mujeres entre los que sobresale la historia de amor entre Eleonora y Mijal.

Las últimas dos novelas de Roffé están inscriptas dentro de los códigos de representación posmoderna: múltiples discursos, múltiples niveles de lectura y una serie de citas que refieren a productos culturales diversos como la ópera, los manuales de lectura escolares y obras de la literatura occidental.[4] Lo que debemos recordar, sin embargo, es que esta escritura decentrada tiene referencias históricas muy concretas y que tanto *La rompiente* como *El cielo dividido* exploran la posibilidad de una escritura después del período represivo de la dictadura. El discurso literario tiene en este contexto valor histórico porque trabaja sobre las posibilidades de recordar dentro de un contexto que incita al olvido.[5] La literatura argentina debe enfrentarse a la dificultad de contar una historia y a la vez cumplir con el deber de contarla. Ante la falta de múltiples documentos sobre los años de la dictadura, la literatura se transforma en un espacio donde trabajar historias, anécdotas y eventos sociales no elaborados en otros espacios.[6]

II. EL GALUT

El cielo dividido cuestiona sobre todo la referencialidad del lenguaje y la posibilidad de crear un discurso que esté al margen del orden patriarcal. El lenguaje de la novela ha pasado por múltiples mediaciones:

> Lo que Alia dijo o lo que Eleonora creyó entender, auricular de por medio, fue: "Estoy sola en mi despacho a estricta dieta alimenticia, pero no alcohólica. Mi inspiración vuela alto, óyeme bien, cariño te lo diré castizamente. Tú eres la encarnación más viva de algo que sucedió después de la caída de Adán, el *galut*. A pesar de ello, no debes preocuparte. Todos nos hallamos en las mismas condiciones y así estaremos hasta tanto la luz de la Shejiná permanezca en lo oscuro. Para ir cortando camino, en otras palabras, para que la armonía sea restaurada y se inicie el periplo de la unificación, conócete a ti misma, acto de fe que requiere, entre otros benéficos pactos, fortaleza, alegría y deseo. (37-38)

Esta cita ejemplifica las constantes citas y referencias. Todo lo "sucedido" en la novela es trasmitido al lector a través de narraciones extrañadas, de ecos de voces. El/la narrador/a en tercera persona nos relata lo que Alia le dice a Eleonora o lo que Eleonora cree escuchar con la mediación del teléfono. Que Alia sea la portadora de la relación entre el exilio sudamericano y la idea del exilio no es casual: su nombre Aliá en hebreo significa retorno, lo contrario del *galut* (diáspora) del que ella habla.

El exilio aparece en la cita anterior en tres niveles: el exilio bíblico que crea la dispersión inicial del pueblo judío —*galut* en hebreo; el exilio argentino de la dictadura; el exilio primigenio que en Lacan marca la entrada a la Ley del Padre y a la subjetividad. Roffé conecta los niveles de otredad que teoriza Julia Kristeva: un primer momento de reconocimiento de la otredad en la constitución de la subjetividad, los momentos que en la historia occidental crearon discursivamente la figura del exilio y la proliferación de los nacionalismos y la xenofobia en el fin del siglo XX (*Strangers*). La otredad es la contracara de la subjetividad y ambas se construyen discursivamente. Como nos recuerda Ileana Rodríguez:

> Language is the terrain of the struggle for power; it is in language that the reader interprets the evidence. Language empowers us to moor ourselves fast in the place where signs shift, where writing the peasantry or women, the

revolutionary writer discloses his own unconscious —or positivistic, bourgeois, colonial, elitist thinking. But language is also ambiguous and often serves as a conduit for contradictions. In every text vacant spaces linger. That is the tax affixed to criticism. But grappling with, and proposing alternative meanings for, the text is a way of writing women writing the narrative of social change. In this context the relationship between women and man points, it seems, to the disjunctions between the hierarchies, encoding erotics as patriotics. (xvi-xvii)

La novelística de Roffé se ubica en estos espacios donde el lenguaje dice y calla y donde se vislumbra un discurso otro. *La rompiente* tematizaba el silencio y la posibilidad de encontrar "el esplendor de una voz," en el marco de la represión del gobierno militar. En *El cielo dividido*, la represión está internalizada y se postula la imposibilidad de enhebrar un discurso lineal que se refiera a la experiencia de la represión. El terror como experiencia límite se recupera discursivamente a través de recuerdos fragmentados. Eleonora Ellis intenta escribir un texto académico —su disertación— que enlace los diferentes fragmentos y les dé una cierta totalidad y clausura. En lugar de este texto totalizador, Eleonora recoge en las voces de las mujeres que son sus amigas y amantes una narrativa personal, precisa, y pormenorizada de un regreso y de una pequeña gran historia de amor.

Según Lacan, la entrada a la subjetividad coincide con la entrada al lenguaje. El lenguaje funciona como estructurador de la realidad y es a través del discurso que se transforma en texto la experiencia vivida. En el modelo lacaniano, la identidad está íntimamente ligada a lo corporal. En el estadio del espejo, el niño percibe su identidad a través de reconocerse como "otro", como un cuerpo diferenciado del de la madre. El cuerpo es percibido como tal en la imagen especular y la entrada al orden simbólico se realiza a través de la entrada al lenguaje y a las relaciones patronímicas y de género sexual. Las ramificaciones de esta entrada al orden simbólico son plurivalentes, como lo explica Judith Butler:

> [...] the paternal law produces versions of bodily integrity; the name, which installs gender and kinship, works as a politically invested and investigating performative. (72)

Esta conexión entre la historia personal, la constitución en sujeto histórico, cultural y sexuado y el cuerpo es evidentemente un *locus* desde donde pensar la cultura en la posdictadura. En *El cielo dividido*, una novela de espejos y de imágenes especulares, la historia y el cuerpo cobran diferentes formas según como sean reflejados y observados.

El texto de Roffé funciona como un espejo que refleja tres maneras de contar la historia: la historia oficial, las historias contestarias y las micro-historias subalternas. Tanto la historia oficial como las versiones contestarias de la historia son enfoques de arriba hacia abajo, lecturas de la historia desde los marcos legales, políticos e institucionales. Las micro-historias subalternas que cuenta Roffé se ubican en los espacios asociados con lo femenino: la casa-isla de Alia, el departamento de Eleonora, la casa materna de Eleonora.[7] En *El cielo dividido* aparecen estos tres modelos de escribir la historia en relación a las políticas de relación con los cuerpos. En términos gráficos, podríamos representar las relaciones entre discursos y cuerpos que aparecen en la novela así:

modelo histórico	representante en la novela	relación cuerpo/lenguaje
"historia oficial"	estudiante	la metáfora del país es el cuerpo enfermo feminizado que hay que controlar, violentar, someter.[8] Se expurga el cuerpo enfermo a través de prácticas violentas contra los cuerpos de los opositores como la violación, la desaparición, la tortura, el asesinato.
historias contestatarias	Roberto Suárez, amante de Eleonora, ex-historiador peronista, actualmente es "fotógrafo de las estrellas".	modelo de sexualidad heterosexual, discurso lineal, referencial y cronológico que enfatiza las grandes narrativas y la verdad histórica.
historias íntimas, subjetivas, cotidianas.	Los personajes femeninos de la novela se mueven entre este espacio y los dos espacios anteriores. Son víctimas del primero y participan del segundo.	prácticas sexuales y discursivas fuera del intercambio heterosexual normativo, discurso "otro"

III. MEMORIA

Hacia el final de la novela, Eleonora Ellis está sola en su departamento:

> Entre las páginas de un libro, encontró su foto; la imagen, ahora casi de una desconocida, era como el prefacio de un capítulo ya cerrado. Cómo nombrarse —pensó, escribió—, cómo darle nombre a esta parte de mí que tomará la palabra, que templará su voz, que compondrá un fragmento. Qué denominación elegir para este supuesto cuerpo que, estimulado por un acto

de recogimiento, se autoriza a sentir, a encontrar la hebra del yo y la pulsación del permiso. De qué manera, distinta a otras, Eleonora Ellis sabe que éste es el momento de hacer saltar su coraje. Acaso lo que tengo por delante es sólo pasado, diversos ciclos del pasado que esta suerte de omnipotencia me facilitará evocar, ya sin protagonistas ni testigos que corrijan o reparen las faltas de mi memoria. (170-171)

El ímpetu de la escritura en *El cielo dividido* no proviene de contar la Historia con mayúsculas sino de hacer presentes otras historias, historias registradas en los cuerpos, en las narrativas alternativas, en los espacios marginales de la cultura dominante. La escritura está relacionada con el cuerpo y con imágenes corporales. La fotografía de Eleonora que Roberto Suárez tomara en la primera parte de la novela es la que ahora marca el principio y el final de un capítulo de la historia: el regreso, la decisión de quedarse. El retrato de Eleonora la define como presencia (en contraposición a Giselle que es sólo ausencia, sólo discurso, sólo recuerdo). Este retrato y el "supuesto cuerpo" son los que estimulan la escritura de la novela, que será al mismo tiempo, creación personal y recreación colectiva de múltiples voces de personajes marginales. El cuerpo femenino es en la novela espacio de deseo y de *jouissance* pero también *locus* de enfermedad y de malestar y "baluarte de resistencia".[9] En *El cielo dividido*, el cuerpo femenino está historizado: la contrapartida del placer, de la sexualidad, del erotismo, es la violencia desatada por los militares contra los cuerpos de los opositores. En la ausencia de Giselle y en la presencia de las Madres de Plaza de Mayo, aparecen los cuerpos ausentes, torturados y violentados. Detrás de la tensión entre el papel de amado/a y amante que aparece en la novela en las relaciones de pareja, especialmente la de Mijal y Eleonora, se vislumbra el trasfondo hostil de una sociedad donde las relaciones de afecto y de pasión fueron interrumpidas y penadas.

IV. ALIA: EL REGRESO

> A qué viniste, Ellis —volvía a decirle
> Alia y ahora añadía —Por qué te
> quedaste? (*El cielo dividido* 170)

> Yo adivino el parpadeo de las luces que
> a lo lejos van marcando mi retorno. (Carlos Gardel, "Volver")

> Y serán recogidos uno por uno,
> los hijos de Israel,
> Y un gran cuerno sonará en ese día
> y volverán los que estaban perdidos
> y dispersos (*Isaías* 23)

En la narrativa bíblica, la *aliá* es el fin del exilio, el regreso. En *El cielo dividido*, Alia pronostica la supervivencia del *galut* "hasta tanto la luz de la shejiná permanezca en lo oscuro" (37-38). La *shejiná*, relacionada con el final del exilio, es una representación física de la presencia divina cuya versatilidad ha permitido que sea una figura privilegiada por la cábala y por la filosofía judía feminista. El concepto de la *shejiná* como presencia multicolor y no figurativa permite explorar la posibilidad de la generalización de Dios como figura sin género sexual y además como reflejo volátil, multicolor, multiforme. La *shejiná* fue representada por los cabalistas como una reina y como flujo de fluidos, imágenes que nos remiten inmediatamente al feminismo francés, especialmente a las obras de Luce Irigaray y Hélène Cixous. La referencia a la *shejiná* apunta a un espacio que Roffé crea en su novela, un espacio que está fuera del discurso falocéntrico. La novela es una elaboración de este espacio discursivo que conecta la subjetividad, el género sexual y la representación de lo irrepresentable —el horror, el terror. Roffé deconstruye el discurso de la nacionalidad y crea un área discursiva fuera del espacio dicotómico de la nacionalidad, un espacio que los cabalistas del siglo XIII ubicaron en la *shejiná:* el espacio andrógino fuera del contrato heterosexual.

La luz aparece en la novela como un área de sosiego y de esperanza y como expresión de la subjetividad:

> Se detuvo, levantó la persiana. La noche —cuidado con esa puerta oscura— se había vuelto de una serena peligrosidad. Y pese a ello, quiso creer que podría mirarla de frente, dibujar con pequeños e indecisos trazos, una línea propia, suya, candente, alzarse contra la agonía de la luz. (171)

La expresión de la subjetividad y de la identidad es fugaz. Es como la casa-isla que describe Alia, un espacio de sosiego y de reposo que permite recargar fuerzas. Es un espacio utópico, inscripto en el lenguaje. Es también el espacio del deseo.

Los personajes femeninos de la novela se crean discursivamente una a otra y este discurso funciona circularmente como creador pero a la vez como ausencia en tanto niega la participación de estas mujeres en el discurso patriarcal. La negación más rotunda de esta participación aparece en el campo de la sexualidad. El deseo sexual de Eleonora está fuera de la economía libidinal masculina. Eleonora tiene relaciones sexuales con hombres desde el contrato: el contrato matrimonial con Frank Brunner (a quien Alia define como "un desabrido profesor de español"); el contrato de seducción y de intercambio discursivo con Roberto Suárez. Las relaciones eróticas con Mijal y con Donna, en cambio, están marcadas por la pasión y el deseo.[10] *La rompiente* era una novela de la anhedonia, del no placer, del no deseo. La sexualidad era un espacio de resistencia. En *El cielo dividido*, los resabios de la violencia representados por el estudiante, los cuerpos de las Madres de Plaza de Mayo, la ausencia de Giselle, conviven con los pequeños espacios de libertad y de deseo.

La libertad más fundamental en la novela es la libertad de partir o de quedarse. Al final de la novela, Eleonora decide quedarse, Alia se va:

> Alia no tenía mayores explicaciones que darle. Había tocado el límite de lo soportable y así como había permanecido año tras año, más de la mitad de una vida, ahora quemaba las naves y se iba porque creía que era mejor empezar en cualquier parte que continuar allí, donde había probado todas las formas del desencanto. (170)

Paradójicamente Alia desafía el destino de su nombre al elegir partir. Eleonora, por otro lado, ubica su deseo de quedarse en el río, un río que ella historiza retomando la narración de la geografía que en las primeras décadas del siglo se transformó en marca de identidad nacional argentina. Como en toda la novela, el paisaje es personal, diminuto: ciertas calles de Buenos Aires que la protagonista recorre de memoria para llegar al centro y el río que marcó el borde de la imaginación literaria de las vanguardias de las décadas del 20 y del 30:

> Decía que por un acto de recogimiento, se ha suscitado en mí como una chispa de vida, que me lleva otra vez al ancho río de brea con la esperanza de ver el horizonte. He visto, eso sí, más espeso el alquitrán que fuera, en su momento, betún líquido y, cierta vez, fondeadero de peregrinos y, originariamente, mar dulce. (171)

En los múltiples desplazamientos de las simbolizaciones hegemónicas de la diferencia sexual, Roffé abre un espacio de reflexión sobre las intersecciones de los discursos de la nación y de la sexualidad. Si las metáforas de la nación han estado construidas en base a modelos de exclusión basados en sexo, raza, etnia y preferencia sexual, no se puede repensar la nación sin desarticular estas conexiones naturalizadas ya en el discurso y en el lenguaje.

V. DE PARTIDAS Y REGRESOS

El 30 de agosto de 1996, la Asamblea Estatuyente de la ciudad de Buenos Aires aprobó una cláusula contra la discriminación por orientación sexual (la primera de tal índole en el mundo hispanoparlante). Durante los meses de agosto y septiembre del mismo año se publicaron en diarios y revistas argentinas doce reseñas de *El cielo dividido*. Las relaciones eróticas entre mujeres están ausentes de estas reseñas. Los críticos en cuestión vuelven a centrarse en las relaciones heterosexuales y las relaciones entre mujeres se transforman en amistades, relaciones casuales, anécdotas. ¿Qué mutilación simbólica se realiza con el silenciamiento de estas relaciones amorosas? ¿De qué manera la institución de la crítica y la institución de la literatura contribuyen a la preservación y a la propagación de los valores de las historias oficiales y contestatarias apegadas a modelos heterosexistas en que la nación es un tema de machos y de mujeres sumisas o insatisfechas? En *El cielo dividido*, Roffé ofrece un punto de partida para re-elaborar la relación entre nación, sexualidad y memoria. El paisaje, la ciudad, la cultura, la memoria funcionan como ejes desde los cuales repensar otro tipo de relaciones eróticas. Y desde estas relaciones eróticas, sugiere Roffé, se pueden repensar el paisaje, la ciudad, la cultura y la memoria.

NOTAS

[1] Agradezco los comentarios de Leslie Bary y Jacqueline Cruz.

[2] En la ficha en que Eleonora se refiere al estudiante dice entre comillas: "Estudiante. Había un hombrecillo en esta ciudad que se hacía pasar por estudiante. Al poco tiempo se presentó como abogado, luego conducía un taxi, definitivamente era policía. Merecía juicio y castigo. Sin embargo, me pareció haberlo visto en el café de enfrente de esta casa, bebiendo el mismo vaso de leche de hace ya tantos años, no tantos, en realidad. ¿Purificará la leche sus culpas, blanqueará sus crímenes? Su libertad me amenaza, su impunidad me ofende, me atemoriza" (36-37).

[3] Los jerarcas de la dictadura militar fueron llevados a juicio y comenzaron a cumplir sus condenas. Sus subalternos fueron protegidos por las leyes de Obediencia Debida y de Punto Final sancionadas durante el gobierno de Raúl Alfonsín. Durante el primer gobierno de Carlos Menem, se indultó a todos los militares que participaron en la represión y fueron excarcelados los miembros de las juntas militares que aún estaban presos. Las estrategias legales de cerrar el proceso de revisar el pasado crean una manera nueva de pensar y escribir la historia. Como indica Mabel Moraña: "Si la legalidad democrática implica, entonces, necesariamente, el tema complejo y siempre vigente de los derechos humanos, las estrategias del indulto o la amnistía suponen una cesión voluntaria o impuesta de estos derechos (a la vida, a la libre expresión, al castigo a los culpables) en nombre de proyectos coyunturales de 'pacificación' o redemocratización nacional que se sitúan por encima de aquellos principios que son, paradójicamente, el fundamento mismo —ideológico, ético, filosófico— de la definición democrática" (35).

[4] Las últimas dos novelas de Roffé fueron publicadas en la posdictadura. Las dos primeras novelas de Roffé, *Llamado al puf* (1973) y *Monte de Venus* (1976) son novelas referenciales que cuentan una historia en lugar de concentrarse en la imposibilidad de narrar. Roffé explica este proceso en su introducción a *La rompiente*. Ver también el estudio posliminar de Gramuglio en la edición de *La rompiente* de 1987, Martínez de Richter (1993), Morello-Frosch (1997), Szurmuk (1990), y Tierney-Tello (1996).

⁵ Roffé misma insiste en la urgencia de producir una literatura de reflexión y de cuestionamiento en el marco de la literatura *light*. Ver las entrevistas de Roffé con María Esther Vásquez en *La Nación*.
⁶ Beatriz Sarlo explica así este proceso: "[...] la literatura propone su contenido de verdad bajo la forma de la figuración. No reconstruye una totalidad a partir de los *disiecta membra* de la sociedad (empresa quizá imposible), pero sí propone cursos de explicación, constelaciones de sentido, que plantean lecturas diferentes y alternativas del orden de lo real, según una pluralidad de regímenes discursivos y de estrategias de ciframiento" (46).
⁷ Estos espacios adquieren una significación especial si se recuerda que las áreas tradicionalmente pensadas como femeninas —casas, escuelas, hospitales— fueron invadidas por los militares. Como ha demostrado Jean Franco la inversión de los espacios de lo privado y lo público que sucede en este período en Latinoamérica realizó un cambio en los roles de género.
⁸ La metaforización del país como cuerpo ha sido estudiada entre otros por Andrés Avellaneda, Mario Cesareo, Fernando Reati. Para un desarrollo de la idea de la feminización del cuerpo de los enemigos políticos ver libro de Diana Taylor.
⁹ En su artículo, "Orígenes de una novela: los cielos negros", Roffé observa: "Otros elementos se colaron de *La rompiente* a *El cielo dividido*: la elaboración de un texto que pusiera en cuestión la idea de subjetividad y realidad; la articulación de 'el otro' femenino, presentando cuerpo y enfermedad como baluarte de resistencia. Es decir, expresar el malestar de la historia con el malestar del cuerpo o la mente, hacer hablar a los personajes a través de síntomas internos sobre un exterior desapacible y hostil, que sirviera de telón de fondo".
¹⁰ Los nombres de estos personajes también son sumamente sugerentes: "*mijal*" en hebreo significa arroyuelo (nuevamente el agua y los fluidos), "*donna*" es mujer en italiano.

BIBLIOGRAFÍA

Area, Lelia. "Sarcasmo, desencanto, aburrimiento: constantes narrativas de la escritura argentina 'joven' de los '90". Trabajo presentado en la reunión del XVII Congreso Internacional de LASA en Los Angeles, 24-27 septiembre de 1992.

Avellaneda, Andrés. *Censura, autoritarismo y cultura: Argentina, 1960-1983*. Buenos Aires: Centro Editor de América Latina, 1986.

Butler, Judith. *Bodies that Matter. On the Discursive Limits of "Sex"*. Nueva York/Londres: Routledge, 1993.

Cesareo, Mario. "Cuerpo humano e historia en la novela del proceso". *Fascismo y experiencia literaria. Reflexiones para una recanonización*. Hernán Vidal, ed. Minneapolis: Institute for Ideologies and Literatures, 1985. 501-531.

Cixous, Hélène. *La venue à l'écriture*. Paris: Union générale d'editions, 1977.

Franco, Jean. "Killing Nuns, Priests, Women and Children". *On Signs*. Marshall Blonsky, ed. Baltimore: Johns Hopkins University Press, 1991. 414-420.

Irigaray, Luce. *Ce sexe qui n'en est pas un*. Paris: Minuit, 1977.

Kristeva, Julia. *Strangers to Ourselves*. Nueva York: Columbia University Press, 1991.

Martínez de Richter, Marily. "Textualizaciones de la violencia: *Informe bajo llave* de Marta Lynch y *La rompiente* de Reina Roffé". Siglo XX/20th Century 11/1-2 (1993): 89-117.

Moraña, Mabel. "(Im)pertinencia de la memoria histórica en América Latina". *Memoria colectiva y políticas de olvido. Argentina y Uruguay, 1970-1990*. Adriana J. Bergero y Fernando Reati, eds. Rosario: Beatriz Viterbo Editora, 1997. 31-41.

Morello-Frosch, Marta. "Las tretas de la memoria: Libertad Demitrópulos, Reina Roffé y Matilde Sánchez". *Memoria colectiva y políticas de olvido. Argentina y Uruguay, 1970-1990*. Adriana J. Bergero y Fernando Reati, eds. Rosario: Beatriz Viterbo Editora, 1997. 185-209.

Piglia, Ricardo. *Respiración artificial*. Buenos Aires: Pomaire, 1980.

Reati, Fernando. *Nombrar lo innombrable: violencia política y novela argentina, 1975-1985*. Buenos Aires: Legasa, 1992.

Rodríguez, Ileana. *Women, Guerrillas, and War. Understanding War in Central America*. Minneapolis: University of Minnesota Press, 1996.

Roffé, Reina. *Llamado al puf*. Buenos Aires: Pleamar, 1973.

_____ *Monte de venus*. Buenos Aires: Corregidor, 1976.

_____ *La rompiente*. Buenos Aires: Puntosur, 1987.

_____ *El cielo dividido*. Buenos Aires: Sudamericana, 1996.

_____ "Orígenes de una novela: los cielos negros". *Clarín*, Suplemento "Cultura y nación" (12 de septiembre de 1996).

Sarlo, Beatriz. "Política, ideología y figuración literaria". *Ficción y política. La narrativa argentina durante el proceso militar*. Daniel Balderston et al. Buenos Aires/Minneapolis: Alianza Editorial/Institute for the Study of Ideologies and Literature, 1987. 30-49.

Szurmuk, Mónica. "La textualización de la represión en *La rompiente* de Reina Roffé". *Nuevo texto crítico* 3/1 (1990): 123-131.

Taylor, Diana. *Disappearing Acts: Spectacles of Gender and Nationalism in Argentina's Dirty War*. Durham: Duke University Press, 1997.

Tierney-Tello, Mary Beth. *Allegories of Transgression and Transformation*. Albany: State University of New York Press, 1996.

Vásquez, María Esther. "Instantáneas: El cielo dividido y la postmodernidad". *La Nación*, suplemento de cultura (29 de septiembre de 1996).

La vida escandalosa de César Moro:
autorrepresentación, exilio y homosexualidad[1]

Magdalena García Pinto
University of Missouri

Hablar hoy desde una zona cultural marginada es asumir una posición ideológica para cambiar el centro; pero en la primera mitad de este siglo significaba hablar desde el silencio para combatir la agonía de ser invisible. Una de estas posiciones fue el exilio en sus varias manifestaciones: exilio psíquico, existencial, político o económico. La homosexualidad en este período fue también una forma de exilio que tuvo repercusiones importantes en la comunidad artística sudamericana. No cabe duda de que todos los exilios son formas de la herida profunda que divide a los países de América Latina desde sus comienzos nacionales. Y más aún a través de los múltiples y forzados desplazamientos ocurridos a lo largo del siglo 20. Pero, paradójicamente, se ha observado que el exilio a la vez que cierra puertas, abre otras posibilidades; es polivalente y afecta a una diversidad de individuos, entre los que se encuentran intelectuales, escritores y artistas. Cuando es perentorio, el exilio es una ruptura, un arrancarse de sí, una separación dolorosa de los lazos afectivos y culturales; en otros casos, el exilio es voluntario o una necesidad. Numerosos son los que por voluntad se van. A veces, vuelven.

César Moro, como Luis Cernuda, Manuel Puig o muchos otros escritores y artistas gay que se separaron de su cultura de origen, vivió el exilio como una marginalidad que en última instancia nutrió su escritura intensa y significativamente. La crítica literaria ha trazado la trayectoria periférica de Moro como un acto consciente de relación conflictiva o de rechazo de su cultura (Oviedo, "Extasis y Horror"). Si bien este es un aspecto que caracteriza la obra de Moro, esta trayectoria plantea una cuestión más importante y difícil para todos los exilados. ¿De qué modo los exiliados se relacionan con la nueva cultura que abrazan, con la que se construye un espacio híbrido en el cual relacionarse con la cultura que, por voluntad, se ha abandonado? Esta es una de las preguntas que problematizan la escritura de César Moro, pues la relación entre su cultura y las culturas que este joven absorbe e incorpora a su vida y que marcan su obra constituyen el centro de su escritura poética y ensayística.

Este trabajo explora dos aspectos de su obra: primero se revisan algunas lecturas previas que ofrecieron una interpretación específica de Moro y de su obra poética, que margina y/o borra la experiencia homosexual que el poeta expresa en su poesía; luego propone una lectura que si bien parte de las anteriores, pretende *desrarizar* la poesía de Moro, y crear, por el contrario, el espacio crítico que le corresponde en el canon como representativa de una importante vertiente de la cultura literaria hispanoamericana.

Sabemos que si bien Moro se había adherido a los principios combativos de la poética surrealista en Lima —a través de una pequeña antología— es en el periplo París-México donde su escritura e ideas estéticas alcanzan madurez. Por eso Moro está marcado por sus desplazamientos geográficos y culturales que comienzan con su viaje a París a los 22 años en 1925. El contacto con los artistas y escritores europeos constituye un momento capital para su desarrollo literario y artístico. También lo fue vitalmente. Fue bien recibido y se integró pronto al grupo surrealista alineado alrededor de las ideas de André Breton. Colaboró en este movimiento participando en las revistas y en los varios experimentos artísticos de esos años (*Le surréalisme au service de la revolution*, y los varios experimentos en el juego de cadáveres exquisitos). Con respecto a su contacto con otros sudamericanos, me ha llamado la atención que aunque coincide en París con César Vallejo y Vicente Huidobro, sin embargo no tenemos todavía documentación fehaciente de que haya habido encuentros entre ellos. No obstante, al regresar a sus respectivos países, Vicente Huidobro ("Don César") y Moro ("Vicente") intercambiaron lamentables acusaciones e insultos en una pelea pública que apareció en panfletos dirigidos por cada uno de los poetas. Aunque la controversia la inició Moro a raíz de la publicación de Huidobro de su poema "El árbol en cuarentena", que Moro consideró un plagio del poema "Une giraffe" de Luis Buñuel (*Le surréalisme*, 6 de mayo de 1933), la reacción de Moro indica ya una relación bastante conflictiva. ¿Cuál es el origen del conflicto? Hace tiempo que me pregunto acerca del motivo de esta pelea.

¿Debemos entender esta actitud como una manifestación de homofobia por parte de Huidobro? Es factible. Esta discrepancia de alguna manera nos permite, asimismo, entender la acérbica combatividad no solo de estas peleas, sino también de los escritos de André Coyné sobre Huidobro y Juan Larrea en un artículo de 1987, en el cual en defensa de su amigo, retoma la pelea iniciada por Moro. Este texto es más una confrontación sobre los nombrados y menos una reflexión sobre Moro. Es una forma de defender a Moro y una de sus motivaciones es la siguiente:

> Nunca se insistirá demasiado sobre lo que el caso de Moro tiene de único. Para mejor entenderlo, tal vez no haya como detenernos primero en los casos de Huidobro y Larrea, con quienes algunos podrían ser llevados a compararlo, en virtud de un paralelismo que no pasa, en realidad, de la apariencia (Coyné, "Moro entre otros" 73).

En todo caso, hacia 1938, Moro vuelve al exilio. Esta vez viaja a México, donde vivirá hasta 1948, diez años de estadía que le significaron un período fértil para sus proyectos poéticos y artísticos. El fragmento de 1946 que sigue es testimonio de su condición de exiliado, al tiempo que refleja la relación del poeta para con el país que lo acogió, y que en balance fue una experiencia enriquecedora para Moro:

> Recién llegado a México, arrancado una vez más, a lo familiar, a lo entrañable, trataba de establecer contactos, mejor que establecer, prolongar realidades ya conocidas antes de adentrarme en la realidad de este país, que tanto amo ahora y cuya aceptación me iba a ser tan dolorosa hasta adquirir en mí los caracteres que hoy tiene de tierra de elección, de amor intenso y de comunicación perfecta de clima, de reflejos, de intimidades. Ahora puedo vivir plenamente las mañanas pródigas de México, su sabor escondido, el que no se encuentra en ninguna guía de turistas, aquel sentido inefable que tan pocos viajeros conocen si no es a fuerza de vivir en un país y si ese país al cabo de los años se descubre justificar la residencia y la espera (*Los anteojos de azufre* 61).

Allí conoce y hace amistad con Agustín Lazo, Xavier Villaurrutia y otros artistas y escritores con quienes colabora en varias revistas literarias y otros proyectos artísticos. México es para César Moro el lugar en donde se encuentran el surrealismo y América Latina, pero no de la manera en que lo entendió Breton —México, país surrealista por lo exótico e inesperado— sino que propició un espacio en el que la vida y obra del peruano confluyen con estas dos vertientes con la vitalidad necesaria para poner en marcha sus proyectos. En México su vida personal de poeta, crítico de arte y artista plástico homosexual encuentra apoyo genuino en la amistad del grupo de artistas gay, circunstancia que contribuye a cimentar su identidad sexual, hasta ese momento en conflicto permanente con su medio, tanto en la experiencia de Lima como en la de París. Allí también conoce a un joven a quien en los poemas llama Antonio, al que están dedicados algunos de sus textos, cartas íntimas y poemas publicados póstumamente.

Si la afirmación de la identidad es siempre una cuestión central en el desarrollo de la subjetividad, se convierte en una cuestión más urgente cuando el sujeto está situado o se sitúa en una posición contestataria. Es el caso de César Moro, uno de los iniciadores de la poesía gay hispanoamericana. Esta vertiente poética responde a la necesidad de elaborar un lenguaje con el cual explorar y articular la experiencia sexual gay desde una cultura que rechaza, silencia y/o condena esa identidad. La voz de la homosexualidad masculina como proyecto poético está aludida en los artículos que André Coyné ha dedicado a la vida y obra de Moro, pero no se ha sido tenida en cuenta en la lectura crítica de su obra. La crítica que la ha estudiado tiende a silenciar el registro discursivo de la homosexualidad, o a no plantearlo como central a su práctica poética. Estas lecturas que dejan intacta la homosexualidad de Moro reflejan la velada pero extendida homofobia cultural en América, o, en el mejor de los casos, refleja la incomodidad de plantear el problema, sin duda, una de las prácticas de la marginalización. Mi argumento es que las primeras manifestaciones del discurso poético gay en Hispanoamérica tienen origen en sus poemas. Para leer a César Moro debemos situar su obra en el contexto en que ésta fue escrita, esto es, como una modalidad del discurso poético homosexual. Así entendida, es posible especular que la adhesión de Moro al surrealismo pareciera motivada no sólo por razones literarias sino también por motivos vitales. Coyné lo explica así:

> Quienes conocíamos a César Moro sabíamos que para él la poesía no era ejercicio, literatura, menos aún una actividad como cualquier otra..., sino el foco de luz y de tinieblas que irradiaba sobre todas las horas de su vida, trastocando las apariencias y revelando un orden oculto, de pronto claro, irrebatible (*Los anteojos de azufre* 1-6).[2]

Curiosamente así lo había percibido Mario Vargas Llosa en un texto un tanto perdido de 1958. En una nota sobre "Lettre d'amour" observa que

> [...] Moro, a través de una experiencia personal, muy diversa, por cierto, a la de los surrealistas franceses, había llegado a un estado de ánimo semejante. Nada tiene de extraño [...] que se acercara a aquel movimiento que expresaba una emoción y una inquietud parecidas a la suya. Pero su entrega al surrealismo no fue total. A la vez que se reunía con Breton y sus amigos y colaboraba eventualmente con ellos, mantenía una existencia aparte del grupo, frecuentando otras gentes y otros ambientes que sentía próximos. *Su personalidad se nutrió de dos vertientes, distintas y hasta opuestas, fue el producto de una doble vida.* A ello debe atribuirse el particular sello personal de su obra, que no corresponde estrictamente como se cree a un "surrealismo ortodoxo" (Vargas Llosa, "Carta de Amor, de César Moro" 28, énfasis mío).

Este texto es tan interesante por lo que dice como por lo que calla. Sin embargo, es uno de los críticos que tiene una apreciación más próxima a la realidad vital de Moro. Esta nota debe leerse en *tándem* con una semblanza que el mismo Vargas Llosa escribió sobre Moro al poco tiempo de su muerte, en la que recuerda la experiencia de Moro como profesor de francés en el famoso y terrible colegio militar "Leoncio Prado" ficcionalizado en su novela *La ciudad y los perros*.

[...] lo veo [...] imperturbable ante la salvaje hostilidad de los alumnos, que desahogábamos en ese profesor frío y cortés, la amargura del internado y la humillación sistemática que nos imponían los instructores militares. Alguien había corrido el rumor de que era homosexual y poeta: eso levantó a su alrededor una curiosidad maligna y un odio agresivo que lo asediaba sin descanso desde que atravesaba las puertas del colegio (Vargas Llosa, "Nota sobre César Moro" 5-6).

La homofobia de que fue víctima y que tuvo que soportar tiene que haber precipitado la decisión de salir al exilio y abrazar el surrealismo como principio vital y artístico, según testimonian algunas de sus declaraciones:

Hacia 1925 y en el Perú las ideas sobre la vida, el arte, el amor: la poesía eran cuantiosamente fáciles, improvisadas, bucólico-líricas y apresuradas; continúan siendo el triste patrimonio de la mayoría gris y espesa de los intelectuales del Perú y de los que sin profesar de intelectuales tienen una opinión. En cuanto al amor, están por el matrimonio, la virginidad, etc. (*Los anteojos de azufre* 7).

Teniendo en cuenta lo anterior, creo que la obra de Moro ha sido objeto de algunas interpretaciones que considero erróneas. En vida, César Moro publicó sus poemas franceses en revistas surrealistas y *plaquettes*. Los poemas en español de *La tortuga ecuestre*, otros textos inéditos y cinco cartas de amor fueron publicados póstumamente por su amigo y albacea de su obra, André Coyné, en una edición de cincuenta copias en México. Estos textos finalmente aparecieron en el primer tomo de la obra poética completa editada por Ricardo Silva-Santiesteban y publicada por el Instituto Nacional de Cultura de Perú en 1980. Sin la intervención de Coyné no tendríamos estos poemas, probablemente. A mi parecer, es posible especular que Moro no quiso publicar los textos españoles que despliegan su poética homosexual, probablemente por horror a la respuesta que hubieran generado. Es difícil asumir la terrible alienación y el dolor interior que provoca la homofobia para aquellos que no la han vivido. Esta especulación está además basada en otro aspecto de la escritura del peruano. En sus ensayos y colaboraciones en revistas, uno de los rasgos más característicos de su estilo es el tono agresivo y vehemente con que ataca a sus contemporáneos. Es decir, polemiza y defiende sus ideas como el mejor. Pero otra cuestión muy distinta es que su obra poética fuese malentendida o parodiada. Pienso que decidió dejar sus papeles a Coyné y que este fue publicando sus textos a partir de la muerte de Moro. Sin su dedicación, mucho de lo que hoy sabemos se habría perdido.

La relación entre su cultura y las culturas que absorbe y adopta problematizan toda su escritura, tanto sus poemas como sus numerosos ensayos, de allí que se pueda concluir que los desplazamientos geográficos y culturales le prodigaron una experiencia capital para lo que fue su desarrollo literario y artístico. La práctica de una vida homosexual, el amor gay, y la creación de un lenguaje que pueda expresarlo, son a mi parecer temas centrales que informan su poesía, temas que han sido pasados por alto por casi todos los críticos que se han ocupado de él, aun cuando este tema está abierto o conceptualmente aludido y es el motor de su escritura. Evidencia de ello es su desacuerdo final con Breton y el motivo por el que se abre del movimiento surrealista. Moro disiente con Breton precisamente con respecto al concepto de la heterosexualidad compulsiva, obligatoria y universal al que apela la poética del francés. Esta declaración lo fuerza a separarse del movimiento con el que había antes solidarizado. Su crítica a Breton deja en claro su posición hacia la cultura heterosexual. Moro lo explica así:

> la afirmación de que todo ser humano busque un único ser de otro sexo nos parece tan gratuita, tan oscurantista que sería necesario que el estudio de la psicología sexual no hubiera hecho los progresos que ha hecho para poder aceptarla, o pasarlo por alto siquiera [...] (*Los anteojos de azufre* 141).

¿Como explicar de otro modo su adhesión ferviente al surrealismo y su posterior disidencia? Creo que queda explícito en la reseña sobre *Arcane 17* y en otros textos de *Los anteojos de azufre*, título que le diera Coyné a la colección postuma. La crítica se ha referido reiteradamente a la disconformidad de Moro contra la sociedad injusta sin haber analizado esta problemática como elemento constitutivo de su escritura y de su estética. Julio Ortega lo ha comparado con Cernuda, marcando el coraje del español y la cobardía (?) o resignación (?) de Moro cuando se refiere al ensayo de Octavio Paz sobre Luis Cernuda, en el que se resalta el coraje del poeta español para desplegar su identidad sexual tan rechazada por la sociedad de su tiempo.

> ¿Explicaría mejor estos poemas recordar que el amor en Moro es, como en Cernuda, uranista? ¿O Quispez Asín es otro, también aquí, en César Moro? Una cosa es segura: Moro *no tuvo necesidad de evidenciar el signo de su experiencia amorosa* porque su poesía transforma esa experiencia, la transparenta y asimismo la proyecta. El amor no es en sus textos el triunfo de los sentidos, no es una erótica plena, sino una reversión fulgurante, una erótica de la analogía amorosa. Esto es, el amor prevalece como deseo y como deseo del mundo en la irrealidad amorosa. Tal vez por eso la imaginación verbal, que es captura y pérdida de la realidad revela el íntimo debate de un desasimiento de la presencia y de una aguda vivencia de lo ausente [...] *Pero Moro no es un poeta que comunica su experiencia, no la muestra para verse, sino que mas bien la transforma en imagen, en lúcida y*

espectral figuración verbal. Y esta operación canjea la experiencia por la irrealidad poética, donde Moro descubre su verdadera persona, su otra realidad (Ortega 151, énfasis mío).

Por su parte, Ricardo Silva-Santiesteban en el ensayo "La poesía como fatalidad" que prologa la edición peruana del primer tomo de la *Obra Poética* (1980) de Moro, comenta:

> Si ahora podríamos reprocharle no haber tenido la valentía de un Cernuda para publicar en vida ciertos textos de amor uranista, en su descargo le concederíamos haberla tenido para escribirlos y preservarlos, lo que es bastante. (43)

Guillermo Sucre en su magnífico texto *La máscara /la transparencia* —probablemente uno de los mejores hasta hoy sobre la poesía hispanoamericana— se equivoca con repecto a Moro cuando afirma que:

> [...] su pasión es tan extrema que siempre está al borde de la transgresión [...] No me estoy refiriendo al hecho de que la erótica de Moro sea o no homosexual. No hay en su obra ni una teoría ni una justificación de este tipo de relación; tampoco es muy explícita, aunque no falten indicios que la sugieran (Sucre 346).

Es, sin embargo, posible leer a Moro de una manera más iluminadora, permitiendo al texto decir lo que el poeta ha significado, sin forzarlo a un lenguaje trascendente, como lo había intentado Vargas Llosa en el citado ensayo sobre "Carta de amor":

> "Carta de amor" no ha sido escrito conforme a las fórmulas "tradicionales" o "clásicas" de la poesía surrealista. No es un texto absolutamente onírico ni automático [...]
> "Carta de amor" es un poema que habla: *no del amor idealizado* y, por lo mismo, irreal de los románticos, ni de ese sentimiento tan pregonado del amor solidario, de los poemas sociales, sino del amor-pasión, el temible amor surrealista, carnal, concreto, excluyente y total ("Carta de amor" 28, énfasis mío).

Vale la pena descodificar o simplemente iluminar la lectura de Vargas Llosa en tres aspectos que a mi parecer son necesarios: 1) este poema no ha sido escrito conforme a las fórmulas tradicionales del surrealismo; 2) no es un poema onírico; 3) es un poema del amor-pasión. Lo residual de este juicio acertado es que el amor gay es un "amor temible y excluyente". En los años cincuenta así se consideraba, y es lo que hay que reinterpretar.

Para tratar de poner las cosas en su lugar, acudo a conceptos elaborados por la crítica gay en dos trabajos recientes. En la introducción a ¿*Entiendes? Queer Readings, Hispanic Writings*, Emilie Bergmann y Paul Julian Smith señalan que uno de los aspectos de un texto *queer*, es el intento de reescribir una historia personal al tiempo que tratan de protegerse de los dudosos beneficios de la visibilidad. *Queer theory* tiende a cuestionar la continuidad e integridad de la identidad y comunidad, pero trae consigo implicaciones serias para la agencia política de la comunidad homosexual hispana, que con frecuencia debe confrontar una doble desventaja no sólo cultural sino sexual.

Pues bien, una cuestión central en la poética de Moro tiene que ver con la construcción de la homosexualidad en la cultura latinoamericana. En el prólogo a *Sex and Sexuality in Latin America*, Daniel Balderston y Donna Guy preguntan:

> Are sex and sexuality embedded solely in the body, or are they linked to mind, culture, race, and ethnicity? Are sex and sexuality different in Latin America than in other parts of the world? (1)

En el período en el que vivió César Moro, el deseo o acto homosexual era considerado tabú en la cultura dominante hispanoamericana de la primera mitad del siglo XX. Su velada aceptación estaba limitada a percepciones que tienen que ver con la construcción de la masculinidad. En un estudio reciente sobre la identidad homosexual de los chicanos, Tomás Almaguer señala que se puede teorizar el comportamiento e identidad sexuales en el contexto chicano como formado por dos sistemas sexuales distintos, el que denomina mexicano/latinoamericano y el sistema sexual USA/europeo. Ambos asignan un significado diferente a la homosexualidad. Una de las diferencias estriba en asignar diferentes valores a las zonas eróticas del cuerpo. La diferencia reside en que el sistema americano/europeo está basado en la selección del objeto, que enfatiza el sexo biológico de la persona hacia la que se dirige la actividad sexual. El segundo sistema se distingue por la dirección del deseo sexual. La práctica homosexual asigna valores significativos distintos según el sistema. Se enfatiza el acto con otra persona de cualquier sexo biológico. Este último es, según Almaguer, el que corresponde al sistema mexicano/latinoamericano. En el sistema sexual mexicano la homosexualidad no se interpreta como una amenaza para la identidad masculina si la actividad sexual es percibida como agresiva y activa, mímesis del macho porque el estigma se centra en el sujeto receptor. Si éste es pasivo o interpretado como un agente femenino o feminizado, genera el rechazo y se categoriza como comportamiento tabú. Sexismo y machismo caracterizan este sistema sexual que marca, limita y libera al mismo tiempo la vida y la obra de César Moro.

El cuerpo carnal del sujeto en "La vida escandalosa de César Moro"

La poética de Moro estructura varias modalidades contestarias al sistema sexo/género que marca la heterosexualidad como la única sexualidad aceptable. Este desacuerdo está explícitamente argüido en la reseña de Moro a Breton en *Arcane 17*:

> Mientras el hombre no tenga conciencia cabal de sus propios problemas íntimos, de su sexualidad bien o mal orientada, mientras no sepa a qué obedecen ciertos reflejos condicionados psíquicos, mientras *reconciliado* con su propio drama interior no se enfrente a la realidad, no podrá pretender ser guía ni resolver en lo escencial [sic] los conflictos colectivos. [...] Triste espectáculo el del conductor extraviado en la propia oscuridad, y más que triste, trágico, pues en él se revela en su apogeo el error colectivo (*Los anteojos de azufre* 41 énfasis de Cé*s*as Moro).

Si asumimos con Earl Jackson que el cuerpo es una red de significados culturales, sociales, psicológicos y biológicos, entonces el cuerpo del hombre homosexual, visto como el "límite anatemizado de la integridad sexual y corpórea dentro del orden occidental, es la antítesis del ideal heterosexual del imaginario social" (Jackson 113). Es asimismo, una estrategia efectiva para sacar ventaja de lo que Jackson denomina la estructura del escándalo. Teóricamente, esta estructura funciona para castigar a los transgresores y consolidar la comunidad *normal no transgresora* que defiende y proclama los valores de la cultura heterosexual. Es posible invertir el proceso para desmantelar o al menos desestabilizar la subjetividad heterosexual. Es precisamente lo que hace César Moro cuando anuncia en el título de un poema que su vida y obra funcionan dentro de la lógica social del escándalo, sitio y espacio en el que prospera en contrapostura con la hostilidad y condena heterosexual. Un ejemplo de esta poética lo hallamos en "La vida escandalosa de César Moro", poema configurado por imágenes metamórficas surrealistas que preparan el escenario del encuentro de dos amantes.

> Dispérsame en la lluvia o en la humareda de los torrentes que pasan
> Al margen de la noche en que nos vemos tras el correr de nubes
> Que se muestran a los ojos de los amantes que salen
> De sus poderosos castillos de torres de sangre y de hielo
> Teñir el hielo rasgar el salto de tardíos regresos. (66)

El encuentro amoroso ocurre una noche de lluvia en un bosque "carnívoro y bituminoso", escenario en el que emergen dos figuras históricas admiradas por los surrealistas, el rey Luis de Baviera y Richard Wagner. Al aparecer en escena el amante deseado, la naturaleza vibra provocando estrepitosos actos naturales: rayos, ríos que se salen de su cauce, un toro volador que cruza el escenario ... Un oráculo anuncia una visión surreal:

> Una navaja sobre un caldero atraviesa un cepillo de cerdas de dimensión ultrasensible (67).

Aluvión, volcán y decapitaciones preceden la escena del gran encuentro, en tanto que la reiteración del verbo "dispérsame" que inicia la primera y segunda tiradas hace confluir la visión de las dos estrofas:

> El viento se levanta sobre la tumba real
> Luis II de Baviera despierta entre los escombros del mundo
> Y sale a visitarme trayendo a través del bosque circundante
> un tigre moribundo
> Los árboles vuelan a ser semillas y el bosque desaparece
> Y se cubre de niebla rastrera
> Miríadas de insectos ahora en libertad ensordecen el aire
> Al paso de los dos más hermosos tigres del mundo (67).

El rey loco provee a la voz lírica de un tigre moribundo que ésta resucitará, los árboles se reducen a su forma primigenia, la semilla-semen y el bosque como grandes escenarios se desdibujan en la niebla. La escena cierra espléndidamente cuando los dos amantes se alejan: "Al paso de los dos más hermosos tigres del mundo". El tigre es una imagen recurrente que semantiza la belleza, fiereza y bravura del encuentro amoroso. Funciona con efecto para extremar los términos de la pasión como un elemento visual de sugestiva fuerza expresiva. En vez de una interpretación onírica surrealista, sugiero leer el montaje de la pasión-amor como gran espectáculo, no sólo en este poema, sino como uno de los principios estructurantes de la poética de Moro. Este poema es un claro ejemplo de poesía gay.

André Coyné ha dedicado muchos de sus escritos a corregir y situar a Moro en el lugar que le corresponde en la poesía hispanoamericana, a través de textos escritos en un lenguaje codificado que le permiten referirse a la relación homosexual de improbable aceptación hasta hace poco tiempo, pero que tiene en Coyné la tenacidad de su empresa y la habilidad para crear coartadas que le permitan diseminar la obra de Moro.

> Moro abrigaba una "conformidad" más honda que explicaba su desconformidad al tiempo que la exacerbaba: conformidad con el hecho bruto de la vida, conformidad con la naturaleza de la vida y con lo que hay de natural, antes de que ellos mismos lo profanen, en los hombres, [...]

conformidad con los siete signos de la belleza deletreados por el viento, la tierra, el océano, los árboles y por labios humanos cuando no mienten, en el rúnrún felino del amor.

No es la vida misma la que tiene la culpa del horror, sino nosotros por lo que hemos hecho con ella; el poeta que el mundo horroriza, da testimonio de otro mundo maravilloso, un mundo al alcance de los sentidos, otro mundo, en el mundo, pero que el mundo niega y odia: el amor, corregido por Hollywood o por una Junta de Censura, ya no mata [...] (*Los anteojos de azufre* 14).

Moro había escogido vivir escandalosamente ... o sea al margen de la vida ... para siempre ...; se había ligado a una amistad entrañable, total, *totalitaria* con hombres y artistas como Xavier Villaurrutia o Agustín Lazo. Por esta razón, la poesía de César Moro floreció magníficamente en México.

NOTAS

[1] Una versión de este trabajo fue leída en el Coloquio Internacional: *Locos, Excéntricos y Marginales en la Literatura Latinoamericana* realizado en la Université de Poitiers-URA 2007-CNRS los días 5, 6 y 7 de junio de 1996.

[2] André Coyné, "Moro entre otros y en sus días". El artículo anuncia en la parte 3 un análisis de la poesía de Moro, que lamentablemente no fue incluída.

BIBLIOGRAFÍA

Almaguer, Tomás. "Chicano Men: A Cartography of Homosexual Identity and Behavior". *Differences: A Journal of Feminist Cultural Studies* 3/2 (1991): 74-100.

Balderston, Daniel y Donna Guy (eds.). *Sex and Sexuality in Latin America*. Nueva York: New York University Press, 1997.

Bergmann, Emilie y Paul J. Smith (eds.) "Introduction". *¿Entiendes? Queer Readings, Hispanic Writings*. Durham: Duke Universtity Press, 1995. 1-15.

Buñuel, Luis. "Une giraffe". *Le surréalisme au service de la revolution* (Mai 6 1933): 34-35

Coyné, André. "Moro entre otros y en sus días". *Cuadernos Hispanoamericanos* 448 (1987): 73-89.

Dellamora, Richard. *Masculine Desire. The Sexual Politics of Victorian Aestheticism*. Chapel Hill: University of North Carolina Press, 1990.

Higgins, James. *The Poet in Peru. Alienation and the Quest for a Super-Reality*. Liverpool: Francis Cairns, 1982.

Huidobro, Vicente. "Don César Quíspez, Morito de Calcomanía", *Vital* 3 (1935): 1.

Jackson, Earl. "Scandalous Subjects: Robert Glück's Embodied Narratives". *Differences: Journal of Feminist Cultural Studies* 3/2 (1991): 112-134.

Moro, César. *Los anteojos de azufre*. Prosas reunidas, presentadas y publicadas por André Coyné. Lima: Editorial San Marcos, 1958.

―――― *Obra Poética*, Tomo 1. Prefacio de André Coyné. Edición, prólogo y notas de Ricardo Silva-Santiesteban. Lima: Instituto Nacional de Cultura, 1980.

―――― "Le patée de chiens" breve nota en el panfleto titulado *Vicente Huidobro, o el obispo embotellado*.

Ortega, Julio. "La poesía de César Moro". *La imaginación crítica: ensayos sobre la modernidad en el Perú*. Lima: Ediciones Peisa, 1974.

Oviedo, José Miguel. "Extasis y Horror: el Perú en la obra de César Moro". Versión manuscrita,1983.

Paoli, Roberto. *Estudios sobre literatura peruana contemporánea*. Firenze: Parenti, 1985.

Sucre, Guillermo. *La máscara/la transparencia*. México: Fondo de Cultura Económica, 1985.

Vargas Llosa, Mario. "Carta de Amor, de César Moro". *Literatura* 2 (1958): 28-31.

―――― "Nota sobre César Moro". *Literatura* 1 (1958): 5-6.

Manuel multilingüe:
traducción, tránsito intercultural y entrelugares literarios

Christopher Larkosh
Northwestern University

Un colega mío un poco mayor me comentó una vez que lo más lamentable de pertenecer a mi generación es no haber podido conocer personalmente a los "grandes autores argentinos"; de hecho, nunca tomé un *five o'clock* con Borges, ni trabé amistades con otros que formaban parte de la gran ola de producción literaria argentina de mediados del siglo XX. A pesar de este escaso contacto personal con los grandes, surge con todo una anécdota personal que me atreveré a contar aquí.

Hablé con Manuel Puig una sola vez, después de una conferencia que dió en Nueva York en abril del 1987. Recuerdo que le hice una pregunta algo inocua sobre su novela *Boquitas pintadas* y la relación entre las referencias a símbolos nacionales en la novela y su argumento; en vez de contestar mi pregunta, no obstante, se puso a hablar sobre la homofobia en su país y la necesidad de cuestionar el significado de estos símbolos recurrentes y así transformar culturas nacionales. Este mensaje —sencillo, directo— es uno de los pocos mensajes personales que tengo de él: surgió de una fuga de acercamientos académicos en un momento dado para hacer espacio para algo inesperado en el ámbito en que hablaba, para un mensaje que era, quizás precisamente por eso, más urgente. Es a partir de esta urgencia que deseo continuar.

La obra de Puig sobrepasa etiquetas de identidad como las de "argentino" o de "gay", y a veces llega a redefinirlas; sigue siendo un autor que abrió paso a una crítica de las políticas institucionales que terminaron exiliándolo de su tierra natal, rumbo a otros espacios lingüísticos: Roma, Nueva York, Rio, México. El exilio de Puig, no obstante, encuentra una nueva índole en espacios intermedios de lenguaje entre los campos establecidos de idiomas nacionales, en búsqueda de un estilo que logre negociar, si no la sobrevivencia, pues un breve indulto. Aquí se trata de explorar la relación entre multilingüismo, sexualidad, y opresión institucional en las obras de Puig, cuestionando los límites del lenguaje literario nacional por una lectura de las marcas de su estilo multilingüe; resulta de un exilio en movimiento continuo no limitado a un solo país, y, por lo tanto, en su estilo la distinción entre migración y exilio ya no se puede hacer. Este exilio migratorio, aunque voluntario, no fue menos necesario para garantizar su seguridad y la publicación de su obra; como ya se sabe, tomó la decisión de quedarse en el extranjero no sólo por la censura de sus novelas en la Argentina, sino también por su franqueza en cuanto a su homosexualidad y por su oposición al retorno del peronismo y los gobiernos militares subsecuentes.

Puig habla de su status de exiliado con el periodista Armando Almada Roche en la serie de entrevistas titulada *Buenos Aires cuándo será el día que me quieras* (1992); aunque las entrevistas supuestamente debían servir para denunciar las amenazas de muerte contra Puig por la Triple A, ya era muy tarde cuando Almada las publicó —es decir, después de nueve años de libertad de prensa y dos años después de la muerte de Puig. Desprovista de su función como desafío a una dictadura todavía en el poder, la entrevista puede servir para demostrar cómo la voz del periodista cultural puede llegar a asumir un rol parecido al de un interrogador oficial, cuyas preguntas llegan a imputar una medida de complicidad y culpa por parte del entrevistado en su propio exilio: "En *The Buenos Aires Affair* los personajes critican a Perón, no el autor. ¿De verdad ésta fue la causa de tu acosamiento? ¿No estabas metido, o simpatizabas, con ningún grupo de izquierda?" (55). Esta misma actitud de "habrán hecho algo" se extiende hasta las preguntas incrédulas sobre la opresión de homosexuales en la Argentina: "Dónde, cuándo y cómo la policía los reprime?" (135). Mientras esta voz se convierte en la de las instituciones responsables por la opresión, esta entrevista en el exterior se convierte en extensión y emblema del exilio de Puig.

Una lectura de estas obras, pues, dificulta que cualquiera de estas tres razones por su exilio —política, sexual o literaria— se conciban separadas de las demás, ya que las discusiones de sexualidad en Puig se vinculan continuamente a lo político. Su estilo multilingüe, pues, no es sólo literario, sino también una especie de exilio de los espacios normativos de lo político/sexual que se llama la nación, uno que comienza antes de cualquier cruce de frontera. La homosexualidad no encuentra refugio fácil dentro de ningún discurso nacional; la obra de Puig no sólo abre una discusión más amplia de la homosexualidad en la cultura literaria argentina, también, y quizás más importantemente, posibilita una nueva crítica de la heterosexualidad oficial que limita sus poderes de representación y cualquier reivindicación de normatividad. Tal exploración de la heterosexualidad oficial permite concebirla no como una norma social central y monolítica cuyas fronteras lindan con espacios de "perversiones" y "patologías" claramente definibles, sino como un campo sexual perforado e impreciso, en el cual una multiplicidad de otros factores culturales (clase, raza, cultura, idioma) interviene en la formación de sujetos sexuales. Esta concepción múltiple de la sexualidad posibilita no sólo reconocer la importancia de diferencias culturales y lingüísticas en la formación de sexualidades, sino también de esos espacios intermedios culturales y lingüísticos: migración, transculturación, bi- y multilingüismo, y traducción.

Ya hace mucho que la idea del "entrelugar" circula en el ámbito intelectual latinoamericano; en su ensayo "O Entre-Lugar do Discurso Latino-Americano" (1971), el crítico cultural brasileño Silviano Santiago se vale de la imagen de San Sebastián presentada por los europeos a un grupo de indígenas para contemplar el peligro que el bilingüe ha representado y sigue representando frente a las normas culturales de unidad y pureza usadas en los discursos de las autoridades latinoamericanas. Aquí el peligro consiste en la posibilidad de que los sujetos coloniales podrían usar la imagen del santo no dentro del sistema de significación impuesto por los europeos, sino dentro de su propio sistema como imagen asimilada que les ayuda a los indígenas a contar su propio sufrimiento frente al poder. Cito a Silviano Santiago: "evitar o bilingüismo significa evitar o pluralismo religioso e significa tambem impor o poder colonialista. Na álgebra do conquistador, a unidade é a única medida que conta. Um só Deus, um só Rei, uma só Língua: [...]" (16). No es ninguna coincidencia que la imagen de San Sebastián martirizado ha llegado a ser difundida como símbolo del sufrimiento del homosexual (la novela *La carne de René* del cubano Virgilio Piñera, la película *Sebastiane* de Derek Jarman, o los desfiles de travestis cariocas en el día del San Sebastián, éste el santo patrón de la "cidade maravilhosa"). Este entrelugar de la imagen, entre su contexto colonial y sus avatares más recientes, recuerda no sólo el uso europeo de acusaciones de sodomía endémica entre los indígenas para exterminarlos, sino del mismo modo, otras manifestaciones literarias como el multilingüismo literario de Puig que, ligado con su visión de sexualidades múltiples, se revela como un desafío de significación semejante frente a las instituciones opresivas de su época, cuyo marco se encuentra en los límites estilísticos del castellano literario institucionalmente establecido como "idioma nacional".

En la colección de ensayos *Estertores de una década: Nueva York 1978*, Puig describe sus impresiones de Nueva York durante una época que él llama "la cruda resaca que dejaron los años felices de la emancipación sexual, racial y política". Hace un comentario implícito sobre las marcas de diferencia cultural, racial, sexual y lingüística, y como estas concepciones rígidas de identidad son cómplices en la creación de lo que Puig identifica como "una orgía de la incomunicación". El primer ensayo, titulado "Bar de Solteras," examina dicotomías sexuales tradicionales mediante un personaje que sueña con una vida menos determinada por ellas: "muy moderna e independiente me daba el lujo de emerger de mis traducciones y otros trabajetes, ¡y como un machito loco lanzarme adonde fuera!" (7-8). Sería demasiado simplista decir que este personaje de Puig que usa el género femenino para hablar de sí mismo sea un hombre gay como Molina en *El beso de la mujer araña*, quien asume el género femenino en su habla para poder mejor imaginarse con un "hombre de verdad" dentro de los rubros convencionales, todavía según los modelos disponibles: "[...] soy mujer. Y no soy lesbiana. Y por lo tanto dependo de un hombre para ser feliz" (7-8). De todas formas tiene cierto sentido que este personaje, anónimo y sexualmente ambivalente, sea traductor/a; su propia voz, cuando por fin aparece en forma escrita, alterna continuamente no sólo entre masculino y femenino, sino también entre el español y el inglés, o la hetero- y la homosexualidad, para proponer la posibilidad de comunicación entre estas identidades rígidamente establecidas.

En *Estertores*, los espacios explícitamente sexualizados —sean departamentos, habitaciones de hoteles o el cuarto oscuro de un bar gay— son a la vez asexuales, y aun anti-sexuales; en Puig, lo sexual no es una destinación discursivamente privilegiada, sino una serie de puntos entre muchos en tránsito cultural. Un ejemplo se destaca en el cuento llamado "The Sado-Masoch Blues", donde el encuentro en un *darkroom* entre dos homosexuales, uno estadounidense y otro mexicano, no es sexual sino lingüístico, ya que consiste en la traducción al inglés de lo que el mexicano ha escrito en la pared del cuarto oscuro:

> Y traduzco: ESTA INSCRIPCIÓN TE PIDE PERPETÚES, SEA COMO SEA [...] CASTIGOS Y DOLORES, LOS OJOS [...] QUE ENTRE TINIEBLAS TODO LO VISLUMBRAN, LOS OJOS [...] QUE PETRIFICAN A QUIEN SE REBELA, EN TI HARAN BLANCO SI NO TE FLAGELAS. Querido [...] en estos tiempos de liberaciones, ¡cautela! [...] porque liberación sólo la da el castigo, el miedo [...] que sientes de las autoridades, sólo se calma [...] si te infligen aún más iniquidades. (19)

Las jerarquías descritas en esta inscripción invitan de modo explícito una comparación con las de regímenes autoritarios de la época, pero esta opresión de las "autoridades" se aumenta por una mucho más sutil, gobernada por los límites de identificación posible con los modelos visibles que circulan en una cultura liberal democrática y consumista. La "loca culta", tal como Puig la representa aquí, no se permite una salida de los espacios opresivos, que ya se ha acostumbrado a ellos; en este contexto de supuesta "liberación" sexual, la escena sugiere cómo sujetos sexuales llegan a replicar las mismas torturas que las autoridades han empleado tradicionalmente para castigarlos o eliminarlos. El sadomasoquismo opera aquí no como modo de experimentar el placer sexual a través del dolor físico, sino como práctica que reactiva una serie de humillaciones más allá de la homosexualidad que la "loca culta" ya ha atestiguado en el ruedo político: entre hombre y mujer, macho y loca, autoridad opresiva y sujeto oprimido, Norte y Sur, sano y enfermo, vivo y muerto. Si en *The Buenos Aires Affair El beso de la mujer araña* aparecen personajes gay sumisos y finalmente sacrificados, conforme con la tradición literaria argentina, Puig prepara la migración del personaje homosexual desde una posición invariablemente de marginalidad y sufrimiento hacia una de protagonismo. Lo que no queda claro es dónde y cómo este personaje se va a desarrollar: en la obra misma de Puig, o en un momento, aun pendiente, de una lectura de ella.

Este intento de cuestionar los espacios discursivos de la identidad sexual y cultural mediante un estilo multilingüe continúa en las obras escritas durante su estadía en el Brasil. La novela *Cae la noche tropical* (1988), aparte de narrar el reencuentro entre dos argentinas, Luci y Nidia, en Rio de Janeiro al final de sus vidas, se escribe en los entrelugares culturales entre el Brasil y la Argentina tanto como su precursora *Sangre de amor correspondido* (1982). En *Sangre* el efecto de este estilo multilingüe es más inmediato: todos los personajes son brasileros, y en la versión castellana, su habla exhibe un vocabulario y sintaxis que a veces parecen traducidos palabra por palabra del portugués ("el problema es el siguiente: [...]", "*el* Josemar", etc.). En cambio, en *Cae la noche tropical* el encuentro de estas dos culturas se desarrolla más por la narrativa, en cuanto marca un pasaje de castellanoparlantes por el portuñol para aprender el portugués, un pasaje, no obstante que nunca llega a su fin, que es aquí que el portuñol, registro lingüístico usualmente limitado a lo oral, se vuelve una literatura en el entrelugar de espacios nacionales, en la cual la traducción —por no decir toda traducción— revela sus inicios en un momento anterior a la escritura del texto. La lengua del así llamado original ya no se puede considerar como tal, ya que es el resultado de una transferencia previa del idioma, las imágenes y experiencias de una cultura extranjera al lenguaje literario. Ya estamos en el camino hacia otros textos que también transitan este contacto entre lenguas, como la poesía de Néstor Perlongher, o quizás como él sugiere, la obra culminante de esta literatura transnacional emergente, la novela *Mar paraguayo* (1992) del curitibano Wilson Bueno, en que agrega un ingrediente indígena a esta mezcla sabrosa de idiomas:

> Un aviso: el guarani es tan essencial en nesto relato quanto el vuelo del párraro, lo cisco en la ventana, los arrulhos del portugués ô los derramados nerudas en cascata num solo só suicidio de palabras anchas. Una el error dela outra. Queriendo-me talvez acabe aspirando, en neste zoo de signos, a la urdidura essencial del afecto que se vá en la cola del que vibre e tine abaixo, mucho abaixo de la línea del silêncio. No hay idiomas aí. Solo la vertigen de la linguagem. Deja-me que exista. (13)

En este contexto queda claro que el estilo migrante, sea de Puig o de "*outros*", no es un mero reflejo de nuevas realidades políticas y económicas (Mercosur, globalización), sino una exploración del lenguaje que llega a evadir las normas de los registros ya oficializados en espacios separados, y que desafía la frontera de error que existe entre ellos.

En *Cae la noche tropical*, esta exploración de un ámbito cultural extranjero se vincula con la necesidad de Luci de contar la historia de la vecina Silvia: sus viajes, sus amores y su enfermedad:

¿Cómo es que le dicen? Era una especie de virus. Eso ella me lo explicó todo en portugués, repitiendo los términos de los médicos de acá.
—Ella mezcla mucho el portugués con el argentino, el castellano, quiero decir. Yo mucho no le entendí.
—Es que lleva años en Rio. Yo también cuando hablo con alguien que ya tiene tiempo acá voy mezclando muchas palabras de portugués, sin querer.
—¿Cúal era la enfermedad, entonces?
—Era [...] un virus. (8)

Aquí se trata de una conversación cuyo tema alterna entre el lenguaje y una enfermedad viral terminal que nunca se puede nombrar; es imposible saber realmente qué es, ya que el vocabulario especializado de los médicos no se traduce del todo al registro de los personajes. El portuñol interfiere en la transmisión de datos sobre la enfermedad de la vecina de Luci, la conversación así volviéndose una sobre los límites perforados de estos idiomas. La narrativa replica un estado de demencia en el cual el virus interfiere con la capacidad de hablar coherentemente más allá de la supuesta enferma, desdibujando distinciones entre temas y registros separados en el lenguaje y la memoria, y señala como padecer una enfermedad implica el aprendizaje de un nuevo lenguaje de términos médicos, para posibilitar una convivencia con ella, y recuerda hasta qué punto las enfermedades son en parte invenciones del lenguaje. En la obra de Puig, las enfermedades arman toda una serie de comparaciones con la opresión institucional, sea Juan Carlos en el sanatorio de Cosquín en *Boquitas pintadas*, Ramírez con una amnesia provocada por su encarcelamiento y tortura durante el Proceso en *Maldición eterna*, o la trabajadora sexual W218 con la enfermedad venérea terminal en *Pubis angelical*, en un estado de ciencia-ficción que es a la vez hospital, prostíbulo, laboratorio científico y cárcel.

Todavía se vive en el entrelugar de la enfermedad viral innombrable, su nombre y definición mutándose con el virus mismo, sus síntomas siempre diferentes, la muerte por él no tan inminente, pero no menos presente. Puig escribió en una época en la cual la homosexualidad llegó a ser asociada con la sentencia de muerte, primero por el Proceso y después por el Sida, y hasta hoy resulta difícil desprender las imágenes de sexualidad y el amor de las de la enfermedad y la muerte; se ve no sólo en las declaraciones del gobierno argentino, que "*espera* un crecimiento explosivo en el número de enfermos de sida" (*NX*, nov. 96), sino también en un artículo del *Magazín literario* titulado "Sida: el amor fatal", que perpetúa en el ámbito literario una visión del "sidoso" como "un monstruo lamentable cuya influencia rechazamos" (40). Como en las entrevistas entre Puig y Almada, no es nada difícil evidenciar que, en el entrecruce de las esferas política y literaria, todavía hay muchos que se sienten muy cómodos con este mito de la muerte dolorosa e ineludible del homosexual; prefieren recurrir a su propio drama interno al esfuerzo de repensar la enfermedad en términos que permitan un indulto de esta sentencia: "asintomática", "crónica pero controlable", o aún "curable". Lo irónico es que ya en *Cae la noche tropical* se puede vislumbrar otra versión de la historia; la enfermedad viral terminal de Silvia —en realidad un cáncer que se curó— no es viral ni terminal, sino una ficción, una doble mentira contada por Luci para no incomodar a Nidia, cuya hija Emilsen no había podido sobrevivir al cáncer, y cuyo recuerdo todavía le duele. A fin de cuentas, la verdad de esta enfermedad sólo sabe la que la tiene, o a lo mejor no la tiene; en todo caso, aquí se constata cómo las ficciones de la enfermedad —sean diagnósticos de un médico o chismes de vecinas— son cómplices en la realidad vivida del enfermo y en los términos de su muerte. Por estas ficciones de la enfermedad, Puig plantea una transformación posible de estos términos, sobre todo por la voluntad de sus personajes de seguir viviendo a pesar de sus diagnósticos médicos e institucionales; sus vidas ya son redefiniciones de los términos de la caída mortal a la cual cada uno —autor, personaje, lector— está sometido.

Cuando se habla de Puig, es siempre posible que se trate no sólo de una obra internacionalmente reconocida, sino también una literatura argentina por venir: una que sólo existe en una traducción todavía no hecha, y que termina transformando los términos del idioma nacional no sólo desde fuera sino también por dentro. Este "escribir en el extranjero" cuestiona la dinámica convencional de la traducción literaria; esta comienza no con un traductor asignado quien prepara una versión "extranjera" de la obra, sino dentro del autor mismo, visto que ya se ha puesto a traducir los símbolos culturales de otros a un registro personal y vice versa, creando así un texto multilingüe *a priori*. Este proceso de traducción continua, prepara un diálogo entre espacios discursivos previamente concebidos como separados, e implica a la larga una autotraducción por parte del lector, por la cual se examinan los términos institucionalmente impuestos por la cual se define y se vive: sean dentro de los límites de la cultura argentina, las culturas emergentes de identidad gay y lesbiana, o las culturas de otros países que dejan su impronta imborrable en la obra de Puig, si no en una cultura de masas cada vez más internacional.

Cierro con un apunte que no puedo dejar para otra ocasión, ya que sigo mirando el estilo de un Manuel multilingüe a través de aquel lente cinematográfico tan ubicuo en su obra, como si fuese una película preferida mía, vista mil veces o sólo soñada. He querido señalar aquí cómo su estilo migrante y heterogéneo corre el riesgo de incomodar a cierto tipo de lector "compatriota" que, como espectador leal de cine nacional, prefiere las versiones "originales" para no tener que leer los registros de significación múltiple que sugieren los títulos o el doblaje, y quizás enfrentar ahí sus propios límites de comprensión frente a lo extranjero. Puig escribe no sólo dentro del marco de la literatura nacional, sino también en un idioma literario que parece grabado de una película extranjera, con su propia voz sólo perceptible en *off* Puig da otra forma al lenguaje literario más allá de sus límites oficiales, para ilustrar que el marco de esta película viva no es siempre tan definible o impenetrable como se había pensado. Puede ser que esta película ni siquiera haya terminado, ya que somos nosotros los que, por la relectura de Puig, seguimos filmando una serie de *remakes,* en versiones a la vez originales y extranjeras.

BIBLIOGRAFÍA

Almada Roche, Armando. *Buenos Aires cúando será el día que me quieras.* Buenos Aires: Editorial Vinciguerra, 1992.
Bueno, Wilson. *Mar paraguayo.* Con prólogo de Néstor Perlongher. São Paulo: Iluminuras, 1992.
Marsan, Hugo. "Sida: el amor fatal". Buenos Aires: *Magazín literario 2* (agosto de 1997).
Mendes, Carlos A. "NX Positivo: Lima 340". Buenos Aires: *NX* IV/36 (noviembre de 1996): 24-25.
Puig, Manuel. *El beso de la mujer araña* [1976]. Barcelona: RBA Editores, 1993.
―――― *The Buenos Aires Affair* [1973]. Buenos Aires: Seix Barral, 1993.
―――― *Cae la noche tropical.* Barcelona: Seix Barral, 1988.
―――― *Estertores de una década: Nueva York 1978.* Buenos Aires: Seix Barral, 1988.
―――― *Maldición eterna a quien lea estas páginas.* Barcelona: Seix Barral, 1980.
―――― *Pubis angelical* [1979]. Barcelona: Seix Barral, 1990.
―――― *Sangre de amor correspondido.* Barcelona: Seix Barral, 1982.
Santiago, Silviano. "O Entre-Lugar do Discurso Latino-americano". *Uma literatura nos trópicos: ensaios sobre dependência cultural.* São Paulo: Perspectiva, 1978.

www.ingramcontent.com/pod-product-compliance
Lightning Source LLC
Chambersburg PA
CBHW071403300426
44114CB00016B/2166